T0224597

Datenanalyse mit SAS®

Walter Krämer · Olaf Schoffer · Lars Tschiersch
Joachim Gerß

Datenanalyse mit SAS®

Statistische Verfahren und ihre grafischen Aspekte

4., aktualisierte und erweiterte Auflage

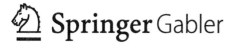

Springer Gabler

Walter Krämer
Fakultät für Statistik
TU Dortmund
Dortmund, Deutschland

Olaf Schoffer
Zentrum für evidenzbasierte
Gesundheitsversorgung (ZEGV)
Universität Dresden
Dresden, Deutschland

Lars Tschiersch
Santander Consumerbank GmbH
Wien, Österreich

Joachim Gerß
IBKF
Westfälische Wilhelms-Universität Münster
Münster, Deutschland

ISBN 978-3-662-57798-1   ISBN 978-3-662-57799-8   (eBook)
https://doi.org/10.1007/978-3-662-57799-8

Die Deutsche Nationalbibliothek verzeichnet diese Publikation in der Deutschen Nationalbibliografie; detaillierte bibliografische Daten sind im Internet über http://dnb.d-nb.de abrufbar.

Springer Gabler
© Springer-Verlag GmbH Deutschland, ein Teil von Springer Nature 2005, 2008, 2014, 2018

Springer Gabler ist ein Imprint der eingetragenen Gesellschaft Springer-Verlag GmbH, DE und ist ein Teil von Springer Nature
Die Anschrift der Gesellschaft ist: Heidelberger Platz 3, 14197 Berlin, Germany

Vorwort

Vorwort zur vierten Auflage

Auch in der Statistik und in der Statistiksoftware bleibt die Zeit nicht stehen. In der vorliegenden vierten Auflage sind nun auch Kapitel zu Biometrie und Epidemiologie enthalten, verfasst von unserem neuen Koautor Joachim Gerß (wohlvertraut aus gemeinsamen Dortmunder Studenten- und Mitarbeiterzeiten). Softwaretechnisch haben wir alle durchgerechneten Beispiele der aktuellen Version 9.4 von SAS angepasst sowie in den begleitenden Texten Ungenauigkeiten ausgemerzt und stilistische Glättungen vorgenommen.

Die Datensätze zur Lösung der Übungsaufgaben aus der aktuellen Auflage sowie die Lösungen in Form von SAS-Programmen finden Sie jetzt unter https://www.springer.com/978-3-662-57798-1 .

Aber da es auf dieser Welt nichts gibt, was nicht noch zu verbessern wäre, freuen wir uns auch in Zukunft auf alle Hinweise von Leserinnen und Lesern, was man auch in diesem Buch besser machen könnte, verbunden mit dem Versprechen, dass wir es in der nächsten Auflage dann auch tatsächlich besser machen.

Dortmund, Dresden, Wien, Münster,
Juni 2018

Walter Krämer
Olaf Schoffer
Lars Tschiersch
Joachim Gerß

Vorwort zur ersten Auflage

Dieses Buch entstand aus der Vorlesung „Statistik mit SAS", die zwei von uns – Lars Tschiersch und Olaf Schoffer – mehrfach am Fachbereich Statistik der Universität Dortmund gehalten haben. Anders als die Vorlesung wendet sich dieses Buch aber vor allem an Praktiker, die mittels des Programmpakets SAS selbst umfangreiche Datenbestände analysieren wollen und setzt nur die wichtigsten statistischen Verfahren und Begriffe als bekannt voraus. Wir stellen die Datenanalyse vom Einlesen der Rohdaten bis hin zur Interpretation der Ergebnisse vor und betten die dabei verwendeten Verfahren in ihren statistischen Hintergrund ein. Dies soll Ihnen helfen, bekannte Fallstricke zu umgehen und das jeweils geeignete Verfahren anzuwenden.

Die Datenaufbereitung als Grundlage einer jeden Datenanalyse nimmt oft den Großteil der Arbeit von Datenanalytikern ein. So legen wir großen Wert darauf, das Einlesen, Zusammenfügen, Bearbeiten usw. von Daten ausführlich anhand von vielen Beispielen zu erläutern. Ein weiterer Schwerpunkt ist der Einsatz von Grafiken zur bildlichen Erfassung statistischer Zusammenhänge und als Interpretationshilfe.

SAS hat einen beeindruckenden Funktionsumfang. Die Originaldokumentation der wichtigsten Module umfasst über 30 000 gedruckte DIN-A4-Seiten. Bei der Auswahl der im Detail vorgestellten Verfahren berücksichtigen wir sowohl etablierte als auch moderne Methoden, können aber natürlich nicht die ganze Bandbreite der modernen Statistik abdecken. Jedoch sollte jeder Anwender, der die in Teil I vorgestellten Syntax-Regeln und das SAS-Hilfesystem beherrscht, auch mit solchen Verfahren arbeiten können, die nicht explizit vorgestellt werden. Aufbauend auf der Text- und Grafikausgabe in Teil II sowie den Grundlagen der Statistik in Teil III stellt der Teil IV eine breites Spektrum statistischer Verfahren vor. Daneben ermöglichen die in Teil V vorgestellten Werkzeuge fortgeschrittenen Anwendern, auch eigene Verfahren selbst zu programmieren.

Mit diesem Buch lernen Sie interessante Winkel des SAS-Programmpakets kennen und können diese anschließend für Ihre Zwecke nutzen. Eine Vielzahl von Beispielen und Übungsaufgaben mit Lösungshinweisen im Anhang laden zum Ausprobieren der zuvor vorgestellten statistischen Verfahren ein. Die dabei benötigten Datensätze und SAS-Programme finden Sie unter `http://www.statistik.uni-dortmund.de/~sas/`.

Bei der Entstehung dieses Buches haben zahlreiche weitere Personen mitgewirkt: Matthias Arnold bei der Texterstellung, Claudia Reimpell und Michaela Schoffer beim Korrekturlesen, Joachim Gerß und Andreas Christmann bei der Konzeption unserer Vorlesung, aus der dieses Buch entstand, die vielen Hörer der Vorlesung, die uns durch ihre Kritik und Anregungen sehr geholfen haben, Michael Barowski mit seiner Spezialkenntnis des DATA-Step sowie Uwe Ligges und Karsten Webel mit technischen und logistischen Hilfestellungen vielfältiger Art. Wir danken allen diesen Helfern herzlich für die Unterstützung und nehmen die Verantwortung für verbleibende Fehler und Unklarheiten gern auf uns.

Dortmund,   *Walter Krämer*
Juni 2004   *Olaf Schoffer*
                                                  Lars Tschiersch

Inhaltsverzeichnis

Teil II Präsentation und Aufbereitung von Ergebnissen

Teil III Grundlagen der Statistik

Teil IV   Spezialgebiete und Anwendungen

Einführung in die Benutzung von SAS

Grundlagen des Umgangs mit SAS

Das SAS-System ist ein umfangreiches, eigenständiges statistisches Programmpaket. Es arbeitet auf Großrechnern und PCs unter Betriebssystemen wie Unix, Linux, Mac OS oder Windows. Dieses Buch legt die Windows-Version zugrunde, aber der Großteil der hier vorgestellten Syntax läuft auch unter anderen Betriebssystemen.

Entwickelt wurde SAS als „Statistical Analysis System" vor rund 40 Jahren an der North Carolina State University in den USA unter dem geistigen Vater James H. Goodnight, dort Professor für Statistik. 1976 gründete Goodnight das SAS Institute Inc. in Cary, N.C. Mit über 13 000 Mitarbeitern und etwa 4,5 Millionen Anwendern ist es das weltweit größte Software-Unternehmen in Privatbesitz.

Zunächst als reines Statistik-Paket in Assembler und PL/I für Großrechner konzipiert, hat sich SAS heute zu einem umfassenden „Data Warehousing" und „Business Intelligence" System ausgeweitet. Inzwischen ist die Version 9.4 verfügbar, die dieser Auflage unseres Buches zugrunde liegt. Der nachfolgend vorgestellte Programmcode ist aber größtenteils auch unter Version 8 lauffähig. Notwendig zum Verständnis des Buches sind Grundkenntnisse des Betriebssystems sowie die Grundlagen der Datenspeicherung und elementare Statistik-Kenntnisse.

1.1 Der modulare Aufbau

Das Programmpaket SAS ist modular. Neben einem unverzichtbaren, minimalen Grundsystem gibt es weitere Module, die das Grundsystem ergänzen. Dieses umfasst die Module SAS/BASE, SAS/CORE und SAS/STAT und erlaubt das Einlesen, Verändern und Analysieren von Dateien.

Alle Module haben eine gemeinsame Befehlssyntax. Dazu kommt die in in SAS/BASE enthaltene Makro-Programmiersprache sowie die Matrix-Programmiersprache aus SAS/IML.

© Springer-Verlag GmbH Deutschland, ein Teil von Springer Nature 2018
W. Krämer et al., *Datenanalyse mit SAS®*, https://doi.org/10.1007/978-3-662-57799-8_1

Tabelle 1.1 zeigt die wichtigsten Module von SAS.

Tabelle 1.1: Die wichtigsten Module und ihre Funktion

Modul	Beschreibung
ACCESS	Schnittstelle zu Datenbanksystemen
AF	Interaktive Anwendungsprogrammierung zur automatisierten Datenanalyse
ASSIST	Interaktive, menügesteuerte Datenauswertung
CONNECT	Direkte SAS-zu-SAS-Verbindungen auf Client/Server-Basis Zugriff auf Daten und SAS-Software verschiedener Rechner
EIS	Objektorientierte Entwicklungsumgebung zum Erstellen von Managementsystemen (EIS - engl.: Executive Information System)
ETS	Ökonometrie und Zeitreihenanalyse (ETS - engl.: Econometrics and Time Series Analysis)
GRAPH	Erstellung von Grafiken
IML	Eigenständige Programmiersprache; behandelt Daten als Matrizen (IML - engl.: Interactive Matrix Language)
OR	Operations Research
QC	Statistische Qualitätskontrolle

1.2 Die SAS-Fenster

Nach dem Aufruf in Windows zeigt SAS die in Abbildung 1.1 dargestellte Arbeitsumgebung. Neben einer Menü- und Symbolleiste am oberen Bildschirmrand fällt die Zweiteilung des Fensters auf. Auf der linken Seite befindet sich der sogenannte „Explorer". Er listet die von SAS erzeugten Ergebnisse einer Datenanalyse auf. Nach dem Anklicken des Reiters *Results* erscheint eine Baumstruktur mit den bereits berechneten Ergebnissen. Der Reiter *Explorer* zeigt die in den verschiedenen Bibliotheken vorliegenden Datensätze. Näheres dazu in Kapitel 3.

Der für die Analyse von Daten entscheidende Teil der Arbeitsumgebung befindet sich auf der rechten Seite des Bildschirms: Der „Enhanced Editor" zur Eingabe von Programmcode sowie das Log-Fenster. Der „Enhanced Editor" heißt nachfolgend „Programmier-Fenster". Die Besonderheit dieses Fensters besteht im farbigen Hervorheben von Programmcode („Syntax-Highlighting"), wobei unterschiedliche Farben bereits während des Programmierens zeigen, ob die eingegebenen Befehle syntaktisch fehlerfrei sind. Im Programmier-Fenster kann der Anwender interaktiv Daten und Programmzeilen eingeben. Diese Art der Programmierung und Programmausführung heißt interaktiver Modus. Alternativ dazu sind bereits fertige SAS-Programme außerhalb der SAS-Umgebung im Batch-Modus aufzurufen. Dieses Buch beschäftigt sich ausschließlich mit dem interaktiven Modus.

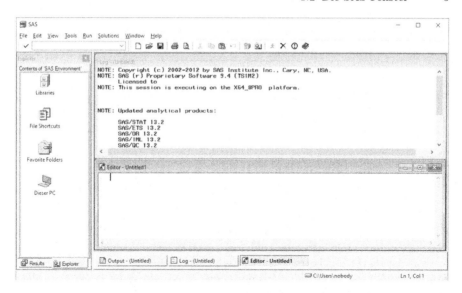

Abbildung 1.1: Die Arbeitsumgebung von SAS unter Windows

Das Log-Fenster protokolliert sämtliche von SAS erzeugten Ausgaben wie Fehlermeldungen (engl.: Error-Messages) oder Warnungen (engl.: Warning-Messages). Alle unkritischen Protokolleinträge beginnen mit `Note:`. Der Inhalt des Log-Fensters heißt fortan SAS-Log. Zu Beginn einer SAS-Sitzung erscheint im Log-Fenster ein Copyright-Hinweis sowie Informationen zur vorliegenden SAS-Lizenz.

Zunächst nicht sichtbar, ist unter dem Log- und dem Programmier-Fenster ein weiteres, das sogenannte „Output" bzw. Textausgabe-Fenster, geöffnet. Hier werden die textbasierten Analyseergebnisse angezeigt. Zusätzlich lässt sich ein weiteres Fenster für grafische Prozeduren, das Grafikausgabe-Fenster, öffnen.

Neben den Fenstern der Arbeitsumgebung befindet sich am oberen Bildschirmrand noch eine Menü- und Symbolleiste. Über die Menüeinträge und Symbole kann man Einstellungen vornehmen, zwischen den Fenstern wechseln, interaktive SAS-Assistenten aufrufen, SAS-Programme starten sowie Daten in SAS einlesen. Die Symbolleiste enthält größtenteils Symbole, die in anderen Windows-Anwendungen ebenfalls vorkommen. Nur die in Tabelle 1.2 dargestellten Symbole sind neu.

Tabelle 1.2: SAS-spezifische Symbole

Symbol	Beschreibung
	Startet ein SAS-Programm
	Löscht den Inhalt des aktivierten Programmier- oder Textausgabe-Fensters
	Unterbricht ein laufendes SAS-Programm
	Ruft die SAS-Hilfe auf

Mit der Version 9.4 erzeugt SAS neben einer Textausgabe standardmäßig auch eine sogenannte ODS-Ausgabe (näheres zu ODS siehe Abschnitt 5.3). Diese Ausgabe ist im HTML-Format und optisch ansprechender als die Textausgabe. Werden auch Grafiken erzeugt, so erscheinen diese ebenfalls in einer speziellen ODS-Version. Die so erstellten ODS-Ausgaben werden in einem Browser angezeigt. Zudem ist die Einflussnahme auf die Gestaltung beschränkt. Aufgrund der größeren Flexibilität und in Analogie zu früheren SAS-Versionen verzichten wir in diesem Buch auf diese automatische ODS-Ausgabe.

Um diese ODS-Ausgabe abzuschalten, ist im Menü Extras (engl. Tools) der Eintrag Optionen (engl. Options) und anschließend Einstellungen... (engl. Preferences...) auszuwählen. Im nun geöffneten Dialog-Fenster sind im Reiter Ergebnisse (engl. Results) die Einträge „Create HTML" sowie „Use ODS Graphics" abzuhaken. Abbildung 1.2 zeigt den Sachverhalt.

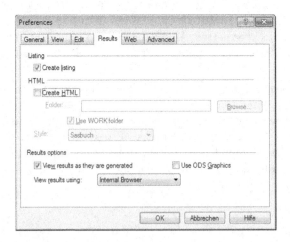

Abbildung 1.2: Abschalten der ODS-Ausgabe

1.3 Tastenkombinationen

Wie in vielen anderen Windows-Programmen lassen sich bestimmte Abläufe auch über Tasten steuern. Neben den allgemein unter Windows üblichen Tastaturkürzeln wie **STRG-A** (alles markieren), **STRG-C** (kopieren) und **STRG-V** (einfügen) gibt es SAS-eigene und benutzerdefinierte Tastaturkürzel.

Die Taste **F9** zeigt die aktuelle Tastaturbelegung an. Die Funktionstasten sind zunächst wie folgt belegt:

Tabelle 1.3: SAS-spezifische Tastenbelegung

Taste	Funktion
F1	Öffnet die SAS-Hilfe
F2	Erneuert die Bildschirmanzeige des aktuellen Fensters
F3	Startet ein SAS-Programm
F4	Stellt den zuletzt ausgeführten Programmcode im Programmier-Fenster wieder dar
F5	Setzt das Programmier-Fenster als aktives Fenster
F6	Setzt das Log-Fenster als aktives Fenster
F7	Setzt das Textausgabe-Fenster als aktives Fenster
F8	Startet ein SAS-Programm
F9	Zeigt die Tastaturbelegung an
F11	Setzt den Cursor in eine Kommandozeile zum Ausführen einzelner Befehle
Umschalt-F10	Öffnet das Kontextmenü des aktiven Fensters

Diese Tastaturbelegung kann man verändern. Dazu ist zunächst mittels **F9** die Tastaturbelegung zu öffnen. In der zweiten Spalte ist der Befehl einzutragen. Soll beispielsweise die Taste **F12** mit der Vollbilddarstellung von Fenstern verknüpft werden, ist neben **F12** der Befehl `zoom` einzutragen.

1.4 Struktur und Syntax von SAS-Programmen

SAS unterscheidet zwei grundlegende Strukturen: den DATA- und den PROC-Step. Der DATA-Step stellt Daten zur Analyse bereit. Die Analyse selbst findet im PROC-Step statt. Zur Einleitung dieser Strukturen gibt es in SAS feststehende Begriffe (Schlüsselwörter): `DATA` bzw. `PROC`, gefolgt von weiteren Angaben. Daran schließen sich weitere Befehle (Anweisungen, engl.: statements) an, eventuell durch nachstehende Optionen an bestimmte Situationen angepasst. Im Programmcode von SAS werden Optionen oft durch einen Schrägstrich (/) von den Anweisungen getrennt.

Der DATA-Step dient der Datenaufbereitung als Vorstufe zu deren späteren Analyse. Die Daten bilden eine Matrix, den Datensatz, mit den Variablen als Spalten und den Merkmalswerten dieser Variablen in den Zeilen. Eine vollständige Zeile des Datensatzes, beispielsweise die i-ten Merkmalswerte aller Variablen, heißt Beobachtung oder Datenzeile.

SAS unterscheidet zwei Typen von Variablen: numerische und alphanumerische. Die numerischen Variablen enthalten nur Zahlen, die alphanumerischen Variablen sowohl Zahlen als auch Buchstaben. Ein alphanumerischer Merkmalswert heißt auch Zeichenkette.

Der Programmcode von SAS, seien es vollständige Programme, -auszüge oder einzelne Anweisungen, ist in diesem Buch durch das Schriftbild zu erkennen. Für die ANWEISUNGEN, OPTIONEN und alle von SAS vorgegeben SCHLÜSSELWÖRTER werden ausschließlich Großbuchstaben verwendet. Variablen in einem Datensatz werden durch Groß- und Kleinschreibung gekennzeichnet. Ferner wird zwischen notwendigen und optionalen Argumenten unterschieden. Notwendige Argumente sind durch spitze Klammern (<...>), optionale Argumente durch eckige Klammern ([...]) gekennzeichnet.

Der SAS-Programmcode liest sich leichter, wenn er durch Einrücken und Absetzen von logisch zusammenhängenden Programmteilen strukturiert ist, wie das nachstehende einfache Beispielprogramm veranschaulicht.

```
DATA test;
  DO i=1 TO 10;
    OUTPUT;
  END;
RUN;
```

Die Beschränkung auf eine Anweisung oder einen Prozeduraufruf pro Zeile erhöht ebenfalls die Lesbarkeit. Sehr wichtig sind auch Kommentare. In SAS gibt es zwei Arten von Kommentaren. Ein einzeiliger Kommentar beginnt mit einem Stern (*) und wird durch ein Semikolon (;) abgeschlossen, beispielsweise

```
* Einzeiliger Kommentar ;
```

Soll der Kommentar mehr als eine Zeile umfassen, beginnt er mit /* und endet mit */, beispielsweise

```
/* Mehrzeiliger
   Kommentar    */
```

Im Programmier-Fenster erscheinen Kommentare grün. Fehlerfrei eingegebene Prozeduren (vgl. Abschnitt 1.4 und Kapitel 4) erscheinen dunkelblau, Anweisungen und Optionen hellblau, Zeichenketten violett. Alle Anweisungen, Optionen und Schlüsselwörter, die SAS nicht kennt, erscheinen rot. Auch das Log-Fenster ist durch Farben strukturiert. So erscheinen Warnungen grün und Fehlermeldungen rot, normale Hinweise (engl.: Note) blau.

Vor dem Ausführen von Programmen ist zu überprüfen, ob jede Programmzeile mit einem Semikolon endet. Bei der Angabe von Zeichenketten müssen diese in Anführungsstriche gesetzt sein. Die farbige Gestaltung innerhalb des Programmier-Fensters gibt Hinweise auf Fehler im Programm. Ist ein längerer Abschnitt violett dargestellt, deutet das auf nicht geschlossene Anführungszeichen hin. Auch Kommentare, die sich über mehrere Zeilen erstrecken, müssen wieder geschlossen werden.

Nach dem Programmaufruf ist im Log-Fenster unbedingt auf Warnhinweise und Fehlermeldungen zu achten.

Das Hilfesystem

Klassische Hilfe bietet das Benutzerhandbuch (engl.: User's Guide). Benutzerhandbücher gibt es zu jedem SAS-Modul. Ein Nachschlagen innerhalb der umfangreichen Benutzerhandbücher ist aber oft sehr mühsam und nur mit genauem Wissen über das Gesuchte zielführend. Erheblich komfortabler ist eine Suche über die „SAS Product Documentation", eine elektronische Umsetzung dieser Bücher als HTML-Hilfe. Sie ist im Internet unter http://support.sas.com/documentation/index.html oder auf einem separaten Datenträger erhältlich.

Zusätzlich sind mehrere Hilfestellungen in SAS selbst vorhanden. Neben den implementierten Assistenten, auf die Kapitel 20 noch eingeht, ist dies die CHM-Hilfe „SAS System Help". Sie ist direkt aus SAS aufrufbar und vergleichbar mit der Online-Hilfe in früheren Versionen oder anderen Windows-Anwendungen.

2.1 SAS System Help

Die SAS System Help ermöglicht eine Schnellsuche nach Begriffen, Anweisungen, Prozeduren etc. Sie ist aktueller als die SAS Product Documentation, aber nicht so umfangreich. SAS System Help erfordert mindestens Microsoft Internet Explorer Version 5 und wird durch die Taste **F1** gestartet (alternativ auch über das Menü oder die Symbolleiste). Sie ist jedoch nur bei Verwendung der Tastatur kontextsensitiv. Ist das Log-Fenster aktiviert, beispielsweise durch die Taste **F6**, und wird dann die Hilfe mittels des Tastaturkürzels **F1** aufgerufen, erscheinen Informationen zum Log. Ist eine Prozedur markiert, beispielsweise PROC PRINT, so erscheinen Informationen zu dieser Prozedur.

© Springer-Verlag GmbH Deutschland, ein Teil von Springer Nature 2018
W. Krämer et al., *Datenanalyse mit SAS®*, https://doi.org/10.1007/978-3-662-57799-8_2

2.2 SAS Product Documentation

Die umfangreiche „SAS Product Documentation" ist im Internet frei verfügbar und wird dort regelmäßig aktualisiert. Sie enthält die elektronische Umsetzung sämtlicher User's Guides sowie die Neuheiten, welche mit der Einführung der Versionen 9.2, 9.3 und 9.4 hinzugekommen sind („What's New in SAS"). Für diese Hilfe ist ein Standardbrowser notwendig, beispielsweise Mozilla Firefox oder Google Chrome, welcher u. a. Javascript Funktionalität aufweisen muss.

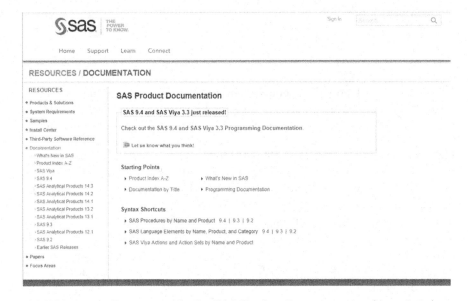

Abbildung 2.1: Browseransicht der SAS Product Documentation (Ausschnitt)

Die wichtigen Auswahlmöglichkeiten sind unter der Überschrift „Syntax Shortcuts" zusammengefasst (vgl. Abbildung 2.1). Hier lässt sich mit Hilfe der Menüpunkte „SAS Procedures by Name and Product" und „SAS Language Elements by Name, Product, and Category" die gesuchte Dokumentation auswählen. Dazu ist auf die jeweils relevante Versionsnummer, z. B. 9.4, zu klicken. Hinzu kommt eine allgemeine Suche über alle Dokumente, indem ein Suchbegriff in Dialogleiste „Search" am oberen Bildschirmrand eingegeben wird.

Der Menüpunkt „SAS Procedures by Name and Product" zeigt eine Liste aller Prozeduren entweder alphabetisch oder nach Modulen („Product") sortiert an. Die Auswahl einer Prozedur aus der Liste lädt die entsprechenden Information auf. Dabei erscheint auf der linken Bildschirmseite eine Navigationsleiste der Prozeduren, wobei die gewählte farblich markiert ist. Auf der rechten Seite erscheint die Information zu dieser Prozedur: Ein Überblick, eine

Zusammenfassung der Leistungsmerkmale, Beispiele für die Funktionalität und im Abschnitt „Syntax" Aufschluss über die Anweisungen und Optionen.

Mit der Auswahl des Menüpunkts „SAS Language Elements by Name, Product, and Category" erscheint auf der linken Bildschirmseite eine Navigationsleiste, in welcher aus den verschiedenen Bereichen der Programmierung ausgewählt werden kann. Die Auswahl umfasst beispielsweise DATA-Step-Optionen, Funktionen im DATA-Step, globale Anweisungen, Formate bzw. Informate. Stets lässt sich eine alphabetische Liste anzeigen, welche ein schnelles Auffinden ermöglicht.

Beispiel 2.1: Suchen in der SAS Product Documentation

Mittels „SAS Procedures by Name and Product" → „SAS Procedures by Name" → „F" → „FREQ" findet man einen Eintrag zu der Prozedur FREQ. Der Überblick (Menüpunkt „Overview") zeigt, was die Prozedur leistet: Häufigkeits- und Kontingenztafeln (vgl. Kapitel 7). Es stellt sich jedoch die Frage, ob andere Prozeduren ebenfalls Kontingenztafeln berechnen können. Dazu gibt man unter Search (vgl. Abbildung 2.1) den gesuchten Begriff (auf englisch) „contingency" ein und sendet die Suche ab. Diese liefert 1 358 Treffer. Soll die Suche noch weiter verfeinert werden, ist beispielsweise neben dem Begriff „contingency" auch der Begriff „table" einzugeben. Dies schränkt die Trefferliste auf 1 320 ein. Über der Trefferliste gibt es den Menüpunkt „Refine Search". Klappt man das Menü durch klicken auf den Pfeil nach unten auf, erhält man drei mögliche Filter „Site Area", „Product" und „SAS Releases". Einschränken der Treffer mittels „SAS Releases" → „9.4" schränkt die Suche auf 527 Treffer ein. Durch den zusätzlichen Filter „Site Area" → „Documentation" verringert sich die Trefferzahl auf 512. Allerdings ist der Trefferliste auch zu entnehmen: Die Suche ist nicht auf die Kombination von „contingency table" beschränkt, sondern es werden sowohl die einzelnen Begriffe als auch nach der Kombination gesucht. Mit Einschluss des Suchbegriffs in Anführungszeichen wird ausschließlich nach der gesamten Begriff gesucht. Dies verringert die Trefferliste auf 421. Ein genauerer Blick auf die Trefferliste zeigt, dass sich Kontingenztafeln neben der Prozedur FREQ auch mit den Prozeduren CATMOD, CORRESP und NPAR1WAY berechnen lassen. Zudem gibt es eine Berechnungsmöglichkeit in SAS/IML.   □

Der DATA-Step

Dieses Kapitel bildet die Grundlage für alle Datenanalysen. Wie werden Daten in SAS erzeugt, eingelesen, gespeichert und verändert? Das alles erfolgt innerhalb des DATA-Step. Dessen Verständnis ist also notwendig für ein sinnvolles Herangehen an statistische Auswertungen. Denn Auswertungen basierend auf inkorrektem Datenmaterial führen zu fehlerhaften Ergebnissen.

3.1 Struktur im DATA-Step

In SAS haben alle Datensätze einen eindeutigen Namen. Der Befehl

```
DATA <Name>;
```

erzeugt einen Datensatz, welcher fortan unter dem Schlüsselwort

```
<Name>
```

ansprechbar ist. Mit jedem Aufruf von `DATA <Name>;` wird ein neuer Datensatz erzeugt. Wird ein bereits bestehender Name erneut verwendet, geht der zuerst angelegte Datensatz verloren.

Beispiel 3.1: Anlegen eines Datensatzes

```
DATA A;
  ...
RUN;
```

Dieser DATA-Step erzeugt einen Datensatz mit dem Namen `A`. □

In Beispiel 3.1 endet der DATA-Step mit einem `RUN;`. Erst diese Anweisung erzeugt den Datensatz endgültig. Grundsätzlich ist jede Programmzeile in SAS mit einem Semikolon (;) abzuschließen.

© Springer-Verlag GmbH Deutschland, ein Teil von Springer Nature 2018
W. Krämer et al., *Datenanalyse mit SAS®*, https://doi.org/10.1007/978-3-662-57799-8_3

Es gibt zwei Typen von Datensätzen, temporäre und permanente. Datensätze, die am Ende der SAS-Sitzung wieder gelöscht werden, heißen temporär. SAS speichert temporäre Datensätze für die Dauer der Arbeitssitzung in einem Verzeichnis auf der Festplatte zwischen. Dieses Verzeichnis ist installations-abhängig und befindet sich oft im Benutzerprofil.

Datensätze, die auch in späteren SAS-Sitzungen zur Verfügung stehen, hei-ßen permanent. Permanente Datensätze erzeugt man mit dem Schlüsselwort LIBNAME (für Bibliotheksname, engl.: Libraryname). Dieser Bibliotheksname verweist dabei SAS-intern auf ein vom Anwender festgelegtes Verzeichnis. Die-ses Verzeichnis muss existieren. Eine Ausnahme bildet der weiter unten be-schriebene Bibliotheksname WORK, welcher zur temporären Speicherung dient.

Beispiel 3.2: Bibliotheken mit der Anweisung LIBNAME

Nachstehendes Programm legt die Bibliothek SAS_Buch an und erzeugt den permanenten Datensatz Test.

```
LIBNAME SAS_Buch 'C:\SAS-Buch';
 DATA SAS_Buch.Test;
 ...
RUN;
```

Der Bibliotheksname ist hier SAS_Buch und verweist auf *C:\SAS-Buch*. Der Datensatz heißt Test.   □

Der zugewiesene Bibliotheksname geht nach der SAS-Sitzung verloren. Der angelegte Datensatz bleibt jedoch im Verzeichnis erhalten. Den Verweis durch LIBNAME muss man im Verlauf der nächsten SAS-Sitzung wieder herstellen, sofern man auf den gespeicherten Datensatz erneut zugreifen möchte. Der Bibliotheksname muss nicht der gleiche sein wie zuvor.

In der Standardinstallation von SAS gibt es vier stets verfügbare LIBNAMES. Diese sind SASHELP, MAPS, SASUSER sowie WORK. MAPS enthält Datensätze zur Erzeugung von Landkarten (siehe Abschnitt 6.3), in WORK speichert SAS tem-poräre Datensätze. Ohne Angabe von Bibliotheksnamen benutzt SAS stets WORK. Jeder Datensatz, ob temporär oder permanent, bekommt von SAS die Dateiendung *.sas7bdat* (ab Version 8). Bei älteren Versionen (etwa V6.12) ist die Endung *.sd2*.

SASHELP enthält die Systemvoreinstellungen, wie etwa Schriftarten oder Aus-gabegeräte, SASUSER die Benutzereinstellungen, wie etwa Größe und Farbe der Fenster von SAS.

3.2 Ein Datensatz in SAS

Ein Datensatz besteht aus Variablen und Merkmalswerten dieser Variablen. Er hat die Form einer Tabelle. Jede Spalte steht für eine Variable. Jede

Zeile enthält die an einer Beobachtungseinheit gemessenen Werte dieser Variablen (Merkmalswerte). Numerische Variablen beinhalten dabei ausschließlich Zahlen, alphanumerische Variablen darüber hinaus auch Zeichen und Zeichenketten.

Um Variablen zu benennen, gibt es das Schlüsselwort `INPUT`, gefolgt von dem eigentlichen Variablennamen. Die Namen sind innerhalb gewisser Konventionen frei wählbar. So muss ein Variablenname mit einem Buchstaben beginnen; Leerzeichen oder in SAS benutzte Begriffe sind nicht erlaubt. Gültige Namen sind: `Geschlecht`, `Alter0_9`, `Rauchverhalten`, `a12def` und `Def1_Blutdruck`. Ungültige Namen sind: `1a` sowie `Das geht so nicht`.

Neben den vom Anwender vergebenen Variablennamen erzeugt SAS automatisch die Variable `_N_`. Sie speichert in jeder eingelesenen Zeile die aktuelle Beobachtungsnummer. In der Textausgabe erscheint diese Variable unter dem Namen `Obs`. Diese Variable ist nur in DATA-Steps verfügbar, nicht in PROC-Steps.

Beispiel 3.3: Ein typischer DATA-Step in SAS

```
DATA Daten1;
 INPUT Zahl;
 DATALINES;
    10
    20
    30
    40
    50
 ;
RUN;
```

Der Datensatz `Daten1` enthält `Zahl` als einzige Variable. Diese wird zeilenweise eingelesen. Zuerst die 10, dann die 20 usw. Gleichzeitig wird SAS-intern die Variable `_N_` schrittweise mit 1, 2, ..., 5 gefüllt. Dem Schlüsselwort `DATALINES` folgen ab der nächsten Zeile die eigentlichen Daten. Der Block mit den Daten schließt durch ein einzelnes Semikolon in einer separaten Zeile ab. Ältere SAS-Versionen verwenden statt `DATALINES` das Schlüsselwort `CARDS`, was noch auf die früher zur Dateneingabe verwendeten Lochkarten hinweist.

Eine Besonderheit bildet das freistehende Semikolon, das Zeichen, das die Dateneingabe nach `DATALINES;` beendet. Bei der Ausgabe erscheint der Datensatz im Textausgabe-Fenster in nachstehender Form:

```
Obs     Zahl
 1       10
 2       20
 3       30
 4       40
 5       50              □
```

Im Beispiel 3.3 wird in der INPUT-Anweisung die numerische Variable Zahl erzeugt. Bei alphanumerischen Variablen ist an den Variablennamen durch Leerzeichen getrennt ein $ anzufügen. Alphanumerische Variablen können beliebige Zeichen aufnehmen. Ist jedoch ein Leerzeichen in einem Merkmalswert enthalten, der mit einer alphanumerischen Variablen eingelesen werden soll, wird nur der Wert bis zum Leerzeichen gelesen. Das Leerzeichen dient als Trennzeichen zwischen den Merkmalswerten.

Das $-Symbol legt die Variable als alphanumerisch fest. Es gehört zu den Informaten. Daneben gibt es viele weitere Informate. Eine Liste gebräuchlicher Informate ist im Anhang C, die vollständige Liste in der SAS Product Documentation zu finden (vgl. Abschnitt 2.2).

Auch numerischen Variablen kann ein Informat zugewiesen werden, welches die Länge und Form der einzulesenden Zahl beschreibt. Standardmäßig hat eine Zahl in SAS maximal zwölf Ziffern, und zwar ausschließlich vor dem Dezimalpunkt (das BEST12. Informat). Sollen auch Nachkommastellen angegeben werden, erhält eine numerische Variable das Informat <x>.<y>. Beispielsweise wird durch Einnahme 5.2 eine numerische Variable namens Einnahme mit fünf Stellen (inkl. Dezimalpunkt und Vorzeichen) einschließlich zwei Nachkommastellen erzeugt, beispielsweise 54.32.

Beispiel 3.4: Verwendung von Informaten im DATA-Step

```
DATA Daten;
 INPUT Name $ Alter 2. Geschlecht $ 2. Monatsbeitrag 5.2;
 DATALINES;
   Meier 56 M 99.10
   Schmidt 50 F 2102
   Lehmann 45 F 23.20
 ;
 RUN;
```

In der INPUT-Anweisung wird Name als alphanumerische Variable festgelegt. Beim Einlesen erwartet SAS alphanumerische Merkmalswerte unterschiedlicher Länge. Alter ist eine numerische Variable der Länge 2. Auch für die Variable Geschlecht werden Merkmalswerte der Länge 2 eingelesen. Da als alphanumerisch deklariert, können beliebige Zeichen verwendet werden. Da eine feste Länge der Merkmalswerte vorgegeben ist, wird auch das Leerzeichen vor dem Zeichen für Geschlecht mit eingelesen und nicht als Trennzeichen behandelt. Für die Variable Monatsbeitrag wird das Informat 5.2 gewählt. Der Dezimalpunkt muss hierbei nicht mit eingetragen werden. □

Neben dem Informat gibt es auch eine Format-Angabe. Diese gibt an, wie SAS die Merkmalswerte ausgeben soll (vgl. Anhang C).

Die PUT-Anweisung gibt die eingelesenen Datenwerte in das LOG-Fenster aus. Dies dient beispielsweise zur Kontrolle eines korrekten Einlesevorgangs.

Beispiel 3.5: Ausgabe von Datenwerten mit der Anweisung PUT

Nachstehendes Programm gibt die eingelesenen Werte der Variablen Zahl im LOG-Fenster aus.

```
DATA Daten1;
 INPUT zahl;
 PUT zahl;
 DATALINES;
    10
    20
    30
    40
    50
 ;
 RUN;
```

3.3 Erzeugen von Daten

Zum Erzeugen von Daten verwendet man in SAS Schleifen. In einer Schleife werden Befehle wiederholt ausgeführt. SAS unterscheidet drei Varianten: DO...TO, DO...UNTIL und DO...WHILE. Allen gemeinsam sind die Schlüsselwörter DO und END. DO markiert den Schleifenbeginn und END das Schleifenende. Dazwischen sind die zu wiederholenden Befehle anzugeben.

Der erste Schleifentyp hat den Aufbau DO...TO...END und heißt Zählschleife. Hierbei ist die Schrittweite fest auf eins gesetzt, andernfalls ist zusätzlich noch das Schlüsselwort BY <Schrittweite> anzugeben.

Beispiel 3.6: Zählschleife mit der Anweisung DO...TO

Nachstehendes Programm addiert die Zahlen 1 bis 10.

```
DATA Zaehlen;
 x=0;
 DO i=1 TO 10;
  x=x+i;
 END;
 RUN;
```

Zunächst wird die Variable x auf Null gesetzt. Innerhalb der DO-Schleife wird der Wert von x jeweils um den Wert der Schleifenvariablen i erhöht. Der Datensatz Zaehlen enthält zwei Variablen mit jeweils einem Wert: x und i mit den Werten 55 bzw. 11 (nicht 10!).

Das Abarbeiten der Zeilen DO... bis END; ist ein sogenannter „Schleifendurchlauf". Soll in Beispiel 3.6 nur jede zweite Zahl addiert werden, verändert die Angabe von BY 2 die Schrittweite entsprechend.

Beispiel 3.7: Zählschleife mit der Anweisung DO...TO...BY

Nachstehendes Programm addiert die ungeraden Zahlen zwischen 1 und 10.

```
DATA Zaehlen2;
 x=0;
 DO i=1 TO 10 BY 2;
  x=x+i;
 END;
RUN;
```

BY 2 erhöht die Schrittweite der Zählschleife auf zwei. Der Datensatz
Zaehlen2 enthält zwei Variablen mit jeweils einem Wert: x und i mit den
Werten 25 bzw. 11.   □

Die Zählschleifen in den Beispielen 3.6 und 3.7 werden stets vollständig durchlaufen. Die zweite Schleifenvariante, die DO UNTIL-Schleife ist zu verwenden,
falls eine Schleife beim Eintreten einer Bedingung abbrechen soll. Der dritte
Schleifentyp ist die DO WHILE-Schleife. Dabei wird der Schleifendurchlauf abgebrochen, wenn die Bedingung verletzt ist. Die Zählschleife aus Beispiel 3.6
als DO WHILE-Schleife lässt sich wie folgt darstellen:

Beispiel 3.8: Zählschleife mit der Anweisung DO WHILE

Nachstehendes Programm addiert die natürlichen Zahlen sukzessive, bis die
Abbruchbedingung i<=10 verletzt ist.

```
DATA Zaehlen3;
 x=0;i=1;
 DO WHILE (i<=10);
  x=x+i;
  i=i+1;
 END;
RUN;
```

Der Datensatz Zaehlen3 enthält zwei Variablen mit jeweils einem Wert: x
und i mit den Werten 55 bzw. 11.

Das Höhersetzen der Zählvariablen i ist vom Anwender selbst zu veranlassen.
Andernfalls kommt es zu einer Endlosschleife; SAS kann die Schleife nicht
verlassen, weil die Abbruchbedingung (hier i<=10) niemals zutrifft. Außerdem sind Zählvariablen, genauso wie die Variable x, zu initialisieren. Ohne
Initialisierung erhält die Zählvariable i den Wert . (fehlender Wert, siehe
Abschnitt 3.6). Das ändert sich auch nicht durch die Zuweisung i=i+1;, es
bleibt bei i=., das Ergebnis ist erneut eine Endlosschleife (beachte: .+1=.).

Die Abbruchbedingung (hier i<=10) muss in runden Klammern stehen. Andernfalls führt das zu einer Fehlerausgabe im LOG-Fenster.   □

Die Beispiele 3.6 bis 3.8 erzeugen nur einen einzigen Wert für die Variable x.
Möchte man auf Werte jedes einzelnen Schleifendurchlaufs zurückgreifen, muss

die OUTPUT-Anweisung verwendet werden. Sie erzwingt das Herausschreiben der Werte aller Variablen in den Datensatz.

Sollen alle Werte der Kumulation für jeden Schleifenschritt in den Datensatz geschrieben werden, ist das Programm aus Beispiel 3.6 um diese Anweisung zu ergänzen.

Beispiel 3.9: Herausschreiben von Werten mit der Anweisung OUTPUT

Nachstehendes Programm erzeugt einen Datensatz mit allen Zwischenschritten der Zählschleife.

```
DATA Zaehlen4;
 x=0;
 DO i=1 TO 10;
  x=x+i;
  OUTPUT;
 END;
RUN;
```

Die OUTPUT-Anweisung bewirkt das Herausschreiben aller aktuellen Variablenwerte in den Datensatz Zaehlen4 für jeden Schleifenschritt. Die Variable i enthält die Werte 1, 2, ..., 10 und die Variable x enthält die Werte 1, 3, ..., 55.   □

Eine Besonderheit der Zählschleife in SAS ist die Möglichkeit, eine Werteliste zu durchlaufen. Die Werte in der Werteliste sind durch Kommata zu trennen.

Beispiel 3.10: DO-Schleife mit Werteliste

```
DATA A;
 DO i=1,1,2,3,3,3,7;
  OUTPUT;
 END;
RUN;
```

Die Variable i aus Datensatz A enthält die Werte $1, 1, 2, 3, 3, 3, 7$.

Die Angabe einer alphanumerischen Liste ist ebenfalls möglich. Das Programm

```
DATA B;
 DO i='SAS','a','b';
  OUTPUT;
 END;
RUN;
```

erzeugt die Textausgabe:

```
Obs    i

 1     SAS
 2     a
 3     b
```
□

3.4 Erzeugen von Zufallszahlen

In der Statistik benötigt man Zufallszahlen für eine Vielzahl von Verfahren. Beispiele sind Monte-Carlo-Methoden oder die Bestimmung von kritischen Werten für analytisch nicht darstellbare Verteilungen durch Simulation.

Die im Rechner durch deterministische Algorithmen erzeugten Zufallszahlen heißen Pseudozufallszahlen. Für einen gegebenen Startwert x_0 erzeugt SAS eine Folge rechteckverteilter Zahlen der Periode $2^{19937} - 1$ mit dem Mersenne-Twister-Verfahren (vgl. Matsumoto, Nishimura, 1998). Die so erzeugten Pseudozufallszahlen weisen ähnliche Eigenschaften wie echte Zufallszahlen auf. Der Zufallszahlengenerator ist von SAS fest vorgegeben, der Anwender hat jedoch Einfluss auf den Startwert x_0. SEED=<Wert> legt den Startwert fest. Ein positiver Startwert $x_0 \in \mathbb{N}$ erzeugt eine reproduzierbare Zahlenfolge. SEED=0 initialisiert x_0 unter Zuhilfenahme der Systemzeit. In diesem Fall ändert sich die Zahlenfolge bei jedem Aufruf. Tabelle 3.1 listet ausgewählte Verteilungen zur Zufallszahlenerzeugung in SAS auf.

Tabelle 3.1: Verteilungen für Pseudozufallszahlen in SAS

Schlüsselwort	Verteilung
NORMAL / RANNOR	Normal
RANBIN	Binomial
RANCAU	Cauchy
RANEXP	Exponential
RANGAM	Gamma
RANPOI	Poisson
RANTRI	Dreieck
RANUNI / UNIFORM	Rechteck

Beispiel 3.11: Erzeugen von Zufallszahlen mit der Funktion NORMAL

Nachstehendes Programm erzeugt 10 standardnormalverteilte Zufallszahlen.

```
DATA Zufall1;
  DO i=1 TO 10;
   zv=NORMAL(1);
   OUTPUT;
  END;
RUN;
```

Das Argument 1 in der Funktion NORMAL(<Argument>) setzt den Startwert x_0 auf 1 fest. Die so erzeugten Zufallszahlen sind reproduzierbar.   □

Basierend auf den im Intervall $[0, 1]$ rechteckverteilten Zufallszahlen erzeugt SAS Zufallszahlen aus beliebiger Verteilung durch Inversion der jeweiligen Verteilungsfunktion. Dies ist eine Anwendung des Hauptsatzes der Statistik (vgl. Büning, Trenkler, 1994). Das Transformieren von RANUNI mit der inversen Verteilungsfunktion durch den Anwender erzielt das selbe Ergebnis.

Beispiel 3.12: Erzeugen von Zufallszahlen mit dem Hauptsatz der Statistik
Nachstehendes Programm erzeugt 10 $F_{2,5}$-verteilte Zufallszahlen.

```
DATA Zufall2;
  DO i=1 TO 10;
   zv=FINV(RANUNI(0),2,5);
   OUTPUT;
  END;
RUN;
```

Das Argument 0 in der Funktion NORMAL(<Argument>) initialisiert den Startwert x_0 unter Zuhilfenahme der Systemzeit. Die so erzeugten Zufallszahlen sind nicht reproduzierbar.   □

Zufallszahlen aus beliebigen diskreten Verteilungen erzeugt man mit RANTBL(<seed>,<$p_1, ..., p_{n-1}$>), wobei p_i die Wahrscheinlichkeit für das Auftreten von i ist. n tritt mit Wahrscheinlichkeit $1 - \sum_{i=1}^{n-1} p_i$ auf.

Alternativ erzeugt man Pseudozufallszahlen mit RAND('<dist>', <Parameter>). dist steht für die Schlüsselwörter verschiedener Verteilungen und Parameter für deren charakterisierende Parameter.

Tabelle 3.2: Schlüsselwort für dist im Befehl RAND

Schlüsselwort	Verteilung
BERNOULLI	Bernoulli
BETA	Beta
BINOMIAL	Binomial
CAUCHY	Cauchy
CHISQUARE	χ^2
ERLANG	Erlang
EXPONENTIAL	Exponential
F	F
GAMMA	Gamma
GEOMETRIC	Geometrische
HYPERGEOMETRIC	Hypergeometrische
LOGNORMAL	Logarithmische Normal

(Fortsetzung nächste Seite)

Tabelle 3.2 (Fortsetzung)

Schlüsselwort	Verteilung
NORMAL	Normal
GAUSSIAN	Normal
POISSON	Poisson
T	t
TRIANGLE	Dreieck
UNIFORM	Rechteck
WEIBULL	Weibull

3.5 Einlesen von Daten

Wie in den Beispielen 3.3 und 3.4 gezeigt, kann man zwischen dem Schlüsselwort DATALINES und einem ; Daten selbst eintragen. Für größere Datenmengen ist das jedoch sehr aufwendig. Oft liegen die Daten in externen Dateien
bereits vor und man steht vor der Aufgabe, diese unterschiedlich formatierten
Daten einzulesen.

Den Einlesevorgang im DATA-Step steuert der Lesezeiger. Über Steuerbefehle
in der INPUT-Zeile eines DATA-Step kann der Lesezeiger auf eine beliebige
Stelle innerhalb der Datei zeigen (die Position im Datensatz, ab welcher der
nächste Merkmalswert eingelesen wird). Ohne Steuerung rückt der Lesezeiger
automatisch nach dem Einlesen eines Merkmalswerts zum nächsten weiter.
Ist eine Beobachtung komplett eingelesen, rückt der Lesezeiger automatisch
an den Anfang der nächsten Zeile.

Optionen an beliebiger Stelle in der INPUT-Anweisung

Der Lesezeiger wird durch Optionen am Ende der INPUT-Anweisung oder an
beliebiger Stelle der INPUT-Zeile beeinflusst. Die bisher betrachteten Optionen
in der INPUT-Zeile betrafen ausschließlich die Informate. Der Lesezeiger verfeinert zudem das Einlesen von Variablen verschiedener Länge. Informate mit
nachgestelltem Punkt legen fest, wie viele Zeichen erwartet werden. Eine Zah-
lenangabe ohne diesen Punkt bewegt den Lesezeiger auf die angegebene Position innerhalb der Beobachtungszeile.

Beispiel 3.13: Dateneinlesen mit Lesezeigeroptionen (Variante 1)
Nachstehendes Programm liest Daten spaltenorientiert ein.

```
DATA Eingabe;
 INPUT Name $ 1-10 Alter 11-12 Geschlecht $ 13
       Monatsbeitrag 14-18;
 DATALINES;
  Meier   56M10.10
  Schmidt 50M65.02
  Lehmann 45F71.20
  ;
RUN;
```

Durch diese Angaben können die Daten von SAS eingelesen werden, obwohl
nicht alle Merkmalswerte durch Leerzeichen getrennt sind. Die Leerzeichen bei
der Variablen `Name` zählen jetzt zum Merkmalswert. Die Angabe `Name $ 1-10`
liest für die Variable `Name` alphanumerische Werte aus den Spalten 1 bis 10
der Datenzeilen ein.   □

Zusätzlich zu dem spaltengebundenen Einlesen der Daten können hinter dem
Variablennamen und vor dem Informat noch die Zeichen : bzw. & angegeben
werden. Durch den Doppelpunkt beginnt das Einlesen des Merkmalswerts
mit dem nächsten, von einem Leerzeichen verschiedenen Zeichen und endet
mit dem nächsten Leerzeichen. Das UND-Zeichen (&) verhält sich fast analog,
jedoch darf ein Leerzeichen innerhalb einer Zeichenkette vorkommen. Deshalb
ist das Ende jedes Merkmalswerts mit zwei Leerzeichen zu kennzeichnen.

Beispiel 3.14: Verwenden des Doppelpunkts in der `INPUT`-Anweisung

```
DATA Doppelpunkt;
 INPUT Name : $ Vorname $ Alter;
 DATALINES;
  Meier                 Paul 25
  Schmidt   Ulla 50
  Lehmann   Jens 34
 ;
RUN;
```

In diesem Datensatz sind die Merkmalswerte durch beliebig viele Leerzeichen
getrennt. Durch den Doppelpunkt kann dieser Datensatz dennoch fehlerfrei
eingelesen werden. Die zugehörige Textausgabe ist:

Obs	Name	Vorname	Alter
1	Meier	Paul	25
2	Schmidt	Ulla	50
3	Lehmann	Jens	34

□

Beispiel 3.15: Verwenden des &-Zeichens in der INPUT-Anweisung

```
DATA Ampersand;
 INPUT Name & $12. Alter;
 DATALINES;
  Paul Meier    25
  Ulla Schmidt  50
  Jens Lehmann  34

 ;
 RUN;
```

Gemäß der Angabe & können die Merkmalswerte für die Variable `Name` Leerzeichen enthalten. Der nächste Merkmalswert ist durch zwei Leerzeichen abgetrennt. Die zugehörige Textausgabe ist:

```
Obs        Name          Alter


 1      Paul Meier         25
 2      Ulla Schmidt       50
 3      Jens Lehmann       34
```

Die vorgestellten Zeichen : und & müssen jeweils hinter dem Variablennamen stehen. Als weiteres Zeichen ist der Trennstrich („-") von Bedeutung. Wenn mehrere Variablen gleichen Namens eingelesen werden sollen, die sich nur durch ihre Nummerierung unterscheiden, kann man mit `Variable1-Variable<n>` die Eingabe in der INPUT-Anweisung (gegenüber der Eingabe von `Variable1, Variable2, ..., Variable<n>`) vereinfachen. Durch diese Anweisung werden n Variablen angelegt, deren Namen sich ausschließlich durch ihre nachgestellte Nummer unterscheiden.

Die im weiteren Verlauf dieses Abschnitts vorgestellten Optionen können an beliebiger Stelle stehen. Ihre Reihenfolge ist jedoch nicht ohne Bedeutung. Durch das Setzen einer dieser Optionen an die falsche Position können Fehler beim Einlesen von Daten auftreten. Folgende Lesezeiger-Optionen sind möglich:

Tabelle 3.3: Lesezeigeroptionen

Option	Verhalten des Lesezeigers
@n	Liest Daten ab Spalte n
+n	Bewegt sich um n Spalten weiter nach rechts
#n	Bewegt sich um (n-1) Zeilen weiter nach unten
/	Zeigt auf Spalte 1 der nächsten Beobachtung

Anmerkung: Wird eine Beobachtung vollständig eingelesen, springt der Lesezeiger automatisch eine Zeile weiter. Die Angabe von #2 bewirkt dann *eine* weitere Zeile Vorschub.

Beispiel 3.16: Dateneinlesen mit Lesezeigeroptionen (Variante 2)

```
DATA Lesezeiger;
 INPUT +40 POS 1. +(-26) NAME $12. +6 Geschlecht $1. ;
 DATALINES;
  xvhdhdjshdjsdPaul Meier  747374M2828381ABCDE
  Herbert MeyerUlla Schmidt373729F0373482FGHIJ
  Oliver Kahn12Jens Lehmann125432M6476283KLMNO
 ;
RUN;
```

Es ergibt sich als Textausgabe:

```
Obs    POS       NAME        Geschlecht

 1      1     Paul Meier         M
 2      2     Ulla Schmidt       F
 3      3     Jens Lehmann       M
```

Mit +(-26) ist auch ein Rücksprung innerhalb der Datenzeile möglich. □

Optionen am Ende der INPUT-Anweisung

Mit @ können Beobachtungen von mehreren INPUT-Anweisungen eingelesen werden. Diese Option ist ebenfalls am Ende der INPUT-Anweisung zu verwenden.

Beispiel 3.17: Verschachteln von INPUT-Anweisungen mit der Option @

Nachstehendes Programm liest die Namen (Lisa, Hans, ...) abhängig von Gruppe ein.

```
DATA Test;
 INPUT Gruppe $ @;
 IF Gruppe='A' THEN INPUT NameG1 $;
   ELSE IF Gruppe='B' THEN INPUT NameG2 $;
 DATALINES;
  A Lisa
  B Hans
  A Lara
  B Gabi
 ;
RUN;
```

Die Merkmalswerte für die Variable NameG1 sind die Namen Lisa und Lara, falls Gruppe='A' sowie fehlende Werte, falls Gruppe='B'. Für die Variable

NameG2 ergeben sich als Merkmalswerte: Hans und Gabi, falls `Gruppe='B'` sowie fehlende Werte, falls `Gruppe='A'`.

Mit `IF` wird die `INPUT`-Anweisung abhängig von Variable `Gruppe` ausgeführt. Die `IF`-Anweisung wird in Abschnitt 3.7 ausführlich vorgestellt.   □

Die Option `@@` hält den Lesezeiger in der aktuellen Beobachtungszeile fest. Sie ist ausschließlich am Ende der `INPUT`-Zeile zu verwenden. Auf diese Weise können mehrere Beobachtungen pro Zeile eingelesen werden.

Beispiel 3.18: Festhalten des Lesezeigers mit der Option `@@`

Nachstehendes Programm liest mehrere Beobachtungen je Datenzeile ein.

```
DATA Test;
 INPUT Gruppe $ Name $ Punkte @@;
DATALINES;
 A Lisa 10 B Hans 9 A Lara 12 B Gabi 7
 ;
RUN;
```

Die Textausgabe hat folgende Gestalt:

Obs	Gruppe	Name	Punkte
1	A	Lisa	10
2	B	Hans	9
3	A	Lara	12
4	B	Gabi	7

□

3.6 Einlesen externer Dateien

Von SAS zu untersuchende Datensätze liegen oft als externe Dateien in verschiedensten Formaten vor. Ein gängiges Format für kleinere bis mittlere Datensätze ist das ASCII-Format. Weitere Möglichkeiten sind Excel- oder Access-Dateien. Größere Datenbestände liegen oft in Datenbanksystemen vor. Vielen dieser Datenbanken liegt die Programmiersprache SQL zugrunde. Auch SAS lässt SQL-Abfragen zu.

Zum Einlesen externer ASCII-Dateien braucht der DATA-Step einen entsprechenden Verweis, der sich von `LIBNAME` aus Abschnitt 3.2 unterscheidet. Ein `LIBNAME` verweist auf ein Verzeichnis auf der Festplatte, in dem sich SAS-Datensätze mit der Endung *.sas7bdat* befinden. Die `INFILE`-Anweisung zum Einlesen von ASCII-Dateien verweist nicht auf ein Verzeichnis der Festplatte, sondern auf die einzulesende Datei.

Beispiel 3.19: Einlesen externer Daten mit der `INFILE`-Anweisung

Nachstehendes Programm liest die Datei *beispiel.txt* im Verzeichnis *C:\SAS-Buch* ein.

```
DATA Extern;
 INFILE 'C:\SAS-Buch\beispiel.txt';
 INPUT A B C;
RUN;
```

Eingelesen werden die numerischen Variablen A, B und C. Durch `INFILE` entfällt die Dateneingabe im DATA-Step. In der einzulesenden Datei müssen ausreichend numerische, durch Leerzeichen getrennte, Merkmalswerte für die drei Variablen je Beobachtung vorhanden sein. □

Ungültige oder fehlende Merkmalswerte (engl.: „missings" bzw. „missing values" werden beim Einlesen numerischer Variablen durch einen Punkt (.) codiert. Sie werden im Folgenden als „fehlende Werte" bezeichnet. Bei alphanumerischen Variablen werden fehlende Werte als leere Zeichenketten codiert.

Bei einer zu geringen Zahl von Werten für eine Beobachtung springt der Lesezeiger normalerweise in die nächste Zeile. Um dies zu verhindern, gibt es in der `INFILE`-Anweisung die Option `MISSOVER`. Sie verhindert eine fehlerhafte Zuweisung der Merkmalswerte, indem fehlende Werte automatisch auf Punkt (.) gesetzt werden.

Die Anweisung `MISSING` ist zu verwenden, wenn neben ungültigen und fehlenden Merkmalswerten zusätzlich bestimmte Zeichen aus der Datenquelle als fehlende Werte interpretiert werden sollen. Zulässig sind die Zeichen A bis Z sowie der Unterstrich (_).

Beispiel 3.20: Codieren von fehlenden Werten mit der Anweisung `MISSING`

Nachstehendes Programm codiert A und X beim Einlesen als fehlende Werte.

```
DATA Fragebogen;
 MISSING A X;
 INPUT Nummer Frage @@;
DATALINES;
 1 2 2 3 3 A 4 2 5 5 6 X 7 A
 ;
RUN;
```

Die Werte 1 2 2 3 3 A 4 2 5 5 6 X 7 A sind typische Fragebogenwerte. Hierbei steht A beispielsweise für „Antwort abgelehnt" und X für „Frage nicht beantwortet".

In der `MISSING`-Anweisung sind die Zeichen anzugeben, welche als fehlende Werte behandelt werden sollen (hier: A und X). Greift der DATA-Step auf diese fehlenden Werte zurück, so ist dem Zeichen ein Punkt (.) voranzustellen. Statt A oder . ist beispielsweise .A zu verwenden (wichtig bei Vergleichen). □

Bei externen Daten beginnen die Merkmalswerte oft nicht in der ersten Zeile der Datei. Üblicherweise enthalten die ersten Zeilen die Variablennamen oder Erklärungen zu den Variablen. Diese sollen nicht eingelesen werden. Dazu ist eine Option in der `INFILE`-Anweisung vorgesehen, die den Lesezeiger auf die entsprechende Zeile setzt. Das erfolgt mit Lesezeiger-Anweisungen aus Tabelle 3.3, aber auch durch die Option `FIRSTOBS=<Zahl>`. Für den angegebenen Platzhalter `Zahl` ist die entsprechende Zeilennummer aus dem externen Datensatz anzugeben.

Beispiel 3.21: Überspringen von Datenzeilen mit der Option `FIRSTOBS=`
Nachstehendes Programm liest Daten der Datei *beispiel2.txt* ab der fünften Zeile ein.

```
DATA Beispiel2;
  INFILE 'C:\SAS-Buch\beispiel2.txt' FIRSTOBS=5;
  INPUT A B C;
RUN;                                                    □
```

Sind die externen Daten nicht durch Leerzeichen getrennt, führt die Anwendung der obigen `INFILE`-Anweisung zu Fehlern. Diese Fehler werden im LOG-Fenster aufgeführt (vgl. Abschnitt 1.2). Daher wird das durch die Datei vorgegebene Trennzeichen in der `INFILE`-Anweisung angeben. Die Option heißt `DELIMITER=` oder kurz `DLM=` gefolgt von der Angabe des Trennzeichens in ' '.

Beispiel 3.22: Angabe von Trennzeichen mit der Option `DELIMITER=`
Nachstehendes Programm liest Daten der Datei *beispiel2.txt* mit ; als Trennzeichen ein.

```
DATA Extern;
  INFILE 'C:\SAS-Buch\beispiel2.txt' DLM=';' ;
  INPUT a b c;
RUN;                                                    □
```

Die Verwendung anderer Trennzeichen ist dem Anwender überlassen. Dabei können auch mehrere Zeichen als Trennzeichen angegeben werden. Diese werden dann aber nur gemeinsam als Trennzeichen gewertet. Bei der Angabe von `DLM='abc'` wird `abc` als Trennzeichen erkannt, jedoch nicht `a`, `ab` oder `acb`. Sind durch Tabulator getrennte Merkmalswerte einzulesen, ist dieser als Sonderzeichen hexadezimal codiert anzugeben. Die Option lautet dann: `DLM='09'x`. Die Angabe von `x` erzwingt die hexadezimale Codierung. Die Codierung anderer Sonderzeichen ist der Zeichentabelle des jeweiligen Betriebssystems zu entnehmen.

Die Option `COLUMN=<Variablenname>` (kurz: `COL=<Variablenname>`) greift auf die aktuelle Position des Lesezeigers zu.

Beispiel 3.23: Positionsangabe des Lesezeigers mit der Option `COLUMN=`

Nachstehendes Programm liest aus der ersten Datenzeile die Ziffer 1, aus der zweiten Datenzeile die Ziffer 4 und aus der dritten Datenzeile die Ziffer 7 ein.

```
DATA Test;
 INFILE DATALINES COL=Position;
 INPUT @(Position+2) Ziffer $1.;
 DATALINES;
  1234567890
  1234567890
  1234567890
 ;
RUN;
```

Die Option `(Position+2)` versetzt die Position des Lesezeigers um 2 nach rechts. Der erste Merkmalswert der Variablen `Ziffer` wird in der ersten Datenzeile ab der Position 1+2 gelesen. Man beachte dabei die zwei durch die Programmstrukturierung entstandenen Leerzeichen zu Beginn der Datenzeilen. Anschließend springt der Lesezeiger in die nächste Datenzeile und liest einen weiteren Datenwert ab der Position 1+2+2. Der dritte Datenwert wird entsprechend ab der Position 1+2+2+2 der dritten Datenzeile gelesen. Die Textausgabe hat folgende Gestalt:

```
Obs     Ziffer

 1        1
 2        4
 3        7
```

Zum Einlesen mehrerer externer Dateien sind mehrere `INFILE`- und `INPUT`-Anweisungen in einem DATA-Step zu kombinieren.

Beispiel 3.24: Einlesen mehrerer externer Dateien

Nachstehendes Programm liest die Variablen `a` und `b` aus *datei1.txt*, die Variablen `c` und `d` aus *datei2.txt* und die Variablen `e` und `f` aus *datei3.txt* ein.

```
DATA Test;
 INFILE 'C:\SAS-Buch\datei1.txt';
 INPUT a b;
 INFILE 'C:\SAS-Buch\datei2.txt';
 INPUT c d;
 INFILE 'C:\SAS-Buch\datei3.txt';
 INPUT e f;
RUN;
```

Eine Beobachtung setzt sich aus der jeweils zugehörigen Datenzeile der Dateien *datei1.txt* bis *datei3.txt* zusammen. Die erste Beobachtung setzt sich demnach aus den Datenwerten der ersten Zeile von *datei1.txt* bis *datei3.txt* zusammen. □

3.7 Filtern und Transformieren von Daten

Die vorangegangenen Abschnitte 3.1 bis 3.5 zeigen, wie in SAS Datensätze erstellt werden. Für die spätere Datenanalyse sind diese Datensätze oft noch geeignet anzupassen. So verändern mathematische oder logische Ausdrücke die vorhandenen Variablen. Zusätzlich selektiert die Anweisung KEEP zur Analyse benötigte Variablen. Die übrigen Variablen werden aus dem erzeugten SAS-Datensatz entfernt. DROP löscht hingegen die angegebenen Variablen und erhält die übrigen. Sollen Beobachtungen aus dem Datensatz entfernt werden, ist die Anweisung DELETE in Verbindung mit bedingten Anweisungen zu verwenden, welche weiter unten vorgestellt werden.

Die Anweisung KEEP <Variable(n)> bzw. DROP <Variable(n)> kann an beliebiger Stelle im DATA-Step erfolgen. Alternativ erfolgt die Variablenselektion bzw. der Variablenausschluss direkt in der DATA-Zeile mit den Optionen (KEEP=<Variable(n)>) und (DROP=<Variable(n)>). Im Gegensatz zu den gleichnamigen Anweisungen werden bei dieser Optionen nur die spezifizierten Variablen eingelesen. Dies ermöglicht eine schnellere Programmausführung und ist insbesondere für große Datensätze wichtig.

Beispiel 3.25: Variablenauswahl mit der Anweisung KEEP

Nachstehendes Programm liest Daten aus dem externen Datensatz *beispiel2.txt* und behält die Variablen a und b bei.

```
DATA A (KEEP=a b);
  INFILE 'C:\SAS-Buch\beispiel2.txt' FIRSTOBS=5;
  INPUT a b c;
RUN;
```

Hier wird die Variable c nicht in den Datensatz A eingefügt. Im weiteren Verlauf einer Analyse steht diese Variable damit nicht zur Verfügung. Gleiches ist durch Platzieren der KEEP-Anweisung nach INPUT zu erreichen. □

Zu einem identischen Ergebnis führt die DROP-Anweisung.

Beispiel 3.26: Variablenauswahl mit der Anweisung DROP

Nachstehendes Programm liest Daten aus dem externen Datensatz *beispiel2.txt* und entfernt Variable c aus dem Datensatz A.

```
DATA A;
 INFILE 'C:\SAS-Buch\beispiel2.txt' FIRSTOBS=5;
 INPUT a b c;
 DROP c;
RUN;
```

Die Anweisung

```
FORMAT <Variablenname> <Format>
```

weist einer Variablen ein Format zu. Es können auch mehrere Variablen innerhalb dieser Anweisung mit Formaten versehen werden. Dazu werden die zuzuweisenden Formate den jeweiligen Variablennamen nachgestellt. Statt

```
<Variablenname> <Format>
```

wird

```
<Variable_1> <Format_1> ... <Variable_n> <Format_n>
```

verwendet.

Die Anweisung

```
LABEL <Variablenname>='<Bezeichnung>'
```

ordnet einer Variablen für die Ergebnisausgabe neben dem Variablennamen eine aussagekräftigere Bezeichnung zu, als es der Variablenname erlaubt. Diese Bezeichnung darf bis zu 256 Zeichen, darunter auch Leerzeichen, enthalten.

Auch mehrere Variablen innerhalb einer LABEL-Anweisung können mit Bezeichnungen versehen werden. Dazu werden die zuzuweisenden Bezeichnungen den jeweiligen Variablennamen nachgestellt. Statt

```
<Variablenname>='<Bezeichnung>'
```

wird

```
<Variable_1>='<Bezeichn._1>' ... <Variable_n>='<Bezeichn._n>'
```

verwendet.

Beispiel 3.27: Variablenbeschreibung mit der Anweisung LABEL

Nachstehendes Programm ordnet den Variablen a und b eine Kurzbeschreibung zu.

```
DATA Test;
  INPUT a b;
  LABEL a='Ungerade' b='Gerade';
  DATALINES;
   1 2
   3 4
   ;
RUN;
```

Die zugehörige Textausgabe ist:

```
Obs   Ungerade   Gerade

 1        1         2
 2        3         4
```

Die Variablennamen a und b werden in der Textausgabe durch Ungerade bzw. Gerade ersetzt, sofern in der Ausgabeprozedur die Option LABEL verwendet wird.   □

Bedingte Programmausführung mit IF...THEN...ELSE

Neue Variablen in Abhängigkeit von den Merkmalswerten bereits vorhandener Variablen erzeugt man mit mathematischen Ausdrücken und bedingten Anweisungen wie IF und SELECT. Nachfolgend wird ausschließlich die IF-Anweisung vorgestellt. SELECT bietet eine zu IF identische Funktionalität, erlaubt jedoch gegenüber komplex verschachtelten IF-Anweisungen eine effizientere Programmausführung.

Anders als andere Programmiersprachen kennt SAS zwei Typen von IF-Anweisungen, die selektive und die bedingende Anweisung. Bei der selektiven Anweisung steht nach IF ausschließlich eine Bedingung, keine THEN-Anweisung. Damit verbleiben nur Beobachtungen im DATA-Step, die diese Bedingung erfüllen.

In der bedingenden Anweisung ist nach IF <Bedingung> ein THEN <Befehl1> zu verwenden. Optional kann anschließend die Anweisung ELSE <Befehl2> verwendet werden. Die bedingende IF-Anweisung führt den Befehl1 nur bei Erfüllung der Bedingung aus. Ansonsten wird nur der nach ELSE stehende Befehl2 ausgeführt.

Zum Vergleich von Merkmalswerten sind Operatoren notwendig. Dafür sind zwei Schreibweisen möglich.

Tabelle 3.4: Vergleichsoperatoren für die Verwendung im DATA-Step

Operator	Bedeutung	Beispiel
EQ oder =	$=$	a = 14
NE oder ~=	$\neq$	a ne 14
LT oder <	$<$	a < 14
GT oder >	$>$	a gt 14
GE oder >=	$\geq$	a >= 14
LE oder <=	$\leq$	a le 14
IN	$\in$	a in(14,15,17)

Wird ein Vergleich mit einem fehlenden Wert durchgeführt, wird dieser fehlende Wert als $-\infty$ gewertet.

Beobachtungen können durch IF-Anweisungen gelöscht werden. Dazu wird als Befehl hinter dem THEN die Anweisung DELETE verwendet. Die Programmzeile

```
IF a > 5 THEN DELETE
```

löscht alle Beobachtungen, für die a > 5 gilt. Gleiches lässt sich mit Hilfe der selektiven IF-Anweisung realisieren. Hier lautet die Anweisung:

```
IF a > 5
```

Beispiel 3.28: Verwenden der IF-Anweisung

Befehl	Beschreibung
IF a=1 THEN b=2	Zuweisen der Variablen b in Abhängigkeit von a
IF a lt 500	Einlesen der Daten, solange a < 500
IF a>=100 THEN OUTPUT	Schreiben der Daten, solange a $\geq$ 100

$\square$

Variablenindizierung mit ARRAY

Bei großen Datensätzen ist es hilfreich, Variablen zu indizieren. Dies erleichtert beispielsweise den Variablenzugriff innerhalb von Schleifen. Die „normalen" Variablennamen können zwar Zahlen enthalten (z. B. var1, var2, var3 usw.), diese Zahlen lassen sich aber nicht variabel ansprechen.

ARRAY ordnet Variablen zeitweilig Indexvariablen zu, welche durch ihren Index angesprochen werden.

Angenommen, es sind die Zufallsvariablen $Z_1, ..., Z_{100}$ zu addieren. Dazu ist zunächst für jede Zufallsvariable ein Variablenname zu vergeben. Gegeben seien hier die Variablen z1, z2, ..., z100. Eine Addition ist dann mit

```
z1 + z2 + ... + z100
```

möglich. Eine abkürzende Schreibweise wie $\sum_{i=1}^{100} z(i)$ ist hier nicht anwendbar. Die Anweisung ARRAY erlaubt die bequeme Summierung der Variablen z1 bis z100 durch zeitweilige Zuweisung der Indexvariablen y(1)=z1 bis y(100)=z100.

Beispiel 3.29: Summieren mit Arrays

Nachstehendes Programm summiert die Merkmalswerte der Variablen z1 bis z100 für jede Beobachtung und speichert diese Summe in der Variablen a.

```
DATA Test;
 SET A;
 ARRAY y {*} z1-z100;
 a=SUM(OF y(*));
 RUN;
```

Nach dem DATA-Step kann auf die Indexvariablen eines ARRAY nicht mehr zugegriffen werden. In dieser Hinsicht unterscheidet sich das in SAS verwendete ARRAY von Arrays anderer Programmiersprachen. Es ist lediglich ein Alias für ein einfaches Indizieren einer Gruppe von Variablen. Ein ARRAY-Name ist deshalb auch kein Variablenname. Die dabei zu verwendende Syntax lautet:

```
DATA <Datensatz>;
 ARRAY <Indexvariable> {<Dimension>} <Variable(n)>;
 ...
 RUN;
```

Die Variable ist innerhalb dieses DATA-Step sowohl durch die Indexvariablen als auch durch ihren eigentlichen Namen ansprechbar. Die Variable wird modifiziert, wenn die zugehörige Indexvariable modifiziert wird.

Die Größe (Dimension) eines ARRAY wird mit {<Dimension>} angegeben. Der Anwender kann das ARRAY selbst dimensionieren (Angabe einer Zahl für die Dimension) oder SAS diese vornehmen lassen. Für letzteres ist {*} zu verwenden. Innerhalb des DATA-Step kann die Arraygröße mit der Funktion DIM(<Indexvariable>) abgefragt werden. Die Funktion ist jedoch nur als obere Grenze in einer DO-Schleife zu verwenden. DIM ist auch dann anwendbar, wenn die Dimension des Arrays durch die Angabe von {*} festgelegt wurde.

Beispiel 3.30: Erstellen eines eindimensionalen Arrays

Nachstehendes Programm erzeugt 20 Variablen mit jeweils zehn Realisationen einer normalverteilten Zufallsvariablen. Der Erwartungswert der Zufallsvariablen variiert zwischen den Variablen.

```
DATA A(DROP=i j);
 ARRAY v {*} variable1-variable20;
 DO j=1 TO 10;
  DO i=1 TO 20;
   v(i)=NORMAL(0)+i;
  END;
  OUTPUT;
 END;
RUN;
```
□

Die bislang betrachteten Arrays sind eindimensional. In bestimmten Situationen, beispielsweise Temperaturmessung um 12 Uhr Mittags in drei verschiedenen Städten A, B und C, ist ein mehrdimensionales ARRAY notwendig.

Beispiel 3.31: Erstellen eines zweidimensionalen Arrays

Nachstehendes Programm listet für drei Städte die Temperaturen auf und rechnet zudem für die Stadt B diese von Fahrenheit in Grad Celsius um.

```
DATA TEMP (DROP=i j);
 ARRAY tempmess {3,4} t_A1-t_A4 t_B1-t_B4 t_C1-t_C4;
 INPUT t_A1-t_A4 t_B1-t_B4 t_C1-t_C4;
 DO i=1 TO 3;
  DO j=1 TO 4;
    IF i=2 THEN tempmess(i,j)=(tempmess(i,j)-32)*(5/9);
    tempmess{i,j}= ROUND(tempmess{i,j});
  END;
 END;
DATALINES;
 22.1 23.4 18.7 19.1
 48.0 52.3 48.5 39.9
 35.1 33.8 34.2 34.0
 ;
RUN;
```

Als Textausgabe ergibt sich:

Obs	t_A1	t_A2	t_A3	t_A4	t_B1	t_B2	t_B3	t_B4	t_C1	t_C2	t_C3	t_C4
1	22	23	19	19	9	11	9	4	35	34	34	34

Die `ARRAY`-Anweisung erzeugt ein zweidimensionales Array mit drei Zeilen und vier Spalten. Um die 12 Elemente des Arrays anzusprechen, sind zwei Indizes notwendig.   □

Wenn die Elemente des Arrays nur für die Dauer des DATA-Step zur Verfügung stehen sollen, werden die Variablennamen hinter `ARRAY` durch `_TEMPORARY_` ersetzt. Die Dimension ist in runden Klammern anzugeben. Die Elemente eines solchen temporären Arrays sind durch den Namen der Indexvariablen sowie den Index anzusprechen. Temporäre Arrays sind immer dann notwendig, wenn nur das Endergebnis von Berechnungen interessiert. Das Endergebnis muss dann aber in einer normalen Variablen gespeichert werden.

Beispiel 3.32: Temporäres Array mit der Option `_TEMPORARY_`

Nachstehendes Programm erzeugt ein temporäres Array.

```
DATA A;
  ARRAY b(20) _TEMPORARY_;
  DO i=1 TO 20;
    ...
  END;
RUN;
```
    □

Neben rein temporären Arrays sind auch numerische bzw. alphanumerische Arrays möglich. Auch diese benötigen keine Variablennamen, sondern, analog zur Option `_TEMPORARY_`, die Option `_NUMERIC_` bzw. `_CHARACTER_`.

Funktionen und Operatoren zur Transformation von Variablen

Viele Datenanalysen erfordern zuvor eine Transformation der Originaldaten. Zu diesem Zweck steht im DATA-Step eine Reihe von Funktionen zur Verfügung. Eine Transformation erzeugt aus einer bestehenden Variablen eine neue Variable, welche die veränderten Werte enthält. Dieses erfolgt unter Vergabe eines neuen Variablennamens, gefolgt vom Gleichheitszeichen und dem zuzuweisenden Wert (`x=0`) oder einem mathematischen Ausdruck (`x=sqrt(y)`). Ein Variablenname darf auch auf beiden Seiten des Gleichheitszeichens verwendet werden (z. B. `x=x+1`). Im Gegensatz zu anderen Programmiersprachen verwendet SAS das Gleichheitszeichen sowohl für Zuweisungen als auch für Vergleiche.

Tabelle 3.5: Mathematische Operatoren und Funktionen in SAS

Befehl	Funktion	Beispiel
+	Addition	a = 1 + 3
−	Subtraktion	a = 3 − 1
*	Multiplikation	a = 2 * 4
/	Division	a = 4 / 2
**	Potenzierung	a = 2 ** 2 $(\widehat{=} 2^2)$
ABS	Absolutbetrag	a = ABS(-2) $(\widehat{=} \mid -2 \mid)$
EXP	Exponentialfunktion	a = EXP(2)
MIN	Minimum	a = MIN(0,2,3,-2) (ergibt: -2)
MAX	Maximum	a = MAX(-2,-3,0,0.2) (ergibt: 0.2)
MOD	Divison mit Rest	a = MOD(28,3) (ergibt: 1)
LOG	natürlicher Logarithmus	a = LOG(3)
LOG2	Logarithmus zur Basis 2	a = LOG2(2)
LOG10	Logarithmus zur Basis 10	a = LOG10(2)
SQRT	Quadratwurzel	a = SQRT(25) (ergibt: 5)
SUM	Summe	a = SUM(28,3,4) (ergibt: 35)

Die Ausführungsreihenfolge für mathematische Operatoren in komplexen Ausdrücken entspricht den allgemeinen Rechenregeln.

Weiterhin stehen logische Operatoren für Vergleiche zwischen Variablen zur Verfügung. Diese sind AND und OR, abgekürzt & für AND bzw. | für OR.

Beispiel 3.33: Logische Operatoren

Nachstehendes Programm wendet die Operatoren AND und OR an.

```
DATA Operator;
 DO i=0,1;
  DO j=0,1;
   Und=i & j;
   Oder=i | j;
   OUTPUT;
  END;
 END;
RUN;
```

Die Textausgabe lautet:

```
Obs    i    j    Und    Oder

 1     0    0     0      0
 2     0    1     0      1
 3     1    0     0      1
 4     1    1     1      1
```

Neben diesen mathematischen Funktionen und Operatoren stehen ROUND, FLOOR, CEIL und INT zum „Beschränken" von Nachkommastellen zur Verfügung.

ROUND(<Argument>[,Einheit]) rundet das Argument kaufmännisch.

FLOOR(<Argument>) rundet das Argument ab.

CEIL(<Argument>) rundet das Argument auf.

INT(<Argument>) liefert den ganzzahligen Anteil des Arguments.

Beispiel 3.34: Beschränken von Nachkommastellen

	Argument		
Funktion	-2.1	2.1	2.77
ROUND	-2	2	3
FLOOR	-3	2	2
CEIL	-2	3	3
INT	-2	2	2

D.h. ROUND(2.77) = 3.

Wird in ROUND neben dem Argument auch noch die Rundungseinheit angegeben, sind auch nichtganzzahlige Rundungswerte möglich:

```
ROUND(2.77,0.1) = 2.8
ROUND(277,10)   = 280
ROUND(27.7,0.3) = 27.6
```

□

Die Funktion

```
MOD(<Argument1>, <Argument2>)
```

liefert den Divisionsrest von Argument1 und Argument2. Beide Argumente müssen numerisch, das zweite außerdem von Null verschieden sein. Die Angabe von x = MOD(28,3) liefert beispielsweise den Divisionsrest 1.

Eine Anwendung dieser Funktion ist die Auswahl von Beobachtungen im Datensatz. So wählt

```
IF MOD(_N_,2)=0
```

jede zweite Beobachtung des Datensatzes aus.

Auch statistische Funktionen sind im DATA-Step integriert. Die Funktion

```
MEAN(<Argument1>[, <Argument2>,...,<Argument(n)>])
```

berechnet das arithmetische Mittel $\bar{x} = \frac{1}{n}\sum_{i=1}^{n} x_i$. Anstatt Variablennamen durch Leerzeichen getrennt anzugeben, kann man auch gleichlautende Variablennamen, welche sich nur durch eine nachgestellte Zahl unterscheiden, mit der Bindestrich-Schreibweise sowie einem vorangestellten `OF` ansprechen. Sollen beispielsweise `Variable1`, `Variable2` bis `Variable5` gemittelt werden, erreicht man das mit

```
MEAN(OF Variable1-Variable5)
```

Die Standardabweichung berechnet man mit:

```
STD(<Argument1>, <Argument2>[,...,<Argument(n)>])
```

Eine Verwendung von Variablenlisten zusammen mit `OF` ist auch hier möglich.

Beispiel 3.35: Kennzahlberechnung mit den Funktionen `MEAN` und `STD`
Nachstehendes Programm berechnet das arithmetische Mittel und die Standardabweichung der Zahlen 1 bis 7.

```
DATA Mittelwert;
 m=MEAN(1,2,3,4,5,6,7);
 s=STD(1,2,3,4,5,6,7);
RUN;
```

Das Ergebnis lautet: `m` = 4 und `s` = 2.1602.   □

Weitere Kennziffern sind die Spannweite (engl.: Range), d. h. die Differenz zwischen Maximum und Minimum

```
RANGE(<Argument1>,<Argument2>[,...,<Argument(n)>])
```

oder die Summe

```
SUM(<Argument1>,<Argument2>[,...,<Argument(n)>])
```

Zwischen der Summation mit der Funktion `SUM` und der Vorschrift $x = x + 1$ ist folgender Unterschied zu bachten. Ist einer der Summanden ein fehlender Wert, liefert die Summation mittels $x = x + 1$ ebenfalls einen fehlenden Wert als Ergebnis. Die Funktion `SUM` hingegen summiert alle nicht fehlenden Werte auf und liefert somit ein Zahlenergebnis.
Mit

```
LAG[n](<Argument>)
```

greift man auf die vorherige Beobachtung zurück. `n` ist dabei optional. Ohne diese Angabe geht SAS genau einen Wert zurück. Mit der Angabe einer Zahl `n` ≥ 2 kann entsprechend `n` Beobachtungen zurückgegangen werden. Im Datensatz entspricht dies einem Verschieben der Merkmalswerte um `n` Zeilen „nach unten". Zu Beginn des Datensatzes wird die Variable, der die Funktion `LAG` zugewiesen wird, mit fehlenden Werten initialisiert. Die „über den Rand hinaus" geschobenen Werte entfallen.

Beispiel 3.36: Verzögern mit der Funktion LAG

Nachstehendes Programm erzeugt die Variablen x und y die um eine bzw. zwei Beobachtungen gegenüber der Variablen i verschoben sind.

```
DATA Verzoegerung;
  DO i=1 TO 10;
    x=LAG(i);
    y=LAG2(i);
    OUTPUT;
  END;
RUN;
```

Die Textausgabe lautet:

Obs	i	x	y
1	1	.	.
2	2	1	.
3	3	2	1
4	4	3	2
5	5	4	3
6	6	5	4
7	7	6	5
8	8	7	6
9	9	8	7
10	10	9	8

□

Die Funktion DIF[n] berechnet die Differenz zwischen dem aktuellen Merkmalswert einer Variablen und der n-ten Verzögerung (LAG[n]):

```
DIF[n](<Argument>)
```

Offensichtlich gilt:

```
DIF(x)=x - LAG(x)
```

Anmerkung: Die Spezifizierung der Zahl n in der DIF-Funktion bewirkt *nicht* das n-fache Hintereinanderausführen von DIF.

Beispiel 3.37: Differenzberechnung mit der Anweisung DIF

Nachstehendes Programm berechnet die Differenz von Beobachtungen und ihrem Vorgänger mit der Funktion DIF.

```
DATA A;
 DO i=1 TO 10;
  x=DIF(i);
  y=DIF2(i);
  z=DIF(DIF(i));
  OUTPUT;
 END;
 DROP i;
RUN;
```

Das Programm liefert die Textausgabe:

```
Obs    x    y    z

  1    .    .    .
  2    1    .    .
  3    1    2    0
  4    1    2    0
  5    1    2    0
  6    1    2    0
  7    1    2    0
  8    1    2    0
  9    1    2    0
 10    1    2    0
```

□

Die bisher in diesem Abschnitt betrachteten Funktionen verlangen numerische Argumente. Die folgenden Funktionen sind auf alphanumerische Variablen und Zeichenketten anwendbar. Die Funktion

```
LENGTH(<Argument>)
```

bestimmt die Anzahl der Zeichen des Arguments.

Beispiel 3.38: Bestimmen der Zeichenkettenlänge mit der Funktion LENGTH

Nachstehendes Programm bestimmt die Länge der Zeichenkette Statistik.

```
DATA A;
 x=LENGTH('Statistik');
RUN;
```

Die numerische Variable x erhält den Wert 9.   □

Die Funktion SUBSTR schneidet einen Teilbereich aus einer alphanumerischen Variablen heraus. Dies dient zur Zuweisung zu weiteren Variablen oder zur Veränderung von Teilbereichen.

Beispiel 3.39: Verändern von Zeichenketten mit der Funktion SUBSTR

Nachstehendes Programm beschneidet und verändert die Zeichenkette Statistik zu axis.

```
DATA A;
 x=SUBSTR('Statistik',3,4);
 PUT x;
 SUBSTR(x,2,1)='x';
 PUT x;
RUN;
```

Die erste SUBSTR-Funktion weist der Variablen x einen Teilbereich der Länge vier ab dem dritten Buchstaben aus dem Wort „Statistik" zu. Die Variable hat somit den Wert „atis".

Die zweite SUBSTR-Funktion ersetzt den aktuellen Wert der Variablen x („atis") an Position zwei durch ein anderes Zeichen (Buchstabe „x"). Die Variable x hat jetzt den Wert „axis".   □

Die allgemeine Syntax der SUBSTR-Funktion zum Auswählen eines Teilbereichs aus einer Zeichenkette lautet:

```
SUBSTR(<Argument>,<Startposition>[,Länge])
```

Hierbei wird ab der Startposition der als Argument angegebenen Zeichenkette ein Teilbereich herausgeschnitten. Durch zusätzliche Angabe der Länge wird festgelegt, wie viele Zeichen der Teilbereich umfassen soll. Ohne Längenangabe wird die gesamte Zeichenkette ab der Startposition herausgeschnitten.

Sind die Werte einer alphanumerischen Variablen durch Trennzeichen in verschiedene Bereiche unterteilt, lassen sich diese Bereiche bequem mit der SCAN-Funktion auswählen oder verändern. Zum Herausschneiden eines Teilbereichs aus einer als Argument gegebenen Zeichenkette, welcher durch Trennzeichen begrenzt wird (z. B. durch Leerzeichen), ist die Funktion

```
SCAN(<Argument>,<n>[,<Trennzeichen>])
```

zu verwenden. Dabei kann n positive und negative Werte umfassen. Wird eine positive natürliche Zahl angegeben, wird der Merkmalswert von links durchlaufen und der n-te durch Trennzeichen begrenzte Teilbereich ausgewählt. Mit einer negativen ganzen Zahl wird die Zeichenkette von rechts durchlaufen. Als Trennzeichen sind folgende Zeichen zugelassen:

```
Leerzeichen . < ( + & ! $ * ) ; ^ - / , % |
```

Beispiel 3.40: Bestimmen eines Teilbereichs einer Zeichenkette mit der Funktion SCAN

Nachstehendes Programm schneidet aus der alphanumerischen Variablen x den ersten, durch ein Leerzeichen abgetrennten, Bereich von rechts aus.

```
DATA A;
 x='Dies ist ein Text';
 y=SCAN(x,-1);
 PUT y;
RUN;
```

Die SCAN-Funktion liefert als Wert von y das Wort „Text". Wird statt der -1
eine 2 eingegeben, erhält y den Wert „ist".   □

Die Funktion

    INDEX(<Argument1>,<Argument2>)

gibt an, ob und an welcher Position eine vorgegebene Zeichenkette in einem
Merkmalswert vorkommt. Die Funktion liefert also die Startposition des zu
suchenden Ausdrucks zurück. Hierbei bezeichnet Argument1 den zu durchsu-
chenden Ausdruck und Argument2 denjenigen Ausdruck, der gesucht werden
soll.

Beispiel 3.41: Positionsbestimmung von Texten mit der Funktion INDEX
Nachstehendes Programm bestimmt die Position der Zeichenkette ein in den
Merkmalswerten der Variablen x1 und x2.

```
DATA A;
 x1='DiesisteinText';
 x2='Dies ist ein Text';
 y1=INDEX(x1,'ein');
 y2=INDEX(x2,'ein');
 PUT y1 y2;
RUN;
```

Die Variablen y1 und y2 erhalten die Werte 8 bzw. 10.   □

Die Funktionen TODAY() bzw. DATE() weisen ein Datum zu.

Beispiel 3.42: Bestimmen des Datums mit der Funktion TODAY()
Nachstehendes Programm bestimmt das aktuelle Systemdatum mit der Funktion TODAY() und formatiert dieses mit der FORMAT-Anweisung auf eine
deutschsprachige Datumsangabe.

```
DATA A;
 x=TODAY();
 FORMAT x DEUDFWKX30.;
 PUT x;
RUN;
```

Ohne die FORMAT-Anweisung wird das Datum als Zahl dargestellt, entsprechend dem Format, in dem das Datum SAS-intern vorgehalten wird. Dabei

wird jedem Tag eine Zahl zugeordnet, die der Anzahl von Tagen beginnend mit dem 1. Januar 1960 ($\widehat{=}1$) entspricht. Die Funktion DATE() kann äquivalent zu TODAY() verwendet werden. Zu Formaten siehe Anhang C.   □

TIME() liest die aktuelle Uhrzeit aus. Ohne eine entsprechende FORMAT-Angabe liefert TIME() die Zahl der Sekunden zwischen 0.00 Uhr und der aktuellen Uhrzeit.

3.8 Das Verknüpfen von Datensätzen

Zur Fehlerminimierung sollten einmal erzeugte Datensätze bei Programmausführungen weitestgehend unverändert bleiben. Zur Veränderung von Variablen eines Datensatzes wird dieser deshalb zunächst „vererbt". Vererben meint dabei das Übernehmen aller Variablen und ihrer Merkmalswerte in den neuen Datensatz. Beim Vererben ist es dann möglich, die Variablen mit den vorgestellten Zuweisungen und bedingten Anweisungen zu verändern. Der ursprüngliche (vererbende) Datensatz bleibt unverändert erhalten, nur der neue Datensatz wird verändert.

Anmerkung: Wird für den neuen Datensatz der Name des vererbenden Datensatzes verwendet, wird der Inhalt des ursprünglichen Datensatzes mit dem des neuen Datensatzes überschrieben.

Das Vererben selbst erfolgt mit den Anweisungen SET, MERGE bzw. MERGE BY und UPDATE.

Beispiel 3.43: Vererben von Datensätzen mit der Anweisung SET

Nachstehendes Programm vererbt den Datensatz A an Datensatz B.

```
DATA A;
 x=1;
RUN;

DATA B;
 SET A;
 y=x+1;
RUN;
```

Der erste DATA-Step erzeugt einen Datensatz mit der Variablen x. Diese hat den Merkmalswert 1. Mit SET A wird der komplette Datensatz A an den Datensatz B vererbt. In DATA-Step B wird die auf x basierende Variable y erzeugt. Der zugehörige Wert wird um eins erhöht. Der Datensatz A verändert sich nicht und hat folgende Gestalt:

```
Obs     x

 1      1
```

Der Datensatz B hingegen sieht aus wie folgt:

```
Obs     x     y

 1      1     2
```

Sollen nur Beobachtungen, welche eine bestimmte Bedingung erfüllen, in einen neuen Datensatz übernommen werden, ist die WHERE-Anweisung zu verwenden.

Beispiel 3.44: Beobachtungsauswahl mit der Anweisung WHERE

Nachstehendes Programm wählt Beobachtungen gemäß der Bedingung (i>20) & (i<40) aus.

```
DATA A;
 DO i=1 TO 100;
  x=i**3;
  OUTPUT;
 END;
RUN;

DATA B;
 SET A;
 WHERE (i>20) & (i<40);
RUN;
```

Datensatz B enthält nur die im Datensatz A verfügbaren Beobachtungen mit i zwischen 21 und 39.

Mit der Anweisung SET lassen sich auch mehrere Datensätze an einen einzelnen neuen Datensatz vererben (Verkettung). Zwei Datensätze werden verkettet durch:

```
SET <Datensatz1> <Datensatz2>
```

Sind die Variablennamen in beiden Datensätzen gleich, so werden die Merkmalswerte der Variablen aus Datensatz2 unten an die Merkmalswerte der entsprechenden Variablen aus Datensatz1 angefügt.

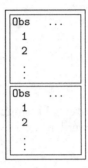

Abbildung 3.1: Schematische Darstellung zweier verketteter Datensätze mit identischen Variablen

Auch mehr als zwei Datensätze können so verkettet werden.

Sind die Variablen nicht in allen Datensätzen vorhanden, werden durch die SET-Anweisung die Merkmalswerte der identischen Variablen hintereinandergefügt. Die Merkmalswerte von Variablen, welche nicht in allen Datensätzen vorkommen, werden geeignet mit fehlenden Werten (.) aufgefüllt. Es ergibt sich das Schema aus Abbildung 3.2, die leerbleibenden Felder links unten und rechts oben werden durch fehlende Werte aufgefüllt.

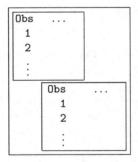

Abbildung 3.2: Schematische Darstellung zweier verketteter Datensätze mit teilweise gemeinsamen Variablen

Beispiel 3.45: Verketten zweier Datensätze mit der Anweisung SET

Nachstehendes Programm verkettet die Datensätze A und B mit teilweise gemeinsamen Variablen.

```
DATA A;
 x=1;
 y=1; OUTPUT;
 y=2; OUTPUT;
RUN;

DATA B;
 y=2;
 z=3;
RUN;

DATA C;
 SET A B;
RUN;
```

Die Textausgabe lautet:

```
Obs    x    y    z

 1     1    1    .
 2     1    2    .
 3     .    2    3
```

☐

Ist eine Variable in beiden Datensätzen vorhanden, ermöglicht SET gemeinsam mit der Anweisung BY das „sortierte Zusammenfügen" (Verschränken). BY verlangt zwingend eine Sortierung der einzelnen Datensätze nach der aufgeführten Variable.

Beispiel 3.46: Verschränken von Datensätzen mit der Anweisung SET...BY

Nachstehendes Programm verschränkt die Datensätze A und B bezüglich der gemeinsamen Variablen x.

```
DATA A;
 x=1; OUTPUT;
 x=3; OUTPUT;
RUN;

DATA B;
 x=2; y=1;
RUN;
```

```
DATA C;
 SET A B;
 BY x;
RUN;
```

Das Sortieren der Datensätze A und B entfällt, da diese durch ihren Aufbau bereits gemäß der Variablen x sortiert sind. Die Textausgabe für den Datensatz C lautet:

Obs	x	y
1	1	.
2	2	1
3	3	.

□

Datensätze können auch mit MERGE vereint werden. Während SET die Datensätze untereinander stellt, werden bei MERGE die Datensätze nebeneinander gestellt. Dabei gibt es verschiedene Möglichkeiten. Bei der 1:1-Zuordnung werden Datensätze mit verschiedenen Variablen vereint. Mit der Anweisung

```
MERGE <Datensatz1> <Datensatz2>
```

werden Beobachtungen des Datensatzes Datensatz2 neben die Beobachtungen des Datensatzes Datensatz1 gesetzt. Der jeweils kürzere Datensatz wird bis zur Länge des größeren Datensatzes mit fehlenden Werten aufgefüllt.

Beispiel 3.47: Vereinen von Datensätzen mit der Anweisung MERGE
Nachstehendes Programm stellt die Datensätze A und B nebeneinander.

```
DATA A;
 x=1;
 OUTPUT;
 x=2;
 OUTPUT;
RUN;

DATA B;
 y=1;
RUN;

DATA C;
 MERGE A B;
RUN;
```

Die resultierende Textausgabe für Datensatz C:

```
Obs    x    y

 1     1    1
 2     2    .
```
□

Beim Vereinen von Datensätzen mit teilweise verschiedenen Variablen werden die Variablen, die jeweils nur in einem Datensatz vorkommen, so vereint, wie bei der 1:1-Zuordnung. Beobachtungen von Variablen, welche in beiden Datensätzen vorkommen, werden zunächst aus Datensatz1 entnommen und anschließend mit den entsprechenden Beobachtungen aus Datensatz2 überschrieben.

Beispiel 3.48: Vereinen von Datensätzen mit der Anweisung MERGE

Nachstehendes Programm vereint Datensätze mit gemeinsamen Variablen.

```
DATA A;
 DO x=1 TO 3;
  OUTPUT;
 END;
RUN;

DATA B;
 x=4;
 y=5;
RUN;

DATA C;
 MERGE A B;
RUN;
```

Die resultierende Textausgabe ist:

```
Obs    x    y

 1     4    5
 2     2    .
 3     3    .
```

Anmerkung: Es entsteht nicht

```
Obs    x    y

 1     1    .
 2     2    .
 3     3    .
 4     4    5
```

denn es werden zunächst identische Variablen betrachtet und anschließend die Beobachtungen aus `Datensatz1` mit denen aus `Datensatz2` überschrieben. □

Möglich ist auch die Vereinigung zweier Datensätze durch Übereinstimmung. Das erfolgt analog zur `SET`-Anweisung mit `BY`. Die Vereinigung wird erneut gemäß der `BY`-Variablen durchgeführt, wozu beide Datensätze nach dieser sortiert sein müssen. Beobachtungen, die sich bezüglich der sortierten Variablen unterscheiden, werden gemäß ihrer Reihenfolge einsortiert. Ist der Wert gleich, wird die Beobachtung aus dem zweiten Datensatz verwendet.

Beispiel 3.49: Vereinen von Datensätzen mit der Anweisung `MERGE...BY`

Nachstehendes Programm vereint die Datensätze `A` und `B` gemäß der gemeinsamen Variablen `x`.

```
DATA A;
 x=1; OUTPUT;
 x=3; OUTPUT;
RUN;

DATA B;
 DO x=2,3;
  y=7-x;
  OUTPUT;
 END;
RUN;

DATA C;
 MERGE A B;
 BY x;
RUN;
```

Der durch das Vereinen erhaltene Datensatz hat die Gestalt:

Obs	x	y
1	1	.
2	2	5
3	3	4

Durch diese Vereinigung entsteht für die Beobachtung `x=3` kein fehlender Wert, da die Beobachtung aus dem zweiten Datensatz verwendet wird. □

Um die Vereinigung von Datensätzen besser nachvollziehen zu können, wird hinter einen Datensatznamen in runden Klammern die Option

```
IN=<Variable>
```

gesetzt. Sie erzeugt eine temporäre Variable, die den Wert eins erhält, wenn eine Beobachtung aus dem entsprechenden Datensatz stammt, und Null sonst.

Beispiel 3.50: Beobachtungsidentifikation mit der Option `IN=`

Nachstehendes Programm überprüft, welche Beobachtungen aus Datensatz `A` stammen.

```
DATA A;
 DO i=1 TO 5;
  x=i**3;
  OUTPUT;
 END;
RUN;

DATA B;
 DO i=1 TO 10;
  Y=(i+7)**2;
  OUTPUT;
 END;
RUN;

DATA C;
 MERGE A(IN=_z) B;
 BY i;
 IF _z THEN v='#';
RUN;
```

Das Programm erzeugt zwei Datensätze `A` und `B` mit fünf bzw. zehn Beobachtungen. Der Datensatz `C` entsteht durch das Zusammenfügen von `A` und `B` durch Übereinstimmung. Wird eine Beobachtung aus Datensatz `A` in `C` übernommen, so wird durch `IN` die temporäre Variable `z` auf den Wert 1 gesetzt, andernfalls auf 0. Die Variable `z` ist nur innerhalb des DATA-Step `C` verfügbar. Durch `IF` wird eine Variable `v` erzeugt und ihr, sofern `z=1` ist, der Wert `#` zugewiesen.

Die Textausgabe von Datensatz C hat die Gestalt:

Obs	i	x	Y	v
1	1	1	64	#
2	2	8	81	#
3	3	27	100	#
4	4	64	121	#
5	5	125	144	#
6	6	.	169	
7	7	.	196	
8	8	.	225	
9	9	.	256	
10	10	.	289	□

Die UPDATE-Anweisung ist ein Spezialfall der Vereinigung zweier Datensätze mit MERGE. UPDATE kann nur maximal zwei Datensätze vereinen. Die Anweisung

```
UPDATE <Datensatz1> <Datensatz2> BY <Variable(n)>
```

aktualisiert Datensatz1 mit Datensatz2. Die Merkmalswerte der BY-Variablen im vereinigten Datensatz werden vom zweiten Datensatz bestimmt. Variablen, die in beiden zu vereinigenden Datensätzen vorkommen, werden ebenfalls durch die Merkmalswerte dieser Variablen des zweiten Datensatzes überschrieben. Variablen, die nicht in beiden Datensätzen vorkommen, werden entsprechend durch fehlende Werte ergänzt.

Beispiel 3.51: Vereinen von zwei Datensätzen mit der Anweisung UPDATE
Nachstehendes Programm vereint die Datensätze A und B gemäß der gemeinsamen Variablen i.

```
DATA A;
 DO i=1 TO 10;
  x=1; y=1;
  OUTPUT;
 END;
RUN;

DATA B;
 DO i=5 TO 15;
  x=2; z=1;
  OUTPUT;
 END;
RUN;
```

```
DATA C;
 UPDATE A B;
 BY i;
RUN;
```

Die Textausgabe dazu lautet:

```
Obs      i     x     y     z

  1      1     1     1     .
  2      2     1     1     .
  3      3     1     1     .
  4      4     1     1     .
  5      5     2     1     1
  6      6     2     1     1
  7      7     2     1     1
  8      8     2     1     1
  9      9     2     1     1
 10     10     2     1     1
 11     11     2     .     1
 12     12     2     .     1
 13     13     2     .     1
 14     14     2     .     1
 15     15     2     .     1
```
□

Weitere Anweisungen des DATA-Step sind `RETAIN` und `RENAME`. `RETAIN` behält den Wert einer Variablen während der Ausführung des DATA-Step bei.

Im DATA-Step können Variablen nicht nur transformiert, sondern auch umbenannt werden. Die Anweisung

```
RENAME <Variable_alt> = <Variable_neu>
```

ändert den Namen der Variablen `Variable_alt` zu `Variable_neu`.

Neben den Anweisungen `SET` und `MERGE` des DATA-Step ermöglicht die Prozedur `DATASETS`, SAS-Datensätze zu verknüpfen oder zu löschen. Sie wird ausführlich in Kapitel 4 vorgestellt.

3.9 Prozeduren zum Datenimport und -export

Die Anweisung `INFILE` liest Datensätze mit einfachem Dateiformat und überschaubarer Größe ein. Für größere Datenmengen werden oft Datenbanken wie ORACLE, SYBASE oder DB2 verwendet. Datenbanken speichern die Informationen nicht mehr in ASCII-Dateien ab, sie haben vielmehr eine eigene, in einem normalen Texteditor nicht mehr lesbare, Dateistruktur. Der Zugriff auf derartige Dateien ist nicht innerhalb eines DATA-Step möglich, sondern ist mit Prozeduren des Moduls SAS/ACCESS bzw. SAS/ACCESS for PC Files umzusetzen.

Die ACCESS-Prozedur

Die Prozedur ACCESS liest Daten aus Datenbanken aus. Neben den vorgestellten Datenbankformaten liest ACCESS aber auch PC-basierte Dateiformate wie ältere Versionen von MS Access oder dBase, aber auch MS Excel (bis Version Excel95) ein. Der Import neuerer Dateiformate wie .xlsx ist mit dieser Prozedur nicht möglich.

Beispiel 3.52: Datenimport mit der Prozedur ACCESS

Nachstehendes Programm liest eine Excel-Datei als SAS-Datensatz ein.

```
PROC ACCESS DBMS=EXCEL;
 CREATE WORK.A.ACCESS;
  PATH='C:\SAS-Buch\Import.xls';
  WORKSHEET='Neu';
  GETNAMES YES;
 CREATE WORK.A.VIEW;
  SELECT ALL;
RUN;
```

Die Option DBMS= bestimmt das Datenformat. Das Schlüsselwort EXCEL wählt MS Excel. Die erste CREATE-Anweisung erstellt einen „View-Descriptor". Vereinfacht bedeutet das: Ein Datensatz wird angelegt und die Daten bereits eingelesen, auf die Daten kann jedoch noch nicht zugegriffen werden. Erst das zweite CREATE gibt die Daten zur Verwendung als SAS-Datensatz frei. Hierbei ist die Angabe einer bestehenden Bibliothek notwendig. Die SELECT-Anweisung legt durch das Schlüsselwort ALL oder alternativ die gewünschten Spaltennummern die einzulesenden Variablen fest. Die Anweisungen WORKSHEET= und GETNAMES sind MS Excel spezifisch. WORKSHEET wählt das Arbeitsblatt von Excel, aus welchem die Daten bezogen werden sollen. Die Angabe von GETNAMES YES bewirkt die Verwendung der Spaltenüberschriften in Excel als Variablennamen in SAS. PATH= gibt das Verzeichnis an, in dem sich die zu importierende Excel-Datei befindet.   □

Bei Datenbanksystemen ist es üblich, sich durch einen Benutzernamen und ein Kennwort zu authentifizieren. Diese Informationen werden durch die Anweisungen USER= bzw. PASSWORD= an die Datenbank weitergegeben.

Die DBLOAD-Prozedur

Die Prozedur DBLOAD ermöglicht das Schreiben von Daten aus SAS in Datenbanken. Sie besitzt eine zu PROC ACCESS ähnliche Syntax. Erneut wird ein

Datenbanksystem spezifiziert, in welches ein SAS-Datensatz exportiert werden soll.

Beispiel 3.53: Datenexport mit der Prozedur DBLOAD

Nachstehendes Programm exportiert einen SAS-Datensatz in eine Excel-Datei.

```
PROC DBLOAD DBMS=EXCEL DATA=WORK.A;
 PATH='C:\SAS-Buch\Export.xls';
 PUTNAMES YES;
 LIMIT=0;
 LOAD;
RUN;
```

Die Option `DBMS=` bestimmt das Datenformat der zu schreibenden Datei. Die Anweisung `PATH=` legt das Verzeichnis und den Dateinamen dieser Datei fest. Die Anweisung `PUTNAMES` gibt die Variablennamen des SAS-Datensatzes an die externe Datei weiter. `LIMIT=` bestimmt die Zahl der zu schreibenden Beobachtungen. `LIMIT=0` schreibt beispielsweise alle Beobachtungen heraus. Die Beobachtungen werden jedoch erst mit `LOAD` wirklich in die Datei geschrieben, sonst ist die exportierte Datei leer.   □

Die Anweisungen `USER=` und `PASSWORD=` sind wie bei `PROC ACCESS` zu verwenden.

Die IMPORT-Prozedur

Zum Einlesen von Daten aus neueren Versionen von PC-basierten Dateiformaten dient die Prozedur `IMPORT`. Die Funktionsweise ist analog zu `PROC ACCESS`. Es wird jedoch nicht erst ein „View-Descriptor" angelegt, sondern `IMPORT` erzeugt sofort einen SAS-Datensatz.

Beispiel 3.54: Datenimport mit der Prozedur IMPORT

Nachstehendes Programm liest eine Excel-Datei als SAS-Datensatz ein.

```
PROC IMPORT OUT=WORK.A DBMS=EXCEL
            DATAFILE='C:\SAS-Buch\Import.xls'
            REPLACE;
  SHEET="Neu";
  GETNAMES=YES;
RUN;
```

In den Datensatz `A` wird die Excel-Datei *Import.xls* aus dem Verzeichnis *C:\SAS-Buch* eingelesen. Es werden nur Daten aus dem Arbeitsblatt `Neu` berücksichtigt. Die Excel-Version ist Excel 97-2003. Die `REPLACE`-Option überschreibt einen möglicherweise existenten Datensatz `a`. `GETNAMES=YES` liest die Variablennamen aus und übernimmt diese in den SAS-Datensatz.   □

Tabelle 3.6 zeigt weitere Systeme, auf welche mit `PROC IMPORT` zugegriffen werden kann.

Tabelle 3.6: PC-Dateiformate für die Prozedur `IMPORT`

DBMS=	Datenquelle	Dateiendung
ACCESS	MS Access Version 2007, 2010	*.accdb*
ACCESS2000	MS Access Version 2000 - 2003	*.mdb*
CSV	Komma-separierte Datei (Comma-separated value)	*.csv*
DBF	dBase	*.dbf*
EXCEL	MS Excel Version 97 - 2003	*.xls*
EXCEL4	MS Excel 4	*.xls*
EXCEL5	MS Excel 5	*.xls*
EXCELCS	MS Excel Version 97 - 2010 unter Verwendung des PC File Server auf SAS unter UNIX	*.xls, .xlsx*
TAB	Tabulator getrennte Dateien	
WK1	Lotus 1	*.wk1*
WK3	Lotus 3	*.wk3*
WK4	Lotus 4	*.wk4*
XLS	MS Excel Version 97 - 2003	*.xls*
XLSX	MS Excel 2007, 2010	*.xlsx*

Insbesondere bei CSV-Dateien ist darauf zu achten, auf welchem Rechnersystem sie erstellt wurde. Im englischsprachigen Raum ist das Trennzeichen einer CSV-Datei stets ein Komma (,) während in Deutschland ein Semikoln (;) als Trennzeichen gewählt wird. Dies ist bei der Programmierung in SAS entsprechend zu berücksichtigen.

Bei Verwendung eines 64-Bit SAS ist eine Konvertierung von 32-Bit MS Office Dateien notwendig. Unter Windows wird die Konvertierung automatisch durchgeführt, nur unter UNIX bzw. Linux muss eine Konvertierung der Dateien herbeigeführt werden. Dazu ist der sogenannte PC File Server zu installieren. (SAS Usage Note 43802)

Die EXPORT-Prozedur

Die Prozedur `EXPORT` schreibt bestehende SAS-Datensätze in PC-basierte Dateiformate. Die Funktions- und Vorgehensweise ist analog zu `PROC IMPORT`.

Beispiel 3.55: Datenexport mit der Prozedur `EXPORT`

Nachstehendes Programm exportiert einen SAS-Datensatz als Excel-Datei.

```
PROC EXPORT DATA=WORK.A DBMS=EXCEL REPLACE
            OUTFILE='C:\SAS-Buch\Export1.xls';
  SHEET="Neu";
  RUN;
```

Der bestehende SAS-Datensatz A wird in die Datei *Export1.xls* im Verzeichnis *C:\SAS-Buch* exportiert. Mit DBMS= können die in Tabelle 3.6 angegebenen Dateiformate festgelegt werden. Mit REPLACE wird eine eventuell bereits vorhandene Datei gleichen Namens überschrieben und SHEET= gibt die Bezeichnung für ein Arbeitsblatt an. Die Variablennamen des SAS-Datensatzes wird automatisch an die Excel-Datei übergeben.   □

Spezielle Libnamekonstrukte

Mit dem Modul SAS/ACCESS for PC Files ist es möglich mittels einer spezielle LIBNAME-Anweisung direkt auf eine Excel- oder Microsoft Access-Datei zuzugreifen. Dabei muss in der LIBNAME-Anweisung eine sogenannte „Engine" spezifiziert werden, die die jeweils spezifische Schnittstelle zur Verfügung stellt. Diese „Engine" ist bei der in Abschnitt 3.1 eingeführten LIBNAME-Anweisung nicht mit angegeben, da der Standardwert V9 eine herkömmliche SAS-Bibliothek anlegt.

Beispiel 3.56: Direkter Zugriff auf eine MS-Excel-Datei mittels LIBNAME

```
LIBNAME abc EXCEL "C:\temp\meinxcel.xlsx"
        MIXED=YES HEADER=YES;
```

Diese Anweisung erzeugt eine Bibliothek mit dem Namen abc und verweist direkt auf die Exceldatei „meinxcel.xlsx" im Verzeichnis *C:\temp*. Die Option HEADER=YES liest aus der ersten Zeile der Exceldatei die Variablennamen und die Option MIXED=YES wandelt Spalten mit sowohl numerischem als auch alphanumerischem Inhalt für SAS in eine alphanumerische Variable um.   □

Beispiel 3.57: Direkter Zugriff auf eine MS-ACCESS-Datei mittels LIBNAME

```
LIBNAME db ACCESS PATH="C:\temp\meinedb.accdb"
        USER='SASLeser' PASSWORD='pwsas';
```

Diese Anweisung erzeugt eine Bibliothek mit dem Namen db und verweist direkt auf die Accessdatei „meinedb.accdb" im Verzeichnis *C:\temp*. Die Option USER= führt eine Anmeldung an Access unter dem angegebenen Benutzernamen SASLeser durch. Zur Authentifizierung wird das unter PASSWORD= spezifizierte Password verwendet.   □

Datentransfer zwischen verschiedenen SAS-Systemen

Die Prozeduren PROC CPORT und PROC CIMPORT tauschen Daten zwischen verschiedenartigen Systemen aus. Die Prozedur CPORT ermöglicht den Export sowohl eines einzelnen Datensatzes, als auch aller Datensätze einer Bibliothek. Die allgemeine Syntax lautet:

```
PROC CPORT <Datenursprung> [Option(en)];
  EXCLUDE <SAS-Datensatz>;
  SELECT <SAS-Datensatz>;
```

Die Anweisungen EXCLUDE und SELECT selektieren Daten zum Herausschreiben. Mit der Option LIBRARY= werden alle Datensätze einer Bibliothek exportiert, während DATA= nur den angegebenen Datensatz exportiert.

Beispiel 3.58: Datenexport mit der Prozedur CPORT

Nachstehendes Programm exportiert einen SAS-Datensatz zum Austausch mit einem anderen SAS-System.

```
PROC CPORT DATA=A FILE='D:\Test.dat';
  RUN;
```
□

Die Option FILE= gibt das Verzeichnis und den Dateinamen der Exportdatei an. Die exportierte Datei kann in SAS-Systeme mit anderer Versionsnummer oder anderen Betriebssystemen eingelesen werden.

Wird in Beispiel 3.58 statt DATA=a die Option LIBRARY= verwendet, werden alle Datensätze der angegebenen Bibliothek exportiert. Sind beispielsweise die Datensätze A, B und C in der Bibliothek WORK gespeichert, so werden mit

```
PROC CPORT LIBRARY=WORK FILE='D:\Test.dat';
  RUN;
```

die Datensätze A bis C exportiert.

Die Prozedur CIMPORT liest mit CPORT exportierte Datensätze ein. Beispielsweise speichert

```
PROC CIMPORT LIBRARY=NEU INFILE='D:\Test.dat';
  RUN;
```

die in der Datei *Test.dat* enthaltenen Daten in die existierende Bibliothek NEU.

3.10 Datenbankzugriffe mit PROC SQL

Die Prozedur SQL ermöglicht den flexiblen Zugriff auf relationale Datenbanken (engl. relational database) unter Verwendung der speziellen Datenbank-Programmiersprache SQL. Dabei steht das Kürzel SQL für „Structured Query Language". In relationalen Datenbanken sind die Daten in Tabellen abgelegt. PROC SQL greift auf diese Tabellen zu und ermöglicht u. a., die dort enthaltenen Daten in SAS-Datensätzen zu speichern.

Neben dem Datenbankzugriff lässt sich die Prozedur SQL in SAS zusätzlich noch zur internen Datenverarbeitung und -manipulation verwenden. Die wichtigste Anweisung ist SELECT. Mit dieser lassen sich die gewünschten Variablen aus einer Tabelle selektieren und transformieren. Die Form der Selektion wird als sogenannte Anfrage (engl. query) durchgeführt. Dabei geschieht die Selektion entweder durch Auflistung der gewünschten Variablennamen oder mittels eines Sterns (*, engl. Asterisk), welcher alle Variablen auswählt. Im Gegensatz zum in diesem Kapitel betrachteten DATA-Step, wird bei PROC SQL ein bestehender Datensatz nicht mit SET oder MERGE angesprochen, sondern mit FROM innerhalb der SELECT-Anweisung. Die allgemeine Syntax lautet:

```
PROC SQL;
  SELECT <Anfrage> FROM <Datensatzname>;
QUIT;
```

Mit PROC SQL lassen sich auch SAS-Datensätze erzeugen. Dazu verändert sich die Syntax zu:

```
PROC SQL;
 CREATE TABLE <Ziel-Datensatzname> AS
   SELECT * FROM <Quell-Datensaztname>;
QUIT;
```

Damit werden alle Variablen des Quelldatensatzes samt Inhalt in den Zieldatensatz übernommen. Es wird somit eine Kopie des Quelldatensatzes erstellt.

Beispiel 3.59: Variablenselektion mit PROC SQL

Gegeben sei der fiktive Datensatz Stadt mit den Variablen Name, Einwohner, Flaeche und Bundesland. Das nachstehende Programm wählt mittels PROC SQL nur die Variablen Name und Bundesland aus dem Datensatz Stadt aus.

```
PROC SQL;
  SELECT Name, Bundesland FROM Stadt;
QUIT;
```

Zur Auswahl aller Variablen wird das Programm folgendermaßen verändert:

```
PROC SQL;
  SELECT * FROM Stadt;
QUIT;
```

Mit obigem Programm werden die Variablen selektiert. Das Ergebnis erscheint jedoch nur im Ausgabefenster. Soll zudem die Information in einem SAS-Datensatz gespeichert werden, verändert sich das Programm zu:

```
PROC SQL;
  CREATE TABLE Stadt1 AS
    SELECT * FROM Stadt;
QUIT;
```

Die CREATE TABLE-Anweisung erzeugt dabei einen neuen SAS-Datensatz mit dem Namen Stadt1. □

Der sonst übliche Abschluss einer Prozedur durch `RUN`; ist bei `PROC SQL` nicht notwendig. Stattdessen muss ein `QUIT`; verwendet werden. Erst so wird die Prozedur wieder verlassen. Alle Anweisungen zwischen `PROC SQL`; und `QUIT`; werden als SQL-Anweisungen interpretiert.

Beispiel 3.60: Datenbankzugriff mit der Prozedur `SQL`

Nachstehendes Programm liest aus einer MS Access-Datenbank die Tabelle `Daten` ein.

```
PROC SQL;
 CONNECT TO ODBC(DSN=Buch);
  CREATE VIEW a AS
   SELECT * FROM CONNECTION TO ODBC (SELECT * FROM Daten);
 DISCONNECT FROM ODBC;
QUIT;
```

Die Anweisung `CONNECT TO` ermöglicht die Verbindung zu einer Datenbank über ODBC (Open DataBase Connectivity). Für MS ACCESS-Datenbanken muss zuvor eine ODBC-Verbindung aufgebaut werden. Die hier verwendete ODBC-Verbindung wurde `Buch` genannt. Dies erfolgt durch den Anwender außerhalb des SAS-Systems. Die Option `DSN=` legt den Datenbanktyp fest. Nach dem Verbindungsaufbau durch `CONNECT TO` legt die Anweisung `CREATE VIEW a` den SAS-Datensatz `a` an. Dieser bezieht seine Daten aus der Verbindung zu der Access-Datenbank. Die `SELECT`-Anweisung liest die Daten in den SAS-Datensatz ein. `SELECT *` wählt alle Variablen der Tabelle `Daten` aus. Die `DISCONNECT`-Anweisung trennt die Verbindung zu der Datenbank. Anschließend kann der Datensatz `a` weiter verarbeitet werden. □

Beispiel 3.61: Datenbankzugriff mit der Prozedur `SQL`

Nachstehendes Programm schreibt Werte aus SAS in eine Datenbanktabelle.

```
PROC SQL;
 CONNECT TO ODBC (DSN=Buch);
  EXECUTE (CREATE TABLE Test (Strasse CHAR)) BY ODBC ;
  EXECUTE (INSERT INTO Test VALUES ('Bahnhofstr.') BY ODBC;
 DISCONNECT FROM ODBC;
QUIT;
```

Hierbei wird in der Datenbank eine neue Tabelle `test` mit der alphanumerischen Variablen `strasse` erstellt. Die `EXECUTE`-Anweisung führt alle folgenden Befehle in der Datenbank selbst aus. Die zweite `EXECUTE`-Anweisung fügt der neuen Tabelle `Test` den Merkmalswert `Bahnhofstr.` hinzu. □

Soll hingegen eine bestehende Tabelle in der Datenbank gelöscht werden, ist folgende Anweisung zu verwenden:

```
EXECUTE (DROP TABLE <Tabellenname>)
```

3.11 Übungsaufgaben

Aufgabe 3.1:
Schreiben Sie das Programm aus Beispiel 3.8 zu einer `DO UNTIL`-Schleife um. ∎

Aufgabe 3.2:
Sie interessieren sich für internationalen Fußball und möchten insbesondere die Ergebnisse der 1. Lettischen Liga („Virsliga") verfolgen. Die Datei *Lettland.htm* enthält die Tabelle (nach 2 Spieltagen in der Saison 2002). Statt die einzelnen Einträge von Hand abzutippen, möchten Sie nun ein SAS-Programm schreiben, welches Ihnen diese Arbeit abnimmt.

Lesen Sie den Datensatz ein, damit er zur weiteren Verarbeitung verfügbar ist. ∎

Aufgabe 3.3:
Programmieren Sie unter Verwendung von `ARRAY` die Binärdarstellung der Zahlen 0 bis 31 in einem DATA-Step, wobei die j Stellen der Binärzahlen in j Variablen vorliegen sollen. Beispiel für $j = 2$:

```
Obs  Variable1 Variable2
 1       0         0
 2       0         1
 3       1         0
 4       1         1
```

Hinweis: Überlegen Sie zunächst, wie sich die i-te Stelle ($i = 1, ..., j$) einer Binärzahl aus der zugehörigen Dezimalzahl errechnet. ∎

Aufgabe 3.4:

(a) Erzeugen Sie 100 Zufallszahlen aus einer $N(\mu, \sigma^2)$-Verteilung mit $\mu = 5$ und $\sigma^2 = 10$.

(b) Erzeugen Sie 100 Zufallszahlen aus einer t-Verteilung mit 10 Freiheitsgraden, und zwar

   (i) mit Hilfe der Anweisung `RAND` und

   (ii) unter Verwendung des Hauptsatzes der Statistik.

(c) Exportieren Sie den erzeugten SAS-Datensatz als Exceldatei. ∎

Aufgabe 3.5:

Der Datensatz *Gesamt.sas7bdat* einer KFZ-Versicherung enthält die Automarken und -farben sowie die Versicherungsscheinnummer (Variable: `vsnr`) von Fahrzeugen. Ein weiterer Datensatz *Auswahl.sas7bdat* enthält zu ausgewählten Versicherungsscheinnummern die Nachnamen der Fahrzeughalter.

Erstellen Sie einen Datensatz, der für die ausgewählten Versicherungsscheinnummern sowohl die Nachnamen der Fahrzeughalter als auch die Automarken und -farben enthält.

Hinweis: Um die Daten einlesen zu können, müssen Sie vorher mit PROC FORMAT die Formate `auto` und `farbe` definieren.

```
PROC FORMAT;
  VALUE farbe 0='grün' 1='blau' 2='schwarz' 3='silber' 4='rot'
              5='weiss' 6='gelb' 7='violett' 8='orange';
  VALUE auto 0='Mercedes' 1='Ford' 2='VW' 3='andere Marke'
              4='BMW' 5='Skoda';
RUN;
```

Der PROC-Step

Nach dem DATA-Step ist der PROC-Step ein wesentlicher Bestandteil von SAS-Programmen. Er ermöglicht unter anderem die Analyse der zuvor vorbereiteten Daten, die Ausgabe der dabei gefundenen Ergebnisse auf dem Bildschirm oder in neue Datensätze sowie die Erzeugung von Grafiken.

4.1 Struktur im PROC-Step

Der PROC-Step ruft vorgefertigte Prozeduren auf. Das erfolgt mittels

```
PROC <Prozedurname> [Option(en)];
```

wobei die aufzurufende Prozedur durch `Prozedurname` eindeutig festgelegt ist. Die meisten Prozedurnamen lassen intuitiv auf ihre Verwendung schließen. So dient beispielsweise `PROC SORT` für das Sortieren eines Datensatzes. Abgeschlossen wird jeder PROC-Step, genau wie jeder DATA-Step, mit

```
RUN;
```

Die Steuerung der Prozedur erfolgt mittels Optionen und zusätzlichen Anweisungen (engl.: statements), die zwischen `PROC...` und `RUN;` eingefügt werden können. Sie enden jeweils mit einem Semikolon. Somit ergibt sich folgende Struktur für einen PROC-Step:

```
PROC <Prozedurname> [Optionen];
  [Anweisung1;]
  [Anweisung2;]
  ...
RUN;
```

Optionen wie Anweisungen sind in der Regel optional, was durch eckige Klammern [...] verdeutlicht wird. Die meisten Prozeduren liefern auch ohne diese

© Springer-Verlag GmbH Deutschland, ein Teil von Springer Nature 2018
W. Krämer et al., *Datenanalyse mit SAS®*, https://doi.org/10.1007/978-3-662-57799-8_4

Argumente sinnvolle Ergebnisse. Aber leider nicht immer. Das Steuern des Prozeduraufrufs mit Optionen und Anweisungen ist Gegenstand der Abschnitte 4.2 und 4.3.

PROC-Steps darf man nicht verschachteln. Für weitere Prozeduren ist zunächst der jeweils aktuelle PROC-Step mit `RUN;` abzuschließen. Die neue Prozedur wird dann innerhalb eines darauf folgenden PROC-Step mit `PROC...` aufgerufen.

Weiterhin ist die strikte Trennung von DATA- und PROC-Step zu beachten. So ist jegliche Verschachtelung von PROC- und DATA-Steps verboten, d. h. Prozeduraufrufe innerhalb von DATA-Steps führen zu Fehlern. Jedoch ist die Nacheinanderausführung mehrerer PROC-Steps sowie von DATA-Steps nach PROC-Steps (oder umgekehrt) durchaus erlaubt.

4.2 Optionen im PROC-Step

Optionen steuern die Ausführung einer Prozedur. Nachfolgend werden Optionen vorgestellt, welche für sehr viele Prozeduren gleichartig gelten.

- Die Option `DATA=<Datensatzname>` legt den SAS-Datensatz fest, welcher durch die Prozedur analysiert oder bearbeitet werden soll. Das kann sowohl ein temporärer als auch ein permanenter Datensatz sein, wobei für permanente Datensätze der `LIBNAME` wie in Abschnitt 3.1 zu spezifizieren ist. Ohne Angabe des Datensatznamens wird automatisch der zuletzt erzeugte Datensatz verwendet. Dabei ist es unerheblich, ob dieser Datensatz innerhalb eines DATA- oder PROC-Step erzeugt wurde.

- Die Option `NOPRINT` verhindert die Ausgabe von Ergebnissen einer Prozedur auf dem Bildschirm. Prozeduren zur Erzeugung von Grafiken sowie Prozeduren, welche keine Textausgaben erzeugen, bieten diese Option nicht.

- Die Optionen `OUT=<Datensatzname>` sowie `OUT<...>=` erzeugen neue Datensätze, welche Ergebnisse der Prozedur beinhalten. `<...>` steht hierbei für Schlüsselwörter, die in Zusammenhang mit `OUT` verwendet werden können. In Kombination ergibt sich beispielsweise `OUTCOV`, `OUTEST` oder `OUTSTAT`. Der Inhalt des erzeugten Datensatzes ist durch die jeweilige Prozedur vorgegeben.

- Die Option `VARDEF=` legt den Divisor zur Gewichtung von Varianzen, Kovarianzen usw. fest. Voreingestellt ist `VARDEF=DF`, womit die Freiheitsgrade zur Gewichtung verwendet werden. `VARDEF=N` führt zur Gewichtung mit der Anzahl an Beobachtungen. Weitere Schlüsselwörter im Zusammenhang mit der `WEIGHT`-Anweisung aus Abschnitt 4.3 für gewichtete Varianz- und Kovarianzberechnungen sind `VARDEF=WDF` und `VARDEF=WEIGHT`.

Beispiel 4.1 erläutert einige Prozeduraufrufe zum besseren Verständnis von Optionen.

Beispiel 4.1: Prozeduraufrufe mit und ohne `DATA=`-Option

Ohne `DATA=`-Option gibt die `PRINT`-Prozedur den Inhalt des zuletzt in einem DATA- oder PROC-Step erzeugten Datensatzes aus:

```
PROC PRINT;
```

Mit `DATA=Daten1` wird der temporäre Datensatz `Daten1` ausgegeben:

```
PROC PRINT DATA=Daten1;
```

Mit `DATA=SAS_Buch.Test` wird der permanente Datensatz `Test` aus der Bibliothek `SAS_Buch` spezifiziert:

```
PROC PRINT DATA=SAS_Buch.Test;
```

Zur Erinnerung: PROC-Steps sind mit `RUN;` abzuschließen.   □

4.3 Anweisungen im PROC-Step

Die Prozedurausführung läßt sich auch durch verschiedene Anweisungen zwischen Prozeduraufruf und `RUN;` steuern. Die häufigsten Anweisungen sind:

- `BY <Variablenname(n)>`. Diese Anweisung teilt den Datensatz gemäß der angegebenen Variable auf und führt die jeweilige Analyse für jeden Teil einzeln durch. Bei Verwendung von mehr als einer Variablen in der `BY`-Anweisung wird der Datensatz gemäß der auftretenden Wertekombinationen aufgeteilt. Hierbei müssen die Merkmalswerte gemäß der `BY`-Variablen aufsteigend sortiert sein. Andernfalls wird diese Variable durch Voranstellen von `DESCENDING` als absteigend sortiert gekennzeichnet. Nachstellen von `NOTSORTED` kennzeichnet eine weder alphabetisch noch numerisch sortierte BY-Variable. Die Beobachtungen müssen aber gemäß einer anderen Ordnung zusammenhängend gruppiert vorliegen.

- `CLASS <Variablenname(n)>`. Diese Anweisung gruppiert bei klassierten Daten die Beobachtungen eines Datensatzes (auch als Zeilen der Datenmatrix bezeichnet). Die Einteilung in Gruppen bzw. Klassen erfolgt anhand der Werte für die angegebenen Variablen. Beobachtungen mit identischen Werten der `CLASS`-Variablen werden derselben Gruppe bzw. Klasse zugeordnet.

  Prozeduren für klassierte Daten erfordern oft die `CLASS`-Anweisung. Wird diese in einer Prozedur in Verbindung mit einer `MODEL`-Anweisung angewendet, muss sie innerhalb des PROC-Step vor der `MODEL`-Anweisung stehen.

- `FORMAT <Variablenname> <Format>`. Diese Anweisung weist einer Variablen das vorgegebene Format für alle Prozedurausgaben (Text, Grafik oder Datensätze) zu. Im Unterschied zur `FORMAT`-Anweisung im DATA-Step bleibt der Datensatz unverändert. Somit wirkt sich diese Anweisung auf nachfolgende PROC-Steps nicht aus. Werden durch die Prozedur hingegen Datensätze erzeugt, die diese Variable enthalten, ist dort auch die verwendete Formatierung gespeichert.

Sollen mehrere Variablen innerhalb dieser Anweisung mit Formaten versehen werden, sind die zuzuweisenden Formate den jeweiligen Variablennamen nachzustellen.

- `FREQ <Variablenname>`. Diese Anweisung berücksichtigt die in einer Variablen angegebene Häufigkeit von Wertekombinationen. Jede Beobachtung des Datensatzes wird dann in der Analyse so behandelt, als ob sie so oft vorhanden ist, wie in der `FREQ`-Variablen angegeben.

- `LABEL <Variablenname>='<Bezeichnung>'`. Diese Anweisung ordnet einer Variablen für die Ergebnisausgabe eine aussagekräftige Bezeichnung (engl.: label) zu, welche in der Ergebnisausgabe (jedoch nicht in der Programmsyntax) statt des Variablennamens verwendet wird. Diese Bezeichnung darf auch Leerzeichen enthalten und ist auf 256 Zeichen begrenzt. Zur Verwendung dieser Bezeichnung ist in einigen Prozeduren die Option `LABEL` im Prozeduraufruf notwendig.

- `OUTPUT <Option(en)>`. Diese Anweisung erzeugt einen SAS-Datensatz mit Ergebnissen der zugehörigen Prozedur. Name und Inhalt des Datensatzes werden mittels Optionen zwischen `OUTPUT` und ; beeinflusst. So kann mit der Option `OUT=<Datensatzname>` der Name des auszugebenden Datensatzes festgelegt werden. Der Inhalt des Datensatzes wird durch Optionen der Form `<Schlüsselwort>=[Variablenname]` festgelegt. Die möglichen Schlüsselwörter variieren von Prozedur zu Prozedur.

  Der `Variablenname` ist bei einem Schlüsselwort für mehrere Variablen oder mehrere Schlüsselwörter für nur eine Variable auszulassen. SAS wählt dann die Namen der zu erzeugenden Variablen automatisch. Bei mehreren Schlüsselwörtern und mehreren Variablen gleichzeitig ist jedoch zusätzlich die Option `/AUTONAME` am Ende der `OUTPUT`-Anweisung nötig.

  Wichtig: Diese Anweisung ist nicht zu verwechseln mit der `OUTPUT`-Anweisung aus dem DATA-Step (vgl. Abschnitt 3.3).

- `VAR <Variablenname(n)>`. Diese Anweisung legt die durch die Prozedur zu bearbeitenden Variablen fest. Ohne `VAR`-Anweisung werden alle Variablen mit entsprechendem Messniveau einbezogen, bei numerischen Analysen beispielsweise alle numerischen Variablen.

- `WEIGHT <Variablenname>`. Diese Anweisung erlaubt die Zuordnung von Gewichten zu einzelnen Beobachtungen. Die Formeln zur Berücksichtigung der Gewichte sind den Hilfetexten zu den einzelnen Prozeduren zu entnehmen.

Werte für die Gewichte, welche kleiner oder gleich Null sind, ordnen der Beobachtung das Gewicht Null zu. Die betreffenden Beobachtungen zählen aber bei der Beobachtungsanzahl mit. Fehlende Werte als Gewichte entfernen die Beobachtungen gänzlich aus der Berechnung.

- `WHERE <Bedingung>`. Diese Anweisung legt fest, welcher Teil eines Datensatzes einbezogen wird. Berücksichtigt werden alle Beobachtungen, welche die `Bedingung` erfüllen. Bedingungen sind logische Ausdrücke, welche auf Vergleichen beruhen.

Beispiel 4.2: Schlüsselwörter der `OUTPUT`-Anweisung

Die Anweisung

```
OUTPUT OUT=Residuen RESIDUAL=res STDR=std;
```

der in Kapitel 9 eingeführten `REG`-Prozedur erzeugt einen SAS-Datensatz mit dem Namen `Residuen`. Dieser Datensatz enthält die Variablen `res` und `std` und diese wiederum enthalten gemäß der Schlüsselwörter `RESIDUAL` und `STDR` die Residuen einer linearen Modellanpassung und deren zugehörige geschätzte Standardabweichungen. □

4.4 Hilfsprozeduren

Die Teile II bis IV stellen Prozeduren zur Darstellung von Ergebnissen in Form von Tabellen, Text oder Grafiken sowie statistische Prozeduren detailliert vor. In SAS gibt es jedoch Prozeduren, die sich keinem bestimmten Bereich zuordnen lassen, etwa Hilfsprozeduren aus dem Modul SAS/BASE. Diese erlauben beispielsweise die Aufbereitung von Datensätzen vor Analysen, geben einen Überblick über den Inhalt der Datensätze oder beeinflussen die Ausführung von SAS-Programmen allgemein. Die Kenntnis zumindest einiger dieser Prozeduren erleichtert den späteren Umgang mit SAS erheblich.

Die wichtigste Hilfsprozedur ist `DATASETS`; wir stellen sie deshalb ausführlich und als erste vor.

Die `DATASETS`-Prozedur

Die `DATASETS`-Prozedur verwaltet SAS-Dateien, insbesondere SAS-Datensätze. Sie erlaubt das Umbenennen und Löschen sowie das Kopieren dieser Dateien zwischen verschiedenen Bibliotheken oder das Auflisten aller Dateien in einer Bibliothek.

Tabelle 4.1: Optionen der Prozedur `DATASETS`

Option	Bedeutung
`DETAILS` oder `NODETAILS`	Legt fest, ob Angaben über die Anzahl von Beobachtungen und Variablen sowie zusätzliche Bezeichnungen von SAS-Datensätzen ausgegeben werden (als Variablen `Obs`, `Vars` bzw. `Label`)
`FORCE`	Erzwingt je nach Kontext das Anhängen von Datensätzen in der `APPEND`-Anweisung oder die Prozedurausführung trotz Fehlermeldungen
`KILL`	Löscht alle oder die mittels der `MEMTYPE=`-Option ausgewählten SAS-Dateien innerhalb einer Bibliothek
`LIBRARY=`	Legt die Bibliothek fest, auf die sich die Prozedurausführung bezieht
`MEMTYPE=`	Beschränkt die Prozedurausführung auf bestimmte Typen von SAS-Dateien (SAS-Datensätze sind beispielsweise vom Typ `DATA`)
`NOLIST`	Unterdrückt im SAS-Log die Angabe des Verzeichnisses, auf das sich die Prozedurausführung bezieht
`NOWARN`	Ermöglicht die weitere Prozedurausführung, auch wenn in den `AGE-`, `CHANGE-`, `COPY-`, `EXCHANGE-` oder `SAVE`-Anweisungen spezifizierte SAS-Dateien nicht existieren (andernfalls werden die anschließenden Anweisungen nicht mehr ausgeführt)
`PW=`	Gibt das Passwort für den Zugriff auf passwortgeschützte SAS-Dateien an (dient auch als Alias für die Optionen `READ=`, `WRITE=` oder `ALTER=` zum Aufheben des Lese-, Schreib- bzw. Änderungsschutzes)

Die `DATASETS`-Prozedur unterscheidet folgende Anweisungen:

- `AGE <Liste von Dateinamen> [Option(en)]` benennt eine Gruppe von Dateien innerhalb einer Bibliothek um. Dabei erhält die Datei, deren Name in dieser Anweisung zuerst aufgelistet wird, den an zweiter Stelle aufgelisteten Namen. Die Datei welche diesen (zweitgenannten) Namen bisher besaß, erhält den an dritter Stelle aufgelisteten Namen. So fährt man fort, bis die Liste von Dateinamen abgearbeitet ist. Die Datei mit dem an letzter Stelle aufgelisteten Namen wird gelöscht.

- `APPEND BASE=<Datensatzname> [Option(en)]` hängt die Merkmalswerte eines SAS-Datensatzes an den unter `BASE=` spezifizierten Datensatz an. Mit der Option `DATA=` werden die Merkmalswerte des dort angegebenen Datensatzes angehängt. Andernfalls wird der zuletzt erzeugte Datensatz genutzt.

- `CHANGE` benennt eine Gruppe von Dateien innerhalb einer Bibliothek um. Dazu werden der oder die umzubenennenden Dateinamen paarweise mit den zugehörigen neuen Dateinamen jeweils nach dem Schema `<Dateiname_alt>=<Dateiname_neu>` aufgelistet. Gemäß dieser Liste benennt die `CHANGE`-Anweisung jeweils die Datei namens `Dateiname_alt` in `Dateiname_neu` um.

- CONTENTS [Option(en)] zeigt eine Übersicht über den Inhalt eines SAS-Datensatzes (Option DATA=<Datensatzname>) oder aller SAS-Datensätze (Option DATA=_ALL_) sowie das zugeordnete Verzeichnis der entsprechenden Bibliothek an.

- COPY [Option(en)] kopiert alle oder eine Auswahl von SAS-Dateien von einer Bibliothek in eine andere. Zur Auswahl von Dateien sind deren Namen in zusätzlichen SELECT- oder EXCLUDE-Anweisungen anzugeben.

- DELETE <Liste von Dateinamen> [Option(en)] löscht SAS-Dateien innerhalb einer Bibliothek.

- EXCHANGE vertauscht die Namen eines oder mehrerer Paare von SAS-Dateien innerhalb einer Bibliothek. Ein Paar von Dateinamen wird in dieser Anweisung mit Gleichheitszeichen (=) verbunden und von anderen Paaren in der Liste der Dateinamen mittels Leerzeichen getrennt.

- FORMAT <Liste von Variablennamen und Formaten> verändert die Formate von Variablen eines Datensatzes. Variablenformate können dabei dauerhaft zugewiesen, verändert oder entfernt werden. Einer Gruppe von Variablen wird ein Format durch Nachstellen einer Formatangabe zugewiesen. Es können weitere Gruppen von Variablennamen und Formatangaben folgen. Steht nach einer Gruppe von Variablennamen statt der Formatangabe ein Semikolon (;), wird ihr Format entfernt.

  Die FORMAT-Anweisung ist nur im Anschluss an die MODIFY-Anweisung möglich.

- INFORMAT <Liste von Variablennamen und Informaten> verändert die Informate von Variablen eines Datensatzes. Die Syntax entspricht der FORMAT-Anweisung.

- LABEL weist Variablen eines Datensatzes Bezeichnungen zu oder verändert bereits zugewiesene Bezeichnungen. Die Zuordnung erfolgt mit <Variablenname>='<Bezeichnung>'. Mehrere Zuordnungen sind mit Leerzeichen getrennt hintereinander aufzuführen. Um eine bereits zugewiesene Bezeichnung zu entfernen, wird eine „leere" Bezeichnung zugewiesen (<Variablenname>='' oder <Variablenname>=).

- MODIFY <Dateiname> [Option(en)] spezifiziert den Namen der Datei, welche in nachfolgenden FORMAT-, INFORMAT-, LABEL- oder RENAME-Anweisungen verändert werden soll. Mittels der Optionen LABEL='<Dateibezeichnung>' und TYPE=<Datensatztyp> kann der Datei zusätzlich eine Bezeichnung oder ein Datensatztyp wie CORR oder COV zugeordnet werden. Diese Optionen müssen innerhalb einer Klammer auftreten.

- RENAME benennt Variablen eines SAS-Datensatzes um. Dazu werden der oder die umzubenennenden Variablennamen paarweise mit den zugehörigen neuen Variablennamen jeweils nach dem Schema <Variablenname_alt>=<Variablenname_neu> aufgelistet. Die RENAME-

Anweisung kann nur im Anschluss an die `MODIFY`-Anweisung verwendet werden.

- `REPAIR <Liste von Dateinamen> [Option(en)]` versucht, beschädigte SAS-Datensätze zur Benutzung wiederherzustellen. Dateien können beispielsweise durch einen Systemabsturz beschädigt und somit für SAS unlesbar werden.

- `SAVE <Liste von Dateinamen>` löscht alle SAS-Dateien einer Bibliothek außer der oder den aufgelisteten Dateien.

Weitere, aber selten benutzte Anweisungen der `DATASETS`-Prozedur sind `AUDIT`, `IC CREATE`, `IC DELETE`, `IC REACTIVATE`, `INDEX CENTILES`, `INDEX CREATE` und `INDEX DELETE`.

Beispiel 4.3: Datensatzverwaltung mit `PROC DATASETS`
Die Prozedur

```
PROC DATASETS LIBRARY=dax NOLIST;
 MODIFY basf (LABEL='');
 RENAME return=Rendite;
 LABEL kurs='retrograd bereinigter Aktienkurs';
RUN;
QUIT;
```

verändert den SAS-Datensatz `basf` aus der Bibliothek `dax`. Durch die Option `NOLIST` wird das der Bibliothek `dax` zugeordnete Verzeichnis nicht in den SAS-Log geschrieben. Die Option `(LABEL='')` der `MODIFY`-Anweisung entfernt eine möglicherweise zuvor vergebene Bezeichnung für den Datensatz `basf`. Der Datensatzname bleibt davon aber unberührt. Innerhalb des Datensatzes wird die Variable `return` in `Rendite` umbenannt und die Variablen `kurs` erhält die Bezeichnung `retrograd bereinigter Aktienkurs`. □

Folgende Hilfsprozeduren werden ebenfalls häufig benötigt:

Die `COMPARE`-Prozedur

Die Prozedur `COMPARE` vergleicht den Inhalt von SAS-Datensätzen oder bestimmter Variablen. Zu vergleichende Variablen können dabei sowohl aus dem selben als auch aus verschiedenen Datensätzen stammen. Beim Vergleich zweier Datensätze wird zunächst die Anzahl gleicher sowie verschiedener Variablen aufgeführt. Variablen gleichen sich, wenn sie identische Bezeichnungen und den gleichen Typ haben. Weiterhin werden für diese Variablen alle Merkmalswerte paarweise auf Gleichheit untersucht und die Unterschiede dokumentiert. Beim Vergleich bestimmter Variablen werden ausschließlich die Unterschiede der Merkmalswerte dokumentiert.
Tabelle 4.2 führt die wichtigsten Optionen der Prozedur `COMPARE` auf.

Tabelle 4.2: Wichtige Optionen der Prozedur `COMPARE`

Option	Bedeutung
`ALLOBS`	Listet neben unterschiedlichen auch identische Merkmalswerte auf
`BASE=`	Gibt den Basisdatensatz für Vergleiche an (ohne diese Option wird der zuletzt angelegte Datensatz verwendet)
`BRIEFSUMMARY`	Gibt eine kurze Zusammenfassung der Resultate aus
`COMPARE=`	Gibt den mit dem Basisdatensatz zu vergleichenden Datensatz an (ohne diese Option müssen die Anweisungen `WITH` und `VAR` spezifiziert werden)
`LISTALL`	Führt alle Variablen und Merkmalswerte auf, welche ausschließlich in einem der beiden Datensätze vorhanden sind
`OUT=`	Erzeugt einen Datensatz mit identischen oder verschiedenen Merkmalswerten aus den Ursprungsdatensätzen (kann durch verschiedene Schlüsselwörter beeinflusst werden)
`OUTSTATS=`	Erzeugt einen Datensatz mit verschiedenen Kennzahlen des Vergleichs
`TRANSPOSE`	Schlüsselt die Unterschiede der Merkmalswerte nach Beobachtung statt nach Variable auf

Weiterhin relevant sind die Anweisungen `BY`, `ID`, `VAR` und `WITH`.

`VAR <Variable(n)>` und `WITH <Variable(n)>` geben die Namen der zu vergleichenden Variablen an.

Ohne diese Anweisungen werden alle Variablen des Basisdatensatzes mit den gleichnamigen Variablen des Vergleichsdatensatzes verglichen. Die mittels der Anweisungen `BY` und `ID` spezifizierten Variablen werden hiervon ausgenommen. Der Vergleichsdatensatz ist zuvor mittels `COMPARE=`-Option zu bestimmen.

Die `VAR`-Anweisung allein vergleicht die spezifizierten Variablen des Basisdatensatzes mit den gleichnamigen Variablen des Vergleichsdatensatzes. Dieser ist daher ebenfalls mittels `COMPARE=` zu spezifizieren. Die ausschließliche Nutzung der `WITH`-Anweisung ist nicht zulässig.

Die `VAR`- und `WITH`-Anweisungen gemeinsam vergleichen die spezifizierten Variablen paarweise. Falls die Anzahl der in der `VAR`-Anweisung angegebenen Variablen die der Variablen in der `WITH`-Anweisung übersteigt, werden die überzähligen Variablen mit ihren gleichnamigen Pendants im Vergleichsdatensatz verglichen. Überzählige Variablen in der `WITH`-Anweisung werden ignoriert.

Für multiple Vergleiche dürfen Variablen in den beiden Anweisungen beliebig oft vorkommen.

Die Merkmalswerte zweier zu vergleichender Variablen werden einander gemäß ihrer Beobachtungsnummern zugeordnet. Beispielsweise wird der elfte Merkmalswert der Variablen aus dem Basisdatensatz mit dem elften Merkmalswert der Variablen aus dem Vergleichsdatensatz verglichen. Die Anweisung

ID `<Variable(n)>` erlaubt die Zuordnung auch gemäß einer oder mehrerer in beiden Datensätzen vorkommenden Variablen. Stimmen Werte der ID-Variablen in den Datensätzen überein, werden die entsprechenden Merkmalswerte einander zugeordnet. Die in dieser Anweisung benannten Variablen müssen in der Regel sortiert vorliegen.

Die FORMAT-Prozedur

Mit der Prozedur FORMAT lassen sich eigene Formate und Informate definieren. So lassen sich beliebig formatierte Variablen mittels selbst definierter Informate einlesen und eingelesene Variablen gemäß selbst definierter Formate für die Ausgabe aufbereiten. Außerdem kann diese Prozedur Beschreibungen von Formaten und Informaten in Form eines SAS-Datensatzes ablegen sowie Formate und Informate aus einem SAS-Datensatz erstellen. Die Zuweisung von Formaten und Informaten zu bestimmten Variablen erfolgt jedoch außerhalb dieser Prozedur.

Tabelle 4.3 führt die wichtigsten Optionen der Prozedur FORMAT auf.

Tabelle 4.3: Wichtige Optionen der Prozedur FORMAT

Option	Bedeutung
CNTLIN=	Legt den SAS-Datensatz fest, anhand dessen Formate und Informate erstellt werden
CNTLOUT=	Erstellt einen SAS-Datensatz und speichert darin die Beschreibungen von Formaten und Informaten
NOREPLACE	Verhindert das Überschreiben vorhandener Formate und Informate durch gleichnamige selbst definierte Formate und Informate

Zusätzlich sind in der FORMAT-Prozedur folgende Anweisungen möglich:

- INVALUE [$]`<Name>` [Option(en)]. Erstellt ein Informat zum Einlesen speziell formatierter Rohdatenwerte. Für die Zuweisung eines alphanumerischen statt eines numerischen Informates ist dem Namen (`Name`) ein $ voranzustellen. Als Option ist eine Liste von Wertzuweisungen möglicher Merkmalswerte nach dem Schema `<Rohdatenwert>=<Merkmalswert in SAS>` möglich.

- PICTURE `<Name>` [Option(en)]. Erstellt ein bestimmtes numerisches Format, d. h. eine Vorlage, gemäß der numerische Werte ausgegeben werden (beispielsweise für die Ausgabe von `Eur 1.00` aus dem Wert 1).

- VALUE [$]`<Name>` [Option(en)]. Erstellt ein Format zur Variablenausgabe. Bestimmte Merkmalswerte werden dann bei der Ausgabe durch hier definierte Zeichenketten ersetzt. Die Syntax entspricht der INVALUE-Anweisung.

Beispiel 4.4: Formatdefinition mit `PROC FORMAT`

Die Prozedur

```
PROC FORMAT CNTLOUT=test;
 INVALUE $geschl 'w'='1' 'm'='2';
 VALUE antwort 0='nein' 1='ja';
RUN;
```

erzeugt ein alphanumerisches Informat namens `$geschl`, welches beim Ein-lesen einer Variablen die Zeichen w und m in die Zeichen 1 bzw. 2 überführt (Achtung: 1 bzw. 2 werden hier nicht als Zahlen aufgefasst). Das numerische Format `antwort` dient dazu, die in einer Variablen als 0 und 1 codierten Antworten nein und ja in einer Ausgabe wieder in ihrer ursprünglichen Form auf-tauchen zu lassen, ohne die Merkmalswerte und ihr Messniveau zu verändern. Die definierten Formate und Informate werden schließlich in dem Datensatz test abgelegt.   □

Die `OPTIONS`-Prozedur

Die Prozedur `OPTIONS` listet aktuell gültige Einstellungen der SAS-Systemoptionen im SAS-Log auf. Tabelle 4.4 zeigt die wichtigsten Optionen davon.

Tabelle 4.4: Wichtige Optionen der Prozedur `OPTIONS`

Option	Bedeutung
DEFINE	Liefert zu jeder aufgelisteten Option eine kurze Beschreibung, den Variablentyp (BOOLEAN, CHARACTER usw.) und eine kurze Informa-tion zur möglichen Veränderung ihres Wertes
LONG oder SHORT	Legt fest, ob jede Option und ihre Kurzbeschreibung in einer se-paraten Zeile (LONG) oder alle Optionen hintereinander und ohne Beschreibung aufgelistet werden (SHORT)
OPTION=	Liefert zu der nach dem Gleichheitszeichen (=) spezifizierten Option eine kurze Beschreibung sowie den zugehörigen Wert der Option
VALUE	Liefert neben dem zugehörigen Wert den SAS-internen Anwen-dungsbereich und die Information, in welchem Kontext der Wert der Option festgelegt wurde

Die `PRINT`-Prozedur

Die Prozedur `PRINT` gibt die Merkmalswerte eines SAS-Datensatzes aus. Die Ausgabe umfasst die Merkmalswerte aller bzw. aller ausgewählten Variablen. Tabelle 4.5 führt die wichtigsten Optionen auf.

Tabelle 4.5: Wichtige Optionen der Prozedur `PRINT`

Option	Bedeutung
`BLANKLINE=<n>`	Fügt alle n-Zeilen eine Leerzeile in die Ausgabe ein
`LABEL`	Verwendet die Bezeichnungen für Variablen als Spaltenüberschriften anstatt der Variablennamen
`N`	Gibt die Länge des Datensatzes und/oder der mit `BY` unterteilten Gruppen aus
`NOOBS`	Verhindert die Ausgabe einer Spalte, in der die Zeilennummer der betreffenden Merkmalswerte im Datensatz (engl.: observation number) angegeben ist
`ROUND`	Rundet numerische Werte auf zwei Nachkommastellen
`WIDTH=`	Legt die Spaltenbreite für die Ausgabe fest, mögliche Werte sind u. a. `FULL`, `MINIMUM` und `UNIFORM`

Wichtige Anweisungen der `PRINT`-Prozedur sind:

- `ID <Variablenname(n)>`. Spezifiziert Variablen, anhand derer die Merkmalswerte eines Datensatzes identifiziert werden sollen. Die Werte der `ID`-Variablen werden dann an Stelle der Zeilennummer in der ersten Spalte ausgegeben. Muss die Ausgabe unterteilt werden, stehen die Merkmalswerte der `ID`-Variablen zur vereinfachten Zuordnung in der ersten Spalte jeder Bildschirmseite.
- `SUM <Variablenname(n)>`. Gibt die Gesamtsumme und/oder die Summe innerhalb der mit `BY` unterteilten Gruppen für die spezifizierten Variablen am Spaltenende an.

Die Anweisungen `BY` und `VAR` lassen sich wie gewohnt verwenden.

Die `SORT`-Prozedur

Die Prozedur `SORT` sortiert die Merkmalswerte eines SAS-Datensatzes gemäß einer oder mehrerer Variablen. Sie kann dabei den zu sortierenden Datensatz durch seine sortierte Version ersetzen oder einen neuen sortierten Datensatz erstellen.

Tabelle 4.6 führt die wichtigsten Optionen auf.

Tabelle 4.6: Wichtige Optionen der Prozedur `SORT`

Option	Bedeutung
`DUPOUT=`	Legt den Datensatznamen fest, in welchem die Duplikate gespeichert werden
`EQUALS` oder `NOEQUALS`	Legt fest, ob die Reihenfolge von Merkmalswerten mit identischen Werten für die `BY`-Variable erhalten bleiben soll (`EQUALS`) oder ob das Sortierverfahren diese Reihenfolge zugunsten eines geringeren Rechenaufwandes nicht berücksichtigen muss (`NOEQUALS`)
`NODUPKEY`	Entfernt Beobachtungen mit Duplikaten in den `BY`-Variablen
`NODUPRECS`	Entfernt Duplikate, indem jede Zeile im sortierten Datensatz mit der vorangehenden verglichen und im Fall der Gleichheit gelöscht wird
`PRESORTED`	Überprüft, ob ein Datensatz schon sortiert ist. In diesem Fall wird `PROC SORT` übersprungen
`REVERSE`	Sortiert alphanumerische Variablen in umgekehrter Reihenfolge
`SORTSEQ=`	Passt die Sortierreihenfolge alphanumerischer Variablen nationalen Besonderheiten an (Schlüsselwörter sind beispielsweise `Italian` oder `Spanish`)
`TAGSORT`	Schreibt zur Rechenoptimierung während des Sortiervorgangs nur `BY`-Variablen und Zeilennummern in die Auslagerungsdatei des Computers
`UNIQUEOUT=`	Legt den Datensatz fest, in welchem die gelöschten Beobachtungen gespeichert werden

Die einzige Anweisung der Prozedur `SORT` ist `BY`, welche die Variablen festlegt, gemäß derer der Datensatz sortiert wird. Eine Variable wird in absteigender Reihenfolge sortiert, wenn ihrem Namen die Option `DESCENDING` vorausgeht. Die `BY`-Anweisung ist zur Prozedurausführung notwendig.

Die `STANDARD`-Prozedur

Die Prozedur `STANDARD` standardisiert die Variablen eines SAS-Datensatzes. Dabei ist das arithmetische Mittel abzuziehen und durch die Standardabweichung zu dividieren. Die standardisierten Variablen werden in einen neuen Datensatz geschrieben.

Tabelle 4.7 führt die wichtigsten Optionen auf.

Tabelle 4.7: Wichtige Optionen der Prozedur `STANDARD`

Option	Bedeutung
MEAN=	Standardisiert Variablen auf das spezifizierte arithmetische Mittel
PRINT	Gibt die Anzahl der Merkmalswerte, Mittelwert und Standardabweichung für jede Variable des Ursprungsdatensatzes aus
REPLACE	Ersetzt fehlende Werte (engl.: missing values) durch das arithmetische Mittel der Variable bzw. durch den mittels MEAN= spezifizierten Wert
STD=	Standardisiert Variablen auf die spezifizierte Standardabweichung

Die Anweisungen `BY, FREQ, VAR` und `WEIGHT` lassen sich wie gewohnt verwenden.

Anmerkung: Die Prozedur `STDIZE` aus dem SAS-Modul SAS/STAT standardisiert ebenfalls Variablen eines Datensatzes bezüglich verschiedener statistischer Kenngrößen. Sie hat gegenüber der Prozedur `STANDARD` einen erweiterten Funktionsumfang.

Die `TRANSPOSE`-Prozedur

Die Prozedur `TRANSPOSE` erzeugt aus einem SAS-Datensatz einen neuen Datensatz, in dem ausgewählte Variablen anstatt in Spalten in Zeilen dargestellt werden (Transponieren). Tabelle 4.8 führt die wichtigsten Optionen auf.

Tabelle 4.8: Wichtige Optionen der Prozedur `TRANSPOSE`

Option	Bedeutung
LABEL=	Gibt den Namen der Variablen an, welche nach dem Transponieren die Bezeichnungen der Variablen des Ursprungsdatensatzes enthält (ohne diese Option erhält die Variable den Namen _LABEL_)
LET	Lässt Duplikate in den Merkmalswerten der ID-Variable zu, indem nur die jeweils zuletzt im Datensatz auftretende Zeile, welche den betreffenden Merkmalswert enthält, zur Transponierung verwendet wird
NAME=	Gibt den Namen der Variablen an, welche nach dem Transponieren die Namen der Variablen des Ursprungsdatensatzes enthält (ohne Angabe dieser Option erhält die Variable den Namen _NAME_)
PREFIX=	Spezifiziert ein Präfix zur Konstruktion der Namen für die transponierten Variablen nach dem Muster <Präfix>1, <Präfix>2, …

Wichtige Anweisungen der Prozedur `TRANSPOSE` sind:

- `COPY <Variable(n)>`. Übernimmt die spezifizierten Variablen in den neuen Datensatz ohne sie zu transponieren.
- `ID <Variable>`. Spezifiziert die Variable des Ursprungsdatensatzes, welche die Namen der transponierten Variablen als Merkmalswerte enthält.
- `IDLABEL <Variable>`. Spezifiziert die Variable des Ursprungsdatensatzes, welche die Bezeichnungen der transponierten Variablen als Merkmalswerte enthält. Dieser Anweisung muss eine `ID`-Anweisung vorangehen.

Die Anweisungen `BY` und `VAR` lassen sich wie gewohnt verwenden.

Weitere Hilfsprozeduren

`CALENDAR`: Stellt die Merkmalswerte eines SAS-Datensatzes in der Gestalt eines Monatskalenders dar, dessen Form durch die Optionen und Anweisungen der Prozedur festgelegt wird.

`EXPLODE`: Vergrößert Worte und Buchstaben in Textausgaben, stellt also Buchstaben als Matrix von Zeichen dar.

`FORMS`: Erzeugt aus SAS-Datensätzen Textausgaben gemäß eines vorgegebenen Musters, etwa Adressetiketten für Briefumschläge.

`FSLIST`: Stellt den Inhalt beliebiger Dateien in einem eigens dafür vorgesehenen SAS-Fenster dar.

`PRINTTO`: Legt fest, wohin die Text-Ausgabe von SAS-Prozeduren sowie das SAS-Log geschrieben wird, beispielsweise in externe Dateien zur Weiterverarbeitung mit anderen Programmen.

`REGISTRY`: Erlaubt das Auslesen sowie die Veränderung der Registrierungsdateien von SAS (auch SAS-Registry genannt).

Die Funktionalität der Prozeduren `APPEND`, `CONTENTS` und `COPY` entspricht im Wesentlichen der gleichnamiger Anweisungen in der Prozedur `DATASETS`.

4.5 Anweisungen außerhalb von DATA- und PROC-Step

Einige Anweisungen treten auch außerhalb von DATA- und PROC-Steps bzw. an beliebiger Stelle im Programm auf. Sie heißen globale Anweisungen und sind ebenso wie andere Anweisungen mit Semikolon (;) abzuschließen. Die wichtigsten sind:

`%INCLUDE`: Fügt Anweisungen und/oder Datenzeilen in ein SAS-Programm ein. Dabei können externe Dateien oder bestimmte Zeilen des aktuellen Programms (wieder-)verwendet werden.

%LIST: Gibt die in der aktuellen SAS-Sitzung ausgeführten Programm-
zeilen aus. Zum Ansprechen der Zeilennummern von ausgeführten SAS-
Programmen muss die Option SPOOL gesetzt sein. Das gilt ebenso für die
%INCLUDE-Anweisung.

DISPLAY: Zeigt das in der Anweisung spezifizierte und zuvor mit der WINDOW-
Anweisung erzeugte Fenster.

DM: Führt Befehle innerhalb eines SAS-Programms aus. Diese beeinflussen
beispielsweise den Programm-Editor, das SAS-Log oder das Output-
Fenster. Möglich sind auch allgemeine SAS-Befehle wie das Speichern von
gerade mit SAS bearbeiteten Dateien.

ENDSAS: Beendet ein SAS-Programm oder die SAS-Sitzung im Anschluss an
die vollzogene Ausführung des aktuellen DATA- oder PROC-Step. Dies ist
unabhängig davon, ob anschließend weitere Programmteile folgen.

FOOTNOTE: Gibt bis zu zehn Zeilen Text am Fuß jeder Seite des SAS-Outputs
aus.

OPTIONS: Setzt SAS-Systemoptionen oder ändert deren Wert.

PAGE: Fügt einen Seitenumbruch bzw. eine entsprechende Anzahl von Leer-
zeilen in das SAS-Log ein.

QUIT: Sorgt für die endgültige Ausführung zuvor aufgerufener aber noch nicht
ausgeführter Anweisungen einer Prozedur und beendet diese. Dazu zählen
beispielsweise PROC REG und alle grafikerzeugenden Prozeduren.

SKIP: Fügt eine Leerzeile in das SAS-Log ein.

TITLE: Spezifiziert den Text für die Titelzeilen, die auf jeder Seite der Text-
Ausgabe erzeugt werden. Die TITLE-Anweisung ohne Angabe von Argumenten entfernt alle zuvor vergebenen Titeltexte.

WINDOW: Erzeugt ein benutzerdefiniertes Fenster.

X: Öffnet aus SAS das Fenster Eingabeaufforderung (engl.: terminal window) des Betriebssystems und führt gegebenenfalls ein Betriebssystem-
kommando aus.

Eine vollständige Liste globaler Anweisungen ist in der SAS Product Documentation (vgl. Abschnitt 2.2) unter folgendem Eintrag zu finden: SAS Language Elements by Name, Product, and Category → 9.4 → Statements →
Alphabetical Listing .

Präsentation und Aufbereitung von Ergebnissen

Das Aufbereiten von Textausgaben

Die Ergebnisse einer Datenanalyse erscheinen im Textausgabe-Fenster. Ausnahmen sind die Option `NOPRINT`, die eine Ausgabe unterdrückt, und die Prozedur `PROC SUMMARY`, die keine Textausgabe erzeugt.

Textausgaben erscheinen im Textausgabe-Fenster im ASCII-Format. Die einzelnen Variablen eines Datensatzes (Spalten) sind auf der (Bildschirm-)Seite zentriert durch eine variable Anzahl an Leerzeichen voneinander getrennt. Es erscheinen jedoch nie mehr als vier Leerzeichen zwischen zwei Variablen. Die Merkmalswerte (Zeilen) einer numerischen Variablen erscheinen innerhalb der Spalte rechtsbündig, alphanumerische Variablen linksbündig.

5.1 Textausgabeoptionen

Die ASCII-Textausgabe benötigt nur wenig Speicherplatz, bietet dafür aber auch nur wenig Übersicht und keine Navigationsmöglichkeit. Zum Betrachten eines bestimmten Teils der Textausgabe ist unter Umständen durch die gesamte Textausgabe zu blättern.

Systemeinstellungen beeinflussen die Textausgabe und lassen sich mit der `OPTIONS`-Anweisung ändern. Tabelle 5.1 stellt die wichtigsten Optionen dieser Anweisung vor.

Tabelle 5.1: Die wichtigsten Optionen der Anweisung `OPTIONS`

Option	Beschreibung
`BOTTOMMARGIN=<Rand in IN|CM>`	Gibt den unteren Seitenrand in inch oder cm an
`LEFTMARGIN=<Rand in IN|CM>`	Gibt den linken Seitenrand in inch oder cm an
`LINESIZE=<64 bis 256>`	Gibt die Zeichenzahl pro Zeile an (Standardeinstellung: 105)
`NOCENTER`	Unterdrückt die zentrierte Ausgabe
`NODATE`	Unterdrückt die Datumsausgabe

(Fortsetzung nächste Seite)

© Springer-Verlag GmbH Deutschland, ein Teil von Springer Nature 2018
W. Krämer et al., *Datenanalyse mit SAS®*, https://doi.org/10.1007/978-3-662-57799-8_5

Tabelle 5.1 (Fortsetzung)

Option	Beschreibung
NONUMBER	Unterdrückt die Ausgabe der Seitenzahl
PAGENO=<Zahl>	Legt die Seitenzahl für die erste Textausgabeseite fest, andernfalls nummeriert SAS die Textausgabeseiten seit Sitzungsbeginn
PAGESIZE=<15 bis 32767>	Gibt die Zeilenzahl pro Seite an (Standardeinstellung: 49)
PAPERSIZE=LETTER|A4	Gibt die Papiergröße an (Standardeinstellung: Letter-Format)
RIGHTMARGIN=<Rand in IN|CM>	Gibt den rechten Seitenrand in inch oder cm an
TOPMARGIN=<Rand in IN|CM>	Gibt den oberen Seitenrand in inch oder cm an

Beispiel 5.1: Ändern der Seiteneinstellung mit der Anweisung OPTIONS

Nachstehendes Programm wählt ein DIN-A4-Blatt mit 70 Zeichen pro Zeile und 65 Zeilen pro Seite. Zudem ist die Textausgabe nicht zentriert und die Seitenzahl wird unterdrückt.

```
OPTIONS NOCENTER NONUMBER PAPERSIZE=A4
        LINESIZE=70 PAGESIZE=65;
DATA Test;
 INPUT a b c $;
 DATALINES;
  1 2 Dies
  10 3 ist
  1 22 Text
  ;
RUN;

PROC PRINT;
RUN;                                              □
```

Weitere Textausgabeoptionen sind in der SAS Product Documentation unter SAS Language Elements by Name, Product, and Category → 9.4 → System Options → Alphabetical Listing nachzulesen.

5.2 Die Prozeduren TABULATE und REPORT

Die Prozeduren TABULATE und REPORT kombinieren das Auflisten eines Datensatzes mit deskriptiven Kennzahlen (vgl. Kapitel 7). Klassierte Daten lassen sich in Tabellenform ausgeben, u. a. auch als Kreuztabelle. Die allgemeine Syntax der Prozedur TABULATE lautet:

```
PROC TABULATE [Option(en)];
 BY <Variable(n)>;
 CLASS <Variable(n)> [/ Option(en)];
 FREQ <Variable>;
 TABLE [<Seiten->, <Zeilen->,] <Spaltenvariable>
       [/ Option(en)];
 VAR <Variable(n)> [/ Option(en)];
 WEIGHT <Variable>;
```

Die TABLE-Anweisung erzeugt die tabellierte Textausgabe. Die Angabe einer einzigen Variablen in der TABLE-Anweisung liefert für jeden Merkmalswert eine eigene Spalte. Durch Kombinieren von mehreren Variablen entstehen komplexere Tabellen. Zwei durch ein Leerzeichen getrennte Variablen erzeugen für jeden Merkmalswert dieser Variablen eine eigene Spalte. Zudem lassen sich Spalten- und Zeilensummen berechnen, die Spalten- und Zeilenüberschriften festlegen sowie die Ausgabe der Werte formatieren.

Beispiel 5.2: Erstellen einer Tabelle mit der Prozedur TABULATE

Nachstehendes Programm erzeugt durch die Angabe von TABLE Alter eine Tabelle der untenstehenden Form. Die Werte einer Variablen Alter seien 7, 8 und 12.

Alter		
7	8	12

Durch die zusätzliche Angabe der Variable Geschlecht mit den Merkmalswerten 0 und 1 erzeugt TABLE Alter Geschlecht eine Tabelle der Form:

Alter			Geschlecht	
7	8	12	0	1

Das Verbinden der beiden Variablen durch einen Stern (*) und vertauschen der Reihenfolge ergibt durch die Anweisung

```
TABLE Geschlecht*Alter
```

die folgende Tabelle:

Geschlecht					
0			1		
Alter			Alter		
7	8	12	7	8	12

□

Das Beispiel zeigt bereits erste Gestaltungsmöglichkeiten. In der TABLE-Anweisung sind die Spalten-, Zeilen- oder Seitenvariablen durch Kommata zu trennen. Wird in der TABLE-Anweisung nur eine Variable angegeben, legt diese die Spalteneinteilung fest. Bei zwei Variablen oder Variablenkombinationen gibt die erste die Zeilen- und die zweite die Spalteneinteilung an. Ist zusätzlich eine Aufteilung über mehrere Seiten erwünscht, sind drei Variablen oder Variablenkombinationen durch Kommata getrennt anzugeben. Hierbei gibt die erste Variable die Seitenaufteilung, die zweite die Zeilen- und die dritte die Spalteneinteilung an. Zwei oder mehr Variablen lassen sich durch einen Stern (*) verknüpfen.

Neben der äußeren Gestaltung einer Tabelle berechnet PROC TABULATE auch verschiedene deskriptive Kennzahlen. Dazu ist in der TABLE-Anweisung mit der gewünschten Kennzahl die in der VAR-Anweisung angegebene Variable ebenfalls durch einen Stern (*) zu verknüpfen. Ohne Angabe einer Kennzahl berechnet TABULATE die Summe dieser Variablen.

Tabelle 5.2: Statistische Kennzahlberechnung mit PROC TABULATE

Begriff	Beschreibung
MAX	Berechnet das Maximum der Merkmalswerte
MEAN	Berechnet den Mittelwert der Merkmalswerte
MIN	Berechnet das Minimum der Merkmalswerte
SUM	Berechnet die Summe der Merkmalswerte
VAR	Berechnet die Varianz der Merkmalswerte

Beispiel 5.3: Kennzahlberechnung mit der Prozedur TABULATE

Ein Kaufhauskonzern hat in drei Ländern (Deutschland, England und Portugal) je drei Filialen. Der mittlere Umsatz und der Gesamtumsatz in den Warengruppen Textil, Lebensmittel, Elektrogeräte und Computer pro Land soll mit PROC TABULATE übersichtlich dargestellt werden. Die Daten seien im Datensatz Kaufhaus gespeichert. Er enthält die Variablen Land, Warengruppe und Umsatz. Nachstehendes Programm erzeugt die gewünschte Tabelle.

```
PROC TABULATE DATA=Kaufhaus;
  CLASS Land Warengruppe;
  VAR Umsatz;
  TABLE Land*Warengruppe, Umsatz=''*MEAN Umsatz=''*SUM
                    Umsatz=''*MAX /INDENT=3 RTS=18;
  KEYLABEL MEAN='Mittlerer Umsatz'
           SUM='Gesamtumsatz in Warengruppe'
           MAX='Maximaler Einzelumsatz';
RUN;
```

Abbildung 5.1 zeigt das Ergebnis:

		Mittlerer Umsatz	Gesamtumsatz in Warengruppe	Maximaler Einzelumsatz
Deutschland	Computer	3443.33	10330.00	3833.00
	Elektro	1098.33	3295.00	1212.00
	Lebensmittel	1298.00	3894.00	2121.00
	Textil	255.33	766.00	344.00
England	Computer	2711.33	8134.00	3902.00
	Elektro	1303.67	3911.00	1502.00
	Lebensmittel	900.00	2700.00	934.00
	Textil	496.67	1490.00	900.00
Portugal	Computer	455.33	1366.00	678.00
	Elektro	563.00	1689.00	766.00
	Lebensmittel	650.33	1951.00	708.00
	Textil	103.33	310.00	120.00

Abbildung 5.1: Durch die Prozedur TABULATE erzeugte Tabelle für den Datensatz Kaufhaus

Die Kennzahlen sind gemäß der Variablen Land und Warengruppe klassiert. Die Variable Land bildet die gemäß der Variablen Warengruppe unterteilten Zeilen. In den Spalten steht der Umsatz. Insgesamt werden drei Spalten erzeugt. Die beiden Anführungsstriche hinter Umsatz, z. B. Umsatz='' *MEAN, unterdrücken die Spaltenüberschrift Umsatz. Stattdessen erscheint nur MEAN als Spaltenüberschrift. Die Anweisung KEYLABEL ersetzt auch diese Überschriften durch die dort angegebenen Texte. Dabei wird das angegebene Schlüsselwort, beispielsweise MEAN, durch einen anderen Text (hier: Mittlerer Umsatz) ersetzt.

Die Option INDENT= bewirkt das Einrücken der Merkmalswerte von Warengruppe um die entsprechende Anzahl an Leerzeichen (hier drei Leerzeichen). Die Option RTS= reserviert für die Zellenbreite der Variablen Land mit der Unterteilung in die Warengruppen einen Platz von 18 Zeichen.   □

Beispiel 5.4: Verwenden der Optionen der Prozedur TABULATE

An einer fiktiven Universität gibt es verschiedene Studiengänge. Darzustellen ist die Anzahl der Studierenden in jedem Studiengang in den ersten sechs Semestern sowie die Gesamtanzahl der Studierenden. Nachstehendes Programm erzeugt die gewünschte Tabelle.

```
PROC TABULATE DATA=Student FORMAT=10. ORDER=DATA;
  CLASS Fach Semester;
  VAR Anzahl;
  TABLE Fach="Studienrichtung" ALL="Gesamt",
        Semester="Semesterzahl"*Anzahl="Anzahl
        Studenten"*SUM=""/ RTS=20;
RUN;
```

Abbildung 5.2 zeigt das Ergebnis:

	Semesterzahl					
	1	2	3	4	5	6
	Anzahl Studenten	Anzahl Studenten	Anzahl Studenten	Anzahl Studenten	Anzahl Studenten	Anzahl Studenten
Studienrichtung						
Statistik	99	99	97	90	85	85
Mathematik	75	45	45	45	42	40
Geschichte	124	124	124	80	60	60
Chemie	186	180	170	159	150	99
Informatik	2457	2100	1892	1892	1600	1588
Medizin	365	365	345	300	150	150
BWL	2876	2876	2500	1600	1300	1000
Gesamt	6182	5789	5173	4166	3387	3022

Abbildung 5.2: Durch die Prozedur TABULATE erzeugte Tabelle zur Studierenden-anzahl in verschiedenen Studiengängen

Die Option ORDER=DATA listet die Ausprägung für die Variable Fach in der Reihenfolge auf, wie sie im Datensatz vorkommen. Andernfalls erscheint eine alphabetische Ausgabe. Die Option ALL der TABLE-Anweisung erstellt automatisch die Spaltensummen.

Durch die Option NOCELLMERGE in der TABLE-Anweisung lässt sich in einer ODS-Ausgabe (siehe Abschnitt 5.3) eine optisch schönere Tabelle erstellen, indem das Zusammenfügen von Zellen in der ersten Datenzeile verhindert wird. Dies ist in Abbildung 5.3 dargestellt. Das Benutzerhandbuch „SAS System Documentation → SAS Products → SAS Procedures → TABULATE" fasst die vielfältigen Möglichkeiten zur Beeinflussung einer Tabelle mit PROC TABULATE zusammen.

| | Semesterzahl | | | | | |
| | 1 | 2 | 3 | 4 | 5 | 6 |
	Anzahl Studenten	Anzahl Studenten	Anzahl Studenten	Anzahl Studenten	Anzahl Studenten	Anzahl Studenten
Studienrichtung						
Statistik	99	99	97	90	85	85
Mathematik	75	45	45	45	42	40
Geschichte	124	124	124	80	60	60
Chemie	186	180	170	159	150	99
Informatik	2457	2100	1892	1892	1600	1588
Medizin	365	365	345	300	150	150
BWL	2876	2876	2500	1600	1300	1000
Gesamt	6182	5789	5173	4166	3387	3022

Abbildung 5.3: Durch die Prozedur TABULATE erzeugte Tabelle zur Anzahl der Studierenden in verschiedenen Studienrichtungen mit der Option NOCELLMERGE

□

Auch die Prozedur REPORT dient zur Berichtserstellung. Sie vereint Eigenschaften der Prozeduren PRINT (vgl. Kapitel 4), MEANS (vgl. Kapitel 7) und TABULATE. Es lassen sich zwei Typen von Berichten unterscheiden: der Detailbericht und der zusammenfassende Bericht. Ein Detailbericht stellt jede Datenzeile in einer eigenen Zeile dar. Ein zusammenfassender Bericht fasst die Merkmalswerte gemäß Vorgaben zusammen.

Ein Detailbericht unterscheidet sich nicht wesentlich von einer durch PROC PRINT erzeugten Textausgabe. Die allgemeine Syntax der Prozedur REPORT ist gegeben durch:

```
PROC REPORT [Option(en)];
BY <Variable>;
COLUMN <Variable(n)>;
COMPUTE <Variable> [/ Option(en)];
   ...
ENDCOMP;
DEFINE <Variable> [/ Option(en)];
FREQ <Variable>;
WEIGHT <Variable>;
```

Die Anweisung COLUMN legt die Spalten des Berichts fest. Dabei lassen sich für die Spaltenvariablen auch statistische Kennzahlen berechnen. Diese sind in runden Klammern vor der Variablen anzugeben und durch ein Komma von dieser abzutrennen. Soll beispielsweise eine Tabelle mit den Spalten Geschlecht und Alter und dem minimalen, maximalen und mittleren Alter pro Geschlecht berechnet werden, lautet die Anweisung:

```
COLUMN Geschlecht (MIN MAX MEAN), Alter
```

Andernfalls genügt

```
COLUMN Geschlecht Alter
```

Die Anweisung COMPUTE beginnt einen Block von SAS-Anweisungen, der mit ENDCOMP abzuschließen ist. Sie werden während der Prozedurausführung, und damit beim Erstellen der Tabelle, ausgeführt. Dieses können sowohl DATA-Step-Anweisungen, als auch PROC REPORT-spezifische Befehle sein. So erzeugt beispielsweise LINE eine neue Zeile in einem Bericht. In diese lassen sich sowohl frei wählbarer Text als auch Kennzahlen eintragen. So berechnet die Anweisung

```
LINE 'Summe Umsatz' Umsatz.SUM
```

die Summe über die Variable Umsatz. Zudem wird der berechneten Summe der Text „Summe Umsatz" vorangestellt.

Die Anweisung DEFINE gibt an, in welcher Form eine Variable innerhalb der Tabelle erscheint. Tabelle 5.3 stellt die dazu benötigten Schlüsselwörter zusammen.

Tabelle 5.3: Ausgewählte Schlüsselwörter zur Berechnung von statistischen Kennzahlen in PROC REPORT

Schlüsselwort	Berechnung
MAX	Berechnet das Maximum
MEAN	Berechnet den Mittelwert
MIN	Berechnet das Minimum
STD	Berechnet die Standardabweichung
SUM	Berechnet die Summe

Das Schlüsselwort GROUP dient zur Gruppierung gemäß der in der DEFINE-Anweisung aufgeführten Variablen. Ferner lässt sich hinter dem Schlüsselwort eine Zeichenkette angeben, die als Spaltenüberschrift für die in der DEFINE-Anweisung angegebenen Variable erscheint.

Beispiel 5.5: Erstellen eines Berichts mit der Prozedur REPORT

Für den SAS-Datensatz SASHELP.CLASS, welcher für 19 Schüler das Alter, Größe und Gewicht enthält, wird ein Bericht gewünscht. Es ist die mittlere Größe und das mittlere Gewicht nach Alter und Geschlecht in der Tabelle abzutragen und jede zweite Zeile farbig darzustellen.

```
PROC REPORT DATA=SASHELP.CLASS NOWD;
 COLUMN Age Sex Height Weight;
 DEFINE Age /GROUP 'Alter';
 DEFINE Sex /GROUP 'Geschlecht' CENTER;
 DEFINE Height /MEAN 'Mittel/Größe';
 DEFINE Weight /MEAN 'Mittel/Gewicht' F=5.1;
 COMPUTE Age;
  Count+1;
  IF MOD(Count,2) THEN DO;
   CALL DEFINE(_ROW_, "STYLE",
         "STYLE=[BACKGROUND=LIGHTGREY FOREGROUND=RED]");
  END;
 ENDCOMP;
RUN;
```

Die Option NOWD unterbindet eine Besonderheit der Prozedur REPORT, nämlich das Öffnen einer eigenen Arbeitsumgebung, in welcher die Ergebnisse ausgegeben werden. Ohne NOWD öffnet sich diese Umgebung automatisch. Mit NOWD erscheint die Tabelle im Textausgabe-Fenster.

Die in der zweiten DEFINE-Anweisung angegebene Option CENTER zentriert die Merkmalswerte der durch diese DEFINE-Anweisung erzeugten Spalte. In der vierten DEFINE-Anweisung gibt die Option F=5.1 ein Format für die Zahlenausgabe an (hier fünfstellig inkl. einer Nachkommastelle).

Zwischen der COMPUTE- und ENDCOMP-Anweisung sind die Anweisungen aufgeführt, die jede zweite Zeile einfärben. Jeder Prozedurdurchlauf erhöht die Variable Count um eins. Die IF-Anweisung prüft, ob es sich um eine gerade oder ungerade Zeile handelt. Handelt es sich um eine gerade Zeilenzahl, färbt CALL DEFINE mit Hilfe von STYLE-Angaben die Zeilen ein. Die Schrift der entsprechenden Zeile erscheint rot und der Hintergrund hellgrau. □

5.3 Das Output-Delivery-System (ODS)

SAS stellt ein neues System für Textausgaben bereit (Output-Delivery-System oder kurz ODS); damit lassen sich Texte in verschiedenen Formaten wie PDF oder HTML ausgeben.

Die herkömmliche Textausgabe erscheint ausschließlich in der SAS-Schriftart „Monospace". Eigene Formatierungen sowie das Speichern dieser Ausgabe ist nur eingeschränkt möglich. Mit ODS lässt sich dagegen sowohl die Form und Gestalt einer Textausgabe als auch deren Export beeinflussen. Zudem lassen sich erstmals einzelne Passagen einer Textausgabe ausgegeben und in verschiedenen Formaten speichern.

Mit ODS lassen sich RTF-, PDF-, PS- und HTML-Dateien erstellen. Somit sind die Ergebnisse einer Datenanalyse auch außerhalb von SAS verfügbar. Tabelle 5.4 vergleicht die verschiedenen Ausgabe-Formate.

Tabelle 5.4: Vergleich der mit ODS erzeugbaren Ausgabe-Kanäle

	RTF	HTML	PDF	PS
Navigation	Keine	Möglich	Eingeschränkt	Keine
Editierbarkeit	Mit gängigen Text-verarbeitungen	Mit HTML-Editoren	Mit Adobe Acrobat	Keine
Portabilität	Gut	Sehr gut	Sehr gut	Gut
Lesbarkeit	Gut	Sehr gut	Gut	Gut
Speicherplatz	Mittel	Gering	Mittel	Gering

Bestimmte Schlüsselwörter lassen SAS statt der herkömmlichen Textausgabe eine ODS-Ausgabe erzeugen. Die Schlüsselwörter sind um die Textausgabe erzeugenden Prozeduren zu setzen. Die ODS-Syntax lautet:

```
ODS <Ausgabe-Kanal> FILE='<Dateiname>';
 [Textausgabe-erzeugende(r) PROC-Step(s)]
ODS <Ausgabe-Kanal> CLOSE;
```

ODS leitet die Textausgabe in eine Datei um. Die oben beschriebene Syntax schreibt stets die gesamte Textausgabe in diese Datei. Die ODS-Anweisungen SELECT und EXCLUDE wählen einzelne Passagen aus.

```
ODS SELECT <ODS Name>
```

wählt die auszugebenden Passagen aus, während

```
ODS EXCLUDE <ODS Name>
```

die Passagen ausschließt. Zur Auswahl der gesamten Ausgabe dient die Anweisung

```
ODS SELECT ALL
```

bzw.

```
ODS EXCLUDE NONE
```

Die Anweisungen

```
ODS SELECT NONE
```

bzw.

```
ODS EXCLUDE ALL
```

erzeugen eine leere Ausgabe. Eine Sonderrolle nimmt die Anweisung

```
ODS SELECT <ODS Name>(PERSIST)
```

ein. Sollen beispielsweise zwei Variablen in einem Datensatz mit der selben Prozedur separat ausgewertet werden, erzeugt die ODS SELECT-Anweisung für den ersten PROC-Step die Ausgabe mit den Tabellen Moments und BasicMeasures.

```
ODS SELECT Moments(PERSIST) BasicMeasures;
PROC UNIVARIATE DATA=a;
 VAR a1;
RUN;

PROC UNIVARIATE DATA=a;
 VAR a2;
RUN;
```

Für den zweiten PROC-Step erscheint nur die Tabelle Moments. Die Anweisung PERSIST hält die so gewählte Tabelle Moments fest, bis z. B. eine Anweisung SELECT ALL oder SELECT NONE folgt. Soll zudem auch der Name der Analyseprozedur im Ausgabefenster unterdrückt werden, ist die Anweisung

```
ODS NOPROCTITLE;
```

zu verwenden.

Die Anweisung

```
ODS SHOW
```

zeigt die letzte Auswahl im Log-Fenster an. Im SAS-Log erscheint dadurch die Meldung: Current OVERALL Select is: gefolgt von der Auswahl. Ist die Textausgabe nicht durch ODS SELECT oder ODS EXCLUDE gekürzt erscheint stattdessen ALL.

Die nach SELECT oder EXCLUDE anzugebenden <ODS Namen> variieren für jede Prozedur und sind in der SAS Product Documentation nachzulesen. Alternativ lassen sich die Namen durch den Befehl

```
ODS TRACE ON;
 [Textausgabe erzeugende(r) PROC-Step(s)]
ODS TRACE OFF;
```

im Log-Fenster ausgeben. Die ODS Namen sind exakt mit der aufgeführten Groß- und Kleinschreibung anzugeben.

Beispiel 5.6: Erstellen einer RTF-Ausgabe mit ODS

Bei einer Wahl zum Gemeindeparlament wurde das Wahlverhalten von Männern und Frauen verschiedenen Alters erhoben. Hat das Alter der Wähler

einen Einfluss auf die gewählte Partei? Die Wähler lassen sich in drei Klassen
einteilen: bis 20 Jahre, zwischen 21 und 59, ab 60 Jahre. Das Ergebnis der
Wahl ist als RTF-Datei auszugeben. Nachstehendes Programm erzeugt die
RTF-Datei.

```
DATA Wahl;
 INPUT Geschlecht Alter Partei $ Prozent @@;
 DATALINES;
  0  1 A 20.9 1 1 A 29.1 0 1 B 10.9 1 1 B 8.9
  0  1 C 0.2 1 1 C 0.3 0 2 A 45.1 1 2 A 37.0
  0  2 B 24.9 1 2 B 18.9 0 2 C 4.3 1 2 C 5.3
  0  3 A 36.8 1 3 A 55.3 0 3 B 29.2
  1  3 B 35.7 0 3 C 2.2 1 3 C 1.7
  ;
RUN;

PROC FORMAT;
 VALUE GESCHL 0='Frauen' 1='Männer';
 VALUE GRUPPE 1='Unter 20' 2='>20 und <60' 3='über 60';
RUN;

ODS RTF FILE='C:\SAS-Buch\Wahlen.rtf';
 PROC TABULATE DATA=Wahl;
  CLASS Geschlecht Alter Partei;
  VAR Prozent;
  TABLE Partei='PARTEI'*Geschlecht,
        Alter='ALTERSGRUPPE'*Prozent='';
  KEYLABEL SUM=' ';
  FORMAT Geschlecht GESCHL. Alter GRUPPE.;
  RUN;
ODS RTF CLOSE;
```

Abbildung 5.4 zeigt das Ergebnis.

| | | Altersgruppe | | |
		unter 20	>20 und <60	über 60
Partei	Geschlecht			
A	Frauen	20.90	45.10	36.80
	Männer	29.10	37.00	55.30
B	Frauen	10.90	24.90	29.20
	Männer	8.90	18.90	35.70
C	Frauen	0.20	4.30	2.20
	Männer	0.30	5.30	1.70

Abbildung 5.4: ODS RTF-Textausgabe der Prozedur `TABULATE`

Wird statt einer RTF-Datei eine HTML-Datei gewählt, ändert sich die Syntax. Statt

```
ODS RTF FILE='<Dateiname.rtf>'
```

ist

```
ODS HTML BODY='<Datenname.html>'
```

anzugeben. Diese Anweisung erstellt zwar eine HTML-Datei, aber ohne die Navigationsmöglichkeit. Die Anweisungen

```
ODS HTML PATH='<Pfad>'
        BODY='<Dateiname1.html>'
        CONTENTS='<Dateiname2.html>'
        FRAME='<Dateiname3.html>'
```

erstellen drei HTML-Dateien. *Dateiname1.html* enthält die eigentlichen Informationen, im Beispiel 5.6 die Wahlergebnisse nach Geschlecht und Alter.

Die `CONTENTS`-Datei enthält eine Navigationsleiste aus den ODS-Namen. Ist durch `ODS SELECT` oder `ODS EXCLUDE` die Textausgabe nicht gekürzt, stehen alle von der Prozedur erzeugten ODS-Namen in der Navigationsdatei *Dateiname2.html* zur Verfügung. Die `BODY`- und `CONTENTS`-Dateien werden in die später im Browser zu öffnende `FRAME`-Datei *Dateiname3.html* eingebettet.

Das Erstellen von PDF- und PS-Dateien ist auf zwei Arten möglich. Zum einen über

```
ODS PDF FILE='<Dateiname>'
```

bzw.

```
ODS PS FILE='<Dateiname>'
```

Da sowohl Post Script (PS) als auch das Portable Document Format (PDF) eigentlich Druckersprachen sind, ist eine Ausgabe zum anderen mit

```
ODS PRINTER FILE=<Dateiname>
```

ebenfalls möglich. Hierbei werden die Dateiformate durch die verschiedenen Dateiendungen unterschieden. Die Anweisung

```
ODS PRINTER CLOSE
```

schließt die Ausgabe auf einen Drucker ab.

Auch eine Ausgabe in das normale Textausgabe-Fenster ist mit ODS möglich. So leitet

```
ODS LISTING
```

die Textausgabe der sich anschließenden Prozeduren in das normale Textausgabe-Fenster um, und

```
ODS LISTING CLOSE
```

beendet diese Umleitung.

Die ODS-Textausgabe kann vom (fortgeschrittenen) Anwender beliebig verändert werden. Das betrifft insbesondere die Form einer Tabelle, die Schriftart und -größe oder Textfarbe. Zur Darstellung von ODS-Ausgaben dient ein Style. Styles sind in SAS vorgegeben, aber veränderbar. Die Prozedur **TEMPLATE** verändert Stylevorlagen oder erstellt diese neu. ODS unterscheidet fünf beeinflussbare Darstellungs-Typen.

Tabelle 5.5: Typen von Stylevorlagen

Typ	Beschreibung
COLUMN	Spaltendarstellung
FOOTER	Abschluss einer Tabelle
HEADER	Kopf der Tabelle
STYLE	Die Farbgestaltung einer Tabelle
TABLE	Die äußere Form einer Tabelle

Die wichtigsten Typen sind **TABLE** und **STYLE**. **TABLE** verändert u. a. die Breite und Bezeichnung der Spalten. **STYLE** beeinflusst die Schriftgröße der Tabellenzellen und Farben usw. Diese beiden Typen zusammen definieren das Aussehen einer Tabelle. Unter

Getting Started with the SAS 9.4 Output Delivery System → Next Steps: Working with the Template Procedure sind alle weiteren Informationen zu der sehr umfangreichen Prozedur TEMPLATE aufgeführt.

PROC TEMPLATE verändert die äußere Form einer Tabelle beispielsweise mit dem nachstehenden SAS-Programm:

```
PROC TEMPLATE;
 DEFINE STYLE NEWSTYLE;

  STYLE COLORS / MEDIUM="LTBLUE" DARK="BLUE";

  STYLE TABLE / CELLSPACING=3 BORDERWIDTH=10
                BORDERCOLORLIGHT=COLORS("MEDIUM")
                BORDERCOLORDARK=COLORS("DARK");
 END;
RUN;
```

Dieses Programm verändert die Rahmenstärke (BORDERWIDTH) und die Rahmenfarbe (BORDERCOLORLIGHT und BORDERCOLORDARK). Anzuwenden ist diese neue Definition in ODS, indem STYLE=NEWSTYLE als Option der ODS-Anweisung spezifiziert wird.

5.4 Übungsaufgaben

Aufgabe 5.1:

Erzeugen Sie mit `PROC TABULATE` eine Tabelle für den in der Bibliothek `SASHELP` vorliegenden Datensatz `Prdsale`. Dieser Datensatz enthält Verkaufszahlen von Möbelstücken in verschiedenen Ländern. Die Tabelle zeige den Umsatz in den Produktklassen „Furniture" und „Office" in den Jahren 1993 und 1994 aufgeteilt nach Ländern.

Hinweis: Verwenden Sie zum Beschriften des linken oberen Feldes der Tabelle die Option `BOX='in Euro'`. ■

Aufgabe 5.2:

Erzeugen Sie für die Tabelle aus Aufgabe 5.1 eine HTML-Ausgabe mit Navigationsmöglichkeit. ■

Aufgabe 5.3:

Welche ODS-Tabellen haben die Prozeduren `MEANS`, `UNIVARIATE` und `REPORT`? ■

Grafiken in SAS

Grafiken ermöglichen einen schnellen Einblick in Daten. Viele meinen, Grafiken seien nicht die Stärke von SAS. In der Tat sind die Standardeinstellungen oft nicht befriedigend. Diese lassen sich aber leicht ändern, und damit sind auch in SAS aussagekräftige, gut lesbare Grafiken möglich.

6.1 Zweidimensionale Darstellungen

Die wichtigsten zweidimensionalen Grafiken sind Streu- und Liniendiagramme, Histogramme sowie Balken- und Kreisdiagramme. Die Prozedur GPLOT erzeugt Linien- und Streudiagramme, die Prozedur GCHART erstellt Balken- und Kreisdiagramme, die Prozeduren UNIVARIATE und CAPABILITY erzeugen Histogramme. Die allgemeine Syntax von GPLOT ist:

```
PROC GPLOT [Option(en)];
  BUBBLE <y-Variable>*<x-Variable>=<z-Variable>
        [/ Option(en)];
  BUBBLE2 <y-Variable>*<x-Variable>=<z-Variable>
        [/ Option(en)];
  PLOT <y-Variable>*<x-Variable> [/ Option(en)];
  PLOT2 <y-Variable>*<x-Variable> [/ Option(en)];
```

Die BUBBLE-Anweisung erstellt Kreise (Bubbles) um die von der x-Variable und y-Variable festgelegten Mittelpunkte. Die z-Variable legt die Kreisgröße fest. Die Anweisung BUBBLE2 ist immer zusammen mit einer BUBBLE-Anweisung zu verwenden und muss dieser nachfolgen. BUBBLE2 erzeugt eine zweite Koordinatenachse an der rechten Seite der Grafik. Analog verhalten sich die Anweisungen PLOT bzw. PLOT2. Die PLOT-Anweisung trägt eine unabhängige Variable auf der horizontalen Achse gegen eine abhängige Variable auf der vertikalen Achse ab. Mit einer einzigen PLOT-Anweisung kann man auch mehrere Grafiken gleichzeitig erzeugen.

© Springer-Verlag GmbH Deutschland, ein Teil von Springer Nature 2018
W. Krämer et al., *Datenanalyse mit SAS®*, https://doi.org/10.1007/978-3-662-57799-8_6

Die Anweisung

```
PLOT y1*x1 y2*x2
```

erzeugt beispielsweise je eine Grafik für die Variablen x1, y1 bzw. x2, y2. Die Achsenskalierung und -beschriftung sowie die farbliche Gestaltung sind durch Optionen veränderbar.

Beispiel 6.1: Streudiagramm mit der Prozedur GPLOT

Nachstehendes Programm erzeugt ein Streudiagramm mit den Standardein-stellungen von SAS.

```
LIBNAME SAS_Buch 'C:\SAS-Buch';

DATA bmw (KEEP=bmw1 lbmw1);
SET SAS_Buch.bmw;
 bmw1=LOG(bmw/LAG(bmw));
 lbmw1=LAG(bmw1);
RUN;

PROC GPLOT DATA=bmw;
 PLOT bmw1*lbmw1;
RUN;
QUIT;
```

Abbildung 6.1 zeigt das Streudiagramm (engl.: scatterplot) der Renditen von BMW seit 1960, abgetragen gegen die um einen Tag verzögerten Renditen.

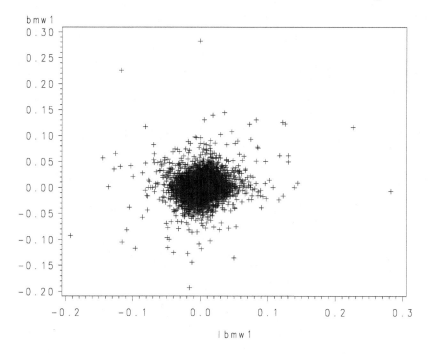

Abbildung 6.1: Streudiagramm der Variablen `bmw1` und `lbmw1`

Zu sehen ist eine Punktewolke um den Wert (0,0). Das Diagramm ist aber durchaus noch verbesserungsfähig, z. B. ist die Achsenbeschriftung mit `bmw1` und `lbmw1` nicht ausreichend. Dazu erscheint die Schriftgröße sehr klein und die Achsen sind unterschiedlich skaliert, wodurch die tatsächliche Form der Punktewolke verschleiert wird. Außerdem fehlt eine aussagekräftige Überschrift.   □

Die folgende Tabelle 6.1 stellt die wichtigsten Optionen der Anweisungen PLOT, PLOT2, BUBBLE und BUBBLE2 der Prozedur GPLOT zusammen:

Tabelle 6.1: Die wichtigsten Optionen der Anweisungen PLOT, PLOT2, BUBBLE und BUBBLE2

Option	Beschreibung
[NO]FRAME	Zeichnet (k)einen Rahmen um die Grafik
HAXIS=AXIS<n>	Beschriftet die horizontale Achse; AXIS<n> bezieht sich auf eine gleichnamige Anweisung (siehe Abschnitt 6.4)
HREF=<Werteliste>	Zeichnet parallel zur horizontalen Achse eine Hilfslinie für jeden Eintrag der <Werteliste>
OVERLAY	Zeichnet alle durch eine PLOT-Anweisung erstellten Grafiken in ein einziges Koordinatensystem
VAXIS=AXIS<n>	Beschriftet die vertikale Achse; AXIS<n> bezieht sich auf eine gleichnamige Anweisung (siehe Abschnitt 6.4)
VREF=<Werteliste>	Zeichnet parallel zur vertikalen Achse eine Hilfslinie für jeden Eintrag der <Werteliste>

Die Prozedur GCHART erstellt Balken-, Säulen- und Kreisdiagramme. Die allgemeine Syntax lautet:

```
PROC GCHART [Option(en)];
  HBAR|VBAR  <Variable(n)> [/ Option(en)];
  PIE|DONUT <Variable(n)> [/ Option(en)];
  STAR <Variable(n)> [/ Option(en)];
```

Die Anweisung HBAR erstellt ein Balkendiagramm, wobei die Länge eines Balkens der absoluten Häufigkeit der jeweiligen Klasse entspricht. Die Anweisung VBAR erstellt analog dazu ein Säulendiagramm. Dabei werden die Klassen aus den vorliegenden Daten automatisch gebildet.

PIE erzeugt ein Kreis- oder Tortendiagramm. Dabei repräsentiert die Fläche eines Kreissegments den Anteil der Klasse an der Merkmalssumme. DONUT erstellt ein Kreisdiagramm mit einem Loch in der Mitte.

Die Anweisung STAR erstellt Stern-Diagramme. Hierbei repräsentiert die Länge einer Sternzacke den Wert der jeweiligen Klasse.

Tabelle 6.2 listet die wichtigsten Optionen der Prozedur GCHART auf. Ein ✓ bedeutet: Die Option steht bei der entsprechenden Anweisung zur Verfügung.

Tabelle 6.2: Die wichtigsten Optionen für Anweisungen von `PROC GCHART`. H=Balken(`HBAR`)-, V=Säulen(`VBAR`)-, P=Torten(`PIE`)-, D=Donut(`DONUT`)- und S=Stern(`STAR`)-Anweisung

Option	Beschreibung	H	V	P	D	S
`ANGLE=<Gradzahl>`	Setzt das erste Kreissegment auf die angegebene Gradzahl, ein Winkel von Null Grad entspricht der 3-Uhr-Position	-	-	✓	✓	✓
`ASCENDING`	Sortiert die Balken oder Kreissegmente in aufsteigender Reihenfolge der Merkmalswerte	✓	✓	✓	✓	-
`CLOCKWISE`	Zeichnet die Kreissegmente im Uhrzeigersinn, dies entspricht `ANGLE=90`	-	-	✓	-	-
`CTEXT=<Farbe>`	Setzt die Textfarbe	✓	✓	✓	✓	✓
`DESCENDING`	Sortiert die Balken oder Kreissegmente in absteigender Reihenfolge der Merkmalswerte	✓	✓	✓	✓	-
`EXPLODE=<Werteliste>`	Spezifiziert über **Werteliste** die Klassenmittelpunkte der abzusetzenden Kreissegmente	-	-	✓	-	-
`FILL=SOLID|X`	Gibt ein Füllmuster an, **SOLID** füllt die Kreissegmente mit einer Farbe und **X** erzeugt eine Schraffur	-	-	✓	✓	-
`FREQ=<Variable>`	Legt die Häufigkeitsvariable für die Merkmalswerte fest, jeder Merkmalswert wird entsprechend der Häufigkeitsvariable berücksichtigt	✓	✓	✓	✓	✓
`GROUP=<Variable>`	Bildet für jeden Wert von **Variable** eine Gruppe von Diagrammen (Gruppierungsvariable)	✓	✓	✓	✓	✓
`INVISIBLE=<Werteliste>`	Spezifiziert über **Werteliste** die Klassenmittelpunkte der nicht zu zeichnenden Kreissegmente	-	-	✓	✓	-
`LEVELS=<Anzahl>`	Spezifiziert über **Anzahl** die zu berücksichtigende Klassenzahl	✓	✓	✓	✓	✓
`MAXIS=`	Beeinflusst die Gestalt der x-Achse (siehe Abschnitt 6.4)	✓	✓	-	-	-
`MIDPOINTS=<Werteliste>`	Gibt über **Werteliste** die Klassenmittelpunkte an, auch eine Angabe (`<n> TO <m>`) ist möglich	✓	✓	✓	✓	✓
`NOHEADING`	Unterdrückt die Beschreibung der berechneten Kennzahl	-	-	✓	-	-

(Fortsetzung nächste Seite)

Tabelle 6.2 (Fortsetzung)

Option	Beschreibung	H	V	P	D	S
NOLEGEND	Unterdrückt die Legende	✓	✓	✓	✓	✓
OTHER=<Wert>	Fasst alle Merkmalswerte, die weniger als Wert-Prozent der Gesamtsumme entsprechen, in eine Klasse „Other" zusammen, die Standardeinstellung ist 4	-	-	✓	✓	-
PERCENT=ARROW|INSIDE| NONE|OUTSIDE	Beschriftet die Balken oder Kreissegmente mit ihrem Prozentwert, die möglichen Angaben beeinflussen die Position	✓	✓	✓	✓	-
RAXIS=	Gestaltet das Aussehen der y-Achse (siehe Abschnitt 6.4)	✓	✓	-	-	-
SLICE=ARROW|INSIDE| NONE|OUTSIDE	Beeinflusst die Beschriftungsposition der für das Kreissegment namensgebenden Variablen	-	-	✓	✓	✓
SPACE=<Abstand>	Gibt den Abstand zwischen den Balken (Säulen) an. Dieser wird ignoriert, wenn Abstand zu groß ist und die Balken (Säulen) nicht mehr ins Grafikfenster passen	✓	✓	-	-	-
SUBGROUP=<Variable>	Gruppiert ein Diagramm gemäß Variable (Gruppierungsvariable)	✓	✓	✓	✓	-
SUMVAR=<Variable>	Berechnet die Summe oder den Mittelwert gemäß der durch Variable gebildeten Klasse	✓	✓	✓	✓	✓
TYPE=<Statistik>	Mit SUMVAR ist MEAN oder SUM für TYPE anzugeben; ohne SUMVAR ist PERCENT (Prozent), CPCT (kumulierte Prozente), FREQ (Häufigkeit) oder CFREQ (kumulierte Häufigkeit) zu wählen	✓	✓	✓	✓	✓
VALUE=ARROW|INSIDE| NONE|OUTSIDE	Beeinflusst die Beschriftungsposition des Merkmalswerts dieses Kreissegments	-	-	✓	✓	✓
WIDTH=<Breite>	Spezifiziert die Breite eines Balkens	✓	✓	-	-	-

Beispiel 6.2: Balkendiagramm mit der Prozedur GCHART

Nachstehendes Programm erstellt ein Balkendiagramm der Zweitstimmen der Bundestagswahl 2009.

```
DATA Bundestagswahl2009;
 INPUT Partei $ Anteil @@;
 DATALINES;
  SPD 23.0 CDU 33.8 FDP 14.6
  GRUENE 10.7 LINKE 11.9 ANDERE 6.0
 ;
RUN;

PROC GCHART DATA=Bundestagswahl2009;
 VBAR Partei /SUMVAR=Anteil
              DESCENDING
              SUBGROUP=Partei
              NOLEGEND
              WIDTH=8
              SPACE=1.5;
 RUN;
 QUIT;
```

Die Option DESCENDING bewirkt eine absteigende Sortierung der Balken. Abbildung 6.2 zeigt das (noch verbesserungsfähige) Ergebnis:

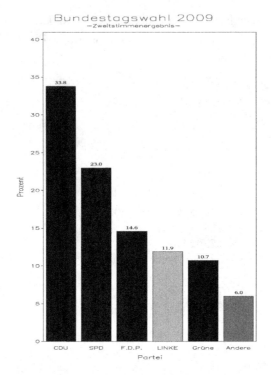

Abbildung 6.2: Balkendiagramm des Zweitstimmenergebnisses der Bundestagswahl 2009   □

Beispiel 6.3: Kreisdiagramm mit der Prozedur `GCHART`

Die Fondgesellschaft Meier, Müller und Partner möchte ihren Kunden einen geeigneten grafischen Überblick eines Portfolios geben. Der Fond „Risikooptimierter Geldzuwachs" setzt sich wie folgt zusammen:

Aktie	Stückzahl
Chemie Gigant	2020
Auto Mobil	1200
Pillendreher	890
Leben und Mehr	630
MediaPlus	1500

Nachstehendes Programm erzeugt das Kreisdiagramm.

```
DATA Portfolio;
 INPUT Aktie & $ 15. Anzahl @@;
 DATALINES;
  Chemie Gigant  2020   Auto Mobil      1200
  Pillendreher    890   Leben und Mehr  630
  MediaPlus      1500
 ;
RUN;

PROC GCHART DATA=Portfolio;
 PIE Aktie / SUMVAR=Anzahl NOHEADING PERCENT=ARROW
            VALUE=NONE SLICE=ARROW ANGLE=90
            EXPLODE='Auto Mobil' CLOCKWISE
            CTEXT=BLACK FILL=SOLID;
RUN;
QUIT;
```

Abbildung 6.3 zeigt das Resultat.

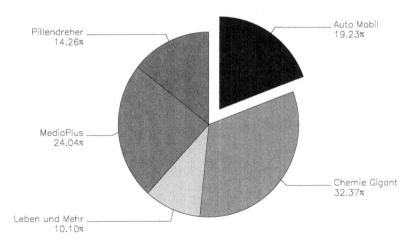

Abbildung 6.3: Kreisdiagramm eines Aktienportfolios   □

6.2 Dreidimensionale Darstellungen

Um dreidimensionale Beziehungen darzustellen, lässt sich die Prozedur
GCONTOUR verwenden. Sie stellt dreidimensionale Beziehungen in zwei Dimensionen durch Höhenlinien dar. Hierbei geben Linien und Flächen die unterschiedlichen Höhen (z) zu einer (x, y)-Position in der Ebene an.

Beispiel 6.4: Höhenliniendiagramm mit der Prozedur GCONTOUR

Nachstehendes Programm erstellt ein Höhenliniendiagramm für die Funktion
$f(x,y) = \sin\left(\sqrt{x^2 + y^2}\right)$ im Wertebereich $x, y \in [-5; 5]$.

```
DATA Kontur;
  DO x=-5 TO 5 BY 0.25;
    DO y=-5 TO 5 BY 0.25;
      z=SIN(SQRT(x*x+y*y));
      OUTPUT;
    END;
  END;
RUN;


PROC GCONTOUR DATA=Kontur;
  PLOT y*x=z / LEVELS=-0.8 TO 0.8 BY 0.4 LLEVELS=2 3 4 5 1
              XTICKNUM=11 YTICKNUM=11;
RUN;
QUIT;
```

Die Funktion $f(x,y)$ erzeugt einen „Cowboyhut". Die obere Spitze des Huts
ist eingedrückt, die Krempe des Huts hochgestellt. Ein Höhenliniendiagramm
zeigt diese dreidimensionale Funktion in der Ebene. Eng zusammen liegende
Höhenlinien markieren dabei ein starkes Anwachsen oder Abfallen der Funktion. Die Abbildung 6.4 zeigt das Höhenliniendiagramm für die angegebene
Funktion. Je nach Linienart geht die Funktion nach oben oder unten.

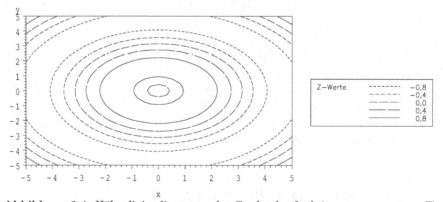

Abbildung 6.4: Höhenliniendiagramm der Cowboyhutfunktion

Zusammenhänge dreier Variablen, welche zweidimensional nicht mehr dar-
stellbar sind, erfordern dreidimensionale Darstellungen. Abbildung 6.5 zeigt
eine solche Darstellung. Die verschiedenen Symbole (Pyramide, Würfel und
Zylinder) stellen unterschiedliche Waren dar, deren Gewicht, Länge und Breite
abgetragen ist.

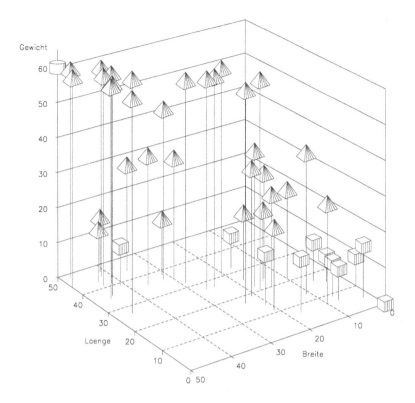

Abbildung 6.5: Dreidimensionale Darstellung verschiedener Waren

Dreidimensionale Grafiken lassen sich in SAS mit der Prozedur `G3D` erstellen. Ihre allgemeine Syntax ist:

```
PROC G3D [Option(en)];
  PLOT <y-Variable>*<x-Variable>=<z-Variable> [/ Option(en)];
  SCATTER <y-Variable>*<x-Variable>=<z-Variable>
          [/ Option(en)];
```

Die Anweisung `PLOT` zeichnet eine dreidimensionale Fläche und die Anweisung `SCATTER` ein dreidimensionales Streudiagramm. Eine der beiden Anweisungen ist zwingend anzugeben. Tabelle 6.3 listet die für beide Anweisungen geltenden Optionen auf.

Tabelle 6.3: Die wichtigsten Optionen für die Anweisungen PLOT und SCATTER der Prozedur G3D

Option	Beschreibung
GRID	Zeichnet Gitterlinien für jede Achse
NOAXES	Unterdrückt die Achsenbeschriftung
ROTATE=<Winkel>	Legt den Winkel fest, um welche die Grafik bezüglich der z-Achse rotiert (Standardeinstellung: 70 Grad)
TILT=<Winkel>	Legt den Winkel fest, um den die Grafik dem Betrachter zugedreht wird (Standardeinstellung: 70 Grad)
XTICKNUM=<n>	Gibt über n die Anzahl der Unterteilungen für die x-Achse an (mindestens 2)
YTICKNUM=<n>	Gibt über n die Anzahl der Unterteilungen für die y-Achse an (mindestens 2)
ZTICKNUM=<n>	Gibt über n die Anzahl der Unterteilungen für die z-Achse an (mindestens 2)

Neben den angegebenen gemeinsamen Optionen gibt es für jede der Anweisungen PLOT und SCATTER auch spezifische Optionen. Für PLOT sind das die Optionen SIDE und XYTYPE=1|2|3. SIDE zeichnet eine Wand an der x- und y-Achse bis zur dargestellten Fläche ein. XYTYPE= legt ein Muster für diese Fläche fest. XYTYPE=1 (XYTYPE=2) zeichnet Linien in die Fläche parallel zur x-Achse (y-Achse) ein. Die Standardeinstellung XYTYPE=3 zeichnet die Linien parallel zu beiden Achsen ein.

Die Anweisung SCATTER hat mehr spezifische Optionen als PLOT. So unterbindet NONEEDLE eine senkrechte Linie für jeden Punkt der x-y-Ebenen, wie in Abbildung 6.5 dargestellt.

Die Option SHAPE='<Symbol>'|<Symbolvariable> legt für die Datenpunkte ein Zeichensymbol fest. Entweder wird ein festes Zeichen durch die Angabe SHAPE='<Symbol>' verwendet oder eine alphanumerische Variable (Symbolvariable) legt das verwendete Symbol fest. Da in Abbildung 6.5 mehrere Symbole vorkommen, sind diese über eine Symbolvariable definiert. Gültige Symbole sind beispielsweise PYRAMID (Standardeinstellung), BALLOON, CUBE, CYLINDER oder SPADE.

Die Option SIZE=<Wert> legt die Größe des Symbols für die Datenpunkte fest. Die Standardeinstellung ist SIZE=1.0 .

Abschließend veranschaulicht eine dreidimensionale Grafik die im Abschnitt 6.1 vorgestellte „Cowboyhut"-Funktion.

Beispiel 6.5: Dreidimensionale Darstellung mit der Prozedur G3D

Nachstehendes Programm erzeugt einen „Cowboyhut" durch das Abtragen der Funktion $f(x,y) = \sin\left(\sqrt{x^2 + y^2}\right)$ im Wertebereich $x, y \in [-5, 5]$.

```
DATA Hut;
  DO x=-5 TO 5 BY 0.25;
   DO y=-5 TO 5 BY 0.25;
    z=SIN(SQRT(x*x+y*y));
    OUTPUT;
   END;
  END;
RUN;

PROC G3D DATA=Hut;
  PLOT y*x=z / XTICKNUM=3 YTICKNUM=3
              ZTICKNUM=3 GRID TILT=50;
RUN;
```

Die TILT-Option dreht den entstehenden „Cowboyhut" dem Betrachter zu.

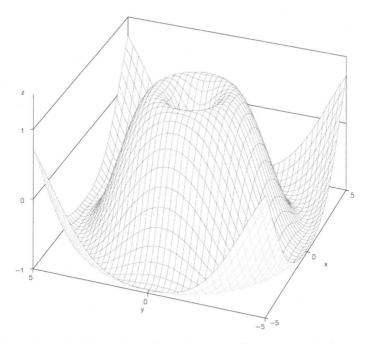

Abbildung 6.6: Dreidimensionale Darstellung der Cowboyhutfunktion   □

Im Beispiel 6.5 liegen die Werte der drei Variablen in Form eines vollständigen, gleichmäßigen Gitternetzes in der x-y-Ebene vor. In der Praxis ist das jedoch selten der Fall, weil die Merkmalswerte eher unregelmäßig verteilt sind. Wird auf einen solchen Datensatz die Prozedur G3D oder GCONTOUR angewendet, bricht die Prozedur bei der Grafikerstellung ab oder die Grafik enthält ungewollte „Löcher".

Die Prozedur G3GRID interpoliert z-Werte für ein gleichmäßiges Gitternetz von vorgegebenen x-y-Kombinationen. Sie erzeugt selbst keine Grafik, sondern einen Datensatz mit dem neu erstellten oder verfeinerten Gitternetz. Dieser dient der Prozedur G3D (oder GCONTOUR) als Eingangsdatensatz. Die allgemeine Syntax lautet:

```
PROC G3GRID DATA=<Datensatzname1> OUT=<Datensatzname2>;
  GRID <y-Variable>*<x-Variable>=<z-Variable> [/ Option(en)];
```

Der Datensatz Datensatzname1 enthält die ursprünglichen Daten, Datensatzname2 die interpolierten Werte. Die Anweisung GRID ist zum Ausführen der Prozedur erforderlich. Die beiden wichtigsten Optionen von GRID sind SPLINE und SMOOTH=<Werteliste>. SPLINE führt eine Splineschätzung für die zu interpolierenden Werte durch (siehe Harder, Desmarais, 1972 und Meinguet, 1979).

SMOOTH=<Werteliste> legt die Werte für einen Glättungsparameter der Splineschätzung fest. Die Option ist nur in Verbindung mit SPLINE einsetzbar.

Neben der Prozedur G3D erstellt auch PROC GCHART dreidimensionale Grafiken. Dazu gibt es die Anweisungen BLOCK, HBAR3D, VBAR3D und PIE3D. Diese erstellen dreidimensionale Balken-, Säulen- und Kreisdiagramme. Zusätzlich zu den bekannten Optionen aus Tabelle 6.2 gibt es für die dreidimensionalen Anweisungen diverse weitere Optionen. Tabelle 6.4 stellt die wichtigsten Optionen zusammen.

Tabelle 6.4: Optionen für die dreidimensionale Darstellung von PROC GCHART

Option	Bemerkung
INSIDE=<Statistik>	Gibt die Werte der angegebenen Statistik innerhalb der Säulen an; gilt nur für VBAR3D; als Statistik kann u. a. angegeben werden: FREQ (Häufigkeit), MEAN (Mittelwert), SUM (Summe), PERCENT (Prozent)
NOSTATS	Unterdrückt die Angabe von Kennzahlen wie dem Mittelwert oder der absoluten Häufigkeit der jeweiligen Klasse; gilt nur für HBAR3D
OUTSIDE=<Statistik>	Gibt die Werte von Statistik außerhalb der Säulen an, sonst analog zu INSIDE
SHAPE=B|C|H|P|S	Gibt die Säulen- oder Balkenform an: B=Block, C=Zylinder, H=Hexagon, P=Prisma und S=Stern (Standardeinstellung: B)

6.3 Kartogramme

Kartogramme (auch „Landkartendiagramme") sind zwei- oder dreidimensionale Landkarten, die auf verschiedene Weise die räumliche Variation einer oder mehrerer Variablen wiedergeben. Dafür gibt es in SAS die Prozedur `GMAP`.

Die Bibliothek `MAPS` enthält Daten zur Landkartenerstellung für fast jedes Land der Erde, die Genauigkeit der Karten variiert jedoch. Für Deutschland stehen beispielsweise eine Umrisskarte sowie Karten für Bundesländer sowie Stadt- und Landkreise zur Verfügung.

`PROC GMAP` benötigt zwei Datensätze zur Landkartenerstellung. Einen für die Koordinaten der Landkarte (den Karten-Datensatz) und einen für die darzustellenden Daten (den Daten-Datensatz). Der Karten-Datensatz enthält die Koordinaten der zu zeichnenden Landkarte. Diese werden in der Reihenfolge des Auftretens verbunden. Zusätzlich enthält der Karten-Datensatz noch eine Variable `district`, deren Merkmalswerte die unterschiedlichen Gebiete einer Landkarte bezeichnen. Für Deutschland sind das die Bundesländer oder Stadt- und Landkreise, für die Schweiz die Kantone.

Beispiel 6.6: Zweidimensionales Kartogramm mit der Prozedur `GMAP`

Nachstehendes Programm erstellt eine Landkarte von Deutschland auf Kreisebene, wobei der Stadtkreis Dortmund hervorgehoben ist.

```
DATA Daten;
 district="05913 ";
 marke=1;
RUN;

PROC GMAP DATA=Daten MAP=MAPS.GERMANY ALL;
 ID district;
 CHORO marke / NOLEGEND;
RUN;
QUIT;
```

Der Datensatz `Daten` enthält die Nummer der Kreises und setzt die Variable `marke=1`. Abbildung 6.7 zeigt die Deutschlandkarte mit den eingezeichneten Kreisen.

Abbildung 6.7: Deutschlandkarte mit Stadt- und Landkreisen

Die Variable `district` bezeichnet im Karten-Datensatz `MAPS.GERMANY` die Kreise. Der Daten-Datensatz `Daten` enthält für die Kreisnummer 05913 einen Wert für die Variable `marke`, die in der `CHORO`-Anweisung abgetragen wird.

Die Option `ALL` zeichnet alle durch die `ID`-Variable definierten Gebiete in die Karte ein, auch wenn der Wert der `ID`-Variable im Daten-Datensatz fehlt. Ohne `ALL` werden diese Gebiete nicht eingezeichnet. `NOLEGEND` unterdrückt die Legende.   □

Einige Karten-Datensätze enthalten noch eine Variable `Segment`. Diese kennzeichnet räumlich getrennte Gebiete *eines* Landkreise durch aufsteigende Nummerierung. Landkreise ohne räumliche Trennung haben für die Variable `Segment` ausschließlich den Wert 1. Landkreise mit mehreren räumlich getrennten Gebieten haben für jedes Gebiet einen anderen Wert (Gebiet1: `Segment=1`, Gebiet2: `Segment=2`,...). So ist beispielsweise der Landkreis Wittmund und die Inseln Langeoog, Spiekeroog und Wangerooge räumlich getrennt, aber politisch ein Landkreis. Die zugehörigen Segmentwerte sind 1, 2, 3 und 4.

Der Daten-Datensatz enthält die auf der Landkarte räumlich darzustellenden Variablen sowie eine `ID`-Variable wie im Karten-Datensatz. Durch Übereinstimmung von Werten der `ID`-Variablen aus beiden Datensätzen werden die

Merkmalswerte aus dem Daten-Datensatz den Gebieten auf der Landkarte zugeordnet.

Der Karten-Datensatz für Deutschland heißt GERMANY. Er enthält u. a. die Variablen x, y, District, Segment und State. District hat alphanumerische Werte zwischen 01001 und 16045, für die einzelnen Stadt- und Landkreise. State hat Werte von 1 bis 16 für die Bundesländer.

Neben dem Karten-Datensatz enthält die Bibliothek MAPS auch einen Daten-Datensatz für Deutschland: GERMANY2. Er dient u. a. zum Zusammenfassen von Stadt- und Landkreisen zu Bundesländern. Der Datensatz enthält neben District und State auch die Variablen Id, County, Idname, Id2, State1 und State2. Idname enthält die Namen der Stadt- und Landkreise. Die Variablen State1 und State2 enthalten analoge Bezeichnungen für die Bundesländer. In der Variablen State1 sind die deutschen Umlaute im Gegensatz zu State2 aufgelöst, also „ae" statt „ä".

Die allgemeine Syntax der Prozedur GMAP lautet:

```
PROC GMAP MAP=<Karten-Datensatz> DATA=<Daten-Datensatz>
          [Option(en)];
  ID <Variable(n)>;
  BLOCK <Variable(n)> [/ Option(en)];
  CHORO <Variable(n)> [/ Option(en)];
  PRISM <Variable(n)> [/ Option(en)];
  SURFACE <Variable(n)> [/ Option(en)];
```

Der Daten-Datensatz enthält die auf der Karte abzutragenden Merkmalswerte. Die wichtigste Option ist ALL. Die Anweisungen BLOCK, CHORO, PRISM und SURFACE beeinflussen die Kartenform.

BLOCK erzeugt eine zweidimensionale Fläche mit dreidimensionalen Säulen, die im Zentrum eines Kartengebiets stehen. Die Säulenhöhe repräsentiert die Merkmalswerte.

CHORO füllt die angegebenen Gebiete durch Farben oder Muster. Diese Form der Karte empfiehlt sich bei wenigen Merkmalswerten oder klassierten Daten.

PRISM stellt die Kartengebiete als dreidimensionale Prismen dar. Die Höhe des Prismas bestimmt die abzutragende Variable. Diese Darstellungsform ist sehr rechenintensiv.

SURFACE erstellt eine dreidimensionale Darstellung, die an ein „Gebirge" erinnert. Die Merkmalswerte repräsentieren hierbei unterschiedlich hohe Spitzen auf der Karte.

Die Standardeinstellung der Dreh- und Neigungswinkel dreidimensionaler Kartenformen ist oft nicht optimal. Beispielsweise werden oft Balken oder Prismen durch andere verdeckt. Daher sind die Kartogramme zur Betrachtung geeignet zu drehen.

Tabelle 6.5: Die wichtigsten Optionen der Anweisungen `BLOCK`, `CHORO`, `PRISM` und `SURFACE` aus der Prozedur `GMAP`

Anweisung	Option	Bemerkung
`BLOCK`	`AREA=<n>`	Erzwingt ein unterschiedliches Muster für jedes Gebiet; bei nur einer ID-Variablen bewirkt `AREA=1` unterschiedliche Muster für alle Gebiete; gibt es mehrere ID-Variablen, gibt `AREA=<n>` die n-te Variable in der ID-Anweisung an. Nur diese Gebiete erhalten ein unterschiedliches Muster
	`BLOCKSIZE=<Breite>`	Bestimmt die Breite einer Säulen (Standardeinstellung: 2)
	`CBLKOUT=<Farbe>`	Gibt die Rahmenfarbe der Balken an
	`COUTLINE=<Farbe>`	Gibt die Farbe der Ländergrenzen an
	`NOLEGEND`	Unterdrückt die Ausgabe einer Legende
	`SHAPE=BLOCK|STAR| CYLINDER|PRISM| HEXAGON`	Beeinflusst die Balkenform
	`XVIEW=<Wert>` `YVIEW=<Wert>` `ZVIEW=<Wert>`	Legt Neigungs- und Drehwinkel einer dreidimensionalen Karte fest (Standardeinstellung: `XVIEW=0.5`, `YVIEW=-2.3`, `ZVIEW=0`)
`CHORO`	`DISCRETE`	Bildet für jeden Merkmalswert der abzutragenden Variable eine eigene Stufe und schaltet die automatische Skalierung ab
	`LEVELS=<n>`	Erzeugt n Stufen für die abzutragende Variable; bei Angabe von `DISCRETE` wird `LEVELS` ignoriert
	`MIDPOINTS= <Werteliste>`	Gibt über `Werteliste` die Klassenmittelpunkte an; auch eine Angabe `<n> TO <m>` ist möglich
	`MISSING`	Erzeugt eine eigene Stufe auch für fehlende Werte
`PRISM`	`XLIGHT=<Wert>` `YLIGHT=<Wert>`	Spezifiziert die Koordinaten einer imaginären Lichtquelle, die das Aussehen der Prismen beeinflusst
`SURFACE`	`NLINES=<n>`	Bestimmt die Anzahl der in die Oberfläche einzuzeichnenden Linien der Schraffur; je größer n, desto dichter die Schraffur; zulässig sind Werte zwischen 50(= Standardeinstellung) und 100
	`ROTATE=<Winkel>`	Spezifiziert den Drehwinkel der Karte um die z-Achse (Standardeinstellung: 70 Grad)
	`TILT=<Winkel>`	Spezifiziert den Neigungswinkel der Karte um die y-Achse (Standardeinstellung: 70 Grad)

(Fortsetzung nächste Seite)

Tabelle 6.5 (Fortsetzung)

Anweisung	Option	Beschreibung
	XSIZE=<Breite>	Spezifiziert die Breite der zu zeichnenden Karte; in der Standardeinstellung wird die gesamte zur Verfügung stehende Breite der Ausgabefläche (vgl. Abschnitt 6.4) verwendet
	YSIZE=<Höhe>	Spezifiziert die Höhe der zu zeichnenden Karte; in der Standardeinstellung wird die gesamte zur Verfügung stehende Höhe der Ausgabefläche (vgl. Abschnitt 6.4) verwendet

Alle Optionen für CHORO gelten auch für BLOCK und PRISM. Für PRISM gilt zusätzlich XSIZE|YSIZE aus der Anweisung SURFACE.

Beispiel 6.7: Prismen-Kartogramm mit der Prozedur GMAP

Nachstehendes Programm erzeugt ein Kartogramm für die Ozonbelastung in der Schweiz. Die Ozonbelastung in $\mu g/m^3$ lässt sich in drei Klassen einteilen: 0 bis 175, zwischen 175 und 205 sowie mehr als 205.

```
DATA Ozon;
 INPUT Ozon id @@;
 DATALINES;
   188  1  174  3  213  4  205  5  165  6  168  7  175  8
   189  9  152 10  201 11  200 12  162 13  206 14  177 15
   178 16  208 17  207 18  178 19  186 20  226 21  181 22
   163 23  188 24  215 25  200 26
 ;
RUN;

PROC GMAP DATA=Ozon MAP=MAPS.Switzerl ALL;
 ID id;
 PRISM Ozon / NOLEGEND MIDPOINTS=(160 190 220)
              XLIGHT=5 XVIEW=0.75 ZVIEW=10.5;
RUN;
QUIT;
```

Abbildung 6.8 zeigt das Ergebnis.

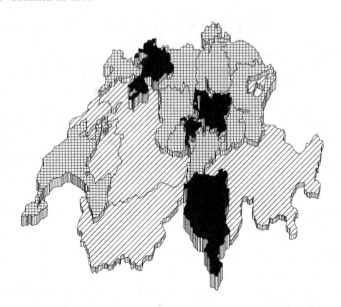

Abbildung 6.8: Ozonbelastung in der Schweiz

Der Ozonwert wird durch die Höhe der Prismen dargestellt. Am stärksten belastet sind die Kantone Basel-Land, Basel-Stadt, Nidwalden, Schwyz, Solothurn, Tessin und Zug. Für den Kanton Inner-Rhoden liegt keine Messung vor.   □

Oft ist die Einteilung des Karten-Datensatzes zu fein. So weist der Datensatz GERMANY sämtliche Stadt- und Landkreise von Deutschland auf. Eine Darstellung auf Stadt und Landkreisebene erschwert jedoch das Erkennen der Bundesländer (vgl. Abbildung 6.7). Dies kann man auf zwei Weisen umgehen. Ein erster Ansatz ist, in der ID-Anweisung statt id die Variable State anzugeben. Die Bundesländer sind so zwar besser zu erkennen, die Kreise sind jedoch weiter eingezeichnet. Eine Alternative bietet die Prozedur GREMOVE. Diese fasst beispielsweise die Stadt- und Landkreise zu den entsprechenden Bundesländern zusammen. Die allgemeine Syntax ist gegeben durch:

```
PROC GREMOVE DATA=<Datensatz1> OUT=<Datensatz2>;
  BY <Variable>;
  ID <Variable>;
```

Datensatz1 spezifiziert den zu bearbeitenden Datensatz. Datensatz2 enthält das Ergebnis der Berechnung von GREMOVE. ID gibt die Variable an, deren Merkmalswerte zu fein unterteilt sind. Für Deutschland enthält die ID-Variable die Kreise. BY gibt an, bezüglich welcher Variablen die Einteilung zusammengefasst wird. Die Prozedur GREMOVE erzeugt selbst weder Grafik- noch Textausgabe.

Beispiel 6.8: Deutschlandkarte auf Länderebene mit den Prozeduren GREMOVE und GMAP

Nachstehendes Programm fasst Stadt- und Landkreise zu einem Bundesland zusammen.

```
DATA Deutschland;
 MERGE MAPS.GERMANY MAPS.GERMANY2;
 BY id;
RUN;

PROC GREMOVE DATA=Deutschland OUT=Neu;
 BY state;
 ID id;
RUN;

PROC GMAP MAP=Neu DATA=MAPS.GERMANY2 ALL;
 ID state;
 CHORO state / NOLEGEND DISCRETE;
RUN;
QUIT;
```

Abbildung 6.9 zeigt die so erstellte Deutschlandkarte:

Abbildung 6.9: Deutschlandkarte mit Bundesländern   □

6.4 Individuelles Anpassen von Grafiken

Die Grafiken in diesem Kapitel sind mit den Standardeinstellungen der Prozeduren erstellt worden und deshalb noch verbesserungsfähig. Dazu bietet SAS verschiedene weitere von der Grafikprozedur unabhängige Anweisungen. Jede Grafik benötigt eine Überschrift. In SAS dient dazu die Anweisung

```
TITLE<n> [Option(en)] 'Text'
```

Sie weist einer Grafik die unter 'Text' stehende Überschrift zu. Eine Überschrift erscheint zunächst zentriert über der Grafik. Durch das <n> hinter dem Schlüsselwort TITLE sind bis zu 10 Überschriften definierbar. Eine einmal gesetzte TITLE-Anweisung wirkt sich auf alle nachfolgenden Prozeduren aus. Sie erhalten alle die so definierte Überschrift, unabhängig davon, ob es sich um eine grafikerzeugende Prozedur handelt oder nicht.

Das erneute Verwenden einer bereits vergebenen TITLE<n>-Anweisung überschreibt den alten Inhalt von 'Text', während TITLE<n> die entsprechende Überschrift löscht. Die Anweisung TITLE ohne Optionen und 'Text' löscht dagegen alle Überschriften. TITLE kann sowohl innerhalb als auch außerhalb einer Prozedur stehen.

Die Anweisung FOOTNOTE

```
FOOTNOTE<n> [Option(en)] 'Fußnote'
```

erzeugt eine Fußnote (zentriert) und die Anweisung

```
NOTE [Option(en)] 'Bemerkung'
```

schreibt die 'Bemerkung' direkt in eine Grafik. Die Optionen ermöglichen eine beliebige Positionierung, die Standardeinstellung ist linksbündig.

Eine Grafik kann nur den Raum zwischen Überschriften und Fußnote ausfüllen. Dieser Raum heißt Ausgabefläche. NOTE kann einen Text an beliebige Stelle dieser Ausgabefläche schreiben. Anders als die TITLE-Anweisung muss NOTE innerhalb der grafikerzeugenden Prozedur stehen. Für jede Bemerkung ist eine eigene NOTE-Anweisung nötig. Die folgende Tabelle 6.6 führt die Optionen für die Anweisungen TITLE, FOOTNOTE und NOTE auf.

Tabelle 6.6: Optionen für die Anweisungen TITLE, FOOTNOTE und NOTE

Option	Beschreibung
ANGLE=<Winkel>	Gibt den Winkel zur Drehung des auszugebenden Textes an; der Wertebereich liegt zwischen –90 und 90 Grad (Standardeinstellung: 0 Grad)
BOX=1|2|3|4	Umrahmt den Text in der angegebenen Strichstärke; 1 ist die dünnste und 4 die dickste Linie
COLOR=<Farbe>	Gibt die Textfarbe an; als Wert von Farbe ist der englische Name der Farbe einzutragen
FONT=<Schriftart>	Gibt die Schriftart des auszugebenden Textes an; mögliche Schriftarten sind GERMAN, GREEK, ITALIC, SIMPLEX, SWISS
HEIGHT=<Wert> CM|IN|PCT	Gibt die Schriftgröße in cm, inch oder Prozent der Ausgabefläche an
JUSTIFY=L|R|C	Gibt die Textausrichtung an; möglich sind L=linksbündig, R=rechtsbündig und C=zentriert
UNDERLINE=0|1|2|3	Unterstreicht den Text in der angegebenen Strichstärke; 0 ist die dünnste und 3 die dickste Linie

Die aufgeführten Optionen beeinflussen den Text der Anweisungen TITLE, FOOTNOTE und NOTE nur dann, wenn sie dieser vorangehen. Ohne die Optionen erscheint der Text unformatiert.

Die Anweisungen AXIS, LEGEND, PATTERN und SYMBOL beeinflussen die Grafik selbst.

> AXIS<1..99> [Option(en)]

verändert die sonst automatisch vergebene Einteilung und Beschriftung der Achsen. Bis zu 99 AXIS-Anweisungen sind möglich. Sie gelten bis sie überschrieben werden. Die Anweisung AXIS<1..99> ohne Optionen löscht die vorgenommenen Einstellungen. Die AXIS-Anweisung kann innerhalb oder außerhalb einer Prozedur stehen.

Eine mit AXIS definierte Achseneinteilung und -beschriftung wird von einer grafikerzeugenden Prozedur nicht automatisch berücksichtigt. Erst ein Bezug auf die so definierte Achse verändert die Darstellung. Die Tabelle 6.7 listet die Optionen der AXIS-Anweisung auf.

Tabelle 6.7: Optionen der `AXIS`-Anweisung

Option	Beschreibung
`LABEL=NONE|('Text')`	Gibt den Text an, der anstelle des Variablennamens als Achsenbeschriftung dient; `LABLE=NONE` unterdrückt jede Art von Beschriftung
`LENGTH=<n> CM|IN|PCT`	Beeinflusst über n die Länge der Achse; Maßeinheiten sind cm, inch oder Prozent der Achsengesamtlänge
`LOGBASE <n>|PI|E`	Spezifiziert eine logarithmisch skalierte Achse mit der angegebenen Basis n, PI oder E, mit $n > 1$
`MAJOR=NONE|([H=<Höhe>]` `[N=<Anzahl>] [W=<Breite>])`	Gibt die Hauptwertemarkierung der Achse an `MAJOR=NONE` unterdrückt diese Markierung Höhe, Anzahl und Breite bestimmen die Höhe, Anzahl und Breite der Markierungen
`MINOR=NONE|([H=<Höhe>]` `[N=<Anzahl>] [W=<Breite>])`	Gibt die Zwischenwertemarkierung der Achse an; analog zu `MAJOR`
`OFFSET=(<n> CM|IN|PCT,` `<m> CM|IN|PCT)`	Legt über n den Platz zwischen der ersten Hauptwertemarkierung und dem Achsenursprung fest; m gibt den Platz zwischen der letzten Hauptwertemarkierung und dem Achsenende an; die Angaben erfolgen in cm, inch oder Prozent der Achsengesamtlänge
`ORDER=(<Skalierung>)`	Gibt die Achsenskalierung über `Skalierung` an; die Werte für `Skalierung` sind entweder explizit oder in der Form `<n> TO <m>` anzugeben; die Merkmalswerte, die größer als die `Skalierung` sind, werden nicht mit in die Grafik eingezeichnet
`VALUE=NONE|('Text'...'Text')`	Spezifiziert den zur Hauptwertemarkierung zu benutzenden Text; `VALUE=NONE` unterdrückt die Achsenbeschriftung
`WIDTH=<Breite>`	Gibt die Strichstärke der Achsen in Bildpunkten (Pixel) an

Die Anweisung `LEGEND` verändert die zur Grafik gehörenden Legende. Ihre Syntax lautet:

```
LEGEND<1..99> [Option(en)]
```

Die `LEGEND`-Anweisung kann ist inner- oder außerhalb von Prozeduren stehen. Eine einmal gesetzte `LEGEND`-Anweisung bleibt bis zum Überschreiben in Kraft. `LEGEND` ohne Optionen löscht alle definierten `LEGEND`-Anweisungen. Tabelle 6.8 stellt die wichtigsten Optionen der `LEGEND`-Anweisung zusammen.

Tabelle 6.8: Die wichtigsten Optionen der Anweisung `LEGEND`

Option	Beschreibung
`ACROSS=<n>`	Legt die Anzahl horizontal nebeneinander stehender Legendeneinträge fest
`DOWN=<n>`	Legt die Anzahl vertikal untereinander stehender Legendeneinträge fest
`FRAME`	Zeichnet einen Rahmen um die Legende
`LABEL=NONE|('Text')`	Spezifiert den Text, der anstelle des Variablennamens in der Legende verwendet wird; `LABLE=NONE` unterdrückt jede Art von Beschriftung
`POSITION=(<BOTTOM|MIDDLE|TOP>` `<LEFT|CENTER|RIGHT>` `<OUTSIDE|INSIDE>)`	Legt die Position der Legende fest; `BOTTOM`, `MIDDLE` oder `TOP` gibt die vertikale Ausrichtung der Legende an (unten, mittig oder oben); `LEFT`, `CENTER` oder `RIGHT` gibt dementsprechend die horizontale Ausrichtung an; `INSIDE` oder `OUTSIDE` legt die Position der Legende bezüglich der Achsen fest; die Standardeinstellung ist (`BOTTOM CENTER OUTSIDE`)
`VALUE=NONE|('Text'...'Text')`	Spezifiziert den Text für die Legendeneinträge; `VALUE=NONE` unterdrückt eine Beschriftung

Die Anweisung `PATTERN` ermöglicht das Ausfüllen von Grafiken mit Füllmustern und Farben. Die Anweisung

```
PATTERN<1..99> [Option(en)]
```

ist inner- oder außerhalb einer Prozedur verwendbar. Sie erlaubt bis zu 99 Muster und hat im Unterschied zu `AXIS` oder `LEGEND` eine Art „Gedächtnis". Wird ein Muster unter einer bestimmten Nummer, z. B. `PATTERN1`, definiert und diese Definition zu einem späteren Zeitpunkt überschrieben, aber die zuvor gesetzten Optionen nicht verändert oder gelöscht, so bleiben diese Optionen bestehen.

Tabelle 6.9: Optionen der Anweisung PATTERN

Option	Beschreibung
COLOR=<Farbe>	Gibt die Farbe für das Muster an; es ist der englische Name für Farbe anzugeben
REPEAT=<n>	Verwendet das definierte Muster n-mal hintereinander; damit ist das gleiche Muster für durch SUBGROUP erstellte Gruppen verwendbar (SUBGROUP-Option von PROC GCHART)
VALUE=<Muster>	Legt das Muster fest: VALUE=E erzeugt leere Balken, VALUE=S erzeugt ausgefüllte Balken (mit der unter COLOR angegebenen Farbe); VALUE=L1, ..., VALUE=L15 erstellt Schraffuren mit Linien von links oben nach rechts unten; VALUE=R1, ..., VALUE=R15 schraffiert von rechts oben nach links unten und VALUE=X1, ..., VALUE=X15 erstellt gekreuzte Schraffuren

Die SYMBOL-Anweisung beeinflusst die durch die Prozeduren GPLOT oder GCONTOUR erstellte Grafik entscheidend. So kann sie die Gestalt, Größe und Farbe der darzustellenden Symbole verändern, genauso wie den Grafiktyp. Beispielsweise bestimmt SYMBOL eine Regressionsgerade (vgl. Kapitel 9), einen Box-Plot oder eine empirische Verteilungsfunktion (vgl. Kapitel 7) ohne eine spezielle Prozedur zu verwenden. Auch die SYMBOL-Anweisung kann inner- oder außerhalb einer Prozedur stehen. Wie PATTERN besitzt sie ein „Gedächt- nis". Die allgemeine Syntax lautet:

```
SYMBOL<1..9> [Option(en)];
```

Die Zuordnung von SYMBOL zur PLOT-Anweisung von PROC GPLOT erfolgt entweder in der Reihenfolge des Auftretens oder durch die Angabe der Num- mer von SYMBOL. Das Programm

```
SYMBOL1 COLOR=CYAN;
SYMBOL2 COLOR=BLACK;
PROC GPLOT DATA=x;
 PLOT a*b;
 PLOT c*d;
RUN;
QUIT;
```

erstellt eine Grafik für die Variablen a und b aus dem Datensatz x in der Farbe türkis (CYAN). Die Grafik für die Variablen c und d erscheint in schwarz. Die Zuordnung erfolgt über die Reihenfolge der SYMBOL-Anweisungen.

Die nachstehende Änderung am Programmcode ordnet den Grafiken eine bestimmte Farbe zu:

```
SYMBOL1 COLOR=CYAN;
SYMBOL2 COLOR=BLACK;
PROC GPLOT DATA=x;
 PLOT a*b=2;
 PLOT c*d=1;
RUN;
QUIT;
```

Die erste Grafik (Variable **a** und **b**) erscheint in schwarz und die zweite in türkis. Tabelle 6.10 zeigt die verfügbaren Optionen.

Tabelle 6.10: Optionen der Anweisung `SYMBOL`

Option	Beschreibung
`COLOR=<Farbe>`	Legt die Farbe für die Grafiksymbole und Linien fest; es sind die englischen Namen für **Farbe** anzugeben
`FONT=<Schriftart>`	Spezifiziert die Schriftart für die unter `VALUE=<Symbol>` angegebenen Grafiksymbole
`HEIGHT=<n>` `CM|IN|PCT`	Gibt die Größe des Grafiksymbols (in cm, inch oder Prozent der Ausgabefläche) an (siehe `VALUE`)
`LINE=<n>`	Bestimmt den Linientyp; für **n** sind Werte zwischen 0 und 46 erlaubt; die Null entspricht keiner Linie, die eins einer durchgezogene Linie; Werte zwischen zwei und 46 erzeugen unterschiedlich gestrichelte Linien
`REPEAT=<n>`	Verwendet die `SYMBOL`-Anweisung n-mal hintereinander

`VALUE=NONE|`
`<Symbol>|`
`<'Zeichen'>`
	Bestimmt das Symbol für die Merkmalswerte; zulässig sind die Werte: `PLUS` (Standardeinstellung), `ASTERISK`, `CIRCLE`, `DIAMOND`, `DOT`, `SQUARE`, `STAR`, `TRIANGLE`; `VALUE=NONE` unterdrückt die Darstellung der Merkmalswerte; 'Zeichen' kann jedes alphanumerische Zeichen in der unter `FONT` angegebenen Schriftart sein

Eine besondere Rolle in der `SYMBOL`-Anweisung spielt die Option `INTERPOLATION=<Bezeichnung>`. In Abhängigkeit von `INTERPOLATION` wird eine Regressionsgerade, ein Box-Plot oder die empirische Verteilungsfunktion erzeugt. Tabelle 6.11 führt die wichtigsten Optionen dazu auf.

Tabelle 6.11: Optionen von INTERPOLATION in der SYMBOL-Anweisung

Option	Beschreibung
BOX[J][T]	Erstellt einen oder mehrere Box-Plots (vgl. Kapitel 7) für die y-Werte gruppiert nach den x-Werten; J verbindet die Mediane mehrerer Box-Plots mit einer Linie und T markiert das obere und untere Ende mit einem Querstrich
JOIN	Verbindet die einzelnen Merkmalswerte mit einer Linie in der Reihenfolge ihres Auftretens im Datensatz
NEEDLE	Fällt von jedem Merkmalswert das Lot auf die x-Achse
NONE	Zeichnet nur unverbundene Merkmalswerte
R[L|Q|C][O][CLI|CLM]	Berechnet eine Regressionsgerade; L, Q und C legen die Art der Regression fest: linear, quadratisch und kubisch; O unterdrückt den Achsenabschnitt; CLI|CLM berechnet Konfidenzgrenzen für die individuellen bzw. mittleren Vorhersagewerte zu einem angegebenen Niveau zwischen 50 % und 95 % ; das Niveau ist als Zahl (ohne Einheit) direkt hinter CLI bzw. CLM zu schreiben, also beispielsweise CLI95 für ein 95 %-Konfidenzintervall
STEP[L|R|C][J][S]	Zeichnet eine Treppenfunktion; STEPL definiert den jeweiligen x-Wert als linken Endpunkt der zu zeichnenden horizontalen Linie; für STEPR ist der x-Wert der rechte Endpunkt und für STEPC der Mittelpunkt; die Höhe der Linie ist durch den y-Wert gegeben; J verbindet die einzelnen Stufen mit vertikalen Geraden; S sortiert die x-Werte vor der Grafikausgabe

Zum besseren Verständnis einzelner Optionen sind die Begriffe oben ausgeschrieben. Sie lassen sich auch abkürzen:

A = ANGLE (Drehwinkel)

C = COLOR (Vordergrundfarbe)

F = FONT (Schriftart)

H = HEIGHT (Größe der Schrift/des Grafiksymbols)

I = INTERPOLATION (Art der Punkteverbindung)

J = JUSTIFY (Textausrichtung)

L = LINE (Linienart)

V = VALUE (Grafiksymbol)

W = WIDTH (Liniendicke)

Deutsche Umlaute sowie Sonderzeichen in der Grafikausgabe sind problematisch. Beispielsweise gibt die Schriftart SWISS (das entspricht „Arial") für das „ä" ein „μ" aus. Durch die folgende Codierung lässt sich dies vermeiden.

Das X und die Anführungszeichen um die zweistellige, hexadezimale Zahl sind dabei in jedem Fall mit anzugeben.

Tabelle 6.12: Codierung deutscher Umlaute

Umlaut	Codierung
Ä	'8E'X
Ö	'99'X
Ü	'9A'X
ä	'84'X
ö	'94'X
ü	'81'X
ß	'B8'X

Die Grafiken aus den Beispielen 6.1 und 6.2 lassen sich mit den hier vorgestellten Optionen verbessern. Folgendes Programm zeigt dies für Abbildung 6.2:

```
PATTERN1 C=GRAY V=S;    * ANDERE;
PATTERN2 C=BLACK V=S;   * CDU;
PATTERN3 C=BLACK V=S;   * FDP;
PATTERN4 C=BLACK V=S;   * LINKE;
PATTERN5 C=BLACK V=S;   * GRÜNE;
PATTERN6 C=BLACK V=S;   * SPD;

PROC FORMAT;
  VALUE $Name 'GRUENE'='GR' '9A'X 'NE'
              'ANDERE'='Andere'
              'FDP'='F.D.P.';
RUN;

TITLE1 F=SIMPLEX H=2.4 C=BLACK 'Bundestagswahl 2009';
TITLE2 F=SIMPLEX H=1.2 C=BLACK '-Zweitstimmenergebnis-';
AXIS1 ORDER=(0 TO 40 BY 5) MINOR=NONE
      LABEL=(F=SIMPLEX H=1.4 A=90 'Prozent')
      VALUE=(F=SIMPLEX H=1.2);
AXIS2 LABEL=(F=SIMPLEX H=1.4 'Partei')
      VALUE=(F=SIMPLEX H=1.2);
```

```
PROC GCHART DATA=Bundestagswahl2009;
  VBAR Partei / SUMVAR=Anteil DESCENDING
                SUBGROUP=Partei RAXIS=AXIS1 MAXIS=AXIS2
                NOLEGEND WIDTH=8 SPACE=1.5 OUTSIDE=SUM;
  FORMAT PARTEI $Name.;
RUN;
QUIT;
```

Abbildung 6.10 zeigt das verbesserte Ergebnis.

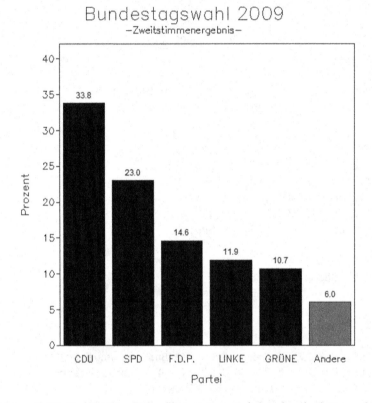

Abbildung 6.10: Verbessertes Balkendiagramm mit Achsenbeschriftung und Überschrift

Die Graustufen zeigen, welche Parteien in den Bundestag eingezogen sind und
welche nicht. Die einzelnen Balken sind breiter als in der Standardeinstellung
und halten einen harmonischen Abstand ein. Die Grafik hat eine Überschrift
und die Achsen sind sinnvoll beschriftet. Die Prozedur FORMAT passt für bestimmte Parteien die Beschriftung an und verwendet für den Umlaut „ü" die
in der Tabelle 6.12 aufgeführte Codierung.

Die zur Verbesserung der Abbildung 6.1 notwendige Syntax lautet:

```
PROC GPLOT DATA=bmw;
 TITLE F=SWISSB H=1.8 'Windrosenmuster';
 TITLE2 F=SWISS H=1.1 'Streudiagramm der BMW-Renditen
        gegen verz' '94'X 'gerte BMW-Renditen';
 SYMBOL1 I=NONE V=POINT;
 AXIS1 ORDER=(-0.04 TO 0.04 BY 0.02)
       LABEL=(F=SIMPLEX H=1.4 ANGLE=90 'Rendite')
       VALUE=(F=SIMPLEX H=1.2) MINOR=NONE;
 AXIS2 ORDER=(-0.04 TO 0.04 BY 0.02)
       LABEL=(F=SIMPLEX H=1.4 'Verz' '94'X 'gerte Rendite')
       VALUE=(F=SIMPLEX H=1.2) MINOR=NONE;
 PLOT bmw1*lbmw1 /VAXIS=AXIS1 HAXIS=AXIS2;
RUN;
QUIT;
```

Abbildung 6.11 zeigt das verbesserte Ergebnis:

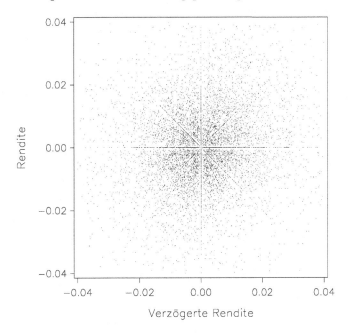

Abbildung 6.11: Verbessertes Streudiagramm mit Achsenbeschriftung und Überschrift

Das Windrosenmuster entsteht durch das Runden kleiner Aktienkurswerte auf Pfennig- bzw. Cent-Beträge (vgl. Krämer, Runde, 1997).

Auch Kartogramme lassen sich individuell anpassen. Abbildung 6.12 zeigt die Anzahl an Verkehrsunfällen in den Städten und Landkreisen in Nordrhein-Westfalen. Das Programm dazu lautet:

```
PATTERN1 COLOR=GRAYE7 V=S; /* niedrigste Unfallzahl */
PATTERN2 COLOR=GRAYD0 V=S;
PATTERN3 COLOR=GRAYB7 V=S;
PATTERN4 COLOR=GRAYA0 V=S;
PATTERN5 COLOR=GRAY87 V=S;
PATTERN6 COLOR=GRAY70 V=S;
PATTERN7 COLOR=GRAY40 V=S;
PATTERN8 COLOR=GRAY00 V=S; /* höchste Unfallzahl    */


PROC GMAP MAP=MAPS.GERMANY DATA=Unfall1;
  TITLE F=SIMPLEX H=1.7
        'Anzahl der Verkehrsunf' '84'X 'lle in
         NRW im Jahr 2001';
  LEGEND1 ACROSS=1 LABEL=(H=1.4 F=SIMPLEX '')
          VALUE=(F=SIMPLEX H=1.0 '< 1000'
          '1001-1500' '1501-2000' '2001-2500'
          '2501-3000' '3001-3500' '3501-4000'
          '> 4001') SHAPE=BAR(0.4CM,0.15CM)
          MODE=PROTECT
          POSITION=(BOTTOM RIGHT INSIDE);
  ID id;
  CHORO unfaelle / LEGEND=LEGEND1
                   COUTLINE=BLACK
                   MIDPOINTS=(750 TO 4250 BY 500);
  RUN;
  QUIT;
```

Der Datensatz `Unfall` enthält die Variablen `unfaelle` und `id`, das sind die Unfallzahl und eine vierstellige Zahl zur Identifikation der einzelnen Städte und Landkreise. Abbildung 6.12 zeigt das Ergebnis:

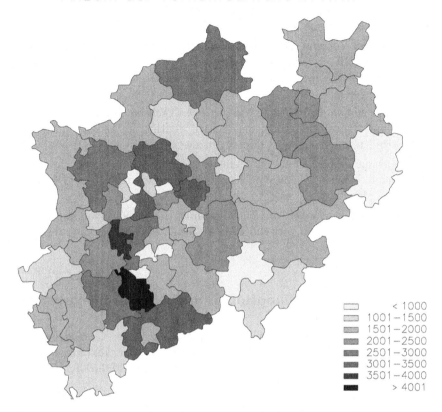

Anzahl der Verkehrsunfälle in NRW

< 1000
1001−1500
1501−2000
2001−2500
2501−3000
3001−3500
3501−4000
> 4001

Abbildung 6.12: Mit der Prozedur GMAP individuell angepasstes Kartogramm

Die Städte Köln, Düsseldorf und Dortmund sowie der Landkreis Reckling-
hausen haben die höchste Unfallzahl. Die Städte Solingen, Bottrop und
Remscheid die niedrigste.

6.5 Hinweise zur besseren Grafikgestaltung

Im Allgemeinen lassen sich mit den Standardeinstellungen kaum optimale
Darstellungen erreichen. Verschiedene Daten bzw. Anwendungen benötigen
unterschiedliche Darstellungsformen (z. B. Liniendiagramm für zeitlich geordnete Daten). Grafiken haben einen Titel sowie eine aussagekräftige Achsenbeschriftung. Gegebenenfalls ist eine Legende zu verwenden, beispielsweise bei
mehreren Grafiken in einem einzigen Koordinatensystem.

Die Schriftgröße für Titel, Legende und Achsenbeschriftung ist entsprechend der geplanten Anwendung ausreichend groß zu wählen. Eine Grafik auf dem Bildschirm benötigt eine andere Schriftgröße als eine Grafik auf Papier.

Die Grafiksymbole sind ebenfalls sorgfältig auszuwählen. Einfache Symbole wie Punkt, Kreis oder Rhombus erhöhen die Lesbarkeit. Unterschiedliche Symbole helfen beim Verständnis mehrerer Grafiken in einem einzigen Koordinatensystem.

Wichtig sind zudem die richtigen Proportionen. Achsen sind nicht unnötig zu stauchen und Transformationen der Achsen deutlich zu kennzeichnen. Sind nur Ausschnitte dargestellt, ist darauf hinzuweisen.

Dreidimensionale Diagramme ohne eine dritte Dimension in den Daten sind nicht sinnvoll. Das bloße „Aufpeppen" durch ein dreidimensionales Diagramm ist zu vermeiden.

Farben sind nur mit großer Vorsicht und unter Berücksichtigung farbpsychologischer Erkenntnisse zu verwenden. Eine Grafik darf farbig sein, aber nicht bunt!

6.6 Allgemeine Grafikoptionen und der Grafikexport

Manchmal sind gewisse Grafikeinstellungen für alle Grafikprozeduren gemeinsam vorzunehmen. Analog zu den OPTIONS der Textausgabe (vgl. Abschnitt 5.1), erreicht man dies mit der Anweisung GOPTIONS. Die allgemeine Syntax dieser Anweisung lautet:

```
GOPTIONS [Option(en)]
```

Diese Optionen gelten dann für alle nachfolgenden Grafikprozeduren. Mehrere Optionen in einer GOPTIONS-Anweisung sind durch Leerzeichen zu trennen. Mit

```
PROC GOPTIONS;
RUN;
```

lassen sich die aktuell gesetzten Optionen abfragen und im Log-Fenster ausgeben. Mit

```
GOPTIONS RESET=ALL
```

kann man alle Grafikoptionen wie beispielsweise Füllmuster, Farben, Titel und Achseneinstellungen auf ihre Standardwerte zurücksetzen.

Alle in SAS erstellten Grafiken erscheinen standardmäßig im Hochformat. Die Anweisung

```
GOPTIONS ROTATE=LANDSCAPE|PORTRAIT
```

ermöglicht einen Formatwechsel, wobei LANDSCAPE dem Querformat entspricht. Diese Option beeinflusst nur Grafiken, die als Datei exportiert werden (siehe weiter unten). Die Optionen HSIZE=<Größe>[CM|IN] und VSIZE=<Größe>[CM|IN] verändern die Breite und Höhe der auszugebenden Grafik, sowohl am Bildschirm als auch beim Export.

Die Option CBACK=<Farbe> verändert die Hintergrundfarbe. Als Farbe ist der englische Name anzugeben. COLORS=(<Farben>) verändert die Vordergrundfarbe. Bei mehr als einer Farbe sind diese durch Leerzeichen zu trennen.

Mit den Optionen FTEXT=<Schriftart>, CTEXT=<Farbe> und HTEXT=<Größe> [CM|IN] lassen sich die Schriftart, -farbe und -größe global einstellen.

Die Option DEVICE=<Gerät> spezifiziert das Ausgabegerät. Die Standardeinstellung ist WIN und leitet die Grafikausgabe auf den Bildschirm. Zum Grafikexport sind andere Geräte zu wählen. Eine Möglichkeit des Grafikexports ist, die im Grafikausgabe-Fenster angezeigte Grafik zu markieren und mit STRG+C auszuschneiden. Die so „exportierte" Grafik ist allerdings von schlechter Qualität. Eine bessere Qualität erhält man durch das Speichern der Grafik in einer Datei. Dazu ist der Gerätename mit DEVICE=<Gerät> zu verändern. Der Aufruf von

```
PROC GDEVICE NOFS CAT=SASHELP.DEVICES;
 LIST _ALL_;
RUN;
QUIT;
```

zeigt die verschiedenen Gerätenamen (insgesamt 384!) im Textausgabe-Fenster an. Tabelle 6.13 stellt die wichtigsten Namen zusammen.

Für einen Grafikexport in eine Datei ist DEVICE=<Gerät> allein nicht ausreichend. Zusätzlich sind die beiden Optionen GSFNAME=<Name> und GSFMODE=APPEND|REPLACE anzugeben. GSFNAME=<Name> verweist auf eine Grafik, wobei der acht Zeichen lange Name frei wählbar ist. Die Anweisung

```
FILENAME <Name> 'Dateiname'
```

innerhalb der grafikerzeugenden Prozedur speichert die Grafik in die angegebene Datei. Dateiname kann auch Verzeichnisangaben einschließen. Name bezieht sich dabei auf den durch GSFNAME= gesetzten Verweis. Die Option GSFMODE entscheidet darüber, ob die Grafik neu erzeugt (REPLACE) oder an eine bestehende Datei angefügt wird (APPEND).

Beispiel 6.9: Grafikexport mit GOPTIONS

Nachstehendes Programm erzeugt das Streudiagramm aus Abbildung 6.11.

```
GOPTIONS COLORS=(BLACK) CBACK=WHITE DEVICE=PSLEPSF
         GSFNAME=abc GSFMODE=REPLACE
         HSIZE=12CM VSIZE=12.8CM;
```

```
TITLE F=SWISSB H=1.8 'Windrosenmuster';
TITLE2 F=SWISS H=1.1 'Streudiagramm der BMW-Renditen
       gegen verz' '94'X 'gerte BMW-Renditen';


AXIS1 ORDER=(-0.04 TO 0.04 BY 0.02)
      LABEL=(F=SIMPLEX H=1.4 ANGLE=90 'Rendite')
      VALUE=(F=SIMPLEX H=1.2) MINOR=NONE;
AXIS2 ORDER=(-0.04 TO 0.04 BY 0.02)
      LABEL=(F=SIMPLEX H=1.4 'Verz' '94'X 'gerte Rendite')
      VALUE=(F=SIMPLEX H=1.2) MINOR=NONE;


SYMBOL1 I=NONE V=POINT;


PROC GPLOT DATA=bmw;
 FILENAME abc 'C:\SAS-Buch\Windrose.eps';
 PLOT bmw1*lbmw1 / VAXIS=AXIS1 HAXIS=AXIS2;
RUN;
QUIT;                                                        □
```

Tabelle 6.13: Die wichtigsten Gerätenamen zum Grafikexport

Gerätename	Beschreibung	Dateiendung
ACTIVEX	ActiveX enabled GIF Driver	*.html*
BMP	Bitmap-Format (256-farbig)	*.bmp*
CGMOF97L	Computer Graphics Metafile-Format für MS OFFICE 97 (Querformat)	*.cgm*
CGMOF97P	CGM-Format für MS OFFICE 97 (Hochformat)	*.cgm*
EMF	Windows Enhanced Metafile Format	*.emf*
GIF	Graphics Interchange Format (256-farbig)	*.gif*
JPEG	Joint Photographic Experts Group-Format (256-farbig)	*.jpg*
PSLEPSFC	Encapsulated Postscript	*.eps*
TIFFP	Tag Image File Format (256-farbig)	*.tif*
WIN	Bildschirmausgabe	

Das folgende Programm listet die in SAS verfügbaren Schriften im Textausgabe-Fenster auf:

```
PROC CATALOG C=SASHELP.FONTS;
  CONTENTS;
  RUN;
QUIT;
```

Kursive Schriftarten enden dabei auf den Buchstaben „i" und Schriftarten mit fettgedruckten Buchstaben enden auf den Buchstaben „b".

6.7 Statistische Grafikprozeduren

Aussagekräftige Grafiken erfordern Übung und Erfahrung. Seit der Version 9.2 stellt SAS dafür mit den sogenannten statistischen Grafikprozeduren (SG-Procedures) vorgefertigte Grafiken bereit. Dazu ist nur wenig Programmcode notwendig. Die SG-Prozeduren verwenden dabei sogenannte ODS-Stile (engl. ODS-Styles) für Farbe, Schriftart, Schriftgröße etc. Auch die optimale Anpassung der Plotsymbolgröße und der Kontrast einer Grafik werden durch diese Stile definiert. Grundlage zur grafischen Umsetzung ist dabei eine eigens hinzugefügte, zur Erzeugung von statistischen Grafiken optimierte, Programmiersprache, die Graph Template Language (GTL). Die in Abschnitt 6.4 vorgestellten Anweisungen wirken allerdings nicht auf die statistischen Grafikprozeduren – hierfür sind stattdessen spezifische Anweisungen innerhalb der Prozeduren zu nutzen.

Insgesamt gibt es fünf SG-Prozeduren für die verschiedensten statistischen Bereiche: `PROC SGPLOT` für Linien- und Streudiagramme, `PROC SGPANEL` für u.a. Panelgrafiken, Boxplot und Histogramme, `PROC SGSCATTER` für Streudiagramme und -matrizen sowie `PROC SGRENDER` und `PROC SGDESIGN` zum Erzeugen von Grafiken aus selbsterstellten GTL-Vorlagen.

Die allgemeine Syntax der Prozedur `SGPLOT` lautet:

```
PROC SGPLOT DATA=<Datensatzname>;
 BAND X=<Variable> Y=<Variable>
       UPPER=<num. Wert/Variable> LOWER=<num. Wert/Variable>;
 DENSITY <Variable> [/ Option(en)];
 ELLIPSE X=<Variable> Y=<Variable> [/ Option(en)];
 HISTOGRAM <Variable> [/ Option(en)];
 SCATTER X=<Variable> Y=<Variable> [/ Option(en)];
 SERIES X=<Variable> Y=<Variable> [/ Option(en)];
 KEYLEGEND [/ Option(en)];
```

Beispiel 6.10: Streudiagramm mit Konfidenzellipse mittels `SGPLOT`

Im Jahre 1936 versuchte R.A. Fisher, 150 Pflanzen anhand der Länge und Breite ihrer Blüten- und Kelchblätter zu den drei Pflanzenarten IRIS-Versicolor, IRIS-Virginica und IRIS-Setosa zuzuordnen. Diese Daten sind im Datensatz `SASHELP.Iris` zusammengefasst. Nachstehendes Programm erstellt ein Streudiagramm der Blütenblattlänge gegen ihre Breite.

```
PROC SGPLOT DATA=SASHELP.Iris;
   SCATTER X=Petallength Y=Petalwidth;
   ELLIPSE X=Petallength Y=Petalwidth;
   KEYLEGEND / LOCATION=INSIDE POSITION=BOTTOMRIGHT;
RUN;
```

Die Anweisung **SCATTER** erstellt das Streudiagramm mit der Blütenblattlänge auf der X-Achse und der Blütenblattbreite auf der Y-Achse. Die Anweisung **ELLIPSE** erstellt eine 95%-Konfidenzelipse um diese Daten. Durch **KEYLEGEND** wird eine Legende angezeigt. Abbildung 6.13 zeigt das Ergebnis.

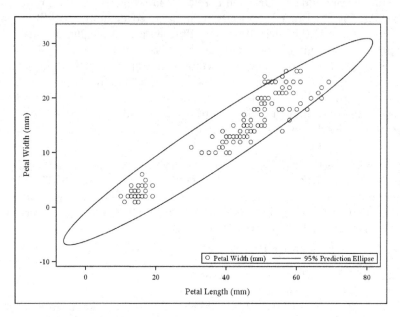

Abbildung 6.13: Streudiagramm mit der Prozedur **SGPLOT**

Oft werden Merkmale über die Zeit mehrfach an den Untersuchungseinheiten gemessen. Man spricht dann von Längsschnitt- oder Longitudinaldaten (engl. Paneldata). Ein Beispiel sind Studien zur Medikamentenentwicklung, in denen unterschiedliche Vitalparameter der Probanden wie Blutdruck oder Puls in aufeinander folgenden Visiten überprüft werden.

Die Prozedur SGPANEL fasst Grafiken zu einem Panel zusammen. Ihre allgemeine Syntax lautet:

```
PROC SGPANEL DATA=<Datensatzname>;
 BAND X=<Variable> Y=<Variable>
      UPPER=<num. Wert/Variable> LOWER=<num. Wert/Variable>;
 DENSITY <Variable> [/ Option(en)];
 ELLIPSE X=<Variable> Y=<Variable> [/ Option(en)];
 HISTOGRAM <Variable> [/ Option(en)];
 PANELBY <Variable(n)> [ / Option(en)];
 SCATTER X=<Variable> Y=<Variable> [/ Option(en)];
 SERIES X=<Variable> Y=<Variable> [/ Option(en)];
 VLINE <kategorielle Variable> [/ Option(en)];
 COLAXIS <Option(en)>;
 ROWAXIS <Option(en)>;
```

Beispiel 6.11: Paneldiagramme mit der Prozedur SGPANEL

Nachstehendes Programm erstellt eine Panelgrafik für die deutschen Arbeitslosenzahlen der Jahre 1990 bis 1999.

```
PROC SGPANEL DATA=Arbeitslose;
 PANELBY Jahr /SPACING=2 COLUMNS=4 NOVARNAME ONEPANEL;
 VLINE Monat /RESPONSE=Arbeitsl;
 ROWAXIS LABEL="Arbeitslose in Mio.";
 COLAXIS LABEL="Monat" FITPOLICY=THIN;
RUN;
```

Die Anweisung PANELBY legt die Form der Panelgrafik fest. Sie erstellt die Liniendiagramme der Arbeitslosenzahlen pro Jahr. Dabei wird zwischen den einzelnen Jahren ein kleiner Abstand erstellt (Option SPACING=). Mit der Option COLUMNS=4 werden vier Jahre nebeneinander angezeigt. Mit der Option ONEPANEL lässt sich die gesamte Grafik auf einmal anzeigen. Mit NOVARNAME wird der Variablenname Jahr im Kopf jeder einzelnen Grafik unterdrückt. Die Anweisung VLINE unterteilt die vertikale Achse einer jeden Grafik gemäß den Ausprägungen der Variable Monat. Die Option RESPONSE= legt die Analysevariable fest. Die Anweisungen COLAXIS bzw. ROWAXIS legen die Formatierung der jeweiligen Achsen der Grafik fest. Die Option FITPOLICY=THIN unterteilt die X-Achse jeder Panelgrafik in eine für den Anwender lesbare übersichtliche Form. Bei einer zu feinen Unterteilung ist andernfalls die Beschriftung nicht mehr zu erkennen.

Abbildung 6.14 zeigt das Ergebnis.

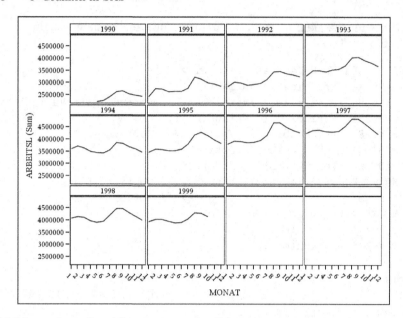

Abbildung 6.14: Paneldiagramm mit der Prozedur SGPANEL

6.8 Übungsaufgaben

Aufgabe 6.1:
Erstellen Sie für die Daten aus Beispiel 6.2 ein Kreisdiagramm. Heben Sie das Segment der anderen Parteien ab und färben Sie die einzelnen Segmente in den Farben der Parteien ein.

Hinweis: Verwenden Sie dazu zusätzlich die Optionen `ANGLE=180` und `PERCENT=ARROW`. ∎

Aufgabe 6.2:
Stellen Sie die Funktion $f(x,y) = x^2 + 2y^2$, mit $x,y \in [-2;2]$, grafisch dar. Beschriften Sie die x- und y-Achse mit den Werten -2, -1, 0, 1, 2. ∎

Aufgabe 6.3:
Zeichnen Sie für die Funktion aus Aufgabe 6.2 ein Höhenliniendiagramm und exportieren Sie dieses als Bitmap-Datei. ∎

Aufgabe 6.4:
Erstellen Sie ein Kartogramm für die Einwohner Australiens und färben Sie die Bundesländer und Territorien gemäß der ansteigenden Einwohnerzahl ein. Setzen Sie eine Überschrift und Legende. Der Datensatz `Australien` wird erzeugt durch:

```
DATA Australien;
 INPUT id Einwohner;
 DATALINES;
  1  301.7
  2 6081.2
  3  172.2
  4 3233.9
  5 1471.9
  6  472.6
  7 4487.0
  8 1715.3
 ;
 RUN;
```
∎

Grundlagen der Statistik

Standardverfahren der beschreibenden Statistik

Die beschreibende oder auch deskriptive Statistik fasst große Datenmengen durch geeignete Kennzahlen zusammen. Das bedeutet aber auch einen Informationsverlust. Die wichtigsten derartigen Kennzahlen sind Mittelwerte und Streuungsmaße.

Objekte, an denen Messungen vorgenommen werden, heißen *Untersuchungseinheiten* oder Merkmalsträger. Merkmalsträger können mehrere Merkmale besitzen. Die Größen, auf die sich die Messungen beziehen, heißen *Merkmalswerte*. Diese können verschiedene Messniveaus aufweisen. Ein Merkmal heißt *nominal*, wenn die Werte in keine Reihenfolge zu bringen sind. Berufe oder Farben sind nominal. Merkmale heißen *ordinal*, wenn die Werte in eine Reihenfolge zu bringen sind. Merkmale heißen *metrisch*, wenn die Werte sich in eine Reihenfolge bringen lassen und der Abstand zwischen ihnen interpretierbar ist. Körpergewicht oder Körpergröße sind metrisch.

Merkmale können zudem stetig oder diskret sein. Ein Merkmal heißt diskret, wenn es nur endlich oder abzählbar viele Werte hat. Andernfalls heißt es stetig.

7.1 Mittelwerte und Streuungsmaße

Die wichtigsten Kennzahlen sind Durchschnitte (Mittelwerte) wie das arithmetische Mittel, der Median oder das geometrische Mittel. Für die Werte $x_1, ..., x_n$ eines metrischen Merkmals ist das arithmetische Mittel gegeben durch:

$$\bar{x} = \frac{1}{n} \sum_{i=1}^{n} x_i \ .$$

Für ordinal skalierte Daten gibt es den Median. Dieser ist gegeben durch:

$$\tilde{x}_{0,5} = \begin{cases} x_{\left(\frac{n+1}{2}\right)} & \text{, falls n ungerade} \\ \frac{1}{2}\left(x_{\left(\frac{n}{2}\right)} + x_{\left(\frac{n+2}{2}\right)}\right) & \text{, falls n gerade} \end{cases} \tag{7.1}$$

W. Krämer et al., *Datenanalyse mit SAS®*, https://doi.org/10.1007/978-3-662-57799-8_7

mit $x_{(1)} \leq x_{(2)} \leq \cdots \leq x_{(n)}$ als geordnete Merkmalswerte. Für ungerades n ist der Median der mittlere Wert der geordneten Datenreihe. Für gerades n ist jede Zahl zwischen den beiden mittleren Merkmalswerten ein Median. In diesem Fall wird oft deren arithmetisches Mittel als Median genommen. Der Median ist unempfindlicher gegenüber Ausreißern als der arithmetische Mittelwert.

Falls die einzelnen Merkmalswerte relative Änderungen darstellen, so ist die Gesamtänderung nicht die Summe, sondern das Produkt der einzelnen Änderungen. Für relative Änderungen und Anteilswerte ist das geometrische Mittel der geeignete Mittelwert. Das geometrische Mittel ist gegeben durch:

$$\bar{x}_g = \sqrt[n]{x_1 \cdot x_2 \cdots x_n} \ .$$

Neben den Mittelwerten ist auch die Streuung der Werte um den Mittelwert von Interesse. Die bekanntesten Streuungsmaße sind die empirische Varianz bzw. Standardabweichung und die Spannweite.

Die Spannweite (engl.: range) ist die Differenz zwischen größtem und kleinstem Wert:

$$R = x_{(n)} - x_{(1)} \ .$$

Die empirische Varianz misst die mittlere quadratische Abweichung vom arithmetischen Mittel und ist gegeben durch:

$$s^2 = \frac{1}{n-1} \sum_{i=1}^{n} (x_i - \bar{x})^2 \ .$$

Die Wurzel aus der empirischen Varianz, also $s = \sqrt{s^2}$, heißt auch (empirische) Standardabweichung. Sie hat die gleiche Dimension wie die einzelnen Merkmalswerte und auch der Mittelwert. Werden beispielsweise Gewichte in kg betrachtet, so haben der Mittelwert und die Standardabweichung die Dimension kg, die Varianz hingegen kg^2.

Die Mittelwerte und Streuungsmaße lassen sich mit den Prozeduren MEANS bzw. SUMMARY sowie UNIVARIATE berechnen. Die allgemeine Syntax der Prozedur UNIVARIATE lautet:

```
PROC UNIVARIATE [Option(en)];
  HISTOGRAM <Variable(n)> [/ Option(en)];
  QQPLOT <Variable(n)> [/ Option(en)];
```

Die Anweisungen BY, CLASS, FREQ, OUTPUT, VAR und WEIGHT funktionieren wie oben beschrieben. Auf die weiteren Anweisungen gehen dieses und andere Kapitel genauer ein.

Die Prozedur UNIVARIATE ist eine der umfangreichsten in SAS. Sie berechnet u. a. das arithmetische Mittel, die Varianz und die Standardabweichung. Die Option MODES berechnet den Modalwert (der häufigste Wert einer Variablen).

Beispiel 7.1: Berechnung von Durchschnitten und Streuungsmaßen

```
DATA Deskriptiv;
 INPUT x @@;
 DATALINES;
  1 2 3 4 1 2 6 8 1 9 1 4 10 1 2 1 1 1 3 4 9 5 6 7 8
 ;
RUN;

PROC UNIVARIATE DATA=Deskriptiv MODES;
 VAR x;
RUN;
```

Abbildung 7.1 zeigt den so erzeugten Text.

The UNIVARIATE Procedure
Variable: x

Moments			
N	25	Sum Weights	25
Mean	4	Sum Observations	100
Std Deviation	3.04138127	Variance	9.25
Skewness	0.63750489	Kurtosis	–0.9941072
Uncorrected SS	622	Corrected SS	222
Coeff Variation	76.0345316	Std Error Mean	0.60827625

Basic Statistical Measures			
Location		Variability	
Mean	4.000000	Std Deviation	3.04138
Median	3.000000	Variance	9.25000
Mode	1.000000	Range	9.00000
		Interquartile Range	5.00000

Modes	
Mode	Count
1	8

Abbildung 7.1: Ausschnitt der Textausgabe von `PROC UNIVARIATE`

Der analysierte Datensatz enthält eine einzige Variable x mit 25 Werten. Die mit `MOMENTS` überschriebene Tabelle zeigt u. a. die Mittelwerte und Streuungs-maße. Für Momente siehe Kapitel 8. Das arithmetische Mittel (`Mean`) beträgt 4, die Varianz (`Variance`) 9,25, die Standardabweichung (`Std Deviation`) 3,041. Daneben sind noch die Wölbung (`Kurtosis`), der Variationskoeffizi-ent (`Coeff Variation`) und die Schiefe (`Skewness`) angegeben. Die Wölbung misst, ob das absolute Maximum der Merkmalswerte von der Dichte der Normalverteilung abweicht (vgl. Hartung et al., 2009). Die Schiefe gibt an, inwieweit die Merkmalswerte nach links oder rechts vom Mittelwert verschoben sind. Der Variationskoeffizient ist der Quotient von Standardabweichung und arithmetischem Mittel (oft mit 100 multipliziert, also in Prozent ausgedrückt). Zur Dichte siehe Kapitel 8.

Unter `Basic Statistical Measures` sind der Modalwert (`Mode`) und die Spannweite (`Range`) angegeben. Die Spannweite beträgt 9 und der Modalwert 1. D. h. der Modalwert 1 kommt am häufigsten vor und zwar acht mal.   □

Die Anweisung `OUTPUT OUT=<Name>` legt einen SAS-Datensatz mit den berechneten Kennzahlen an. Welche Kennzahlen in den Datensatz `Name` geschrieben werden, wird durch Schlüsselwörter feslgelegt. Tabelle 7.1 zeigt die wichtigsten Schlüsselwörter zusammen mit ihrer Funktion.

Tabelle 7.1: Schlüsselwörter für die `OUTPUT OUT=`-Anweisung von `PROC UNIVARIATE`

Schlüsselwort	Funktion
CV	Variationskoeffizient
KURTOSIS	Wölbung
MAX	Maximum
MEAN	arithmetisches Mittel
MEDIAN	Median
MIN	Minimum
SKEWNESS	Schiefe
STD	Standardabweichung
VAR	Varianz

Eine weitere Prozedur für Durchschnitte und Streuungsmaße heißt `MEANS`.

```
PROC MEANS [Option(en)];
  WAYS <Liste>;
```

Die Anweisungen `BY`, `CLASS`, `FREQ`, `OUTPUT`, `VAR` und `WEIGHT` lassen sich wie oben beschrieben verwenden. Bei der Berechnung von Kennzahlen unterscheidet sich `PROC MEANS` kaum von `PROC UNIVARIATE`. In der Standardeinstellung berechnet `PROC MEANS` nur das arithmetische Mittel, die Standardabweichung sowie das Minimum und Maximum. Alle übrigen Kennzahlen sind als Option gemäß den Schlüsselwörtern aus Tabelle 7.1 zu wählen.

Die Anweisung `WAYS` gibt für die Variablen in der `CLASS`-Anweisung die Anzahl der Kombinationsmöglichkeiten bei der Berechnung von Kennzahlen an.

Beispiel 7.2: Kennzahlberechnung für Variablenkombinationen mit der Anweisung `WAYS`

Nachstehendes Programm berechnet für die Variable `Blutzucker` Kennzahlen gemäß verschiedener Variablenkombinationen der Variablen `Geschlecht`

(0 $\hat{=}$ männlich und 1 $\hat{=}$ weiblich) und `Raucher` (0 $\hat{=}$ Raucher, 1 $\hat{=}$ Nicht-raucher).

```
PROC MEANS DATA=Blutdruck MEAN STD;
 CLASS Geschlecht Raucher;
 WAYS 1 2;
 VAR Blutzucker;
RUN;
```

Durch die `CLASS`-Variablen werden der Mittelwert und die Standardabweichung für `Geschlecht` und `Raucher` separat berechnet.

The MEANS Procedure

Analysis Variable : Blutzucker			
Raucher	N Obs	Mean	Std Dev
0	695	96.7772926	30.6020952
1	226	92.0135747	18.7023284

Analysis Variable : Blutzucker			
Geschlecht	N Obs	Mean	Std Dev
0	392	100.0902062	29.3166726
1	529	92.2807692	26.9521451

Analysis Variable : Blutzucker				
Geschlecht	Raucher	N Obs	Mean	Std Dev
0	0	278	101.3600000	31.7631150
	1	114	97.0000000	22.0903179
1	0	417	93.7184466	29.4459520
	1	112	86.7962963	12.4358235

Abbildung 7.2: Untersuchung von Variablenkombinationen mit `PROC MEANS`

Die Anweisung `WAYS 1 2` erzwingt eine Berechnung des Mittelwertes und der Standardabweichung für die beiden Variablen in der `CLASS`-Anweisung separat (durch die Angabe der 1 hinter `WAYS`) und für beide zusammen (durch die Angabe der 2 hinter `WAYS`). `WAYS 2` hat somit den gleichen Effekt wie die Vermeidung der `WAYS`-Anweisung.   □

Die Prozedur `PROC SUMMARY` ist identisch mit `PROC MEANS`, jedoch erzeugt sie keine Textausgabe.

7.2 Zusammenhangsmaße und Kontingenztafeln

Korrelationen messen den (linearen) Zusammenhang zwischen zwei Variablen. Zwei Typen von Korrelationsmaßen sind zu unterscheiden. Bei metrisch skalierten Variablen ist der Korrelationskoeffizient nach Bravais-Pearson und bei ordinal skalierten Merkmalswerten der Korrelationskoeffizient nach Spearman zu benutzen. Weitere Korrelationsmaße sind in Hartung et al. (2009) oder Voß (2000) aufgeführt.

Im Folgenden seien n Untersuchungseinheiten mit je zwei Merkmalen X und Y gegeben. Die Merkmalswerte seien mit $x_1, ..., x_n$ bzw. $y_1, ..., y_n$ bezeichnet. Der Korrelationskoeffizient nach Bravais-Pearson ist gegeben durch:

$$r_{XY} = \frac{\sum_{i=1}^{n} x_i y_i - n\bar{x}\bar{y}}{\sqrt{\left(\sum_{i=1}^{n} x_i^2 - n\bar{x}^2\right)\left(\sum_{i=1}^{n} y_i^2 - n\bar{y}^2\right)}} \ . \tag{7.2}$$

Der Zähler von Gleichung 7.2 ist im Wesentlichen die empirische Kovarianz der Zufallsvariablen X und Y. Diese ist gegeben durch:

$$s_{XY} = \frac{1}{n-1} \sum_{i=1}^{n} (x_i - \bar{x})(y_i - \bar{y}) = \frac{1}{n-1}\left(\sum_{i=1}^{n} x_i y_i - n\bar{x}\bar{y}\right) \ .$$

Der Korrelationskoeffizient nach Bravais-Pearson liegt immer zwischen $+1$ und -1. Dabei bedeutet $r_{XY} = +1$ einen hohen positiven und $r_{XY} = -1$ einen hohen negativen Zusammenhang. Bei Null ist kein Zusammenhang erkennbar.

Um den Rangkorrelationskoeffizienten nach Spearman zu berechnen, müssen die beobachteten Merkmalswerte aufsteigend sortiert und durchnummeriert werden. Seien die geordneten Merkmalswerte mit $x_{(i)}$ bezeichnet, dann heißt $R(x_{(i)}) = i$ Rang des Wertes $x_{(i)}$, mit $i = 1, ..., n$. Für die Merkmalswerte $x_1, ..., x_n$ und $y_1, ..., y_n$ ist der Korrelationskoeffizient nach Spearman gegeben durch:

$$r_S = \frac{\sum_{i=1}^{n} R(x_i)R(y_i) - n\overline{R(x)}\ \overline{R(y)}}{\sqrt{\left(\sum_{i=1}^{n} R(x_i)^2 - n\overline{R(x)}^2\right)\left(\sum_{i=1}^{n} R(y_i)^2 - n\overline{R(y)}^2\right)}} \ . \tag{7.3}$$

Mit $d_i = R(x_i) - R(y_i)$ erhält man:

$$r_S = 1 - \frac{6\sum_{i=1}^{n} d_i^2}{n(n^2 - 1)}, \quad \text{falls alle } x_i \text{ und } y_i \text{ voneinander verschieden sind.}$$

Die obigen Zusammenhangsmaße lassen sich mit der Prozedur CORR berechnen. Die allgemeine Syntax lautet:

```
PROC CORR [Option(en)];
 BY <Variable(n)>;
 FREQ <Variable(n)>;
 VAR <Variable(n)>;
 WEIGHT <Variable(n)>;
```

Die Optionen **PEARSON** bzw. **SPEARMAN** spezifizieren den gewünschten Korrelationskoeffizienten.

Die Abbildungen 7.3(a) bis 7.3(d) zeigen mögliche Zusammenhänge zwischen
zwei Variablen.

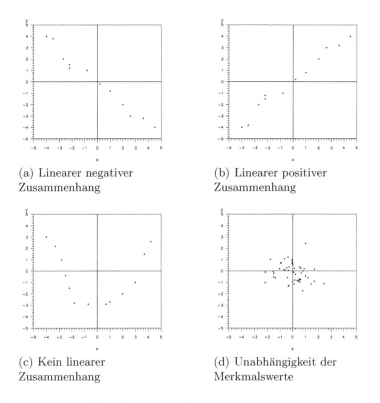

(a) Linearer negativer
Zusammenhang

(b) Linearer positiver
Zusammenhang

(c) Kein linearer
Zusammenhang

(d) Unabhängigkeit der
Merkmalswerte

Abbildung 7.3: Mögliche Formen des Zusammenhangs

Alternativ lassen sich Zusammenhangsmaße auch mit der Prozedur **FREQ**
berechnen. Die allgemeine Syntax lautet:

```
PROC FREQ [Option(en)];
 TABLES <Anfragen> [/ Option(en)];
```

Die Anweisungen BY, OUTPUT und WEIGHT sind wie oben beschrieben zu verwenden. Die TABLES-Anweisung erstellt Kontingenztafeln und berechnet Kennzahlen. Die wichtigsten Optionen dieser Anweisung zeigt Tabelle 7.2.

Tabelle 7.2: Ausgewählte Optionen der Anweisung TABLES

Option	Beschreibung
CHISQ	Berechnet den χ^2-Unabhängigkeitstest
EXPECTED	Berechnet die erwartete Häufigkeit je Zelle (Zeilensumme mal Spaltensumme geteilt durch die Gesamtsumme)
MEASURES	Berechnet verschiedene Zusammenhangsmaße (beispielsweise die Korrelationskoeffizienten nach Bravais-Pearson bzw. Spearman)
MISSPRINT	Zeigt Häufigkeiten der Zellen auch für fehlende Werte an
NOFREQ	Unterdrückt die Zellen-Häufigkeit in der Textausgabe
NOROW	Unterdrückt die Zeilen-Häufigkeit in der Textausgabe
NOCOL	Unterdrückt die Spalten-Häufigkeit in der Textausgabe
NOPERCENT	Unterdrückt die Gesamt-Häufigkeit in der Textausgabe
NOCUM	Unterdrückt die kumulativen Häufigkeiten in der Textausgabe

Beispiel 7.3: Kontingenztafel mit der Prozedur FREQ

Es sind vier Medikamente zur Behandlung von Schnupfen zu vergleichen. Pro Medikament werden zufällig 20 Patienten ausgewählt und die Wirksamkeit überprüft. Gibt es zwischen der Heilung eines Patienten und dem Medikament einen Zusammenhang?

Ausgangspunkt zur Untersuchung der Fragestellung ist eine Kontingenztafel, in der die Kombinationen der Merkmalswerte und ihre Häufigkeiten abgetragen sind. Für Merkmalswerte $x_1, \ldots, x_k$ und $y_1, \ldots, y_m$ bezeichne H_{ij} die Häufigkeit von (x_i, y_j). Die relative Häufigkeit h_{ij} ist gegeben durch

$$h_{ij} = \frac{1}{n} H_{ij} \, ,$$

wobei n die Anzahl aller Wertepaare bezeichnet. Eine Kontingenztafel hat die Gestalt:

	y_1	y_2	$\cdots$	y_m	Σ
a_1	H_{11}	H_{12}	$\cdots$	H_{1m}	$H_{1.}$
a_2	H_{21}	H_{22}	$\cdots$	H_{2m}	$H_{2.}$
$\vdots$	$\vdots$	$\vdots$	$\ddots$	$\vdots$	$\vdots$
a_k	H_{k1}	H_{k2}	$\cdots$	H_{km}	$H_{k.}$
Σ	$H_{.1}$	$H_{.2}$	$\cdots$	$H_{.m}$	n

Hierbei ist $H_{i.} = \sum_{j=1}^{m} H_{ij}$ die Zeilen-Randhäufigkeit, $H_{.j} = \sum_{i=1}^{k} H_{ij}$ die Spalten-Randhäufigkeit mit $n = \sum_{i=1}^{k} H_{i.} = \sum_{j=1}^{m} H_{.j}$.

Nachstehendes Programm berechnet die Kontingenztafel für den Behandlungserfolg der vier Medikamente.

```
DATA Tafel;
 INPUT Anzahl Erfolg Medikament @@;
 DATALINES;
   9 0 1    4 0 2    7 0 3   12 0 4
  11 1 1   16 1 2   13 1 3    8 1 4
 ;
RUN;

PROC FREQ DATA=Tafel;
 WEIGHT Anzahl;
 TABLES Erfolg*Medikament / EXPECTED NOROW NOCOL NOPERCENT;
RUN;
```

Abbildung 7.4 zeigt die Textausgabe zu obigem Programm.

The FREQ Procedure

Frequency Expected	Table of Erfolg by Medikament				
	Medikament				
Erfolg	1	2	3	4	Total
0	9 8	4 8	7 8	12 8	32
1	11 12	16 12	13 12	8 12	48
Total	20	20	20	20	80

Abbildung 7.4: Kontingenztafel von Behandlungserfolg und Medikament

Die Spalten der Kontingenztafel enthalten die vier Medikamente. Der Behandlungserfolg ist in den Zeilen aufgeführt, mit 1= Erfolg. So sind elf Patienten durch Medikament 1 genesen, 16 Patienten durch Medikament 2 usw.   □

7.3 Diagramme

Grafische Darstellungen erleichtern eine schnelle Erfassung der Struktur der
Daten. SAS erzeugt die folgenden Diagramme:

- Streu- und Liniendiagramme
- Kreisdiagramme
- Balkendiagramme
- Histogramme
- Box-Plots
- Kartogramme

Die meisten Diagrammtypen wurden schon in Kapitel 6 vorgestellt. Streu-
und Liniendiagramme (engl.: scatter plot bzw. line plot) tragen die Werte
einer metrischen Variablen gegen die einer anderen metrischen Variablen ab.
Sie werden mit der Prozedur GPLOT erzeugt (vgl. Abbildung 7.3).

Kreis- oder auch Tortendiagramme (engl.: pie chart) veranschaulichen das
Verhältnis einzelner Teile zu einem Ganzen. Die Fläche der Kreissegmente ist
dabei proportional zum dargestellten Zahlenwert.

Balkendiagramme (engl.: bar chart) zeigen die absolute Häufigkeit verschiedener Werte. Die Höhe des Balkens ist proportional zur Häufigkeit der Werte.

Bisher nicht näher betrachtet worden ist das Histogramm (engl.: histogram).
Dieses erhält man durch die Darstellung der Häufigkeiten als aneinander-
stoßende Rechtecke mit Flächen proportional zu den Häufigkeiten. Die Merkmalswerte sind hierbei in Klassen zusammenzufassen. Die Höhe h_i eines Recht-
ecks bestimmt sich durch: $r_i = k_i/b_i$, mit k_i = relative Häufigkeit der Klasse
i und b_i = Klassenbreite.

Die Prozeduren UNIVARIATE und CAPABILITY erstellen Histogramme. Die
allgemeine Syntax von PROC CAPABILITY lautet:

```
PROC CAPABILITY [Option(en)];
  CDFPLOT <Variable(n)> [/ Option(en)];
  HISTOGRAM <Variable(n)> [/ Option(en)];
  QQPLOT <Variable(n)> [/ Option(en)];
```

Die Anweisungen OUTPUT und VAR funktionieren wie gewohnt. Die Anweisungen HISTOGRAM und QQPLOT sind wie in PROC UNIVARIATE zu verwenden.

Die Option FREQ erzeugt Häufigkeitstabellen für die in der VAR-Anweisung
angegebenen Variablen. MODES bestimmt die Modalwerte dieser Variablen.

CDFPLOT zeichnet die empirische Verteilungsfunktion. Die Option VSCALE=
beeinflusst die Skala der Ordinatenachse (VSCALE=PERCENT steht für eine Skala
0 bis 100, VSCALE=PROPORTION für eine Skala 0 bis 1).

Beispiel 7.4: Histogramm mit der Prozedur `UNIVARIATE`

Die Umsätze von 10 Firmen sollen grafisch dargestellt werden. Die Umsätze sind dabei in folgende Klassen eingeteilt (in Millionen Euro):

0 bis 10;   10 bis 20;   20 bis 30;   30 bis 40;   40 und mehr.

Nachstehendes Programm erstellt ein Histogramm für die Firmenumsätze.

```
DATA Histogramm;
 INPUT Firma $ Umsatz @@;
 DATALINES;
  A 3  B 49 C 14 D 31 E 11
  F 24 G 21 H 35 I 17 J 37
 ;
RUN;


PROC UNIVARIATE DATA=Histogramm NOPRINT;
 HISTOGRAM Umsatz / MIDPOINTS=(5 15 25 35 45) BARWIDTH=8
                    VAXIS=(0 TO 30 BY 10) NOFRAME
                    CFILL=LTGRAY VSCALE=PERCENT
                    VAXISLABEL='PROZENT';
RUN;
```

Tabelle 7.3 erklärt die verwendeten Optionen.

Tabelle 7.3: Ausgewählte Optionen der Anweisung `Histogram`

Option	Bedeutung
`BARWIDTH=`	Gibt die „Rechteckbreite" des Histogramms in Prozent des Grafikfensters an
`CFILL=`	Setzt die Farbe, in der die Rechtecke gefüllt werden
`MIDPOINTS=`	Gibt die Klassenmittelpunkte an
`NOFRAME`	Zeichnet keinen Rahmen um die Grafik
`VAXIS=`	Unterteilt die Y-Achse
`VAXISLABEL=`	Beschriftet die Y-Achse
`VSCALE=`	Gibt die Art der Y-Achse an. Mit `VSCALE=COUNT` wird die Achse gemäß der absoluten Häufigkeit der Beobachtungen skaliert; bei `VSCALE=PERCENT` erfolgt eine prozentuale Einteilung gemäß der Beobachtungen; durch `VSCALE=PROPORTION` wird die Y-Achse proportional zur Beobachtungsanzahl skaliert

Abbildung 7.5 zeigt das erzeugte Histogramm.

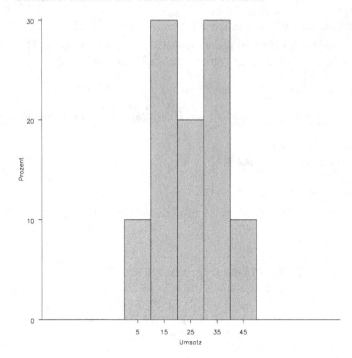

Abbildung 7.5: Histogramm der klassierten Umsätze von Firmen

Die HISTOGRAM-Anweisung der Prozedur CAPABILITY ermöglicht Optionen zur Beschriftung der Klassen nach eigenen Vorstellungen. PROC CAPABILITY gibt die Rechteckbreite automatisch vor, sie lässt sich nicht verändern. Somit ist abzuwägen, welche der Prozeduren UNIVARIATE oder CAPABILITY für die gegebene Situation geeignet ist. Für die Daten aus Beispiel 7.4 ergibt sich mit PROC CAPABILITY:

```
AXIS1 LABEL=(F=SIMPLEX H=1.2)
      VALUE=(F=SIMPLEX H=1.2 '0-10' '10-20' '20-30'
                             '30-40' '40 und mehr');
AXIS2 VALUE=(F=SIMPLEX H=1.2)
      LABEL=(F=SIMPLEX H=1.2 ANGLE=90 'Prozent')
      ORDER=(0 TO 30 BY 10);

PROC CAPABILITY DATA=Histogramm NOPRINT;
 HISTOGRAM Umsatz / MIDPOINTS=(5 15 25 35 45)
                    HAXIS=AXIS1 VAXIS=AXIS2
                    NOFRAME CFILL=LTGRAY
                    VSCALE=PERCENT;
 RUN;
```

Die Optionen `HAXIS=` bzw. `VAXIS=` sind in `PROC UNIVARIATE` nicht vorhanden. Mit den `AXIS<n>`-Anweisungen lassen sich die Achsen formatieren. Die Optionen `HAXIS=` bzw. `VAXIS=` reichen diese Einstellungen an die Prozedur weiter. Das resultierende Histogramm hat die folgende Gestalt:

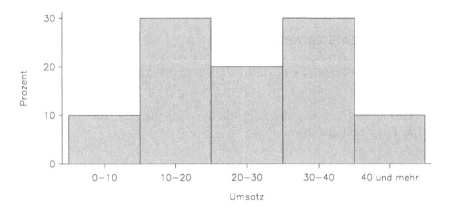

Abbildung 7.6: Histogramm der Umsatzklassen von Firmen (`PROC CAPABILITY`)

Die Optionen entsprechen denen der Prozedur `UNIVARIATE` aus Tabelle 7.3.

7.4 Berechnung von Quantilen und Box-Plots

Quantile sind eine Verallgemeinerung des Medians aus Gleichung 7.1. Für ein α ($0 \leq \alpha \leq 1$) heißt $\tilde{x}_\alpha$ ein empirisches α-Quantil (engl.: Quantile), wenn mindestens $\alpha \cdot 100\,\%$ der Merkmalswerte kleiner oder gleich $\tilde{x}_\alpha$ und mindestens $(1-\alpha) \cdot 100\,\%$ der Werte größer oder gleich $\tilde{x}_\alpha$ sind. In der Darstellung von Gleichung 7.1 bedeutet das:

$$\tilde{x}_\alpha = \begin{cases} x_{(k)} & \text{, falls } n \cdot \alpha \notin \mathbb{N} \\ & \quad (k \text{ ist die auf } n \cdot \alpha \text{ folgende ganze Zahl}) \\ \frac{1}{2}(x_{(k)} + x_{(k+1)}) & \text{, falls } n \cdot \alpha \in \mathbb{N} \ . \end{cases}$$

Der Median ist also das 0,5-Quantil der Merkmalswerte. Weitere Quantile von besonderem Interesse sind das 0,25-Quantil bzw. das 0,75-Quantil, auch unteres bzw. oberes Quartil genannt.

Beispiel 7.5: Berechnung von Quantilen mit der Prozedur `UNIVARIATE`
Nachstehendes Programm berechnet die empirischen Quantile $\tilde{x}_{0,25}$, $\tilde{x}_{0,5}$ und $\tilde{x}_{0,75}$.

```
DATA Daten;
 DO i=1 TO 1000;
  x=NORMAL(0);
  OUTPUT;
 END;
RUN;

PROC UNIVARIATE DATA=Daten;
 VAR x;
 OUTPUT OUT=Quantile PCTLPTS=25 TO 75 BY 25 PCTLPRE=eq_;
RUN;
```

Die nachstehende Textausgabe zeigt die Quantile für 1000 standardnormal-verteilte Pseudozufallszahlen.

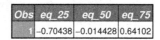

Obs	eq_25	eq_50	eq_75
1	–0.70438	–0.014428	0.64102

Abbildung 7.7: Empirische Quantile

Die berechneten Quantile können nur in einen neuen SAS-Datensatz geschrieben werden, eine Ausgabe auf dem Bildschirm erfolgt nicht. Die Option PCTLPTS= veranlasst die nötigen Rechnungen. Nach dem Gleichheitszeichen folgt entweder eine Werteliste (z. B. 1, 25, 50, 75) oder eine von-bis-Angabe. Hier werden alle Quantile zwischen 25 und 75 in Schritten von 25 berechnet. PCTLPRE= legt eine Bezeichnung für die Variablennamen der berechneten Quantile fest, welche den unter PCTLPTS= angegebenen Werten vorangestellt wird (vgl. obige Abbildung 7.7).   □

Eine mit den Quantilen verbundene Grafik ist das Box-Whisker-Diagramm, kurz Box-Plot. Der Box-Plot beinhaltet ein Rechteck (Box), welches 50 % der Merkmalswerte enthält. Die obere und untere Kante dieser Box heißen Angelpunkte (engl.: hinges). Sie entsprechen dem oberen- bzw. unteren Quartil. Der Median ist in der Box durch eine Gerade markiert. Das Maximum bzw. das Minimum der Merkmalswerte wird ebenfalls eingezeichnet und durch senkrechte Linien mit der Box verbunden. Werte zwischen dem Maximum (Minimum) und der Box heißen Ausreißer. Die Markierungen für das Maximum bzw. Minimum nennt man auch „whisker". Der Abstand des whiskers zum Boxenrand wird oft auch in Vielfachen des Interquartilsabstands (IQA) angegeben. Der Interquartilsabstand ist die Differenz zwischen dem oberen und unteren Quartil. Der Abstand $\tilde{x}_{0,75} + 1{,}5 \cdot \text{IQA}$ heißt oberer Zaun, der Abstand $\tilde{x}_{0,25} - 1{,}5 \cdot \text{IQA}$ heißt unterer Zaun.

Zur Berechnung und Darstellung von Boxplots dient die Prozedur BOXPLOT. Ihre allgemeine Syntax lautet:

```
PROC BOXPLOT;
 PLOT <Analysevariable>*<Gruppenvariable> [/ Option(en)] ;
```

Die Anweisungen BY und ID lassen sich wie gewohnt verwenden. Tabelle 7.4 listet die wichtigsten Optionen der PLOT-Anweisung auf.

Tabelle 7.4: Optionen der PLOT-Anweisung in der Prozedur BOXPLOT

Option	Bedeutung
BOXSTYLE= SKELETAL|SCHEMATIC	Spezifiziert das Aussehen der Box; SKELETAL zeichnet die „whisker" vom Rand der Box zum Minimum oder Maximum; SCHEMATIC<ID|IDFAR> zeichnet die „whisker" vom Rand der Box zum größten Wert innerhalb des Zauns; weitere Styles sind möglich
BOXWIDTH=	Bestimmt die Breite der Box in Prozent des sichtbaren Bildschirmbereichs
CBOXES=	Bestimmt die Farbe der Box
IDHEIGHT=	Gibt die Größe des unter IDSYMBOL angegebenen Symbols an
IDSYMBOL=	Spezifiziert Ausreißer

Beispiel 7.6: Box-Plot mit der Prozedur BOXPLOT

Nachstehendes Programm stellt die Verspätungen verschiedener Personen- und Güterzüge in einem Box-Plot dar.

```
DATA Boxplot;
 INPUT GRUPPE $ 10. @;
 DO i=1 TO 10;
  INPUT Minute @;
  OUTPUT;
 END;
 DATALINES;
 IC         25 39 67 100 180 260  10 50 45 15
 ICE        10 20 35   0  35  45  90  5 80 30
 NAHVERKEHR 280 40 60 100 120 190 300 20 80 45
 GÜTER      15  5 20  10  10   0  17 20 35 10
 ;
 RUN;
```

```
PROC BOXPLOT DATA=Boxplot;
  AXIS1 ORDER=(0 TO 300 BY 50)
        LABEL=(F=TIMES H=1.2 'Verspätung in Minuten')
        VALUE=(F=TIMES H=1.2);
  AXIS2 OFFSET=(0,0) LABEL=(F=TIMES H=1.4 'Art des Zuges')
        VALUE=(F=TIMES H=1.2 'IC' 'ICE' 'Nahverkehr'
                'Güter');
  SYMBOL1 V=STAR;
  PLOT Minute*Gruppe / BOXSTYLE=SCHEMATICID IDSYMBOL=CIRCLE
                     IDHEIGHT=2 CBOXES=BLACK BOXWIDTH=10
                     HAXIS=AXIS2 VAXIS=AXIS1;
  RUN;
```

Abbildung 7.8 zeigt das Resultat.

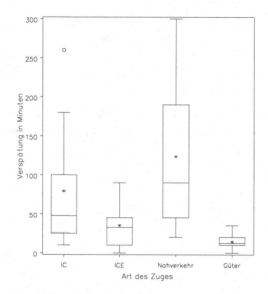

Abbildung 7.8: Box-Plot der Zugverspätungen nach Art des Zuges

Die Verspätungen streuen im Nahverkehr am meisten, wohingegen der Güter-
verkehr nicht so stark variiert. Das Symbol „*" markiert das arithmetische
Mittel. Dieses weicht zum Teil deutlich vom Median (waagerechte Linie innerhalb der Box) ab. Die Variation nach oben ist größer als nach unten. Das ist
zum einen durch den oberen Zaun und zum anderen durch die vielen Werte
oberhalb des Medians zu erkennen. Ein Ausreißer im IC-Verkehr ist deutlich
zu erkennen, da er außerhalb der whisker liegt.   □

Auch die Prozedur GPLOT kann einen Box-Plot erzeugen. Dazu ist nur die richtige SYMBOL-Anweisung notwendig. Für einen Box-Plot der Zugverspätungen aus Beispiel 7.6 mit GPLOT ist die folgende Syntax zu verwenden:

```
PROC GPLOT DATA=Boxplot;
 AXIS1 ORDER=(0 TO 300 BY 50)
       LABEL=(F=SIMPLEX H=1.4 ANGLE=90
              'Versp' '84'x 'tung in Minuten')
       VALUE=(F=SIMPLEX H=1.2);
 AXIS2 OFFSET=(10,10) LABEL=(F=SIMPLEX H=1.4
              'Art des Zuges')
       VALUE=(F=SIMPLEX H=1.2 '4781746572'x 'IC'
              'ICE' 'Nahverkehr' );
 SYMBOL1 I=BOXT BWIDTH=10;
 PLOT Minute*Gruppe=1 / HAXIS=AXIS2 VAXIS=AXIS1;
RUN;
QUIT;
```

Für deutsche Umlaute in der Achsenbeschriftung sind hexadezimale Zeichen nötig. Das „ä" entspricht dabei '84'x. Das Wort „Güter" ist hier vollständig aus hexadezimalen Zeichen zusammenzusetzen, da eine Unterbrechung der Schreibweise wie bei „Verspätung" nicht möglich ist.

Im Vergleich zu Beispiel 7.6 sind die AXIS-Anweisungen nur wenig verändert. Die SYMBOL-Anweisung ist hingegen neu. Die Option I=BOXT zeichnet Box-Plots, wobei der Buchstabe T dafür sorgt, dass die whisker mit eingezeichnet werden.

7.5 Die empirische Verteilungsfunktion und QQ-Plots

Die empirische Verteilungsfunktion ist ein wichtiges Hilfsmittel zur Beschreibung von Häufigkeitsverteilungen. Sie ist gegeben durch:

$$F_n(x) = \begin{cases} 0 & \text{, falls } x < x_{(1)} \\ m/n & \text{, falls } x_{(m)} \leq x \leq x_{(m+1)} \\ 1 & \text{, falls } x \geq x_{(n)} \; . \end{cases} \tag{7.4}$$

Dabei sind $x_{(1)}, ..., x_{(n)}$ die der Größe nach sortierten Merkmalswerte. Die empirische Verteilungsfunktion ist eine monoton steigende Treppenfunktion. Für ein gegebenes Argument x hat sie als Wert den Anteil aller Datenpunkte kleiner oder gleich x. Bei Merkmalswerten, die k-mal auftreten, springt die empirische Verteilungsfunktion um k/n.

Zur Berechnung in SAS dient die Prozedur `CAPABILITY`.

Beispiel 7.7: Empirische Verteilungsfunktion mit der Prozedur `CAPABILITY`

Bei 106 Personen wird das Schlafverhalten gemessen (vgl. Schlittgen, 2002). Für eine typische Nacht ergeben sich für die Schlafzeit (in Stunden) die folgenden Werte:

Schlafzeit	Personenzahl	Schlafzeit	Personenzahl
1	0	6	16
2	2	7	20
3	3	8	25
4	5	9	20
5	5	10	10

Das nachstehende Programm berechnet die empirische Verteilungsfunktion.

```
DATA Schlaf;
 INPUT Stunde Person @@;
 DATALINES;
  1  0  2  3  3  3  4  5   5  5
  6 15  7 20  8 25  9 20  10 10
  ;
RUN;

PROC CAPABILITY DATA=Schlaf;
 AXIS1 VALUE=(F=SIMPLEX H=1.2)
       LABEL=(F=SIMPLEX H=1.4 'Schlafzeit in Stunden');
 AXIS2 VALUE=(F=SIMPLEX H=1.2)
       LABEL=(F=SIMPLEX H=1.4 ANGLE=90
              'Kumulierter Anteil von Personen');
 FREQ Person;
 CDFPLOT Stunde / HAXIS=AXIS1 VAXIS=AXIS2 VSCALE=PROPORTION;
RUN;
```

Abbildung 7.9 zeigt das Ergebnis.

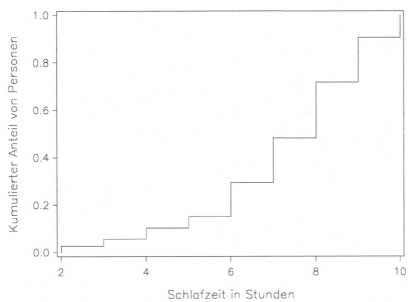

Abbildung 7.9: Empirische Verteilungsfunktion der Schlafzeit

☐

Alternativ lässt sich die empirische Verteilungsfunktion mit Hilfe von `PROC GPLOT` darstellen. Dazu ist erneut die richtige `SYMBOL`-Anweisung nötig. Zuvor sind die Merkmalswerte in einem separaten DATA-Step zu kumulieren.

```
DATA Schlaf1;
 SET Schlaf;
 a+Person/106;
RUN;

PROC GPLOT DATA=Schlaf1;
 SYMBOL1 I=STEPRJ C=BLACK;
 AXIS1 VALUE=(F=SIMPLEX H=1.2)
       LABEL=(F=SIMPLEX H=1.4 'Schlafzeit in Stunden');
 AXIS2 VALUE=(F=SIMPLEX H=1.2)
       LABEL=(F=SIMPLEX H=1.4 ANGLE=90
              'Kumulierter Anteil von Personen');
 PLOT a*Stunde=1 / HAXIS=AXIS1 VAXIS=AXIS2;
RUN;
QUIT;
```

Im DATA-Step `Schlaf1` wird die Variable `Person` durch die Gesamtpersonenzahl geteilt und kumuliert. Das Ergebnis wird der Variablen **a** zugewiesen.

Ein weiteres Hilfsmittel zur Beschreibung von Häufigkeitsverteilungen sind Quantil-Quantil-Diagramme, kurz QQ-Plots. Sie bieten eine Möglichkeit, festzustellen, ob Merkmalswerte aus einer bestimmten Verteilung stammen (vgl. Kapitel 8). Zur Erstellung eines QQ-Plots verwendet man die in Abschnitt 7.4 eingeführten empirischen Quantile. Der i-te Wert $x_{(i)}$ der geordneten Merkmalswerte $x_{(1)}, \ldots, x_{(n)}$ entspricht dem empirischen Quantil zum Niveau i/n. Dieses wird verglichen mit dem theoretischen Quantil der unterstellten Verteilung zum Niveau $(i+a_1)/(n+a_2)$. Die Werte a_1 und a_2 sind Adjustierungskonstanten und werden gemäß Blom (1958) in SAS als $a_1 = -0,375$ und $a_2 = 0,25$ vorgegeben. Diese Konstanten lassen sich jedoch mit den Optionen RANKADJ= und NADJ= verändern. Trägt man die geordneten Merkmalswerte gegen die theoretischen Quantile in einem Koordinatensystem ab, so liegen die Punkte ungefähr auf einer Geraden durch den Ursprung des Koordinatensystems. Die Gerade hat die Steigung 1, sofern die Merkmalswerte aus der unterstellten theoretischen Verteilung stammen. Eine zu starke Abweichung von dieser Geraden spricht gegen die unterstellte Verteilung. Die Prozeduren UNIVARIATE und CAPABILITY erzeugen QQ-Plots.

Beispiel 7.8: QQ-Plot mit der Prozedur CAPABILITY

Ein Apfelbauer möchte seine Ernte an die EU verkaufen. Dazu darf der einzelne Apfel nicht zu stark von der Normgröße abweichen. Ein Apfel darf einen Durchmesser von 10,2 cm mit einer Varianz von 2 cm aufweisen. Die Ernte beträgt 1000 Äpfel. Mit einem QQ-Plot ist zu überprüfen, ob seine Äpfel innerhalb der Toleranzgrenzen liegen.

```
DATA Aepfel;
 DO i=1 TO 1000;
  Groesse=10.20+NORMAL(0)*2;
  OUTPUT;
 END;
RUN;


PROC CAPABILITY DATA=Aepfel NOPRINT;
 AXIS1 ORDER=(4 TO 16 BY 2) VALUE=(F=TIMES H=1.1)
       LABEL=(F=TIMES H=1.2 ANGLE=90
              'Größe in cm');
 AXIS2 VALUE=(F=TIMES H=1.1)
       LABEL=(F=TIMES H=1.2
              'Quantile der Normalverteilung');
 QQPLOT Groesse / NORMAL(MU=10.20 SIGMA=2 COLOR=DARGR)
                  HAXIS=AXIS2 VAXIS=AXIS1 NOLEGEND;
 RUN;
```

Die Optionen HAXIS und VAXIS beeinflussen die Achsenbeschriftungen der Grafik. NOLEGEND unterdrückt die durch die Option NORMAL erzeugte Legende. NORMAL(MU=10.20 SIGMA=2 COLOR=DARGR) erzeugt eine Referenzlinie aus einer $N(10,2;2)$-Verteilung. Die Optionen MU= und SIGMA= setzen den Erwartungswert (vgl. Kapitel 8) und die Varianz auf die angegebenen Werte.

Ohne diese Angaben wird die Standardnormalverteilung vorausgesetzt. Gibt man statt der bekannten Werte für MU und SIGMA als Argument EST an, so wird MU und SIGMA aus den Daten geschätzt. COLOR= legt die Farbe der Referenzlinie fest, hier dunkelgrau. Neben der Normalverteilung sind weitere Verteilungen als Option bei der QQPLOT-Anweisung möglich. Diese sind die Beta-, Exponential-, Log-Normal-, Gamma- und die Weibull-Verteilung. Für jede Verteilung gibt es eigene Optionen.

Der QQ-Plot hat die folgende Gestalt:

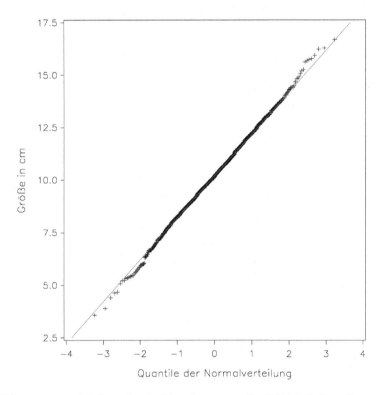

Abbildung 7.10: QQ-Plot der Apfelgrößen gegen die $N(10,2;2)$-Verteilung

Der QQ-Plot zeigt deutlich die gute Apfelqualität. Im Zentrum liegen die Werte auf der Geraden, nur am Rand weichen sie ein wenig ab.   □

Neben der Prozedur CAPABILITY erzeugt auch die Prozedur UNIVARIATE einen QQ-Plot. Die Vorgehensweise ist analog zu CAPABILITY.

Beispiel 7.9: QQ-Plot mit der Prozedur UNIVARIATE

Ein Analyst einer großen Investmentbank behauptet, die Renditen der Super-Bank AG seien normalverteilt. Dazu betrachtet er die täglichen Renditen der Super-Bank Aktie zwischen dem 04.01.1960 und 31.12.2001. Mit Hilfe eines QQ-Plots will er seine Behauptung überprüfen. Nachstehendes Programm erzeugt den gewünschten QQ-Plot.

```
PROC UNIVARIATE DATA=Bank NOPRINT;
 QQPLOT Rendite / NORMAL(MU=0 SIGMA=1 COLOR=LTGRAY)
                FONT=SIMPLEX NOHLABEL;
 FOOTNOTE J=C F=SIMPLEX H=1.2
          'Quantile der Normalverteilung';
 RUN;
```

Abbildung 7.11 zeigt das Ergebnis.

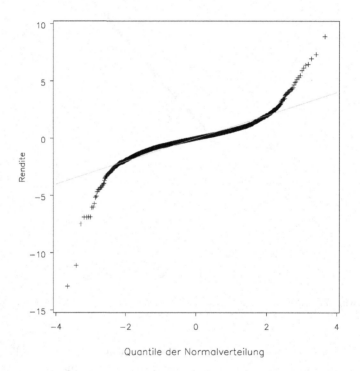

Abbildung 7.11: QQ-Plot der Renditen der Super-Bank AG gegen die Standardnormalverteilung

Abbildung 7.11 zeigt eine deutliche Abweichung der Renditen von der Standardnormalverteilung, was durch die „S-Form" gekennzeichnet ist. Sowohl an den Rändern als auch in der Mitte weicht der Verlauf von der Winkelhalbierenden ab.   □

7.6 Übungsaufgaben

Aufgabe 7.1:

In einer sozialwissenschaftlichen Studie an amerikanischen Schulen in Michigan wurde untersucht, inwieweit sich die Einstellung von Jungen und Mädchen zu ihren schulischen Zielen unterscheidet. 478 Kinder wurden befragt, auf welche persönlichen Ziele sie in der Schule am meisten Wert legen: „make good grades" / „be popular" / „be good in sports". Der Datensatz *Popularkids.txt* enthält die Ergebnisse.

Erstellen Sie eine Kontingenztafel, in der für beide Geschlechter die Anzahl der jeweiligen Ausprägungen in der „goals"-Variablen dargestellt ist. Führen Sie anschließend einen χ^2-Test durch, um zu prüfen, ob Mädchen signifikant andere Ziele verfolgen als Jungen. ■

Aufgabe 7.2:

Der Datensatz *Newyork.sas7bdat* enthält stündliche Messungen der CO-Konzentration in New York über einen Beobachtungszeitraum von einer Woche. Untersuchen Sie den Tagesgang der CO-Konzentration und klassieren dazu die Tageszeiten wie folgt:

6–8 Uhr - morgens

9–12 Uhr - vormittags

13–16 Uhr - nachmittags

17–22 Uhr - abends

23–5 Uhr - nachts

(a) Bestimmen Sie für jede dieser Tageszeiten den Median sowie die beiden Quartile der CO-Konzentration und geben Sie das Ergebnis aus.

(b) Erzeugen Sie einen neuen Datensatz `Tagesgang`, der für jede Tageszeit den Mittelwert und die Standardabweichung der gemessenen CO-Konzentrationen beinhaltet.

(c) Erstellen Sie Box-Plots der CO-Konzentration für jede Tageszeit. ■

Aufgabe 7.3:

Der Datensatz *Newyork.sas7bdat* enthält Messungen der CO-Konzentration in New York zu verschiedenen Zeitpunkten. Erstellen Sie ein Histogramm aller werktäglich gemessenen CO-Werte (Mo-Do) und vergleichen Sie es mit den Wochenend-Messungen (Fr, Sa, So). Die beiden Histogramme sind dabei mit `PROC UNIVARIATE` vergleichend nebeneinander zu stellen.

Fügen Sie außerdem innerhalb der Grafiken zwei Textfelder ein, welche das Mittel und die Varianz der jeweiligen Messreihe enthalten.

Hinweis: Verwenden Sie für ein vergleichendes Histogramm die Anweisungen `HISTOGRAM` und `CLASS`. ■

Aufgabe 7.4:

Ein Biometriker beschäftigt sich mit der Unterwasserwelt der norddeutschen Binnengewässer. Er hat eine aufwändige Studie durchgeführt, um die Anzahl freischwimmender Karpfen in den verschiedenen Seen Schleswig-Holsteins zu erfassen. Im (fiktiven) Datensatz *Karpfen.sas7bdat* sind seine Ergebnisse zusammengefasst. Die Variable `Karpfen` gibt dabei die aufsummierte normierte Anzahl Karpfen in den einzelnen Landkreisen Schleswig-Holsteins an.

Erzeugen Sie eine grafische Darstellung dieser Ergebnisse mit Hilfe eines Kartogramms. In der Landkarte von Schleswig-Holstein sind die einzelnen Landkreise entsprechend ihres Karpfenbestandes einzufärben.   ∎

Aufgabe 7.5:

Die angemeldeten Patente pro Bundesland über einen gewissen Zeitraum seien gegeben durch:

Bundesland	Patente	Bundesland	Patente
Schleswig-Holstein	1	Bayern	0
Hamburg	3	Saarland	1
Niedersachsen	1	Berlin	1
Bremen	1	Brandenburg	1
Nordrhein Westfalen	10	Mecklenburg-Vorpommern	1
Hessen	1	Sachsen	8
Rheinland-Pfalz	1	Sachsen-Anhalt	1
Baden-Württemberg	1	Thüringen	1

Stellen Sie diese in einer geeigneten Landkarte dar.   ∎

Standardverfahren der schließenden Statistik

Während die beschreibende Statistik Auffälligkeiten in den Daten finden oder die Daten mit geeigneten Kenngrößen charakterisieren soll, leitet die schließende Statistik aus Stichproben Aussagen über Grundgesamtheiten oder über Eigenschaften von Zufallsvariablen ab.

8.1 Grundbegriffe der mathematischen Statistik

Ausgangspunkt der schließenden Statistik ist eine Menge von Zufallsvariablen mit der gleichen Verteilungsfunktion. Üblicherweise unterstellt man zudem die stochastische Unabhängigkeit der Zufallsvariablen. Bei Stichproben aus einer realen Grundgesamtheit ist das etwa durch zufälliges Ziehen mit Zurücklegen garantiert.

Die Verteilungsfunktion $F_X(x)$ (engl.: cumulative distribution function, kurz CDF) einer Zufallsvariablen X ist definiert als

$$F_X(x) = P(X \leq x) .$$

Im Weiteren geht es darum, Informationen über die Verteilungsfunktion aus Realisationen $x_1, \ldots, x_n$ der Zufallsvariablen X zu gewinnen. In SAS sind die wichtigsten Verteilungsfunktionen als Funktion im DATA-Step vorhanden:

```
CDF('<Name der Verteilung>', <Argument>,
    <notwendige Parameter>[, optionale Parameter])
```

Das `Argument` entspricht dem x aus der Funktion $F_X(x)$. Tabelle 8.1 listet die vorgegebenen Namen und die zugehörigen Parameter der wichtigsten in SAS implementierten Verteilungen auf.

© Springer-Verlag GmbH Deutschland, ein Teil von Springer Nature 2018
W. Krämer et al., *Datenanalyse mit SAS®*, https://doi.org/10.1007/978-3-662-57799-8_8

Tabelle 8.1: Namen und Parameter ausgewählter Wahrscheinlichkeitsverteilungen (die Kurzformen sind dabei alternativ zu den ausgeschriebenen Verteilungsnamen zu verwenden)

Name (Kurzform)	notwendige Parameter	optionale Parameter
BERNOULLI (BERN)	p = Wahrscheinlichkeit	-
BETA	a, b = Formparameter	l, r = Lageparameter
BINOMIAL (BINOM)	p = Wahrscheinlichkeit	-
	n = Anzahl Bernoulliversuche	
CAUCHY	-	μ = Lageparameter
		σ = Skalenparameter
CHISQUARED (CHISQ)	n = Anzahl Freiheitsgrade	λ = Nichtzentralitätsp.
EXPONENTIAL (EXPO)	-	σ = Skalenparameter
F	m, n = Anzahl Freiheitsgrade	λ = Nichtzentralitätsp.
GAMMA	a = Formparameter	σ = Skalenparameter
LOGISTIC	-	μ = Lageparameter
		σ = Skalenparameter
LOGNORMAL (LOGN)	-	μ = Lageparameter
		σ = Skalenparameter
NORMAL	-	μ = Lageparameter
		σ = Skalenparameter
PARETO	a = Formparameter	k = Skalenparameter
POISSON	λ = Lage-/Skalenparameter	-
T	n = Anzahl Freiheitsgrade	λ = Nichtzentralitätsp.
UNIFORM	-	l, r = Lageparameter
WEIBULL	a = Formparameter	σ = Skalenparameter

Die Ableitung der Verteilungsfunktion $F_X(x)$, sofern existent, heißt Dichtefunktion $f_X(x)$ (engl.: probability density function, kurz PDF). Zum Aufruf im DATA-Step ist in obiger Funktion der Ausdruck CDF durch PDF zu ersetzen. Für Details zu diesen Verteilungs- und Dichtefunktionen siehe Johnson et al. (1992, 1994, 1995).

Mit der Verteilungsfunktion F_X lassen sich ausgewählte Wahrscheinlichkeiten berechnen:

$$P(x_1 < X \leq x_2) = F_X(x_2) - F_X(x_1) \, .$$

Beispiel 8.1: Dichte- und Verteilungsfunktion mit den Funktionen CDF / PDF
Die Verteilungsfunktion der Zufallsvariablen „Jahreseinkommen eines zufällig ausgewählten deutschen Haushalts" sei:

$$F_X(x) = \begin{cases} 0 & , \ x < 0 \\ 1 - e^{-(x/40000)^{3/2}} & , \ x \geq 0 \end{cases} \, .$$

Dies ist die Verteilungsfunktion einer Weibullverteilung mit Parametern $a = 1{,}5$ und $\sigma = 40000$. Für einen zufällig ausgewählten Haushalt errechnet sich die Wahrscheinlichkeit, in der Einkommensklasse 15 bis 30 Tausend Euro zu liegen, folgendermaßen:

```
DATA a;
 Klasse2=CDF('WEIBULL', 30000, 1.5, 40000)
         -CDF('WEIBULL', 15000, 1.5, 40000);
RUN;
```

Das Ergebnis ist eine Wahrscheinlichkeit von 0,273.

Mit dem folgenden Programm lassen sich die Dichte- und die Verteilungsfunktion einer Zufallsvariablen berechnen und grafisch darstellen:

```
DATA Einkommen;
 DO x=0 TO 100000 BY 200;
  pdf=PDF('WEIBULL', x, 1.5, 40000);
  cdf=CDF('WEIBULL', x, 1.5, 40000);
  OUTPUT;
 END;
RUN;

PROC GPLOT DATA=Einkommen;
 SYMBOL1 I=J;
 AXIS1 OFFSET=(0,0) VALUE=(F=SIMPLEX H=0.7)
       LABEL=(F=SIMPLEX H=0.9);
 AXIS2 OFFSET=(0,0) VALUE=(F=SIMPLEX H=0.7 '0')
       LABEL=(F=SIMPLEX H=0.9 'f(x)');
 AXIS3 OFFSET=(0,0) VALUE=(F=SIMPLEX H=0.7 '0')
       LABEL=(F=SIMPLEX H=0.9 'F(x)');
 PLOT pdf*x / HAXIS=AXIS1 VAXIS=AXIS2;
 PLOT cdf*x / HAXIS=AXIS1 VAXIS=AXIS3;
RUN;
QUIT;
```

Abbildung 8.1 zeigt die so erzeugten Graphen der Dichte- und Verteilungsfunktion.

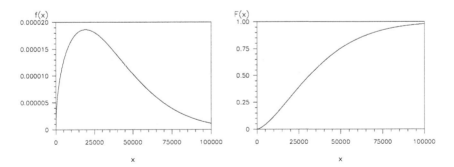

Abbildung 8.1: Dichte- und Verteilungsfunktion der Weibullverteilung mit Parametern $a = 1.5$ und $\sigma = 40000$

Sowohl die in Kapitel 7 vorgestellten QQ-Plots als auch die nachfolgend ein-geführten Signifikanztests benötigen Quantile von Verteilungen. Dabei heißt x_α das α-Quantil von X, falls

$$P(x \leq x_\alpha) = \alpha \ .$$

Quantil-Funktionen verschiedener Verteilungen werden nach dem Schema

```
<Name der Funktion>(<Argument>,
    <notwendige Parameter>[, optionale Parameter])
```

aufgerufen. Das `Argument` entspricht dem Wert α. Die Tabelle 8.2 listet die Namen und Parameter der in SAS implementierten Funktionen zur Berech-nung von Quantilen und die zugehörigen Verteilungen auf.

Tabelle 8.2: Funktionen zur Quantil-Berechnung im DATA-Step

Verteilung	Funktionsname	notwendige Parameter	optionale Parameter
Beta-	BETAINV	a, b	-
Chi-Quadrat-	CINV	n	λ
F-	FINV	m, n	λ
Gamma-	GAMMA	a	-
Standardnormal-	PROBIT	-	-
t-	TINV	n	λ

Die Anweisung zur Berechnung des 95 %-Quantils einer t-Verteilung mit drei Freiheitsgraden samt Wertzuweisung zur Variablen x lautet beispielsweise

```
x = TINV(0.95, 3);
```

sie führt zu dem Ergebnis: x = 2.3534 .

8.2 Punkt- und Intervallschätzungen

Unbekannte Lage- und Skalenparameter werden oft durch das arithmetische Mittel bzw. die empirische Standardabweichung der Stichprobe (eingeführt in Kapitel 7) geschätzt. Für andere Parameter sind oft flexiblere Verfahren notwendig. Eines dieser Verfahren ist die Momentenmethode. Sie basiert auf den Momenten m_k einer Verteilung, die durch

$$m_k = \int_{-\infty}^{\infty} x^k \cdot f_X(x) \, dx \qquad (k \in \mathbb{N})$$

definiert sind. Bekanntester Vertreter ist der Erwartungswert $E(X)$ einer Zufallsvariablen X, d. h. das erste Moment der Verteilung von X. Für den Erwartungswert und die Momente einer Verteilung gilt der Zusammenhang:

$$E(X^k) = m_k \ .$$

Die Varianz einer Zufallsvariablen hängt über

$$Var(X) = m_2 - m_1^2$$

von den ersten beiden Momenten ab. Analog lassen sich viele andere Charakteristika einer Zufallsvariablen als Linearkombinationen der Momente ihrer Verteilung darstellen und durch Linearkombinationen der entsprechenden empirischen Momente schätzen. Das k-te empirische Moment ist dabei das arithmetische Mittel der mit k potenzierten Stichprobenwerte

$$\widehat{m}_k = \frac{1}{n} \sum_{i=1}^{n} x_i^k \ .$$

Der durch eine Linearkombination empirischer Momente konstruierte Schätzer heißt Momentenschätzer.

Beispiel 8.2: Punktschätzung für normalverteilte Zufallsvariablen

Der Lageparameter μ der Normalverteilung ist das erste Moment dieser Verteilung, also $\mu = m_1$. Es wird durch das erste empirische Moment $\widehat{m}_1$ einer Stichprobe, also durch das arithmetische Mittel, geschätzt:

$$\hat{\mu} = \widehat{m}_1 = \frac{1}{n} \sum_{i=1}^{n} x_i = \bar{x} \ .$$

Der Skalenparameter σ der Normalverteilung ist die Wurzel aus der Varianz, also $\sigma = \sqrt{m_2 - m_1^2}$. Eine Schätzung $\hat{\sigma}$ für den Parameter σ mit der Momentenmethode ist gegeben durch:

$$\hat{\sigma} = \sqrt{\hat{m}_2 - \hat{m}_1^2} = \sqrt{\left(\frac{1}{n} \sum_{i=1}^{n} x_i^2 \right) - \bar{x}^2} = \sqrt{\frac{1}{n} \sum_{i=1}^{n} (x_i - \bar{x})^2} \ .$$

$\square$

Ein weiteres allgemeines Verfahren zur Parameterschätzung ist die Maximum-Likelihood- oder kurz ML-Methode. Zunächst ist dabei die Likelihood-Funktion einer Stichprobe $x_1, \ldots, x_n$ aus einer Verteilung mit der Dichtefunktion $f_X(x)$ als Funktion des Parameters θ zu formulieren:

$$L(\theta) = \prod_{i=1}^{n} f_X(x_i) \ . \tag{8.1}$$

Der Parameter θ ist auf der rechten Seite der Gleichung 8.1 in der Funktion $f_X(.)$ enthalten. Der Maximum-Likelihood-Schätzer $\hat{\theta}_{ML}$ für den Parameter θ ist die Lösung des Maximierungsproblems $\max_\theta L(\theta)$:

$$\hat{\theta}_{ML} = \operatorname*{argmax}_\theta L(\theta) \ .$$

Als Rechenerleichterung wird bei der analytischen Maximierung oft anstatt der Likelihood-Funktion $L(\theta)$ ihr Logarithmus $\ell(\theta) = \log L(\theta)$ maximiert. Das maximierende Argument ist in beiden Fällen gleich. $\ell(\theta)$ heißt Log-Likelihood-Funktion. Schätzungen für Funktionen von Parametern lassen sich durch folgenden Zusammenhang leicht herleiten:

$$\widehat{g(\theta)}_{ML} = g(\hat{\theta}_{ML}) \ .$$

Beispiel 8.2 (Fortsetzung):
Die Dichtefunktion der Normalverteilung lautet:

$$f_X(x) = \frac{1}{\sqrt{2\pi}\sigma} \cdot e^{-\frac{(x-\mu)^2}{2\sigma^2}} \ .$$

Die Log-Likelihood-Funktion für den Parameter μ, gegeben eine Stichprobe $x_1, \ldots, x_n$, ist:

$$\ell(\mu) = \log \prod_{i=1}^n f_X(x_i) = \sum_{i=1}^n \left(\log\left(\frac{1}{\sqrt{2\pi}\sigma}\right) - \frac{(x_i-\mu)^2}{2\sigma^2} \right) \ .$$

Zur analytischen Maximierung von $\ell(\mu)$ bezüglich μ wird die erste Ableitung der Log-Likelihood-Funktion

$$\frac{\partial}{\partial\mu}\ell(\mu) = \sum_{i=1}^n \frac{x_i-\mu}{\sigma^2} = \frac{\sum_{i=1}^n x_i}{\sigma^2} - \frac{n\mu}{\sigma^2} = \frac{n\bar{x}}{\sigma^2} - \frac{n\mu}{\sigma^2}$$

auf Null gesetzt:

$$\frac{n\bar{x}}{\sigma^2} - \frac{n\mu}{\sigma^2} = 0 \iff \frac{n\mu}{\sigma^2} = \frac{n\bar{x}}{\sigma^2} \iff \mu = \bar{x} \ .$$

Wegen

$$\frac{\partial^2}{\partial^2\mu}\ell(\mu) = -\frac{n}{\sigma^2} < 0$$

liegt an der Stelle $\mu = \bar{x}$ tatsächlich ein Maximum vor. Somit ist hier $\hat{\mu}_{ML} = \bar{x}$ der ML-Schätzer für μ. □

Die Likelihood-Funktion ist nicht immer mit analytischen Methoden maximierbar. SAS wendet daher numerische Maximierungsverfahren an, beispielsweise Gradientenverfahren wie die von Gauss-Newton und Marquardt-Levenberg.

Schätzungen mit der verallgemeinerten Momentenmethode sowie der Maximum-Likelihood-Methode werden mit der Prozedur `MODEL` erzeugt. Die allgemeine Syntax lautet (Auszug aus der sehr umfangreichen Syntax):

```
PROC MODEL [Option(en)];
 <Modellspezifikation(en)>;
 ENDOGENOUS <Variable(n)>;
 ESTIMATE <Funktion von Parametern> [/ Option(en)];
 EXOGENOUS <Variable(n)>;
 FIT <Parameter oder Modellgleichung(en)> [/ Option(en)];
 RESTRICT <Restriktion(en)>;
```

Neben den hier aufgeführten Anweisungen funktionieren die aus Kapitel 4 bekannten Anweisungen `BY`, `ID`, `LABEL`, `VAR` und `WEIGHT` wie oben beschrieben.

Durch die `Modellspezifikationen` wird das vorliegende Modell definiert. Dazu ist eine spezielle Syntax, die „MODEL Procedure Programming Language", notwendig. Wegen der Vielfalt an Möglichkeiten kann diese Syntax hier nur auszugsweise vorgestellt werden. Einfache Gleichungen, wie sie beispielsweise in Linearen Modellen vorkommen, werden in der Form

```
<abhängige Variable> =
 <Funktion unabhängiger Variablen und Parameter>
```

notiert, etwa das lineare Modell $y = \beta_0 + \beta_1 x_1 + \beta_2 x_2 + u$ mit den Parametern β_0, β_1 und β_2 als `y = b0 + b1 * x1 + b2 * x2`. Die Variablen `y`, `x1` und `x2` müssen dabei im zu analysierenden Datensatz vorhanden sein. Ist keine deutliche Trennung zwischen abhängigen und unabhängigen Variablen möglich, oder muss die abhängige Variable mathematischen Transformationen unterworfen werden, sind auch Gleichungen der Form

```
EQ.<Gleichungsname> =
 <Funktion der Variablen und Parameter>
```

möglich. Damit wird die `Funktion der Variablen und Parameter` gleich Null gesetzt. Somit ist eine flexiblere Modelldefinition möglich. In dieser Notation lautet das obige lineare Modell `EQ.lm = b0 + b1 * x1 + b2 * x2 - y` (Gleichungsname: `lm`). Zur Parameterschätzung wird in der `FIT`-Anweisung der `Gleichungsname` spezifiziert.

Neben der Definition *einer* Gleichung lassen sich auch mehrere Gleichungen der oben beschriebenen Form durch Semikolon (`;`) getrennt spezifizieren, genauso wie Modelle mit zeitlichen Verzögerungen, simultane Gleichungssysteme oder sogar Differentialgleichungen.

Die Anweisungen `ENDOGENOUS` und `EXOGENOUS` kennzeichnen Variablen als endogen bzw. exogen, was für die Modellanpassung in simultanen Gleichungssystemen oder in Modellen mit verzögerten Variablen von Bedeutung ist (vgl. Kapitel 14). Die Anweisung `ESTIMATE` ermöglicht die Schätzung von Funktionen von in der `FIT`-Anweisung spezifizierten Parametern. Die `FIT`-Anweisung schätzt die in den `Modellspezifikationen` angegebenen Parameter. Die Anweisung kann auch ohne `ESTIMATE` verwendet werden.

Die Schätzung erfolgt beispielsweise mit der verallgemeinerten Momenten-Methode (Option `GMM` für „Generalized Method of Moments" in der `FIT`-Anweisung) oder der Maximum-Likelihood-Methode (Option `FIML` für „Full Information Maximum Likelihood"). Über die `RESTRICT`-Anweisung lassen sich dabei auch Parameterrestriktionen in Form von Gleichungen oder Ungleichungen berücksichtigen.

Beispiel 8.3: ML-Schätzung mit der Prozedur `MODEL`

Nachstehendes Programm schätzt den Erwartungswert einer normalverteilten Zufallsvariablen aus einer Stichprobe vom Umfang $n = 100$ mit der Maximum-Likelihood-Methode.

```
DATA a (KEEP=x);
 DO i=1 TO 100;
  x=NORMAL(1)+4;
  OUTPUT;
 END;
RUN;

PROC MODEL DATA=a;
 x=a;
 FIT x /FIML;
RUN;
QUIT;
```

Abbildung 8.2 zeigt das Resultat: die ML-Schätzung für den Lageparameter μ ist $\hat{\mu}_{\mathrm{ML}} = 3{,}9701$.

The MODEL Procedure

Nonlinear FIML Parameter Estimates				
Parameter	Estimate	Approx Std Err	t Value	Approx Pr > |t|
a	3.970113	0.0949	41.86	<.0001

Abbildung 8.2: Parameterschätzung mit `PROC MODEL`

□

Neben Punktschätzungen interessieren oft auch Konfidenzintervalle bzw. Bereichsschätzungen, die einen unbekannten Parameter mit vorgegebener Wahrscheinlichkeit überdecken. So gilt für eine Stichprobe $X_1, \ldots, X_n$ aus einer Normalverteilung mit Lageparameter μ und unbekanntem Skalenparameter σ (durch S geschätzt) die Wahrscheinlichkeitsaussage

$$1 - \alpha = P\left(-t_{n-1;1-\frac{\alpha}{2}} \leq \sqrt{n}\frac{\bar{X} - \mu}{S} \leq t_{n-1;1-\frac{\alpha}{2}}\right)$$

$$= P\left(\bar{X} - \frac{S}{\sqrt{n}}t_{n-1;1-\frac{\alpha}{2}} \leq \mu \leq \bar{X} + \frac{S}{\sqrt{n}}t_{n-1;1-\frac{\alpha}{2}}\right),$$

wobei $t_{n;\alpha}$ das α-Quantil der t-Verteilung mit n Freiheitsgraden ist. Damit ist das Konfidenzintervall für μ zum Niveau $1 - \alpha$ gegeben durch:

$$\text{KI}(\mu)_{1-\alpha} = \left[\bar{x} - \frac{S}{\sqrt{n}}t_{n-1;1-\frac{\alpha}{2}}; \bar{x} + \frac{S}{\sqrt{n}}t_{n-1;1-\frac{\alpha}{2}}\right]. \tag{8.2}$$

Für den Skalenparameter gilt die Wahrscheinlichkeitsaussage

$$1 - \alpha = P\left(\chi^2_{n-1;\frac{\alpha}{2}} \leq \frac{(n-1)S^2}{\sigma^2} \leq \chi^2_{n-1;1-\frac{\alpha}{2}}\right)$$

$$= P\left(\frac{(n-1)S^2}{\chi^2_{n-1;1-\frac{\alpha}{2}}} \leq \sigma^2 \leq \frac{(n-1)S^2}{\chi^2_{n-1,\frac{\alpha}{2}}}\right),$$

wobei $\chi^2_{n;\alpha}$ das α-Quantil der χ^2-Verteilung mit n Freiheitsgraden ist. Ein Konfidenzintervall für σ^2 zum Niveau $1 - \alpha$ ist gegeben durch:

$$\text{KI}(\sigma^2)_{1-\alpha} = \left[\frac{(n-1)S^2}{\chi^2_{n-1;1-\frac{\alpha}{2}}}; \frac{(n-1)S^2}{\chi^2_{n-1,\frac{\alpha}{2}}}\right]. \tag{8.3}$$

Berechnet werden die aufgeführten Konfidenzintervalle mit der in Kapitel 7 vorgestellten Prozedur UNIVARIATE und der Option CIBASIC. Das Niveau der Konfidenzintervalle wird durch (ALPHA=<Wert>) spezifiziert (Niveau= $(1-\text{Wert})\cdot 100\%$). Diese Option ist ohne Leerzeichen nach CIBASIC anzugeben, siehe Beispiel 8.4.

Eine weitere Möglichkeit zur Berechnung von Konfidenzintervallen bietet PROC TTEST. Diese Prozedur wird in Abschnitt 8.3 näher vorgestellt.

Beispiel 8.4: Konfidenzintervall mit der Prozedur UNIVARIATE

Gegeben sei der Datensatz a aus Beispiel 8.3. Nachstehendes Programm errechnet für den Lageparameter μ ein Konfidenzintervall zum Niveau $(1 - \alpha) \cdot 100\% = 90\%$.

```
PROC UNIVARIATE CIBASIC(ALPHA=0.1) DATA=a;
RUN;
```

Abbildung 8.3 zeigt das Ergebnis. Das Konfidenzintervall für den Lageparameter (Mean) ist $\text{KI}(\mu)_{0,9} = [3{,}8118; 4{,}1284]$.

The UNIVARIATE Procedure
Variable: x

Basic Confidence Limits Assuming Normality		
Parameter	Estimate	90% Confidence Limits
Mean	3.97011	3.81183	4.12840
Std Deviation	0.95328	0.85446	1.08060
Variance	0.90875	0.73010	1.16769

Abbildung 8.3: Konfidenzintervall mit `PROC UNIVARIATE`

☐

8.3 Statistische Signifikanztests für unbekannte Parameter

Oft sind außer Punkt- und Bereichsschätzungen auch Antworten auf Fragen gesucht wie „Ist der wahre Lageparameter größer als Null?" oder „Ist die Varianz zweier Zufallsvariablen identisch?" Dazu dienen Hypothesen- bzw. Signifikanztests.

Zunächst wird die zu beantwortende Frage als Hypothese und Gegenhypothese formuliert. Ausgangs- oder Nullhypothesen (H$_0$) sind beispielsweise Aussagen nach dem Muster „Zufallsvariable X ist [...]-verteilt mit den Parametern [...]". Die Gegenhypothese heißt Alternativhypothese (H$_1$).

Aufgrund einer Stichprobe sind zwei Testentscheidungen möglich: „die Nullhypothese wird abgelehnt" oder „die Nullhypothese wird nicht abgelehnt". Eine Nullhypothese wird abgelehnt, wenn der Wert einer Prüfgröße (oder Teststatistik) für eine gegebene Stichprobe bestimmte kritische Werte über- bzw. unterschreitet. Die Wahrscheinlichkeit, die Nullhypothese abzulehnen, als Funktion eines oder mehrerer Parameter der Verteilung von X, heißt Gütefunktion.

Das Ablehnen der Nullhypothese, obwohl sie zutrifft, führt zu einem Fehler. Er heißt Fehler erster Art. Die maximale Wahrscheinlichkeit für einen Fehler erster Art ist das Signifikanzniveau oder kurz Niveau α des Tests. Das Nichtablehnen der Nullhypothese, obwohl sie falsch ist (d. h. die Alternative trifft zu), führt ebenfalls zu einem Fehler. Er heißt Fehler zweiter Art. Durch eine geeignete Wahl der Entscheidungsregel ist die Wahrscheinlichkeit für den Fehler zweiter Art für ein vorgegebenes Signifikanzniveau zu minimieren.

Der bekannteste Signifikanztest ist der t-Test. Er prüft die Hypothese H$_0$: $\mu = \mu_0$ einer normalverteilten Zufallsvariablen X mit dem Erwartungswert $E(X) = \mu$ und der unbekannten Varianz $Var(X) = \sigma^2$ anhand einer Stichprobe $x_1, \ldots, x_n$. Die Teststatistik lautet:

$$T = \sqrt{n}\frac{\bar{x} - \mu_0}{S} \ .$$

Tabelle 8.3 listet die Ablehnbereiche verschiedener Varianten des t-Tests auf.

Tabelle 8.3: t-Test

H_0	H_1	H_0 wird verworfen, falls
$\mu = \mu_0$	$\mu \neq \mu_0$	$T \notin \left[-t_{n-1;1-\frac{\alpha}{2}}; t_{n-1;1-\frac{\alpha}{2}} \right]$
$\mu \leq \mu_0$	$\mu > \mu_0$	$T > t_{n-1;1-\alpha}$
$\mu \geq \mu_0$	$\mu < \mu_0$	$T < -t_{n-1;1-\alpha}$

SAS gibt für Tests auch p-Werte (engl.: p-value) statt der Ablehnbereiche aus. Der p-Wert ist das kleinste Signifikanzniveau, für welches H_0 (gerade noch) verworfen werden kann. Die äquivalente Testentscheidung lautet dann: „H_0 wird verworfen, falls der p-Wert das vorgegebene Signifikanzniveau α unterschreitet".

Der t-Test zur Nullhypothese H_0: $\mu = \mu_0$ wird mit der Prozedur `UNIVARIATE` und der Option `MU0=<Wert>` berechnet. `Wert` entspricht dabei dem Ausdruck μ_0.

Eine weitere Möglichkeit, den t-Test zu berechnen, bietet `PROC TTEST` mit der Option `H0=<Wert>`. Auch hier entspricht `Wert` dem Ausdruck μ_0.

Beispiel 8.5: t-Test mit der Prozedur `UNIVARIATE`

Gegeben sei erneut der Datensatz `a` aus Beispiel 8.3. Nachstehendes Programm berechnet den t-Test zum Niveau $\alpha \cdot 100\% = 5\%$ für das Testproblem H_0: $\mu = 3{,}8$ vs. H_1: $\mu \neq 3{,}8$.

```
PROC UNIVARIATE MU0=3.8 DATA=a;
RUN;
```

Abbildung 8.4 zeigt die Testentscheidung. Da der p-Wert des t-Tests mit $0{,}0774$ größer ist als $\alpha = 0{,}05$, kann H_0 zum 5%-Niveau nicht verworfen werden. Die Annahme, der wahre Lageparameter sei $3{,}8$, wird demnach nicht widerlegt. Da wir aber in diesem Fall wissen, dass μ nicht gleich $3{,}8$ sondern gleich 4 ist, begeht man mit der Entscheidung einen Fehler zweiter Art.

The UNIVARIATE Procedure
Variable: x

Tests for Location: Mu0=3.8				
Test		Statistic	p Value	
Student's t	t	1.784496	Pr > |t|	0.0774
Sign	M	4	Pr >= |M|	0.4841
Signed Rank	S	440	Pr >= |S|	0.1310

Abbildung 8.4: t-Test mit `PROC UNIVARIATE`   □

SAS berechnet die p-Werte für den t-Test nur für zweiseitige Alternativen (H_1: $\mu \neq \mu_0$). Für die einseitige Alternative H_1: $\mu > \mu_0$ lässt sich jedoch folgende Testentscheidung ableiten: „H_0 wird verworfen, falls $T > 0$ und der p-Wert kleiner als $2 \cdot \alpha$ ist". Für H_1: $\mu < \mu_0$ gilt: „H_0 wird verworfen, falls $T < 0$ und der p-Wert kleiner als $2 \cdot \alpha$ ist".

Ein weiterer Test für normalverteilte Zufallsvariablen ist der t-Test auf Gleichheit zweier Lageparameter („Zwei-Stichproben-t-Test"). Vorausgesetzt werden eine Stichprobe $X_1, \ldots, X_m$ aus einer Normalverteilung mit Lageparameter μ_1 und unbekanntem Skalenparameter σ sowie eine Stichprobe $Y_1, \ldots, Y_n$ aus einer Normalverteilung mit Lageparameter μ_2 und dem Skalenparameter σ (identisch zum Skalenparameter der ersten Stichprobe). Mit der Teststatistik

$$T := \frac{\bar{x} - \bar{y}}{\sqrt{\left(\frac{1}{m} + \frac{1}{n}\right) \frac{(m-1)S_X^2 + (n-1)S_Y^2}{m+n-2}}}$$

wird der Test wie in Tabelle 8.4 angegeben durchgeführt. Dabei sind S_X^2 und S_Y^2 die empirischen Varianzen der ersten (X) bzw. zweiten (Y) Stichprobe.

Tabelle 8.4: t-Test auf Gleichheit zweier Lageparameter

H_0	H_1	H_0 wird verworfen, falls
$\mu_1 = \mu_2$	$\mu_1 \neq \mu_2$	$T \notin \left[-t_{m+n-2;1-\frac{\alpha}{2}}; t_{m+n-2;1-\frac{\alpha}{2}}\right]$
$\mu_1 \leq \mu_2$	$\mu_1 > \mu_2$	$T > t_{m+n-2;1-\alpha}$
$\mu_1 \geq \mu_2$	$\mu_1 < \mu_2$	$T < -t_{m+n-2;1-\alpha}$

Ein Test auf Gleichheit der Skalenparameter zweier normalverteilter Zufallsvariablen ist der F-Test. Er beruht auf dem Vergleich empirischer Varianzen und wird in Abschnitt 10.1 ausführlich behandelt. Vorausgesetzt werden hierbei eine Stichprobe $X_1, \ldots, X_m$ aus einer Normalverteilung mit Lageparameter μ_1 und Skalenparameter σ_1 sowie eine Stichprobe $Y_1, \ldots, Y_n$ aus einer Normalverteilung mit Lageparameter μ_2 und dem Skalenparameter σ_2. Mit der Teststatistik

$$F := \frac{S_X^2}{S_Y^2}$$

wird der Test wie in Tabelle 8.5 angegeben durchgeführt.

Tabelle 8.5: F-Test auf Gleichheit zweier Skalenparameter

H_0	H_1	H_0 wird verworfen, falls
$\sigma_1^2 = \sigma_2^2$	$\sigma_1^2 \neq \sigma_2^2$	$F \notin \left[F_{m-1,n-1,\frac{\alpha}{2}} ; F_{m-1,n-1;1-\frac{\alpha}{2}} \right]$
$\sigma_1^2 \leq \sigma_2^2$	$\sigma_1^2 > \sigma_2^2$	$F > F_{m-1,n-1;1-\alpha}$
$\sigma_1^2 \geq \sigma_2^2$	$\sigma_1^2 < \sigma_2^2$	$F < F_{m-1,n-1;\alpha}$

Dabei ist $F_{m,n;\alpha}$ das α-Quantil der F-Verteilung mit m und n Freiheitsgraden.

Die Prozedur `TTEST` mit der `CLASS`-Anweisung berechnet sowohl den t-Test auf Gleichheit zweier Lageparameter (vgl. Tabelle 8.4) als auch den F-Test auf Gleichheit zweier Skalenparameter (vgl. Tabelle 8.5). Die allgemeine Syntax dieser Prozedur lautet:

```
PROC TTEST [Option(en)];
  PAIRED <Variable(n)>;
```

Die Anweisungen `BY`, `CLASS`, `FREQ`, `VAR` und `WEIGHT` lassen sich daneben wie oben beschrieben verwenden.

Die Option `ALPHA=<Wert>` legt das Niveau der auszugebenden Konfidenzintervalle auf (1-`Wert`)·100 % fest. `Wert` muss dabei zwischen 0 und 1 liegen, ohne diese Option wird er auf 0,05 festgelegt. Die Option `CI=<Schlüsselwort>` beeinflusst die Berechnung des Konfidenzintervalls für den Skalenparameter σ. `CI=NONE` unterdrückt die Ausgabe dieses Konfidenzintervalls. Die Schlüsselwörter `EQUAL` und `UMPU` berechnen das Konfidenzintervall wie in Gleichung 8.3 angegeben bzw. basierend auf dem „gleichmäßig besten Test" für dieses Problem. Die Option `HO=<Wert>` legt den Wert für den Ausdruck μ_0 des (Ein-Stichproben-)t-Tests fest. Im Zwei-Stichproben-Fall mit der Nullhypothese H_0: $\mu_1 - \mu_2 = \mu_0$ wird mit der Option `HO=<Wert>` der entsprechende Wert μ_0 festgelegt.

Die Anweisung `PAIRED` kennzeichnet bei verbundenen Stichproben die zu vergleichenden Variablen durch eine Verknüpfung mit dem Zeichen „*". `PAIRED` `x*y;` vergleicht beispielsweise die verbundenen Variablen x und y. Für dieses Problem wird lediglich ein t-Test zum Vergleich der beiden Lageparameter durchgeführt, kein zusätzlicher Test zum Vergleich der Skalenparameter.

Beispiel 8.6: Zwei-Stichproben t- und F-Test mit der Prozedur `TTEST`

Gegeben sei ein im Vergleich zu Beispiel 8.3 leicht veränderter Datensatz. Dabei werden 40 Realisationen einer normalverteilten Zufallsvariablen mit Lageparameter $\mu_1 = 4$ und Skalenparameter $\sigma_1 = 1$ sowie 60 Realisationen einer normalverteilten Zufallsvariablen mit Lageparameter $\mu_2 = 4,6$ und Skalenparameter $\sigma_2 = 1$ erzeugt. Eine weitere Variable (k) zeigt an, welcher Stichprobe ein Merkmalswert angehört.

Nachstehendes Programm berechnet den t-Test auf Gleichheit der Lageparameter sowie den F-Test auf Gleichheit der Skalenparameter jeweils zum Niveau 5% für die Testprobleme H_0: $\mu_1 = \mu_2$ vs. H_1: $\mu_1 \neq \mu_2$ bzw. H_0: $\sigma_1^2 = \sigma_2^2$ vs. H_1: $\sigma_1^2 \neq \sigma_2^2$.

```
DATA a (DROP=i);
 DO i=1 TO 100;
  k=round(i/82);
  x=NORMAL(1)+4+k*0.6;
  OUTPUT;
 END;
RUN;


PROC TTEST DATA=a;
 CLASS k;
RUN;
```

Abbildung 8.5 zeigt die Testentscheidungen. Zunächst sei der F-Test auf Gleichheit der Skalenparameter betrachtet. Der zugehörige p-Wert beträgt $0{,}6615$, ist also größer als $\alpha = 0{,}05$. Die Hypothese der Gleichheit beider Skalenparameter kann daher nicht verworfen werden und die für den t-Test auf Gleichheit der Lageparameter notwendige Voraussetzung identischer Skalenparameter ist nicht als verletzt anzusehen. Der t-Test kann somit durchgeführt werden. Da der p-Wert des t-Tests auf Gleichheit der Lageparameter mit $0{,}0360$ kleiner als $\alpha = 0{,}05$ ist, wird H_0: $\mu_1 = \mu_2$ zum 5%-Niveau verworfen. Die Lageparameter beider Stichproben unterscheiden sich signifikant. Dieser Test trägt in SAS die Bezeichnung „Method=Pooled", mit einem zusätzlichen Hinweis, dass die Gleichheit der Varianzen σ_1 und σ_2 vorausgesetzt wurde. Daneben führt SAS einen zweiten Test auf Gleichheit der Lageparameter durch. Die Methode „Satterthwaite" ist eine Variante des t-Tests, bei der die Gleichheit der Varianzen nicht vorausgesetzt wird.

The TTEST Procedure

T–Tests					
Variable	Method	Variances	DF	t Value	Pr > |t|
x	Pooled	Equal	98	–2.13	0.0360
x	Satterthwaite	Unequal	87.5	–2.16	0.0338

Equality of Variances				
Variable	Method	Num DF	Den DF	F Value	Pr > F
x	Folded F	59	39	1.14	0.6615

Abbildung 8.5: Zwei-Stichproben t- und F-Test mit `PROC TTEST`

Auch für Zwei-Stichproben t- und F-Tests werden in SAS die p-Werte nur für zweiseitige Alternativen (H_1: $\mu_1 \neq \mu_2$ bzw. H_1: $\sigma_1^2 \neq \sigma_2^2$) berechnet. Daraus lassen sich auch Testentscheidungen für einseitige Hypothesen ableiten. So gilt für H_1: $\mu_1 > \mu_2$: „H_0 wird verworfen, falls $T > 0$ und der p-Wert kleiner als $2 \cdot \alpha$ ist". Und für H_1: $\mu_1 < \mu_2$ gilt: „H_0 wird verworfen, falls $T < 0$ und der p-Wert kleiner als $2 \cdot \alpha$ ist". Für H_1: $\sigma_1^2 > \sigma_2^2$ gilt: „H_0 wird verworfen, falls $F > 1$ und der p-Wert kleiner als $2 \cdot \alpha$ ist" sowie für H_1: $\sigma_1^2 < \sigma_2^2$: „H_0 wird verworfen, falls $F < 1$ und der p-Wert kleiner als $2 \cdot \alpha$ ist".

8.4 Übungsaufgaben

Aufgabe 8.1:

Der Anteil mit ihrer Hausbank zufriedener Kunden wird als betaverteilt mit den Parametern $\alpha = 2$ und $\beta = 3$ angenommen. In 10 verschiedenen Banken wurden folgende Werte beobachtet (die entsprechenden Prozentwerte sind durch Multiplikation mit 100 % zu erhalten):

0,662 0,194 0,295 0,368 0,537 0,678 0,277 0,442 0,326 0,186 .

Zeichnen Sie die empirische und die unterstellte theoretische Verteilungsfunktion in eine gemeinsame Grafik.   ■

Aufgabe 8.2:

Erzeugen Sie den Datensatz Gamma mit nachstehendem DATA-Step. Die Variable x beschreibt die Entladezeit eines LKW der Firma Schneck & Schnarch in Stunden.

```
DATA Gamma (KEEP=x);
 DO i=1 TO 1000;
  x=RANGAM(1,3)*7;
  OUTPUT;
 END;
RUN;
```

Schätzen Sie für die Variable x die Summe aus Varianz und quadriertem Erwartungswert mit der verallgemeinerten Momentenmethode.   ■

Aufgabe 8.3:

Die Firma Bleifuhs entwickelt einen neuen Mittelklassewagen. Der Datensatz *Aufgabe8_3.sas7bdat* enthält Benzinverbräuche aus 5000 Testfahrten. Die Daten werden als normalverteilt angenommen (Variable y). Bestimmen Sie ein 99 %-Konfidenzintervall für Erwartungswert, Standardabweichung und Varianz der Variablen y. Berücksichtigen Sie nur jede dritte Beobachtung für die Analyse.   ■

Aufgabe 8.4:

Der Autor des Buches „Statistische Hypothesentests in der Werkstoffprüfung" bittet Sie um eine Tabelle kritischer Werte des t-Tests zur Hypothese H_0: $\mu = 0$. Berechnen Sie die kritischen Werte für die Stichprobenumfänge $n = 5$; 6; 7; 8; 9; 10; 12; 15; 20; 25; 30; 40 jeweils zum Niveau 5 % und 1 %.   ■

Aufgabe 8.5:

In einer Pilotstudie wird über zwei Wochen der Einfluss eines neuen Medikaments auf das menschliche Körpergewicht untersucht. 20 Patienten erhalten das neue Medikament und eine Kontrollgruppe von 10 Personen ein Placebo. Folgende Gewichtsveränderungen (in kg) wurden gemessen:

Medikament (M):

   -1,54 -1,05 -0,11 -1,60 -1,54 -1,60 -0,46 -1,10 -2,15 -0,37

    0,51   0,63 -1,22   0,81 -1,86 -1,75   0,15 -0,41 -0,88   0,42

Placebo (P):

    1,50 -0,38   0,10 -1,38   1,94 -0,92   0,21 -0,39 -0,89 -0,27.

Untersuchen Sie das Testproblem H_0: $\mu_M \geq \mu_P$ vs. H_1: $\mu_M < \mu_P$ mit einem Test zum Niveau 5 %.

Hinweis: Überprüfen Sie auch die Voraussetzung $\sigma_M^2 = \sigma_P^2$. Die Normalverteilungsannahme ist als erfüllt anzusehen. ■

Regressionsanalyse

Im Jahr 1885 untersuchte der englische Statistiker Francis Galton den Zusammenhang zwischen den Körpergrößen von Vätern und Söhnen. Er stellte fest: Große Väter haben im Durchschnitt größere Söhne, wenn auch nicht ganz so groß wie sie selbst. Kleine Väter haben dagegen kleinere Söhne, wenn auch nicht ganz so klein wie sie selbst. Die Körpergröße der Söhne bewegt sich somit auf den allgemeinen Durchschnitt zu. Diese Bewegung hin zum Durchschnitt nannte Galton „Regression" (von lateinisch: regredi = zurückgehen). Abbildung 9.1 zeigt anhand der Daten Galtons den Zusammenhang zwischen den Körpergrößen. Darin eingezeichnet ist auch die nachfolgend vorgestellte Regressionsgerade.

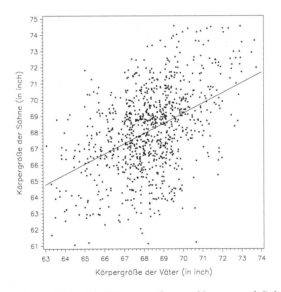

Abbildung 9.1: Galton-Beispiel: Körpergröße von Vätern und Söhnen zusammen mit der ermittelten Regressionsgeraden

© Springer-Verlag GmbH Deutschland, ein Teil von Springer Nature 2018
W. Krämer et al., *Datenanalyse mit SAS®*, https://doi.org/10.1007/978-3-662-57799-8_9

9.1 Das lineare Regressionsmodell

Die Regressionsanalyse unterstellt einen funktionalen Zusammenhang $y = f(x_1, \ldots, x_n)$ zwischen einer oder mehreren Einflussvariablen $x_1, \ldots, x_n$ (Regressoren, unabhängige Variablen, erklärende Variablen, Design-Variablen) und einer metrischen Zielvariable y (Regressand oder abhängige Variable). Im Beispiel von Galton ist der Regressor die Körpergröße der Väter und der Regressand die Körpergröße der Söhne.

Die lineare Regressionsanalyse unterstellt den wahren Zusammenhang als linear. Bei nur einem Regressor („bivariates Regressionsmodell") ist die Beziehung dabei durch eine Gerade, die Regressionsgerade, beschrieben. Die Modellgleichung lautet allgemein:

$$y_i = \beta_0 + \sum_{j=1}^{k} \beta_j x_{ji} + u_i, \quad i = 1, \ldots, n, \quad n > k .$$

Dabei bezeichnet y den Regressanden und x_j die Regressoren $j = 1, \ldots, k$. Die Zufallsvariable u ist ein unbeobachtbarer stochastischer Fehlerterm, der den eigentlichen linearen Zusammenhang überdeckt. Die Koeffizienten β_0 und β_j sind unbekannt und mit Hilfe der beobachteten y_i und x_{ji} zu schätzen.

In Matrixschreibweise lässt sich die obige Beziehung auch schreiben als:

$$y = X\beta + u \tag{9.1}$$

mit

$$y = \begin{pmatrix} y_1 \\ y_2 \\ \vdots \\ y_n \end{pmatrix}, \quad X = \begin{pmatrix} 1 & x_{11} & x_{12} & \cdots & x_{1k} \\ 1 & x_{21} & x_{22} & \cdots & x_{2k} \\ \vdots & \vdots & \vdots & \ddots & \vdots \\ 1 & x_{n1} & x_{n2} & \cdots & x_{nk} \end{pmatrix}, \quad \beta = \begin{pmatrix} \beta_0 \\ \beta_1 \\ \vdots \\ \beta_k \end{pmatrix}, \quad u = \begin{pmatrix} u_1 \\ u_2 \\ \vdots \\ u_n \end{pmatrix} .$$

Die Matrix X heißt auch Designmatrix.

Modellannahmen

Viele Verfahren der linearen Regression erfordern die folgenden Annahmen an das Modell aus Gleichung 9.1:

(A1)   Die Designmatrix X ist nichtstochastisch und hat vollen Spaltenrang $k + 1$.

(A2) u ist ein Zufallsvektor mit $E(u) = 0$.

(A3)   Die Komponenten von u sind paarweise unkorreliert: $Cov(u_i, u_j) = 0$ $(i \neq j)$ und haben die gleiche Varianz σ^2: $Cov(u) = \sigma^2 I$, mit $I =$ Einheitsmatrix.

(A4)   Die Komponenten von u sind normalverteilt.

Diese Modellannahmen sind vor einer Regressionsanalyse zu überprüfen. Eine immer noch relevante Sammlung einschlägiger Verfahren findet man in Krämer, Sonnenberger (1986). Die Annahme identischer Varianzen aus (A3) wird auch als Homoskedastizität bezeichnet. Der volle Spaltenrang in (A1) vermeidet Multikollinearität. Sonst lassen sich gewisse Spalten der Matrix X durch Linearkombinationen anderer Spalten von X bilden. Somit ist die Kleinste-Quadrate-Schätzung der Parameter nicht mehr eindeutig.

Kleinste-Quadrate-Schätzung

Die wahren Werte der unbekannten Regressionskoeffizienten $\beta_0, \beta_1, \ldots, \beta_k$ sind mit Hilfe der in X und y zusammengefassten Beobachtungen zu schätzen. Das populärste Verfahren dafür ist die Gewöhnliche Kleinste-Quadrate-Methode (KQ-Methode, engl.: Ordinary Least Squares, OLS). Der so gewonnene Schätzer heißt Kleinste-Quadrate-Schätzer (KQ-Schätzer) und ist dadurch definiert, dass er die Summe der quadrierten Abweichungen der beobachteten y_i von den durch das Modell erklärten y_i, in Matrixschreibweise ausgedrückt als $(y - X\hat{\beta})'(y - X\hat{\beta})$, minimiert. Als Lösung des Minimierungsproblems ist der KQ-Schätzer bei vollem Spaltenrang von X (A1) gegeben durch

$$\hat{\beta} = (X'X)^{-1}X'y \ . \tag{9.2}$$

Im bivariaten Regressionsmodell $y_i = \beta_0 + \beta_1 x_1 + u_i$ definieren die Daten eine Punktewolke in einem 2-dimensionalen Koordinatensystem. Diese wird durch eine Gerade approximiert, welche die Summe der quadrierten vertikalen Abweichungen minimiert, so wie in Abbildung 9.2.

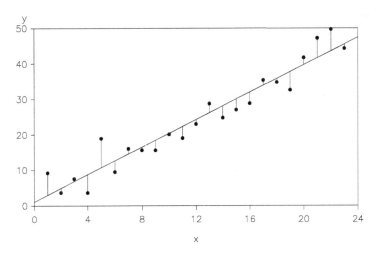

Abbildung 9.2: Regressionsgerade bestimmt durch die KQ-Methode: Die Summe der quadrierten vertikalen Abstände ist minimal

Der Schätzer $\hat{\beta}$ ist unter (A1) und (A2) erwartungstreu für β, d.h. $E(\hat{\beta}) = \beta$. Mit dem Schätzer $\hat{\beta}$ für β lassen sich Prognosewerte für y bestimmen. Die beste lineare erwartungstreue Prognose $\hat{y}_{n+1}$ für y_{n+1} ist gegeben durch: $\hat{y}_{n+1} = x_{n+1}\hat{\beta}$.

Die Abstände zwischen der abhängigen Variablen y und den aus der KQ-Schätzung gewonnenen Approximationen heißen Residuen. Sie sind gegeben durch

$$\hat{u} = y - X\hat{\beta} \ .$$

Die Kovarianzmatrix von $\hat{\beta}$ hat unter (A1) und (A3) die Gestalt:

$$Var(\hat{\beta}) = S^2(X'X)^{-1}$$

mit $S^2 = \frac{\hat{u}'\hat{u}}{n-k}$. Die Kovarianzmatrix des n-dimensionalen Zufallsvektors $\hat{u}$ ist gegeben durch $Cov(\hat{u}) = S^2(I - H)$, mit $H = X(X'X)^{-1}X'$ als sogenannte Hat-Matrix („hat" für Dach, so wie in $\hat{u}$).

Der Einfluss der Regressoren auf den Regressanden lässt sich mit einem t-Test überprüfen. Unter den Annahmen (A1) bis (A4) ist die Hypothese $H_0: \beta_i = 0$ zum Signifikanzniveau α abzulehnen, falls für die Prüfgröße gilt $|t_i| = \left|\frac{\hat{\beta}_i}{s_i}\right| > t_{n-k;1-\frac{\alpha}{2}}$. Hierbei ist

$$s_i = \sqrt{S^2(X'X)^{-1}_{ii}}$$

die geschätzte Standardabweichung von $\hat{\beta}_i$ und $(X'X)^{-1}_{ii}$ das i-te Diagonalelement der Matrix $(X'X)^{-1}$.

Die Hypothese $H_0: \beta_i = 0$ vs. $H_1: \beta_i \neq 0$ ist ein Spezialfall der allgemeinen Hypothese $H_0: d'\beta = c$. Diese wird zum Signifikanzniveau α abgelehnt, falls

$$\left|\frac{d'\hat{\beta} - c}{\sqrt{S^2 d'(X'X)^{-1}d}}\right| > t_{n-k;1-\frac{\alpha}{2}} \ .$$

Ein Konfidenzintervall zum Niveau $1 - \alpha$ für $d'\beta$ ist gegeben durch

$$\left[d'\hat{\beta} - t_{n-k;1-\frac{\alpha}{2}}\sqrt{S^2 d'(X'X)^{-1}d} \ ; \ d'\hat{\beta} + t_{n-k;1-\frac{\alpha}{2}}\sqrt{S^2 d'(X'X)^{-1}d} \ \right] .$$

Der F-Test überprüft, ob überhaupt einer der Regressoren den Regressanden beeinflusst. Die durch das Modell erklärte Variation der abhängigen Variablen y wird dabei mit der Gesamtvariation verglichen. Die Teststatistik lautet:

$$F = \frac{n-k}{k-1} \cdot \frac{(\hat{y} - \bar{\hat{y}})'(\hat{y} - \bar{\hat{y}})}{(\hat{u} - \bar{\hat{u}})'(\hat{u} - \bar{\hat{u}})} \ .$$

Die Hypothese $H_0: \beta = 0$ vs. $H_1: \beta \neq 0$ ist zum Niveau α abzulehnen, wenn $F > F_{k-1,n-k;1-\alpha}$.

Ein Regressionsmodell ist umso besser, je mehr Variation der unabhängigen Variablen y es „erklärt". Die Güte dieser Erklärung wird durch das Bestimmtheitsmaß beschrieben. Es ist wahlweise definiert als:

$$R^2 = \frac{\hat{y}'\hat{y}}{y'y} \quad \text{oder} \quad \tilde{R}^2 = \frac{(\hat{y} - \bar{\hat{y}})'(\hat{y} - \bar{\hat{y}})}{(y - \bar{y})'(y - \bar{y})}$$

und beschreibt den Anteil der durch das Modell erklärten Variation der y-Werte. Das Bestimmtheitsmaß nimmt Werte zwischen 0 und 1 an. Bei einem Wert von R^2 nahe 1 erklären die Regressoren fast die gesamte Variation des Regressanden. Bei einem Wert von R^2 nahe Null erklären die Regressoren nur wenig Variation des Regressanden. Ein kleines R^2 entspricht nicht notwendig einem schlechten Modell. So kann etwa die Störgröße u eine große Varianz besitzen.

Durch Hinzunahme zusätzlicher Regressoren lässt sich der Wert von R^2 beliebig nahe an 1 heranbringen. Um eine so vorgetäuschte gute Anpassung zu verhindern, wird das adjustierte Bestimmtheitsmaß verwendet, welches diese Eigenschaften nicht aufweist. Es ist definiert als:

$$R_A^2 = R^2 - \frac{k-1}{n-k}(1 - R^2).$$

Das adjustierte Bestimmtheitsmaß bestraft eine zu große Parameterzahl und verhindert somit zu komplexe Modelle.

Die Prozedur `REG` führt die lineare Regression in SAS durch. Die allgemeine Syntax lautet:

```
PROC REG [Option(en)];
  MODEL <Regressand(en)>=<Regressor(en)> [/ Option(en)];
```

Die Anweisungen `BY`, `FREQ`, `ID`, `OUTPUT`, `VAR` und `WEIGHT` funktionieren oben beschrieben. Die wichtigsten Optionen der Prozedur `REG` sind `OUTEST=<Datensatz>` und `EDF`. Durch letztere werden die Regressorenanzahl, die Fehlerfreiheitsgrade und das Bestimmtheitsmaß in den unter `OUTEST=` spezifizierten Datensatz geschrieben. Sind auch die Standardfehler der Parameterschätzer gewünscht, können diese mit `OUTSEB` in den Datensatz geschrieben werden.

Die Anweisung `MODEL` ist zwingend erforderlich. Sie legt das anzupassende Modell fest. Es sind auch multivariate Modelle (mehrere Regressanden und mehrere Regressoren) erlaubt. Die Regressanden und Regressoren sind durch Leerzeichen zu trennen. Tabelle 9.1 listet die wichtigsten Optionen von `MODEL` auf.

Tabelle 9.1: Die wichtigsten Optionen der MODEL-Anweisung von PROC REG

Option	Beschreibung
ADJRSQ	Berechnet das adjustierte Bestimmtheitsmaß
CLB	Bestimmt ein Konfidenzintervall für die Parameterschätzer
CLI	Bestimmt ein Konfidenzintervall für die Vorhersagewerte
COLLIN	Untersucht auf Multikollinearität
COVB	Berechnet die Kovarianzmatrix der Schätzer
JP	Berechnet den Prognosefehler
NOINT	Rechnet die Regression ohne Achsenabschnitt (Einser-Spalte von X)
P	Bestimmt die Vorhersagewerte
R	Bestimmt die Residuen
SELECTION	Wählt die Methode zur automatischen Modellselektion
STB	Berechnet standardisierte Parameterschätzer

Beispiel 9.1: Lineare Regression mit der Prozedur REG

Der Datensatz *longley.dat* (http://www.itl.nist.gov/div898/strd/) enthält sieben Variablen mit je 16 Werten, darunter y = Gesamterwerbstätigenzahl der USA, x_2 = Bruttosozialprodukt (BSP) und x_3 = Arbeitslosenzahl. Nachfolgendes Programm regressiert y auf x_2 und x_3:

```
PROC REG DATA=Longley;
  MODEL y=x2 x3;
RUN;
QUIT;
```

Die MODEL-Anweisung benennt die abhängigen und unabhängigen Variablen. Die Prozedur REG erzeugt die Textausgabe aus Abbildung 9.3.

The REG Procedure
Model: MODEL1
Dependent Variable: y

Analysis of Variance					
Source	DF	Sum of Squares	Mean Square	F Value	Pr > F
Model	2	181429761	90714881	329.50	<.0001
Error	13	3579065	275313		
Corrected Total	15	185008826			

Abbildung 9.3: F-Test für das angepasste Regressionsmodell

Der hier durchgeführte F-Test überprüft die Hypothese H_0: $\beta_1 = \beta_2 = 0$ gegen die Alternative H_1: *mindestens ein* $\beta_i \neq 0$. Aufgrund der F-Statistik (F Value) und des zugehörigen p-Wertes (PR > F) ist zum Niveau $\alpha = 0{,}05$ die Hypothese eines fehlenden Zusammenhangs abzulehnen.

Abbildung 9.4 zeigt die berechneten Anpassungsmaße.

The REG Procedure
Model: MODEL1
Dependent Variable: y

Root MSE	524.70248	R-Square	0.9807
Dependent Mean	65317	Adj R-Sq	0.9777
Coeff Var	0.80332		

Abbildung 9.4: Anpassungsstatistiken

Das Bestimmtheitsmaß von $R^2 = 0{,}9807$ und auch das adjustierte Bestimmtheitsmaß $R_A^2 = 0{,}9777$ zeigen eine gute Anpassung des Modells.

Abbildung 9.5 zeigt die Parameterschätzer $\hat{\beta}_0$, $\hat{\beta}_1$ und $\hat{\beta}_2$. Diese sind für alle Regressoren jeweils zum 5 %-Niveau signifikant. Zu den Parameterschätzern sind die Standardfehler und der Wert der Teststatistik mit zugehörigem p-Wert aufgeführt.

The REG Procedure
Model: MODEL1
Dependent Variable: y

		Parameter Estimates			
Variable	DF	Parameter Estimate	Standard Error	t Value	Pr > |t|
Intercept	1	52382	573.54986	91.33	<.0001
x2	1	0.03784	0.00171	22.12	<.0001
x3	1	−0.54357	0.18195	−2.99	0.0105

Abbildung 9.5: Parameterschätzer für die Regression

Damit ergibt sich als Regressionsgleichung:

$$y = 52382 + 0{,}03784 x_2 - 0{,}54357 x_3 \ .$$

□

Variablenselektion

Oft sind viele Variablen verfügbar. Aus denen sind die für das Modell relevanten Regressoren auszuwählen. SAS bietet dazu eine automatische Modellwahl mit vielen verschiedenen Verfahren an. Die automatische Modellselektion erfolgt nach formalen Beurteilungskriterien. Eine inhaltliche Beurteilung der Variablen ist damit nicht möglich.

Die Vorwärtsauswahl (engl.: forward selection) nimmt im ersten Schritt genau einen Regressor in das Modell auf. Dafür wird für jeden Regressor ein eigenes Modell aufgestellt und der Regressor mit dem größten F-Wert ausgewählt. Im nächsten Schritt wird neben diesem ersten ausgewählten Regressor jeweils noch ein weiterer Regressor aufgenommen und die F-Werte dieser Modelle verglichen. Der Regressor mit dem höchsten F-Wert wird in das zu findende Modell aufgenommen, sofern der zugehörige p-Wert das durch SLE=<Wert> angegebene Niveau unterschreitet. Andernfalls bricht das Verfahren ab und das Modell ist bestimmt. Die Standardeinstellung ist SLE=0.5.

Die Rückwärtsauswahl (engl.: backward selection) verhält sich umgekehrt. Zunächst befinden sich alle Regressoren im Modell und werden sukzessive entfernt. Die Option SLS=<Wert> gibt die Wahrscheinlichkeit an, mit welcher ein Regressor noch im Modell bleibt. Die Standardeinstellung ist SLS=0.1. Ist ein Regressor gemäß dem F-Wert signifikant, bricht das Verfahren an dieser Stelle ab.

Die schrittweise Auswahl (engl.: stepwise selection) nimmt Regressoren gemäß der Vorwärtsauswahl sukzessive auf und überprüft anschließend mit der Rückwärtsauswahl, ob der jeweilige Regressor im Modell verbleibt. Ein einmal entfernter Regressor wird nicht wieder aufgenommen. Wird kein Regressor mehr aufgenommen oder entfernt, endet das Verfahren.

Geeignetere Auswahlverfahren für erklärende Variablen bietet die multivariate Statistik, beispielsweise die Hauptkomponentenanalyse.

Beispiel 9.2: Vorwärtsauswahl mit der Prozedur REG

Nachfolgendes Programm führt eine Vorwärtsauswahl für den Longley-Datensatz durch:

```
PROC REG DATA=Longley;
 MODEL Y=X1 X2 X3 X4 X5 X6 / SELECTION=FORWARD SLE=0.05;
RUN;
QUIT;
```

Zunächst wird jeweils ein Modell mit einem einzigen Regressor angepasst und das beste dieser Modelle ausgesucht. Die Regressoren werden zum Niveau 5 % ins Modell aufgenommen. Abbildung 9.6 zeigt den ersten Schritt der Variablenselektion.

The REG Procedure
Model: MODEL1
Dependent Variable: y

Forward Selection: Step 1

Variable x2 Entered: R–Square = 0.9674 and C(p) = 52.9494

Analysis of Variance					
Source	DF	Sum of Squares	Mean Square	F Value	Pr > F
Model	1	178972686	178972686	415.10	<.0001
Error	14	6036140	431153		
Corrected Total	15	185008826			

Variable	Parameter Estimate	Standard Error	Type II SS	F Value	Pr > F
Intercept	51844	681.37164	2496050164	5789.25	<.0001
x2	0.03475	0.00171	178972686	415.10	<.0001

Bounds on condition number: 1, 1

Abbildung 9.6: Vorwärtsauswahl der Regressoren (erster Schritt)

Das Modell mit einem Freiheitsgrad ist aufgrund des p-Werts $<0{,}0001$ zum F-Test signifikant. Der aufgenommene Regressor ist x_2, das Bruttosozialprodukt.

Im zweiten Schritt wird der Regressor x_3, die Arbeitslosenzahl, mit ins Modell aufgenommen (vgl. Abbildung 9.7).

Forward Selection: Step 2

Variable x3 Entered: R–Square = 0.9807 and C(p) = 28.5111

	Analysis of Variance				
Source	DF	Sum of Squares	Mean Square	F Value	Pr > F
Model	2	181429761	90714881	329.50	<.0001
Error	13	3579065	275313		
Corrected Total	15	185008826			

Variable	Parameter Estimate	Standard Error	Type II SS	F Value	Pr > F
Intercept	52382	573.54986	2296417189	8341.12	<.0001
x2	0.03784	0.00171	134714232	489.31	<.0001
x3	−0.54357	0.18195	2457075	8.92	0.0105

Bounds on condition number: 1.5751, 6.3005

No other variable met the 0.0500 significance level for entry into the model.

Abbildung 9.7: Vorwärtsauswahl der Regressoren (zweiter Schritt)

Der Parameterschätzer für den Koeffizienten der Arbeitslosenzahl beträgt -0,5436. Somit hat eine steigende Arbeitslosenzahl negativen Einfluss auf die Erwerbstätigenzahl. Der Standardfehler des Schätzers beträgt 0,1820. Bei einem Niveau von 5 % werden keine weiteren Regressoren aufgenommen.

The REG Procedure
Model: MODEL1
Dependent Variable: y

	Summary of Forward Selection						
Step	Variable Entered	Number Vars In	Partial R–Square	Model R–Square	C(p)	F Value	Pr > F
1	x2	1	0.9674	0.9674	52.9494	415.10	<.0001
2	x3	2	0.0133	0.9807	28.5111	8.92	0.0105

Abbildung 9.8: Vorwärtsauswahl der Regressoren (Zusammenfassung)

In Abbildung 9.8 sind nochmals die ausgewählten Regressoren aufgelistet. Beide sind aufgrund des F-Tests signifikant. Der Regressor x_2 trägt einen Anteil von 0,9674 zur Anpassungsgüte bei (Spalte `Partial R-Square`), x_3 trägt 0,0133 bei. Damit ergibt sich als Bestimmtheitsmaß $R^2 = 0,9807$.   □

Tests der Modellannahmen der Regression

Vor einer Regressionsanalyse sollte man die notwendigen Modellannahmen überprüfen. Diese sind (hier nochmals zur Wiederholung):

(A1) Die Matrix X hat vollen Spaltenrang und ist nichtstochastisch.

(A2) $E(u) = 0$.

(A3) $Cov(u) = \sigma^2 I$.

(A4) u ist normalverteilt.

Hat die Designmatrix X nicht den vollen Spaltenrang $k + 1$, spricht man von perfekter Multikollinearität. Bei perfekter Multikollinearität liegt eine lineare Abhängigkeit zwischen den Regressoren vor. Eine eindeutige KQ-Schätzung ist dann nicht möglich, denn die Matrix $X'X$ ist nicht invertierbar. Bei annähernder Multikollinearität besitzt X zwar vollen Spaltenrang mit invertierbarer Matrix $X'X$, jedoch wird $(X'X)^{-1}$ und damit die Varianz der KQ-Schätzer sehr groß. Eine Verletzung von (A1) erkennt `PROC REG` automatisch und gibt in der Textausgabe folgende Meldung aus:

```
NOTE: Model is not full rank. Least-squares solutions for
      the parameters are not unique. Some statistics will
      be misleading. A reported DF of 0 or B means that
      the estimate is biased.
NOTE: The following parameters have been set to 0, since
      the variables are a linear combination of other
      variables as shown.
```

Einen Anhaltspunkt für annähernde Multikollinearität liefert der Konditionskoeffizient (engl.: condition index)

$$CI = \sqrt{\frac{\lambda_{\max}}{\lambda_{\min}}} \ .$$

Dabei ist $\lambda_{\max}$ der größte und $\lambda_{\min}$ der kleinste Eigenwert von $X'X$. Als Faustregel für annähernde Multikollinearität gilt $CI > 30$.

Die Option `COLLIN` prüft auf Multikollinearität.

Beispiel 9.3: Prüfen auf Multikollinearität mit der Prozedur `REG`

Nachstehendes Programm überprüft den Longley-Datensatz auf Multikollinearität.

```
PROC REG DATA=Longley;
 MODEL y=x2 x3 / COLLIN;
RUN;
QUIT;
```

Abbildung 9.9 zeigt die durch die Option COLLIN erzeugte Textausgabe. Der Konditionskoeffizient hat den Wert 10,95 und liegt damit deutlich unter 30.

The REG Procedure
Model: MODEL1
Dependent Variable: y

Collinearity Diagnostics					
			Proportion of Variation		
Number	Eigenvalue	Condition Index	Intercept	x2	x3
1	2.93744	1.00000	0.00592	0.00420	0.00535
2	0.03809	8.78206	0.77859	0.01001	0.52367
3	0.02448	10.95479	0.21549	0.98579	0.47098

Abbildung 9.9: Multikollinearitätsanalyse für die Longley-Daten mit dem Konditionskoeffizienten

$\square$

Alternative Parameterschätzung bei Multikollinearität

Bei vorliegender Multikollinearität kann man entweder Regressoren aus dem Modell ausschließen oder die Koeffizienten mit der sogenannten Ridge-Regression schätzen (siehe Vinod, Ullah, 1981). Der Ridge-Schätzer für die Regressionskoeffizienten β ist gegeben durch:

$$\hat{\beta}_k = (X'X + kI)^{-1} X'y \, .$$

Dabei ist k eine positive, vom Benutzer zu wählende Konstante nahe Null. Beliebt ist $k = 0{,}1$. Objektive Kriterien zur Wahl von k sind in Trenkler (1986) angegeben. Die Option RIDGE=<k> der MODEL-Anweisung führt die Ridge-Schätzung mit dem angegebenen Wert von k durch und schreibt das Ergebnis in den unter OUTEST= angegebenen Datensatz. Die Option OUTEST= ist dabei unbedingt anzugeben. Die Textausgabe verändert sich nicht.

Beispiel 9.4: Ridge-Schätzung mit der Prozedur REG

Nachstehendes Programm erzeugt einen annähernd multikollinearen Datensatz a und schreibt die Ridge-Schätzer in den Datensatz mcol.

```
DATA a;
  SET Longley;
  x7=x2+x3+NORMAL(0);
RUN;
```

```
PROC REG DATA=a RIDGE=0.1 OUTEST=mcol;
  MODEL y=x2 x3 x7;
RUN;
QUIT;
```

Die Abbildung 9.10 zeigt den Datensatz `mcol` auszugsweise. In der Zeile `PARMS` stehen die Parameterschätzer der gewöhnlichen KQ-Methode, in der Zeile `RIDGE` die der Ridge-Methode.

Type of statistics	Dependent variable	Ridge regression control value	Intercept	x2	x3	x7
PARMS	y	.	52382.17	0.037840	–0.54357	0.000000
RIDGE	y	0.1	52833.58	0.017507	–0.33142	0.017279

Abbildung 9.10: KQ- und Ridge-Schätzer

□

Heteroskedastizität

Ist die Annahme (A3) verletzt, bleiben die KQ-Schätzungen erwartungstreu, sind aber nicht mehr optimal. Auch die Konfidenzintervalle und Tests sind nicht mehr gültig. Die Annahme (A3) impliziert insbesondere gleiche Varianzen („Homoskedastizität") der Störgrößen. Für den Fall ungleicher Varianzen spricht man von Heteroskedastizität.

Ein Verfahren zur Überprüfung von Heteroskedastizität ist der Goldfeld-Quandt-Test. Hierbei wird die geschätzte Varianz von zwei Teilregressionen verglichen, d.h. die Alternativhypothese unterstellt genau eine Änderung der Varianz. Die Position dieser Änderung muss bekannt sein. Ein signifikanter Unterschied zwischen den Residualvarianzen beider Regressionen deutet auf Heteroskedastizität hin. Die Prüfgröße ist F-verteilt. In SAS ist dieser Test nicht implementiert, er lässt sich aber leicht „von Hand" durchführen. Dazu teilt man die Daten anhand der Ausprägungen eines Regressors selbst auf und berechnet jeweils „Teilregressionen". Dies ist möglich mit einer Indikatorvariablen als `BY`-Variable in `PROC REG`. Zur Berechnung der Prüfgröße werden die einzelnen Fehlerquadratsummen dividiert. Die Hypothese gleicher Varianzen wird abgelehnt, wenn die Prüfgröße außerhalb des Intervalls $\left[F_{n_1-k-1,n_2-k-1;\frac{\alpha}{2}} ; F_{n_1-k-1,n_2-k-1;1-\frac{\alpha}{2}} \right]$ liegt. n_1 und n_2 geben die Größe der aufgeteilten Datensätze an.

Eine in SAS implementierte Methode zur Überprüfung von Heteroskedastizität ist der White-Test. Er untersucht den Einfluss von Regressoren und Produkten der Regressoren auf die quadrierten Residuen. Die Nullhypothese lautet H_0: $Cov(u) = \sigma^2 I$, d.h. die Störgrößen sind homoskedastisch. Die

Prüfgröße des White-Test ist asymptotisch χ^2-verteilt mit k Freiheitsgraden, wobei k der Regressorenzahl ohne Achsenabschnitt entspricht. Die Option SPEC der MODEL-Anweisung führt den White-Test durch.

Beispiel 9.5: Heteroskedastizitätstest mit der Prozedur REG

Nachstehendes Programm führt den White-Test durch.

```
PROC REG DATA=Longley;
  MODEL y=x2 x3 / SPEC;
RUN;
QUIT;
```

Abbildung 9.11 zeigt die Textausgabe des White-Tests zur Überprüfung der Heteroskedastizität.

The REG Procedure
Model: MODEL1
Dependent Variable: y

Test of First and Second Moment Specification		
DF	Chi–Square	Pr > ChiSq
5	5.35	0.3744

Abbildung 9.11: Test auf Heteroskedastizität

Zum Niveau von 5 % kann die Hypothese homoskedastischer Störgrößen nicht abgelehnt werden.   □

Autokorrelation

Die Annahme (A3) unterstellt neben der Homoskedastizität auch die Unkorreliertheit der Störgrößen. Sind aufeinander folgende Residuen korreliert, spricht man von Autokorrelation. In diesem Fall lässt sich die Fehlervarianz nicht mehr zuverlässig schätzen. Bei positiver Autokorrelation wird die Varianz beispielsweise unterschätzt, das vergrößert die t-Teststatistik für den Parameterschätzer und macht das Konfidenzintervall breiter.

Das in der Praxis am häufigsten verwendete Verfahren zur Überprüfung der seriellen Unkorreliertheit der Störgrößen ist der Durbin-Watson-Test. Die Nullhypothese des Durbin-Watson-Tests lautet H_0: $\rho = 0$ vs. H_1: $\rho > 1$. Dabei wird die i-te Störgröße u_i dargestellt als

$$u_i = \rho u_{i-1} + \varepsilon_i \,,$$

mit ρ als Autokorrelation und ε_i als normalverteilte Störgröße mit Erwartungswert Null und Varianz σ_ε. Aus der Prüfgröße

$$d = \frac{\sum_{i=2}^{n} \left(\hat{u}_i - \hat{u}_{i-1} \right)^2}{\sum_{i=1}^{n} \hat{u}_i^2}$$

ergibt sich durch Umformung $d \approx 2 - 2\hat{\rho}$. Unter der Nullhypothese sollte sich d in der Nähe von 2 befinden. Positive Autokorrelation liegt vor, wenn $d \approx 0$ ist. Obwohl der Durbin-Watson-Test nur für positive Autokorrelation entwickelt wurde, wird in der Praxis von negativer Autokorrelation gesprochen, wenn $d \approx 4$ ist.

Der Durbin-Watson-Test entdeckt auch andere Abweichungen von den Modellannahmen. Bei einer fehlspezifizierten funktionalen Form oder Auswahl falscher Regressoren erscheinen die KQ-Residuen positiv autokorreliert und induzieren kleine Werte für die Prüfgröße d.

Tabelle 9.2 führt die kritischen Werte zum Signifikanzniveau von 5 % für verschiedene Stichprobenumfänge n und Regressorenzahlen k auf, da sich die Verteilung der Prüfgröße unter H$_0$ mit der Designmatrix X ändert. Anhang B gibt zusätzlich ein Programm zur Simulation kritischer Werte an.

Tabelle 9.2: Untere (d_L) und obere (d_U) Schranken für die kritischen Werte des Durbin-Watson-Tests zum 5 %-Niveau (Auszug aus Durbin, Watson, 1951)

n	$k = 1$ d_L	d_U	$k = 2$ d_L	d_U	$k = 3$ d_L	d_U	$k = 4$ d_L	d_U	$k = 5$ d_L	d_U
15	1,08	1,36	0,95	1,54	0,82	1,75	0,69	1,97	0,56	2,21
16	1,10	1,37	0,98	1,54	0,86	1,73	0,74	1,93	0,62	2,15
17	1,13	1,38	1,02	1,54	0,90	1,71	0,78	1,90	0,67	2,10
18	1,16	1,39	1,05	1,53	0,93	1,69	0,82	1,87	0,71	2,06
19	1,18	1,40	1,08	1,53	0,97	1,68	0,86	1,85	0,75	2,02
20	1,20	1,41	1,10	1,54	1,00	1,68	0,90	1,83	0,79	1,99
25	1,29	1,45	1,21	1,55	1,12	1,66	1,04	1,77	0,95	1,89
30	1,35	1,49	1,28	1,57	1,21	1,65	1,14	1,74	1,07	1,83
35	1,40	1,52	1,34	1,58	1,28	1,65	1,22	1,73	1,16	1,80
40	1,44	1,54	1,39	1,60	1,34	1,66	1,29	1,72	1,23	1,79
45	1,48	1,57	1,43	1,62	1,38	1,67	1,34	1,72	1,29	1,78
50	1,50	1,59	1,46	1,63	1,42	1,67	1,38	1,72	1,34	1,77
60	1,55	1,62	1,51	1,65	1,48	1,69	1,44	1,73	1,41	1,77
70	1,58	1,64	1,55	1,67	1,52	1,70	1,49	1,74	1,46	1,77
80	1,61	1,66	1,59	1,69	1,56	1,72	1,53	1,74	1,51	1,77
90	1,63	1,68	1,61	1,70	1,59	1,73	1,57	1,75	1,54	1,78
100	1,65	1,69	1,63	1,72	1,61	1,74	1,59	1,76	1,57	1,78

Hinweis: Die Tabelle in Durbin, Watson (1951) verwendet statt der Regressorenzahl k die Parameterzahl $K = k + 1$ (Achsenabschnitt zählt nicht als Regressor).

Die Option `DW` in der `MODEL`-Anweisung der Prozedur `REG` führt den Durbin-Watson-Test durch.

Beispiel 9.6: Autokorrelationstest mit der Prozedur `REG`

Nachfolgendes Programm führt den Durbin-Watson-Test durch.

```
PROC REG DATA=Longley;
  MODEL y=x2 x3 / DW;
RUN;
QUIT;
```

Nach Abbildung 9.12 hat der geschätzte Autokorrelationskoeffizient erster Ordnung einen Wert von $\hat{\rho} = 0{,}435$. Es ist also eine leichte positive Korrelation der Residuen zu erkennen. Die Teststatistik hat einen Wert von 0,976 und deutet ebenfalls auf positive Autokorrelation hin. Die Tabelle kritischer Werte zum 5 % Niveau weist für $k = 2$ Parameter und $n = 16$ Beobachtungen eine untere Konfidenzgrenze von $d_L = 0{,}98$ auf. Die Hypothese unkorrelierter Störgrößen wird abgelehnt.

The REG Procedure
Model: MODEL1
Dependent Variable: y

Durbin–Watson D	0.976
Number of Observations	16
1st Order Autocorrelation	0.435

Abbildung 9.12: Durbin-Watson-Test auf Autokorrelation

9.2 Residualanalyse

Die Residuen $\hat{u}_i = y_i - \hat{y}_i$ approximieren die wahren Störgrößen u_i und sind ein idealer Ausgangspunkt zur Überprüfung eines Regressionsmodells. Mit Hilfe der Residuen werden in Abschnitt 9.1 die Anpassungsgüte der Daten an das Modell sowie die Modellannahmen (A1) und (A3) überprüft. Weitere Modellannahmen lassen sich mit auf Residuen basierenden Grafiken zu überprüfen.

Ist die Annahme (A2): $E(u_i) = 0$ verletzt, kann das mehrere Gründe haben. Zum einen kann die funktionale Beziehung zwischen Regressand und Regressor eine nichtlineare Gestalt aufweisen, zum anderen können wichtige Regressoren vergessen worden sein. Hier sollte man also nochmals sorgfältig über das anzupassenden Modell nachdenken. Diese Verletzung von (A2) ist oft durch

Streudiagramme eines Regressors gegen die Residuen zu entdecken. Abbildung 9.13 zeigt die Folgen möglicher Verletzungen von (A2) für die KQ-Residuen.

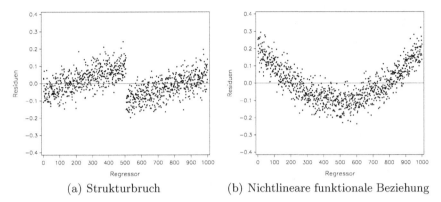

(a) Strukturbruch   (b) Nichtlineare funktionale Beziehung

Abbildung 9.13: Verlauf der Residuen bei Verletzung von (A2)

Das Abtragen der Residuen gegen den Regressor bei einer bivariaten Regression zeigt auch, ob die Annahme konstanter Varianz (A3) plausibel ist. Abbildung 9.14(a) zeigt für einen simulierten Datensatz den idealen Verlauf der Residuen. Sie streuen gleichmäßig um die Null-Linie und die Variation nimmt im Verlauf nicht zu. Dagegen zeigt Abbildung 9.14(b) deutliche Anzeichen von Heteroskedastizität.

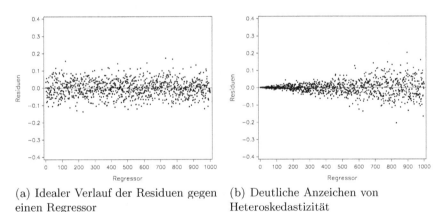

(a) Idealer Verlauf der Residuen gegen einen Regressor   (b) Deutliche Anzeichen von Heteroskedastizität

Abbildung 9.14: Heteroskedastizität der Residuen

Auch eine mögliche Abweichung von der Normalverteilung der Residuen (A4) lässt sich in einem Streudiagramm erkennen. Zur Überprüfung der Annahme (A4) werden die standardisierten Residuen, definiert als

$$r_i = \frac{\hat{u}_i}{S_{\hat{u}_i}} \, ,$$

gegen die Quantile einer Normalverteilung abgetragen. Nachstehendes Programm erstellt ein solches Diagramm:

```
PROC REG DATA=<Datensatz>;
 MODEL <Regressand>=<Regressor>;
 OUTPUT OUT=Std_Residuen R=res STDR=stdr;
RUN;
QUIT;

DATA Std_Residuen1;
 SET Std_Residuen;
 r=res/stdr;
RUN;

PROC CAPABILITY DATA=Std_Residuen1;
 QQPLOT r / NORMAL(MU=0 SIGMA=1 COLOR=GRAY);
RUN;
```

Die Anweisung OUTPUT OUT= erzeugt einen Datensatz, mit den Residuen (Option R=) und Standardfehlern der Residuen (Option STDR=).

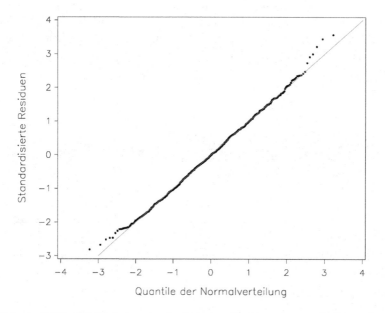

Abbildung 9.15: QQ-Plot der standardisierten Residuen gegen die Normalverteilungsquantile

Abbildung 9.15 zeigt einen QQ-Plot der standardisierten Residuen. Mit der grauen Linie ist der ideale Verlauf für normalverteilte Daten angedeutet. Die

Annahme normalverteilter Störgrößen scheint mit dem simulierten Datensatz kompatibel.

Bei mehreren Regressoren ist eine Abweichung der Residuen von der Normalverteilung nicht durch ein Abtragen der Residuen gegen einen der Regressoren zu erkennen. Hierbei empfiehlt es sich, die Residuen gegen die Vorhersagewerte $\hat{y}$ abzutragen. Abbildung 9.16 zeigt eine Konstellation, die keine Abweichung von der Normalverteilung nahelegt.

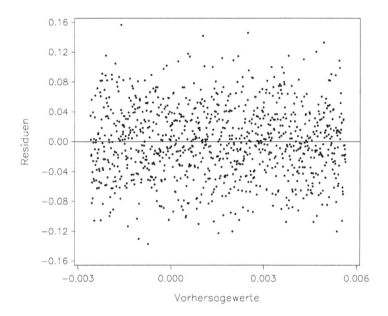

Abbildung 9.16: Plot der Residuen gegen die Vorhersagewerte zur Beurteilung der Normalverteilung

Alternativ zu den standardisierten Residuen können die sogenannten „studentisierten" Residuen verwendet werden (vgl. Myers, 1990). Diese berechnen sich gemäß:

$$r_i^S = \frac{\hat{u}_i}{s\sqrt{1 - h_{ii}}} \ ,$$

wobei h_{ii} das i-te Hauptdiagonalelement der Hat-Matrix ist. Der Vorteil der studentisierten Residuen ist ihre Skalenfreiheit. Die studentisierten Residuen werden durch die Option STUDENT= in der OUTPUT OUT=Datensatz-Anweisung in den Datensatz geschrieben.

In der Praxis werden keine idealisierten Abbildungen wie in diesem Abschnitt auftreten. Vielmehr wird Rauschen die Darstellungen beeinträchtigen. Daher empfiehlt es sich, Erfahrungen mit diesen Darstellungen zu sammeln.

9.3 Übungsaufgaben

Aufgabe 9.1:

Um 1840 wollte der schottische Physiker James D. Forbes die Höhe eines Messpunktes über dem Meeresspiegel in Abhängigkeit des Siedepunkts von Wasser bestimmen. Der nachstehende Datensatz stellt die von Forbes in den Alpen und im schottischen Hochland gesammelten Daten zusammen (vgl. Forbes, 1875). Der Logarithmus des Luftdrucks ist dabei proportional zum Siedepunkt des Wassers. Somit kann ein linearer Zusammenhang zwischen diesen Variablen unterstellt werden. Wandeln Sie zudem die gemessen Temperaturen vor der Analyse von Fahrenheit in Celsius um.

- Zeichnen Sie die Punkte zusammen mit einer Regressionsgeraden in ein Streudiagramm
- Führen Sie eine lineare Regression durch und interpretieren Sie das Ergebnis
- Interpretieren Sie Residuen anhand einer geeigneten Grafik

```
DATA Forbes;
 INPUT Messpunkt Siedepunkt Luftdruck @@;
 DATALINES;
   1  194.5 20.79   2  194.3 20.79   3  197.9 22.40
   4  198.4 22.67   5  199.4 23.15   6  199.9 23.35
   7  200.9 23.89   8  201.1 23.99   9  201.4 24.02
  10 201.3 24.01  11 203.6 25.14   12 204.6 26.57
  13 209.5 28.49  14 208.6 27.76   15 210.7 29.04
  16 211.9 29.88  17 212.2 30.06
 ;
RUN;
```

Aufgabe 9.2:

Der Datensatz `Zement` enthält die Daten von 13 Zementproben. In der Variablen `y` ist die entwichene Wärme während der Trockenphase angegeben (in Kalorien pro Gramm Zement). Die Variable `x1` gibt den Anteil von Tricalcium Aluminat, `x2` den Anteil von Tricalcium Silikat, `x3` den Anteil von Tetracalcium Aluminat und `x4` den Anteil von Dicalcium Silikat an. Erstellen Sie ein geeignetes Modell mit Hilfe einer Rückwärtsauswahl mit einem Schwellenwert von $\alpha = 0{,}05$ zum Verbleib der Regressoren im Modell.

Wie lautet das erstellte Modell? Zeichnen Sie auch einen Residuenplot.

```
DATA Zement;
 INPUT y x1 x2 x3 x4 @@;
 DATALINES;
   78.5  7 26  6 60   74.3 1 29 15 52   104.3 11 56  8 20
   87.6 11 31  8 47   95.9 7 52  6 33   109.2 11 55  9 22
  102.7  3 71 17  6   72.5 1 31 22 44    93.1  2 54 18 22
  115.9 21 47  4 26   83.8 1 40 23 34   113.2 11 66  9 12
  109.4 10 68  8 12
 ;
RUN;
```

Aufgabe 9.3:

Simulieren Sie mit nachstehendem DATA-Step den Datensatz `Multi`.

```
DATA Multi;
 DO i=1 TO 100;
  x1=RANBIN(1,16,0.6);
  x2=RANBIN(1,20,0.4);
  x3=4+x1-x2+RANBIN(1,4,0.5);
  y=2+x1+x2+x3+NORMAL(1)*3;
  OUTPUT;
 END;
RUN;
```

Berechnen Sie für die Regression von `y` auf `x1`, `x2` und `x3` den Konditionskoeffizienten. Ist hier von Multikollinearität auszugehen?

Berechnen Sie für k zwischen 0,002 und 0,1 (Schrittweite 0,002) jeweils die Ridge-Parameterschätzer. Für welchen Wert von k liegen die Schätzwerte am nächsten zu den wahren Parametern (siehe Datenerzeugung)?

Aufgabe 9.4:

Nachstehender DATA-Step simuliert einen linearen Zusammenhang der Regressoren x1 und x2 mit dem Regressanden y1 (unkorrelierter Störterm) bzw. mit dem Regressanden y2 (autokorrelierter Störterm).

```
DATA Autokorr (KEEP=x1 x2 y1 y2);
  e=0;
 DO i=1 TO 200;
  x1=RANBIN(1,6,0.5);
  x2=RANBIN(1,40,0.7);
  y=5-3*x1+0.5*x2;
  y1=y+NORMAL(1)*2;
  e=0.5*e+NORMAL(1);
  y2=y+2*e;
  IF i>100 THEN OUTPUT;
 END;
RUN;
```

Berechnen Sie die Durbin-Watson-Statistik und die Residuen der Regression auf y1 sowie der Regression auf y2. Tragen Sie die Residuen in einem Streudiagramm jeweils gegen ihre verzögerten Werte ab. Vergleichen Sie die beiden Diagramme. ■

Spezialgebiete und Anwendungen

Varianzanalyse und Versuchsplanung

Die Varianzanalyse (engl.: ANOVA = Analysis of Variance) untersucht den Einfluss von einer oder mehreren qualitativen Variablen (= Faktoren) auf eine abhängige metrische Variable. Faktoren sind kontrollierbare Einflussgrößen und können verschiedene Stufen annehmen. Ein möglicher Faktor ist beispielsweise die Behandlung von Patienten mit verschiedenen Medikamenten. Die wesentliche Aufgabe der Varianzanalyse ist, zu untersuchen, ob die verschiedenen Stufen eines Faktors unterschiedliche Wirkungen aufweisen. Dieses erfolgt durch einen globalen Vergleich von Mittelwerten. Neben dem globalen Vergleich der Mittelwerte wird untersucht, zwischen welchen Stufen Unterschiede vorliegen. Dies erfolgt mittels paarweiser Vergleiche von Mittelwerten.

10.1 Varianzanalyse - Einfachklassifikation

Die Einfachklassifikation untersucht den Einfluss eines einzelnen Faktors auf eine Zielvariable. Der Faktor habe k Stufen. Für die i-te Stufe seien n_i Merkmalswerte $y_{i1}, \ldots, y_{in_i}$ gegeben ($i = 1, \ldots, k$). Diese werden als Realisationen von stochastisch unabhängigen normalverteilten Zufallsvariablen mit Erwartungswert μ_i und Varianz σ^2 unterstellt. Als Modellgleichung ergibt sich daher:

$$y_{ij} = \mu_i + e_{ij}, \quad i = 1, \ldots, k \; j = 1, \ldots, n_i. \tag{10.1}$$

Dabei sind die e_{ij} unabhängig $N(0, \sigma^2)$-verteilt und die Parameter μ_i, σ^2 sind unbekannt.

© Springer-Verlag GmbH Deutschland, ein Teil von Springer Nature 2018
W. Krämer et al., *Datenanalyse mit SAS®*, https://doi.org/10.1007/978-3-662-57799-8_10

Die gesamte Stichprobe hat den Umfang:

$$N = \sum_{i=1}^{k} n_i \ ,$$

das i-te Gruppenmittel ist:

$$\bar{y}_{i.} = \frac{1}{n_i} \sum_{j=1}^{n_i} y_{ij}$$

mit $i = 1, \ldots, k$. Das Gesamtmittel ist:

$$\bar{y}_{..} = \frac{1}{N} \sum_{i=1}^{k} \sum_{j=1}^{n_i} y_{ij}$$

und das gewichtete Mittel der Erwartungswerte μ_i ist:

$$\bar{\mu} = \frac{1}{N} \sum_{i=1}^{k} n_i \mu_i.$$

Zu überprüfen ist die Hypothese H_0: $\mu_1 = \mu_2 = \ldots = \mu_k$ gegen die Alternative H_1: $\exists\, m, l : \mu_m \neq \mu_l$. Die relevanten Ergebnisse der Auswertung werden in Form einer Varianzanalysetabelle (engl.: ANOVA-Table) zusammengestellt (vgl. Hinkelmann, Kempthorne, 1994).

Tabelle 10.1: Varianzanalysetabelle für eine Einfachklassifikation

Quelle (Source)	Freiheitsgrade (DF)	Quadratsummen (SS)	Erwartungswerte E(MS)
Model	$k - 1$	$\sum_{i=1}^{k} n_i(\bar{y}_{i.} - \bar{y}_{..})^2$	$\sigma^2 + \frac{1}{k-1} \sum_{i=1}^{k} n_i(\mu_i - \bar{\mu})^2$
Fehler	$N - k$	$\sum_{i=1}^{k} \sum_{j=1}^{n_i} (y_{ij} - \bar{y}_{i.})^2$	σ^2
Total	$N - 1$	$\sum_{i=1}^{k} \sum_{j=1}^{n_i} (y_{ij} - \bar{y}_{..})^2$	$\sigma^2 + \frac{1}{N-1} \sum_{i=1}^{k} n_i(\mu_i - \bar{\mu})^2$

Die Gesamtstreuung zerfällt hierbei in die Streuung zwischen den Gruppen und die Streuung innerhalb der Gruppen. Diese Aufteilung ist in der Spalte "Quadratsumme" in Tabelle 10.1 angegeben. Die Division der Quadratsummen durch ihre zugehörigen Freiheitsgrade ergibt die mittleren Quadrate. Diese gehen als zentraler Bestandteil in die Tests der obigen Hypothese ein. Die Teststatistik lautet:

$$F = \frac{\mathrm{MS - Model}}{\mathrm{MS - Fehler}} = \frac{\frac{1}{k-1} \sum_{i=1}^{k} n_i(\bar{y}_{i.} - \bar{y}_{..})^2}{\frac{1}{N-k} \sum_{i=1}^{k} \sum_{j=1}^{n_i} (y_{ij} - \bar{y}_{i.})^2} \ .$$

Die Teststatistik F ist unter H_0 F-verteilt mit $k - 1$, $N - k$ Freiheitsgraden. Zum Niveau α wird H_0 abgelehnt, wenn $F > F_{k-1, N-k; 1-\alpha}$.

Zur Einfachklassifikation verwendet SAS die Prozedur GLM. Die allgemeine Syntax lautet:

```
PROC GLM [Option(en)];
 CLASS <Variable(n)>;
 MODEL <Abhängige Variable> = <Unabhängige Variable(n)>
                             [/ Option(en)];
```

CLASS muss der MODEL-Anweisung vorausgehen und legt die unabhängigen Variablen als Klassifizierungsvariablen fest. Die MODEL-Anweisung legt das Modell analog zur gleichnamigen Anweisung in PROC REG fest. Für die Einfachklassifikation mit der abhängigen Variablen y und einem Faktor x ist beispielsweise MODEL y=x; zu verwenden.

Beispiel 10.1: Einfachklassifikation mit der Prozedur GLM

Die Produktion von drei Maschinen soll miteinander verglichen werden. Dazu liegt in einem fiktiven Datensatz die Anzahl der hergestellten Produkte jeder Maschine pro Stunde vor.

```
DATA Einfachklass;
 INPUT Maschine $ Wert @@;
 DATALINES;
  A 19 A 20 A 21 B 20 B 23 B 26
  B 29 B 32 C 22 C 24 C 26 C 27
 ;
RUN;

PROC GLM DATA=Einfachklass;
 CLASS Maschine;
 MODEL Wert=Maschine;
RUN;
QUIT;
```

Abbildung 10.1 gibt die Klassifizierungsvariablen (Class) sowie die Stufen (Levels) und deren Ausprägungen (Values) sowie die für die Analyse relevante Beobachtungsanzahl an. Letzteres dient zur Kontrolle, ob die Daten fehlerfrei klassifiziert sind. Die Klassifizierungsvariable Maschine hat drei Stufen mit den Werten A, B und C.

The GLM Procedure

Class Level Information		
Class	Levels	Values
Maschine	3	A B C

Number of observations	12

Abbildung 10.1: Klassifizierungsvariable und ihre Stufen

Abbildung 10.2 zeigt die von `PROC GLM` berechnete Varianzanalysetabelle. Darin sind die mittleren Quadrate (Mean Square) und die F-Statistik (`F Value`) angegeben. Unter `Pr>F` ist derzugehörige p-Wert aufgeführt. Für p-Werte kleiner als α wird die Nullhypothese abgelehnt.

The GLM Procedure

Dependent Variable: Wert

Source	DF	Sum of Squares	Mean Square	F Value	Pr > F
Model	2	70.1666667	35.0833333	2.96	0.1030
Error	9	106.7500000	11.8611111		
Corrected Total	11	176.9166667			

R-Square	Coeff Var	Root MSE	Wert Mean
0.396609	14.30033	3.443996	24.08333

Source	DF	Type I SS	Mean Square	F Value	Pr > F
Maschine	2	70.16666667	35.08333333	2.96	0.1030

Source	DF	Type III SS	Mean Square	F Value	Pr > F
Maschine	2	70.16666667	35.08333333	2.96	0.1030

Abbildung 10.2: Varianzanalysetabelle

Das Gesamtmittel $\bar{y}_{..}$ ist in der Spalte `MEAN` im nächsten Teil der Textausgabe zu finden. `Root MSE` entspricht der Wurzel aus MS Fehler, d. h.

$$\texttt{ROOT MSE} = \sqrt{\frac{1}{N-k} \sum_{i=1}^{k} \sum_{j=1}^{n_i} (y_{ij} - \bar{y}_{i.})^2} \ .$$

Die Spalte `Coeff Var` zeigt den Variationskoeffizienten und `R-Square` das Bestimmtheitsmaß. Im Beispieldatensatz hat die Teststatistik den Wert $F = 2{,}96$ mit einem p-Wert von $0{,}1030$. Somit wird die Hypothese H$_0$: $\mu_1 = \mu_2 = \mu_3$ zum Niveau $\alpha = 0{,}05$ nicht abgelehnt. Oder anders ausgedrückt: Der Unterschied zwischen den Maschinen ist nicht signifikant.

Mit dem Ausdruck „(statistisch) signifikant" wird oftmals nicht korrekt argumentiert. Er bedeutet lediglich: die Nullhypothese kann zu einem vorgegebenen Signifikanzniveau verworfen werden. Wie stark die Nullhypothese wirklich verletzt ist, d. h. wie groß ein möglicher Effekt ist, geht aus der Teststatistik und dem p-Wert nicht direkt hervor. In der Praxis führt oft ein sachlich beachtlicher Effekt wegen großer Stichprobenvariabilität nicht zu einer Ablehnung der Hypothese (Fehler 2. Art). Auf der anderen Seite erzeugen minimale Abweichungen von H_0 bei großen Stichproben signifikante Teststatistiken. Diese Feinheiten sind bei der Interpretation statistischer Signifikanztests zu berücksichtigen. Für Details siehe etwa Ziliak, McCloskey, 2008 oder Krämer, 2011.

Der folgende Teil der Textausgabe ist erst bei komplexeren Modellen von Bedeutung. Im vorliegenden Beispiel treten keine Unterschiede zwischen den Quadratsummen vom Typ I und Typ III auf.

Die unbekannten Parameter μ_1, μ_2, μ_3 und σ^2 des angepassten Modells sind jedoch noch nicht geschätzt. Eine erwartungstreue Schätzung der Varianz σ^2 ist MS Fehler. Hier ist MS Fehler = $11{,}86$. Die Schätzer für die μ_i sind die Gruppenmittel $\bar{y}_{i\cdot}$. Diese werden in `PROC GLM` nicht automatisch, sondern mit der Anweisung

```
MEANS <Effekte> [/ Option(en)]
```

ausgegeben. Die `MODEL`-Anweisung muss `MEANS` vorausgehen. `Effekte` sind unabhängige Variablen und Kombinationen daraus. Für den aktuellen Kontext ist die Anweisung `MEANS Maschine` hinreichend.

The GLM Procedure

Level of Maschine	N	Wert	
		Mean	Std Dev
A	3	20.0000000	1.00000000
B	5	26.0000000	4.74341649
C	4	24.7500000	2.21735578

Abbildung 10.3: Schätzung der Gruppenmittel

Die `MEANS`-Anweisung von `PROC GLM` berechnet für jede Stufe der Variablen `Maschine` den Mittelwert und die Standardabweichung bezüglich der Variablen `Wert`. $\square$

Die hier beschriebene Einfachklassifikation setzt normalverteilte Fehler e_{ij} mit identischen Varianzen (Homoskedastizität) voraus. Bei Verletzung der Homoskedastizität hilft in der Praxis mitunter eine logarithmische Transformation. Die Voraussetzung der Homoskedastizität lässt sich durch den Levene-Test überprüfen. Die Option HOVTEST=LEVENE der Anweisung MEANS führt diesen Test durch und überprüft die Hypothese H_0: $\sigma_1^2 = \sigma_2^2 = \cdots = \sigma_k^2$ zum Niveau α. Mit $Z_{ij} = |Y_{ij} - \bar{Y}_{i.}|$ ist die Teststatistik gegeben durch:

$$
W = \frac{\dfrac{1}{k-1} \sum_{i=1}^{k} n_i (\bar{Z}_{i.} - \bar{Z}_{..})^2}{\dfrac{1}{N-k} \sum_{i=1}^{k} \sum_{j=1}^{n_i} (Z_{ij} - \bar{Z}_{i.})^2}.
$$

Für $W > F_{k-1,N-k;1-\alpha}$ ist H_0 abzulehnen.

Der F-Test der Hypothese H_0: $\mu_1 = \mu_2 = \ldots = \mu_k$ entdeckt nur globale Unterschiede zwischen den Gruppen. Um festzustellen, zwischen welchen Gruppen ein Unterschied besteht, sind multiple Mittelwertvergleiche notwendig. Wird nur ein paarweiser Vergleich H_0: $\mu_r = \mu_t$ vs. H_1: $\mu_r \neq \mu_t$ durchgeführt, so wird der t-Test verwendet. Die Übertragung auf mehrere Vergleiche ist jedoch problematisch. Werden beispielsweise $v \geq 2$ paarweise Vergleiche mit dem t-Test zum Niveau α^* durchgeführt, hat die Wahrscheinlichkeit, mindestens einen Fehler erster Art zu begehen, einen höheren Wert als α^*. Das multiple Niveau α ist die Wahrscheinlichkeit, mindestens eine der v Hypothesen fälschlicherweise abzulehnen. Eine Abschätzung des multiplen Niveaus α ist gegeben durch: $\alpha^* \leq \alpha \leq 1 - (1 - \alpha^*)^v \leq v \cdot \alpha^*$, mit $v \geq 2$. Bei $v = 10$ paarweisen Vergleichen zum Niveau $\alpha^* = 0{,}05$ steigt das multiple Niveau α auf bis zu $0{,}4$. Für eine ausführliche Beschreibung des multiplen Testproblems siehe Horn, Vollandt (1995).

PROC GLM bietet mehrere Tests zum multiplen Mittelwertvergleich. Einer ist der Test nach Bonferroni für v Nullhypothesen zum vorgegebenen multiplen Niveau α. Der Bonferroni-Test überprüft die Hypothese H_0: $\mu_{r_i} = \mu_{t_i}$ vs. H_1: $\mu_{r_i} \neq \mu_{t_i}$ mit $(1 \leq r_i < t_i \leq k)$ und $i = 1, \ldots, v$. Werden alle paarweisen Vergleiche durchgeführt, ist $v = \frac{k(k-1)}{2}$. Die paarweisen Vergleiche werden nicht zum Niveau α^*, sondern zum korrigierten Niveau $\alpha_{BON} = \frac{\alpha^*}{v}$ durchgeführt. Dieses Vorgehen ist in der Praxis weit verbreitet, obwohl es andere effektivere, jedoch aufwendigere Methoden gibt.

SAS führt den Bonferroni-Test innerhalb der Prozedur GLM nicht direkt durch, sondern berechnet simultane Konfidenzintervalle für die Differenzen $\mu_{r_i} - \mu_{t_i}$. Die entsprechende Nullhypothese wird abgelehnt, wenn der Wert Null nicht im Konfidenzintervall enthalten ist. Zur Bestimmung der Konfidenzintervalle sind verschiedene Optionen in der MEANS-Anweisung notwendig, Tabelle 10.2 listet die wichtigsten auf.

Tabelle 10.2: Wichtigste Optionen der `MEANS`-Anweisung

Option	Beschreibung
ALPHA=p	Legt das multiple Niveau p fest
BON	Führt den Bonferroni-Test für alle möglichen Paarkombinationen von Mittelwerten durch
CLDIFF	Gibt Ergebnisse der multiplen Tests in Form von Konfidenzintervallen für die paarweisen Differenzen von Mittelwerten an
HOVTEST=BARTLETT| BF|LEVENE	Führt einen Test auf Homoskedastizität durch
SCHEFFE	Führt den Scheffé-Test für alle möglichen Paarkombinationen von Mittelwerten durch
SIDAK	Führt den Sidak-Test für alle möglichen Paarkombinationen von Mittelwerten durch
TUKEY	Führt den Tukey-Test für alle möglichen Paarkombinationen von Mittelwerten durch

Beispiel 10.2: Bonferroni-Test mit der Prozedur `GLM`

Nachfolgendes Programm untersucht, ob sich die drei Maschinen aus Beispiel 10.1 unterscheiden. Das multiple Niveau sei $\alpha = 0{,}05$.

```
PROC GLM DATA=Einfachklass;
 CLASS Maschine;
 MODEL Wert=Maschine;
 MEANS Maschine / BON ALPHA=0.05;
RUN;
QUIT;
```

Abbildung 10.4 zeigt das Ergebnis des Bonferroni-Tests. In der Zeile `Critical Value of t` steht der Wert 2,9333 für das $1 - (0{,}5 \cdot \alpha_{BON}) = 0{,}9917$-Quantil der t-Verteilung mit $N - k = 12 - 3 = 9$ Freiheitsgraden. Da alle Konfidenzintervalle die Null überdecken, kann keine Nullhypothese abgelehnt werden. Ein einzelner paarweiser Vergleich hätte aufgrund des höheren (Einzel-)Niveaus durchaus zur Ablehnung führen können. Jedoch dürfte man dann keine weiteren paarweisen Vergleiche anhand der vorliegenden Daten durchführen (siehe Diskussion zu statistischer und sachlicher Signifikanz bei Ziliak, McCloskey, 2008 oder Krämer, 2011).

The GLM Procedure

Bonferroni (Dunn) t Tests for Wert

Alpha	0.05
Error Degrees of Freedom	9
Error Mean Square	11.86111
Critical Value of t	2.93332

Comparisons significant at the 0.05 level are indicated by ***.		
Maschine Comparison	Difference Between Means	Simultaneous 95% Confidence Limits
B – C	1.250	–5.527	8.027
B – A	6.000	–1.378	13.378
C – B	–1.250	–8.027	5.527
C – A	4.750	–2.966	12.466
A – B	–6.000	–13.378	1.378
A – C	–4.750	–12.466	2.966

Abbildung 10.4: Bonferroni-Test für die drei Maschinen aus Beispiel 10.1

☐

Oft sind nicht nur Differenzen von Erwartungswerten, sondern allgemeine Linearkombinationen der Erwartungswerte von Interesse. Im Beispiel 10.1 kann so z. B. ein Vergleich der Maschinen eins und zwei mit Maschine drei durchgeführt werden. Ein solcher Vergleich heißt linearer Kontrast (LK). Für die Erwartungswerte μ_i ist dieser formal gegeben durch:

$$LK = \sum_{i=1}^{k} c_i \mu_i, \qquad c_1, c_2, \ldots, c_k \in \mathbb{R} \quad \text{mit} \sum_{i=1}^{k} c_i = 0 \ . \tag{10.2}$$

Eine erwartungstreue Schätzung des LK ist gegeben durch:

$$\widehat{LK} = \sum_{i=1}^{k} c_i \bar{y}_{i.} \ .$$

Die Varianz des Schätzers ist:

$$Var(\widehat{LK}) = \sigma^2 \sum_{i=1}^{k} \frac{c_i^2}{n_i} \ .$$

Die paarweisen Differenzen $\mu_r - \mu_t$ sind spezielle lineare Kontraste mit $c_r = 1$, $c_t = -1$ und allen anderen $c_i = 0$. Mit der Anweisung ESTIMATE sind lineare Kontraste in SAS zu schätzen. Die allgemeine Syntax dieser Anweisung lautet:

```
ESTIMATE '<Text>' <Effekt> <Werte> [/ Option(en)]
```

Die Anweisung ESTIMATE muss hinter der MODEL-Anweisung stehen. Mit Text muss eine Beschreibung (bis 20 Zeichen) des zu schätzenden Kontrastes angegeben werden. Dieser Text wird dem Kontrast im Textausgabe-Fenster vorangestellt. Als Effekt ist die CLASS-Variable anzugeben. Die Koeffizienten c_i des Kontrastes folgen unter Werte.

Die Angabe von Brüchen als Koeffizienten geschieht über die Option

```
DIVISOR=<Zahl>
```

<Zahl> gibt den Wert an, durch den alle Koeffizienten dividiert werden.

```
ESTIMATE '1/3 (M1+M2) - 2/3M3' Maschine 1 1 -2 / DIVISOR=3;
```

ist unter Berücksichtigung der Rundung gleichbedeutend mit

```
ESTIMATE '1/3 (M1+M2) - 2/3M3' Maschine 0.333 0.333 -0.666;
```

Die Option E gibt zusätzlich den gesamten Koeffizientenvektor $c = (c_1, \ldots, c_k)$ in der Textausgabe aus.

In Fortsetzung des Beispiels 10.1 sollen die linearen Kontraste

$$\widehat{LK} = \frac{1}{2}\mu_1 + \frac{1}{2}\mu_2 - \mu_3$$

und

$$\widehat{LK} = -\frac{2}{3}\mu_1 + \frac{1}{2}\mu_2 + \frac{1}{2}\mu_3$$

geschätzt werden. Das Programm verändert sich zu:

```
PROC GLM DATA=Einfachklass;
 CLASS Maschine;
 MODEL Wert=Maschine;
 ESTIMATE '1/2 M1 + 1/2 M2 - M3' Maschine 0.5 0.5 -1 / E;
 ESTIMATE '-2/3 M1 + 1/3 M2 + 1/3 M3' Maschine -2 1 1
          / DIVISOR=3 E;
RUN;
QUIT;
```

The GLM Procedure

Coefficients for Estimate 1/2 M1 + 1/2 M2 – M3	
	Row 1
Intercept	0
Maschine A	0.5
Maschine B	0.5
Maschine C	–1

Abbildung 10.5: Koeffizientenvektor des linearen Kontrastes '1/2 M1 + 1/2 M2 - M3'

The GLM Procedure

Coefficients for Estimate –2/3 M1 + 1/3 M2 + 1/3 M3	
	Row 1
Intercept	0
Maschine A	–0.666666667
Maschine B	0.3333333333
Maschine C	0.3333333333

Abbildung 10.6: Koeffizientenvektor des linearen Kontrastes '-2/3 M1 + 1/3 M2 + 1/3 M3'

The GLM Procedure

Dependent Variable: Wert

Parameter	Estimate	Standard Error	t Value	Pr > |t|
1/2 M1 + 1/2 M2 – M3	–1.75000000	2.13231312	–0.82	0.4330

Abbildung 10.7: Schätzer des linearen Kontrastes '1/2 M1 + 1/2 M2 - M3'

The GLM Procedure

Dependent Variable: Wert

Parameter	Estimate	Standard Error	t Value	Pr > |t|
–2/3 M1 + 1/3 M2 + 1/3 M3	3.58333333	1.53305486	2.34	0.0442

Abbildung 10.8: Schätzer des linearen Kontrastes '-2/3 M1 + 1/3 M2 + 1/3 M3'

Die Abbildungen 10.5 und 10.6 enthalten den durch die Option E ausgegebenen Koeffizientenvektor für die jeweiligen Kontraste. Dabei schätzt SAS den Achsenabschnitt (`Intercept`) automatisch. Im betrachteten Beispiel wird das Ergebnis davon nicht beeinflusst. Die Abbildungen 10.7 und 10.8 zeigen in der Spalte `Estimate` den Schätzer $\widehat{LK}$ für den jeweiligen Kontrast. Daneben stehen die Standardabweichungen der Schätzer. Die Hypothesen

$$H_0^1 : \frac{\mu_1 + \mu_2}{2} - \mu_3 = 0$$

bzw.

$$H_0^2 : \frac{\mu_2 + \mu_3}{3} - \frac{2\mu_1}{3} = 0$$

werden mit einem t-Test überprüft. Zum Niveau 5 % wird die erste Hypothese H_0^1 nicht abgelehnt. Die Hypothese H_0^2 dagegen wird verworfen.

Für simultane Kontraste unter Berücksichtigung des multiplen Testproblems wird anstelle von `ESTIMATE` die Anweisung `CONTRAST` verwendet.

10.2 Varianzanalyse - Zweifachklassifikation

Die Zweifachklassifikation untersucht die gemeinsame Wirkung von zwei Faktoren A und B auf die abhängige Variable (Zielgröße). Faktor A habe a Stufen und Faktor B habe b Stufen. Jede der a Stufen von Faktor A sei mit allen b Stufen von Faktor B kombinierbar. Zu jeder Faktorkombination (i, j) $(i = 1, \ldots, a \; ; \quad j = 1, .., b)$ liegen Beobachtungen $n_{ij} \geq 2$ der Zielvariablen $y_{ijk}, k = 1, \ldots, n_{ij}$, vor. Bei balancierten Versuchsplänen (vgl. Abschnitt 10.4) ist $n_{ij} = n$ mit $n \geq 2$.

Das Modell der Zweifachklassifikation ist gegeben durch:

$$y_{ijk} = \mu + \alpha_i + \beta_j + \gamma_{ij} + e_{ijk} \;,$$

mit e_{ijk} als unabhängig $N(0, \sigma^2)$-verteilter Zufallsvariablen und den unbekannten Parametern μ, α_i, β_j, γ_{ij} und σ^2. α_i ist der Effekt von Faktor A in der i-ten Stufe, β_j der Effekt von Faktor B in Stufe j und γ_{ij} die Wechselwirkung von Faktor A in Stufe i und Faktor B in Stufe j. Bei Wechselwirkungen unterscheidet man zwischen der gemeinsamen Wirkung mehrerer Faktoren und der Summe der Einzelwirkungen. Mit den Restriktionen

$$\sum_{i=1}^{a} \alpha_i = \sum_{j=1}^{b} \beta_j = \sum_{i=1}^{a} \left(\sum_{j=1}^{b} \gamma_{ij} \right)^2 = \sum_{j=1}^{b} \left(\sum_{i=1}^{a} \gamma_{ij} \right)^2 = 0$$

lassen sich die Parameter eindeutig schätzen.

Mit den Größen

$$\bar{y}_{ij.} = \frac{1}{n} \sum_{k=1}^{n} y_{ijk}, \qquad \text{(Mittel der Beobachtungen}(i,j))$$

$$\bar{y}_{i..} = \frac{1}{b \cdot n} \sum_{j=1}^{b} \sum_{k=1}^{n} y_{ijk}, \qquad (i-\text{tes Stufenmittel von Faktro A)}$$

$$\bar{y}_{.j.} = \frac{1}{a \cdot n} \sum_{i=1}^{a} \sum_{k=1}^{n} y_{ijk}, \qquad (j-\text{tes Stufenmittel von Faktor B)}$$

$$\bar{y}_{...} = \frac{1}{a \cdot b \cdot n} \sum_{i=1}^{a} \sum_{j=1}^{b} \sum_{k=1}^{n} y_{ijk}, \qquad \text{(Gesamtmittel)}$$

ergibt sich folgende Varianzanalysetabelle:

Tabelle 10.3: Allgemeine Varianzanalysetabelle der Zweifachklassifikation

Quelle (Source)	Freiheits- grade (DF)	Quadratsumme (SS)	Erwartungswert (E(MS))
A	$a-1$	$bn \sum_{i=1}^{a} (\bar{y}_{i..} - \bar{y}_{...})^2$	$\sigma^2 + \frac{bn}{a-1} \sum_{i=1}^{a} \alpha_i^2$
B	$b-1$	$an \sum_{j=1}^{a} (\bar{y}_{.j.} - \bar{y}_{...})^2$	$\sigma^2 + \frac{an}{b-1} \sum_{j=1}^{a} \beta_j^2$
$A*B$	$(a-1)(b-1)$	$n \sum_{i=1}^{a} \sum_{j=1}^{b} (\bar{y}_{ij.} - \bar{y}_{i..} - \bar{y}_{.j.} - \bar{y}_{...})^2$	$\sigma^2 + \frac{n}{(a-1)(b-1)} \sum_{i=1}^{a} \sum_{j=1}^{b} \gamma_{ij}^2$
Fehler	$ab(n-1)$	$\sum_{i=1}^{a} \sum_{j=1}^{b} \sum_{k=1}^{n} (y_{ijk} - \bar{y}_{ij.})^2$	σ^2
CTotal	$abn-1$	$\sum_{i=1}^{a} \sum_{j=1}^{b} \sum_{k=1}^{n} (y_{ijk} - y_{...})^2$	

Bei der Zweifachklassifikation werden die nachstehenden Hypothesen überprüft:

$$H_0^A \quad : \alpha_1 = \ldots = \alpha_a = 0$$

$$H_0^B \quad : \beta_1 = \ldots = \beta_b = 0$$

$$H_0^{AB} : \gamma_{ij} = 0 \ \forall \ (i,j)$$

Der F-Test überprüft, ob A bzw. B einen Effekt aufweist oder eine Wechselwirkung zwischen A und B besteht. Für die obigen Hypothesen lauten die Teststatistiken:

$$F_A = \frac{\text{MS A}}{\text{MS Fehler}}, \quad F_B = \frac{\text{MS B}}{\text{MS Fehler}} \quad \text{bzw.} \quad F_{AB} = \frac{\text{MS A} * \text{B}}{\text{MS Fehler}} \; .$$

Beispiel 10.3: Zweifachklassifikation mit der Prozedur `GLM`

Zu untersuchen ist die Wirksamkeit dreier lezithinhaltiger Mittel A, B und C zur Verbesserung der Gedächtnisleistung. Die Patienten sind in zwei Gruppen eingeteilt: Personen unter 50 und Personen über 50 Jahren. Die Gedächtnisleistung ist anhand eines speziellen Tests gemessen worden. Nachstehendes Programm gibt die Veränderung der Gedächtnisleistung in Prozent an und analysiert die Daten mit `PROC GLM`.

```
DATA Zweifachklassifikation;
 INPUT Mittel $ Alter Aenderung @@;
 DATALINES;
  A 1 7 A 1 5 B 1 10 B 1 8 C 1 14 C 1 12
  A 2 5 A 2 8 B 2 14 B 2 16 C 2 13 C 2 15
  ;
RUN;

PROC GLM DATA=Zweifachklassifikation;
 CLASS Mittel Alter;
 MODEL Aenderung = Mittel Alter Mittel*Alter;
 MEANS Mittel Alter Mittel*Alter;
 MEANS Mittel / SCHEFFE NOSORT ALPHA=0.05 CLDIFF;
RUN;
QUIT;
```

Die untersuchten Faktoren (`CLASS`-Variablen) sind `Mittel` und `Alter`. Die `MODEL`-Anweisung gibt `Mittel` und `Alter` als Haupteffekte und `Mittel*Alter` als Wechselwirkung an. Die erste `MEANS`-Anweisung bestimmt die erwartungstreuen Schätzer der unbekannten Modellparameter mit Ausnahme des Gesamtmittels. Diese Schätzer sind allgemein gegeben durch:

$$\hat{\mu} = \bar{y}_{...}, \quad \hat{\alpha}_i = \bar{y}_{i..} - \hat{\mu}, \quad \hat{\beta}_j = \bar{y}_{.j.} - \hat{\mu} \quad \text{bzw.} \quad \hat{\gamma}_{ij} = \bar{y}_{ij.} - \hat{\alpha}_i - \hat{\beta}_j + \hat{\mu} \, .$$

Die zweite `MEANS`-Anweisung führt paarweise Vergleiche der Mittel nach Scheffé durch. Die zuvor bei der Einfachklassifikation vorgestellten Tests sind hier ebenfalls anwendbar. Die Option `CLDIFF` gibt Konfidenzintervalle für die Differenzen zwischen den Mitteln an. `NOSORT` unterdrückt die Sortierung der Ergebnisse der Option `CLDIFF` nach Größe der Mittelwerte. Abbildung 10.9 zeigt die Stufen der untersuchten Faktoren.

The GLM Procedure

Class Level Information		
Class	Levels	Values
Mittel	3	A B C
Alter	2	1 2

Number of observations	12

Abbildung 10.9: Faktoren und deren Stufen

Abbildung 10.10 zeigt die Varianzanalysetabelle (vgl. Tabelle 10.3). Die Quadratsummen für die Effekte A, B und A*B stehen in der Tabelle, die nach den Angaben zum Bestimmtheitsmaß, Gesamtmittel usw. zu finden ist. Zusätzlich sind die Werte der drei Teststatistiken F_A, F_B und F_{AB} samt zugehörigem p-Wert aufgeführt. Die Haupteffekte A und B haben einen signifikanten Einfluss, die Wechselwirkung nicht.

The GLM Procedure

Dependent Variable: Aenderung

Source	DF	Sum of Squares	Mean Square	F Value	Pr > F
Model	5	154.4166667	30.8833333	12.78	0.0038
Error	6	14.5000000	2.4166667		
Corrected Total	11	168.9166667			

R–Square	Coeff Var	Root MSE	Aenderung Mean
0.914159	14.68879	1.554563	10.58333

Source	DF	Type I SS	Mean Square	F Value	Pr > F
Mittel	2	117.1666667	58.5833333	24.24	0.0013
Alter	1	18.7500000	18.7500000	7.76	0.0318
Mittel*Alter	2	18.5000000	9.2500000	3.83	0.0848

Source	DF	Type III SS	Mean Square	F Value	Pr > F
Mittel	2	117.1666667	58.5833333	24.24	0.0013
Alter	1	18.7500000	18.7500000	7.76	0.0318
Mittel*Alter	2	18.5000000	9.2500000	3.83	0.0848

Abbildung 10.10: Varianzanalysetabelle der Zweifachklassifikation

Abbildung 10.11 zeigt die Schätzung der Gruppenmittel.

The GLM Procedure

Level of Mittel	N	Aenderung	
		Mean	Std Dev
A	4	6.2500000	1.50000000
B	4	12.0000000	3.65148372
C	4	13.5000000	1.29099445

Level of Alter	N	Aenderung	
		Mean	Std Dev
1	6	9.3333333	3.32665999
2	6	11.8333333	4.35507367

Level of Mittel	Level of Alter	N	Aenderung	
			Mean	Std Dev
A	1	2	6.0000000	1.41421356
A	2	2	6.5000000	2.12132034
B	1	2	9.0000000	1.41421356
B	2	2	15.0000000	1.41421356
C	1	2	13.0000000	1.41421356
C	2	2	14.0000000	1.41421356

Abbildung 10.11: Schätzung der Gruppenmittel

Abbildung 10.12 zeigt die Konfidenzintervalle für paarweise Vergleiche der Mittel nach Scheffé. Die mit *** markierten Vergleiche sind zum 5 % Niveau signifikant. Der paarweise Vergleich der Mittel ergibt einen signifikanten Unterschied zwischen Mittel A und B sowie zwischen Mittel A und C.

The GLM Procedure

Tukey's Studentized Range (HSD) Test for Aenderung

Alpha	0.05
Error Degrees of Freedom	6
Error Mean Square	2.416667
Critical Value of Studentized Range	4.33902
Minimum Significant Difference	3.3726

Comparisons significant at the 0.05 level are indicated by ***.				
Mittel Comparison	Difference Between Means	Simultaneous 95% Confidence Limits		
A – B	–5.750	–9.123	–2.377	***
A – C	–7.250	–10.623	–3.877	***
B – A	5.750	2.377	9.123	***
B – C	–1.500	–4.873	1.873	
C – A	7.250	3.877	10.623	***
C – B	1.500	–1.873	4.873	

Abbildung 10.12: Scheffé-Test

Die bisher betrachteten Modelle zur Ein- und Zweifachklassifikation haben ausschließlich feste Effekte. Dabei interessiert der Unterschied der Faktorstufen. Manchmal sind die Faktorstufen jedoch nicht fest, sondern zufällig, d. h. nicht kontrollierbar. Modelle mit zufälligen Effekten können diese nicht kontrollierbaren Faktoren berücksichtigen. Das Modell für eine Einfachklassifikation mit zufälligen Effekten hat die Form:

$$y_{ij} = \mu + \alpha_i + e_{ij} \ ,$$

wobei neben e_{ij} auch α_i eine unabhängig normalverteilte Zufallsvariable ist. Ein solches Modell ist balanciert, wenn für jede Faktorstufe gleich viele Beobachtungen vorliegen. Für die Varianz der Beobachtungen y_{ij} gilt:

$$Var(y_{ij}) = Var(\alpha_i) + Var(e_{ij}) \ .$$

Aufgrund dieser Zerlegung heißen derartige Modelle auch Varianzkomponentenmodelle. In SAS steht dafür die Prozedur VARCOMP zur Verfügung, auf die hier jedoch nicht näher eingegangen wird.

Neben der hier vorgestellten Prozedur GLM gibt es zur Varianzanalyse auch die Prozedur ANOVA. Diese benötigt weniger Speicher und Rechenzeit. Sie kann allerdings ausschließlich für balancierte Modelle verwendet werden. Alle vorgestellten Anweisungen und Optionen der Prozedur GLM mit Ausnahme der Anweisung ESTIMATE gelten auch für PROC ANOVA.

10.3 Planung des Stichprobenumfangs

Bei einer Varianzanalyse ist der notwendige Stichprobenumfang vorher exakt festzulegen. Bei zu großen Stichprobenumfängen besteht die Gefahr, Gruppenunterschiede zum vorgegebenen Niveau als signifikant einzustufen, welche für die praktische Anwendung zu klein, also irrelevant sind. So könnte beispielsweise ein unwirksames Medikament zugelassen werden. Bei zu kleinen Stichproben hingegen, „übersehen" die durchgeführten F-Tests eventuell als relevant eingeschätzte Gruppenunterschiede. Neben den angegebenen Kriterien sind oft auch ethische und finanzielle Einschränkungen zu berücksichtigen. Tiefergehende Betrachtungen zur Fallzahlbestimmung sind in Rasch et al. (1996) oder Bock (1998) nachzulesen.

Kann Varianzhomogenität und Normalverteilung vorausgesetzt werden, wird bei der Einfachklassifikation die Nullhypothese H_0: $\mu_1 = \cdots = \mu_k$ gegen die Alternative, dass sich mindestens zwei Mittelwerte unterscheiden, mit dem F-Test überprüft. Die Ergebnisse des Populationsvergleichs werden in der Varianzanalysetabelle 10.1 dargestellt.

Um die notwendige Fallzahl zu bestimmen, stellt sich die Frage, bei welchen Stichprobenumfängen in den Gruppen ein gegebener Unterschied zwischen den Mittelwerten μ_i mit einer vorgegebenen Wahrscheinlichkeit entdeckt wird? Zur Erinnerung: Diese Wahrscheinlichkeit wird auch als Güte eines Tests bezeichnet. Trifft die Alternative zu, hat die Prüfgröße des F-Tests eine nichtzentrale F-Verteilung, mit einem Nichtzentralitätsparameter, der gegeben ist durch:

$$nc_F = \frac{\sum_i^k n_i(\mu_i - \bar{\mu})^2}{\sigma^2} \ .$$

Der Nichtzentralitätsparameter nc_F hängt von den wahren Gruppenmitteln μ_i, deren Mittelwert $\bar{\mu}$ und der wahren Varianz σ^2 ab. Die bekannte (zentrale) F-Verteilung ergibt sich aus der nichtzentralen als Spezialfall mit $nc_F = 0$. Für eine einführende Betrachtung seien gleiche Stichprobenumfänge n in allen Gruppen unterstellt. Aufgrund der Alternativhypothese ist herauszufinden, ob sich mindestens zwei Gruppen unterscheiden. Ein Test soll diesen Unterschied mit einer Güte von $1 - \beta$ finden, wenn sich die Populationsmittelwerte μ_i ($i = 1, \ldots, k$) mit

$$\Delta^2 = \sum_{i=1}^{k} (\mu_i - \bar{\mu})^2$$

unterscheiden. Für k Gruppen unterscheidet sich das maximale Populationsmittel μ_{max} vom minimalen Populationsmittel μ_{min} im ungünstigsten Fall um $\Delta \cdot \sqrt{1 - \frac{1}{k}} \approx \Delta$. Der Nichtzentralitätsparameter ergibt sich zu

$$nc_F = n\frac{\Delta^2}{\sigma^2} = n \cdot c^2 \ .$$

Die Größe $c = \frac{\Delta}{\sigma}$ heißt „standardisierte Differenz". Die Werte von c bei vorgegebenem Signifikanzniveau α, Gruppenumfang n und Güte $1 - \beta$ sind in Tabellen (etwa bei Bock, 1998) angegeben.

SAS kann auch anders vorgehen. Dabei wird zunächst der Stichprobenumfang n und der Ausdruck c^2 vorgegeben und anschließend der Nichtzentralitätsparameter $nc_F = nc^2$ bestimmt. Die kritischen Werte der Verteilungsfunktion der nichtzentralen F-Verteilung an der Stelle F_{krit} sind ebenfalls zu bestimmen. Wenn dieser Wert vom vorgegebenen Wert $\beta = (1 - \text{Güte})$ abweicht, wird der Stichprobenumfang erhöht oder verringert, bis der kleinste Umfang gefunden ist, für den das vorgegebene β gerade unterschritten wird. Formal ergibt sich für den Stichprobenumfang:

$$n = k \cdot \min_{i \in \mathbb{N}} \left\{ F\left(F_{k-1,k(i-1);1-\alpha}; k-1, k(i-1), i\frac{\Delta^2}{\sigma^2} \right) < \beta \right\}. \qquad (10.3)$$

Beispiel 10.4: Stichprobenumfang für die Einfachklassifikation

Der Stichprobenumfang für einen Versuch mit $k = 4$ Faktorstufen (etwa Medikamente) ist zu berechnen. Das Signifikanzniveau sei auf $\alpha = 0{,}05$ festgelegt. Gemäß Voruntersuchungen tritt ein klinisch relevante Wirkung der Medikamente bei einem Unterschied von $\Delta = 0{,}6$ ($\Delta^2 = 0{,}36$) auf und die Standardabweichung beträgt $\sigma = 1$. Für eine Güte von $1 - \beta = 0{,}9$ ergibt sich mit der nachstehenden Lösung im DATA-Step ein Stichprobenumfang von $n_i = 41$ pro Gruppe, d. h. ein Gesamtstichprobenumfang von $n = 164$.

```
DATA a (KEEP=i n);
 LABEL i='Gruppenumfang' n='Gesamtumfang';
 RETAIN i 1 hilf 1;
 alpha=0.05;
 beta=0.1;
 delta=0.6;
 sigma=1;
 k=4;
 DO UNTIL (hilf<beta);
  IF k>1 THEN DO;
   i=i+1;
   hilf=PROBF(FINV(1-alpha,k-1,k*(i-1)),
           k-1,k*(i-1),i*(delta**2)/(sigma**2)));
   n=i*k;
  END;
  ELSE DO;
   PUT 'Es sind mindestens zwei Gruppen notwendig.';
   STOP;
  END;
 END;
RUN;
```

Die Variable `hilf` steht für $F\left(F_{k-1,k(i-1);1-\alpha}; k-1, k(i-1), i\frac{\Delta^2}{\sigma^2}\right)$ aus Gleichung 10.3. Die Werte der Variablen `alpha`, `beta`, `delta`, `sigma` und `k` sind der jeweiligen Situation anzupassen. Abbildung 10.13 zeigt das Ergebnis der Fallzahlberechnung im DATA-Step.

Gruppenumfang	Gesamtumfang
41	164

Abbildung 10.13: Fallzahlberechnung im DATA-Step

Neben dieser Lösung, welche mittels des DATA-Step umgesetzt werden kann, sind seit der Version 9.1 auch die Prozeduren POWER und GLMPOWER zur Bestimmung des Stichprobenumfangs in SAS integriert. Mit PROC POWER lässt sich für verschiedene statistische Verfahren der Stichprobenumfang bestimmen, etwa für Mittelwertvergleiche, Überlebenszeitanalysen oder Äquivalenztests. PROC GLMPOWER bestimmt den Stichprobenumfang bei mehrfaktorieller Varianzanalyse.

Die allgemeine Syntax von PROC POWER ist gegeben durch:

```
PROC POWER [Option(en)];
    ONESAMPLEFREQ <Option(en)>;
    ONESAMPLEMEANS <Option(en)>;
    ONEWAYANOVA <Option(en)>;
    TWOSAMPLEFREQ <Option(en)>;
    TWOSAMPLEMEANS <Option(en)>;
    TWOSAMPLESURVIVAL <Option(en)>;
```

Durch eine geeignete Anweisung und das Setzen der jeweiligen Optionen wird die Fallzahlberechnung durchgeführt. Dabei kann die Prozedur POWER sowohl den Stichprobenumfang als auch die Güte (engl. Power) eines Tests bestimmen. Die jeweils gesuchte Größe ist in den Optionen zur gewünschten Anweisung durch einen fehlenden Wert anzugeben. Um beispielsweise den Stichprobenumfang für einen zweiseitigen t-Test zu bestimmen, ist die Anweisung

```
ONESAMPLEMEANS POWER=0.9 NTOTAL=.
               ALPHA=0.05 SIDES=2 MEAN=5 STDDEV=2;
```

zu verwenden. Mit diesen Optionen wird ein Signifikanzniveau von 5% vorgegeben sowie ein Mittelwert von 5 mit einer zugehörigen Standardabweichung von 2.

Tabelle 10.4 fasst die wichtigsten gemeinsamen Optionen zusammen. Darüber hinaus gibt es für jedes Verfahren weitere Optionen.

Tabelle 10.4: Die wichtigsten Optionen für Anweisungen von `PROC POWER`.

Option	Beschreibung	OSF	OSM	OWA	TSF	TSM	TSS
`ALPHA=` `<Wert(e)>`	Legt das Signifikanzniveau des Tests fest. Auch eine Werteliste ist möglich. Der Standardwert ist 0.05.	✓	✓	✓	✓	✓	✓
`GROUPMEANS=` `<Wert(e)>`	Legt die Gruppenmittelwerte fest. Im Falle von `OWA` wird somit die Gruppenanzahl festgelegt.	-	-	✓	-	✓	-
`MEAN=` `<Wert(e)>`	Legt den Mittelwert fest. Soll dieser Wert geschätzt werden, ist ein fehlender Wert (.) anzugeben.	-	✓	-	-	-	-
`NFRACTIONAL`	Ermöglicht die Angabe und Berechnung von nichtganzzahligen Stichprobenumfängen.	✓	✓	✓	✓	✓	✓
`NTOTAL=` `<Werte(e)>`	Legt den Stichprobenumfang fest. Soll dieser bestimmt werden, ist ein fehlender Wert (.) anzugeben.	✓	✓	✓	✓	✓	✓
`POWER=` `<Werte(e)>`	Legt die gewünschte Güte des Tests fest. Soll dieser bestimmt werden, ist ein fehlender Wert (.) anzugeben.	✓	✓	✓	✓	✓	✓
`SIDES=1|2|U|L`	Legt fest, ob es sich um einen einseitigen- (`1|U|L`) oder zweiseitigen Test (`2`) handelt. Dabei spezifiziert `1` einen einseitigen Test mit einer Alternativhypothese in Richtung des angegebenen Effektes, `U` einen einseitigen Test mit einer Alternativhypothese größer als Null und `L` einen einseitigen Test mit einer Alternativhypothese kleiner als Null.	-	-	✓	✓	✓	✓
`STDDEV=` `<Wert(e)>`	Legt die Fehlerstandardabweichung fest.	-	✓	✓	-	✓	-

Abkürzungen: `OneSampleFreq(OSF)`= Ein-Stichproben-Häufigkeit-, `OneSampleMeans(OSM)`= Ein-Stichproben-Mittelwert-, `OneWayAnova(OWA)`= Einfachklassifikation-, `TwoSampleFreq(TSF)`= Zwei-Stichproben-Häufigkeit-, `TwoSampleMeans(TSM)`= Zwei-Stichproben-Mittelwert- und `TwoSampleSurvival(TSS)`= Zwei-Stichproben-Überlebenszeit-Anweisung

Beispiel 10.5: Fallzahlberechnung mit `PROC POWER`

Ein neues Medikament A soll mit dem Standard B verglichen werden. Als klinisch relevant wird eine Verringerung des systolischen Blutdrucks um 0,02 Einheiten gegenüber der Gruppe mit Medikament B eingestuft. Dabei ist aus einer vorangegangenen Studie bekannt, dass die Standardabweichung in beiden Gruppen 0,1 beträgt. Bei einer Güte von 90% ist die Stichprobengröße pro Gruppe gesucht. Das Signifikanzniveau sei mit 5% gegeben.

```
PROC POWER;
   TWOSAMPLEMEANS
      ALPHA      = 0.05
      GROUPMEANS = (0 -0.02)
      STDDEV     = 0.1
      POWER      = 0.9
      NPERGROUP  = .
      ;
      PLOT Y = POWER MIN = 0.60 MAX = 0.99;
   RUN;
```

Mit `ALPHA=0.05` wird das Signifikanzniveau spezifiziert. Mit der Option `GROUPMEANS=(0 -0.02)` wird der Unterschied bezüglich des systolischen Blutdrucks in den Gruppen A und B angegeben. Während mit `STEDEV=0.1` die aus einer alten Studie bekannte Standardabweichungen in den Gruppen angegeben wird, legt `POWER=0.9` die gewünschte Güte des Tests fest. Gesucht sind die Stichprobenumfänge in den beiden Gruppen. Abbildung 10.14 zeigt den erforderlichen Stichprobenumfang für jede der beiden Gruppen.

The POWER Procedure
Two-Sample t Test for Mean Difference

Abbildung 10.14: Fallzahlberechnung mit `PROC POWER`

Die `PLOT`-Anweisung erzeugt einen Graphen, welcher auf der Y-Achse Powerwerte von 0,6 bis 0,99 abträgt, während auf der X-Achse die jeweils notwendigen Stichprobenumfänge pro Gruppe angegeben sind. Abbildung 10.15 zeigt diesen Sachverhalt.

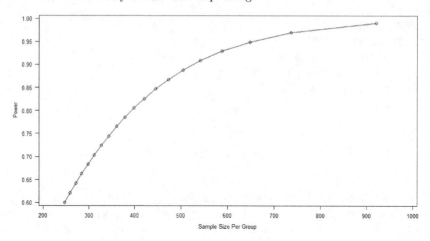

Abbildung 10.15: Fallzahlberechnung mit `PROC POWER`

$\square$

10.4 Ausgewählte Versuchspläne

Eine Vorschrift zur Durchführung von Experimenten wird als statistischer Versuchsplan bezeichnet. Dieser Plan liegt in Matrixform vor. Dabei sind Einflussfaktoren in den Spalten und die Versuche in den Zeilen aufgeführt. Der (i,j)-te Wert der Matrix gibt demnach an, welche Faktorstufe für die j-te Einflussvariable im i-ten Versuch verwendet werden soll.

Beispiel 10.6: Einfacher Versuchsplan

Gegeben seien drei Einflussfaktoren A, B und C. Die Variablen A und B haben zwei Faktorstufen, die Variable C drei. Tabelle 10.5 gibt einen möglichen Versuchsplan an:

Tabelle 10.5: Versuchsplan mit drei Einflussfaktoren und mit zwei bzw. drei Faktorstufen

A	B	C
1	1	1
1	1	2
1	1	3
1	2	1
⋮	⋮	⋮
2	2	3

$\square$

Im obigen Beispiel kommt jede Kombination von Faktorstufen der Einflussfaktoren genau einmal vor und alle Kombinationen sind sortiert. Das eröffnet Möglichkeiten zur Manipulation. Einen Ausweg bietet eine Randomisierung, also eine zufällige Zuordnung eines Versuchs zu einer Zeile der obigen Matrix.

Die einfachste Form eines randomisierten Versuchsplans ist ein komplett randomisierter Versuchsplan (engl.: Completely Randomized Design, CRD). Bei diesem Typ gibt es N Versuchseinheiten und t Behandlungen (engl.: treatment), wobei gilt: $N/t = r$ $(r \in \mathbb{N})$. Eine Versuchseinheit ist das Objekt (z. B. Werkstück) oder Subjekt (z. B. Patient), an dem der Versuch durchgeführt wird. Eine Behandlung steht synonym für die Faktorstufe eines Einflussfaktors. Jede Faktorstufe wird auf r Versuchseinheiten zufällig aufgeteilt. Somit gibt es nur eine Behandlung pro Versuchseinheit und die Behandlung wird insgesamt r-mal wiederholt.

Durch die Randomisierung wird ein eventuell versteckter „Blockeffekt" unterdrückt. Ein solcher Effekt kann z. B. die aufgrund verschiedener Lieferungen unterschiedliche Qualität von Werkstücken sein. Die Qualitätsunterschiede zwischen den Lieferungen sind nicht kontrollierbar. Sind Blockeffekte schon vorher bekannt, muss dieses beim Erstellen der Versuchspläne berücksichtigt werden. Das führt zu komplett randomisierten Blockversuchsplänen (engl.: Completely Randomized Block Design, RCBD). Die Berücksichtigung von Blockeffekten im Versuchsplan führt bei der nachfolgenden Analyse zur Verringerung der Fehlervarianz. Ein Blockeffekt muss bei der Analyse herausgerechnet werden, da er für die Anwendung uninteressant ist.

Die bisher betrachteten Versuchspläne sind stets komplett (im Sinne von vollständig). Eine Behandlung wird dabei innerhalb eines Blocks einmal den Versuchseinheiten zugeordnet. Ist das nicht möglich, liegt ein unvollständiger Blockversuchsplan vor (engl.: Incomplete Block Design). Ein solcher Blockplan heißt unbalanciert. Für weitere Versuchspläne (etwa lateinische Quadrate) und eingehendere Betrachtungen der vorgestellten Pläne siehe Hinkelmann, Kempthorne (1994).

Die Prozeduren PLAN, FACTEX und OPTEX dienen zur Erstellung von Versuchsplänen. Nachfolgend wird jedoch ausschließlich die Prozedur PLAN vorgestellt. Die allgemeine Syntax lautet:

```
PROC PLAN;
 FACTORS <Auswahl>;
 TREATMENTS <Auswahl>;
```

Die Anweisung FACTORS muss vor TREATMENTS stehen. Sie erzeugt den Versuchsplan. Tabelle 10.6 stellt die unter Auswahl verwendbaren Schlüsselwörter zusammen.

Tabelle 10.6: Schlüsselwörter zur Erzeugung eines Versuchsplans mit der Anweisung `FACTORS` von `PROC PLAN`

Option	Beschreibung
COMB	Vergibt k Faktorstufen aus der Menge der Zahlen $1, \ldots, N$, wobei nacheinander jede unterschiedliche Kombination von k ausgewählten Faktorstufen vergeben wird (ohne Berücksichtigung der Reihenfolge)
CYCLIC	Vergibt Faktorstufen zyklisch durch Permutation der Zahlen $1, \ldots, N$
ORDERED	Vergibt die Faktorstufen in der angegebenen Reihenfolge $(1, 2, \ldots, k)$
PERM	Vergibt die k Faktorstufen als Permutation der Zahlen $1, \ldots, k$ (Die Ausgabe erfolgt sortiert.)
RANDOM	Ordnet die Faktorstufen $1, 2, \ldots, k$ zufällig und ohne Wiederholung zu (Standardeinstellung)

Beispiel 10.7: Erstellen eines Versuchsplans mit der Prozedur `PLAN`

Nachstehendes Programm erzeugt als Versuchsplan eine zufällige Permutation der Zahlen $1, \ldots, 5$.

```
PROC PLAN;
 FACTORS Faktor1=5;
RUN;
```

Abbildung 10.16 zeigt den erzeugten Versuchsplan.

The PLAN Procedure

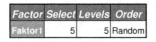

Abbildung 10.16: Permutation der Zahlen eins bis fünf

Wird die obige `FAKTORS`-Anweisung durch

```
FACTORS Faktor1=5 OF 8
```

ersetzt, erzeugt das Programm eine zufällige Permutation der Länge fünf aus den Zahlen $1, \ldots, 8$. Abbildung 10.17 zeigt das Resultat.

The PLAN Procedure

Factor	Select	Levels	Order
Faktor1	5	8	Random

Faktor1				
4	6	2	5	8

Abbildung 10.17: Permutation der Zahlen eins bis acht der Länge fünf

Die Anweisung

```
FACTORS Faktor1=2 ORDERED Faktor2=4 OF 8
```

erstellt einen Versuchsplan mit zwei Faktoren, der gemäß `Faktor1` sortiert ist. `Faktor1` hat zwei Stufen und `Faktor2` vier. Abbildung 10.18 zeigt den erzeugten Versuchsplan.

The PLAN Procedure

Factor	Select	Levels	Order
Faktor1	2	2	Ordered
Faktor2	4	8	Random

Faktor1	Faktor2			
1	8	5	7	6
2	2	3	5	1

Abbildung 10.18: Versuchsplan mit zwei Faktoren

Beispiel 10.8: Erstellen eines CRD mit der Prozedur PLAN

An 20 Patienten soll die Wirkung von drei Medikamenten und einem Placebo verglichen werden. Es gibt daher 20 Versuchseinheiten und vier Behandlungen. Jede Versuchseinheit darf nur eine Behandlung erhalten. Die Behandlungsmethoden sind zufällig zu zuordnen.

```
PROC PLAN;
 FACTORS Patient=20 Behandlung=1 OF 4 CYCLIC;
 OUTPUT OUT=Versuchsplan;
RUN;
```

PLAN erzeugt einen Versuchsplan, indem die Zahlen $1, \ldots, 20$ zufällig vergeben und die Behandlung mit den Stufen $1, \ldots, 4$ zyklisch zugeordnet werden. Die Anweisung `OUTPUT OUT=` speichert den erstellten Versuchsplan im SAS-Datensatz `Versuchsplan`. Sind im Datensatz statt der Zahlen $1, \ldots, 4$ die Bezeichnungen der Präparate anzugeben, ändert sich die `OUTPUT OUT=`-Anweisung zu:

```
OUTPUT OUT=Versuchsplan
       Behandlung CVALS=('Placebo' 'Med.A' 'Med.B' 'Med.C')
```

Sind auch noch die Bezeichnungen der Versuchseinheiten zu verändern, ist die Option NVALS= zu verwenden.

Die Reihenfolge der zu erstellenden Faktoren ist von entscheidender Bedeutung. Verändert sich die Reihenfolge der Faktoren im obigen Beispiel zu

```
FACTORS Behandlung=1 OF 4 CYCLIC VE=20
```

ergibt sich ein völlig anderer Versuchsplan.   ☐

Beispiel 10.9: Erstellung eines RCBD mit der Prozedur PLAN

Der Einfluss von Dünger (Faktorstufen „Ja", „Nein") auf drei verschiedene Getreidesorten (Roggen, Weizen, Gerste) ist zu analysieren. Dazu erfolgt die Aussaat auf drei Feldern, deren Einfluss hier jedoch nicht relevant ist. Die Nummer des Feldes (Blockeffekt), muss in der Analyse zwar berücksichtigt, aus dem Modell aber herausgerechnet werden. Dazu wird ein komplett randomisierter Blockplan erstellt.

```
PROC PLAN;
 FACTORS Feld=3 Getreidesorte=3 Duenger=2;
RUN;
```

In der Anweisung FACTORS ist jede Variable mit der Anzahl der Faktorstufen anzugeben. Die Randomisierung erfolgt automatisch. Jede Kombination von Dünger, Getreide und Feld kommt genau einmal vor.

The PLAN Procedure

Feld	Getreidesorte	Duenger	
1	3	1	2
	2	2	1
	1	1	2
2	1	2	1
	2	1	2
	3	1	2
3	1	1	2
	3	2	1
	2	1	2

Abbildung 10.19: Komplett randomisierter Blockversuchsplan für drei Felder (Block), drei Getreidesorten und zwei Dünger

☐

Der Versuchsplan in Abbildung 10.19 ist wie folgt zu lesen: Der erste Aussaatversuch wird auf Feld Nr. 1 mit Getreidesorte Nr. 3 (Gerste) mit Dünger („1") durchgeführt. Der zweite Aussaatversuch erfolgt auf Feld Nr. 1 mit Getreidesorte Nr. 3 (Gerste) ohne Dünger („2"). Der dritte Aussaatversuch erfolgt auf Feld Nr. 1 mit Getreidesorte Nr. 2 (Weizen) ohne Dünger („2"). Analog sind die Angaben für die übrigen Versuche abzulesen. Somit ergibt sich für den letzten Versuch dieses Plans eine Aussaat auf Feld Nr. 3 mit Getreidesorte Nr. 2 (Weizen) ohne Dünger („2").

10.5 Übungsaufgaben

Aufgabe 10.1:

(a) Erstellen Sie mit Hilfe von `PROC PLAN` einen komplett randomisierten Versuchsplan zur Untersuchung von 4 verschiedenen Behandlungen an 20 Versuchseinheiten. Jede Versuchseinheit darf nur 1 Behandlung erhalten und jede Behandlung soll insgesamt gleich oft angewandt werden (balancierter Plan).

(b) Vertauschen Sie in dem in (a) erstellten Programm die Reihenfolge von Behandlung und Versuchseinheit und beschreiben kurz, warum die dann resultierenden Versuchspläne nicht geeignet sind. Was passiert, wenn die `CYCLIC`-Option weggelassen wird oder an die falsche Stelle im Programm geschrieben wird?

(c) Erstellen Sie einen balancierten Plan, in dem 12 Patienten jeweils zwei von drei Behandlungen zugewiesen werden. Schreiben Sie den Plan in den Datensatz `Plan`, wobei die Zahlen 1, 2 und 3 für die drei Behandlungen durch die Angaben „Chlorhexidindihydrochlorid", „Hydroxypropyl-dimoniumchlorid" und „Placebo" zu ersetzen sind. ■

Aufgabe 10.2:

Der Trainer einer Fußballmannschaft will wissen, ob die Frisur seiner Spieler deren Spielstärke beeinflusst. Er unterscheidet vier verschiedene Frisurtypen (Gruppe1=„Normal", Gruppe2=„Irokese", Gruppe3=„Ohne Haare" und Gruppe4=„VoKuHiLa") und registriert für eine unterschiedliche Anzahl von Spielern innerhalb jeder Gruppe mit einer geeigneten Maßzahl jeweils seine Spielstärke. Die Ergebnisse dieser Erhebung hat er in den Dateien *gruppe1.sas7bdat*, *gruppe2.sas7bdat*, *gruppe3.sas7bdat* und *gruppe4.sas7bdat* abgespeichert.

(a) Stellen Sie mit Hilfe von `PROC GLM` ein ANOVA-Modell zur Untersuchung der Frage auf, ob sich die 4 Gruppen hinsichtlich ihres Erwartungswertes unterscheiden.

(b) Erklären Sie, warum die Prozedur `PROC ANOVA` in (a) nicht das richtige Ergebnis liefert!

(c) Berechnen Sie im Rahmen von `PROC GLM` die Mittelwerte aller vier Gruppen. Bestimmen Sie mit Hilfe der `ESTIMATE`-Anweisung die Differenzen der Gruppenmittel Nr. 2, 3 und 4 zur Gruppe 1. ■

Aufgabe 10.3:

In einer klinischen Studie sollen drei Behandlungen miteinander verglichen werden. Dazu bilden Sie drei Gruppen von Versuchspersonen, denen jeweils eine der Behandlungen verabreicht wird.

Gemäß einer Pilotstudie beträgt die Fehlervarianz σ^2 der Zielgröße innerhalb jeder Gruppe 0,1. In einem F-Test zum Niveau $\alpha = 0{,}05$ sollen die möglichen Unterschiede zwischen den Gruppen mindestens mit einer Wahrscheinlichkeit von $1 - \beta = 0{,}9$ aufgedeckt werden. Die Unterschiede in den Gruppenmitteln sind ab einer Spannweite von 0,2 klinisch relevant.

Wie viele Personen müssen (in einem balancierten und vollständig randomisierten Versuchsplan) pro Gruppe in die Studie aufgenommen werden?

Hinweis: Bestimmen Sie zunächst das minimal mögliche Δ bei einer Spannweite der Gruppenmittel von 0,2. ∎

Aufgabe 10.4:

Erzeugen Sie nach der Festlegung des notwendigen Stichprobenumfangs in Aufgabe 10.3 einen simulierten Datensatz, der die Vorgaben aus Aufgabe 10.3 erfüllt. Passen Sie den erzeugten Daten ein Varianzanalysemodell an und führen einen F-Test auf Unterschiede im Erwartungswert der drei Gruppen durch.

Wiederholen Sie die Datensimulation und den F-Test 1000 mal. Betrachten Sie die p-Werte. Lehnt der Test tatsächlich in ca. 90 % der Fälle die Hypothese gleicher Gruppenmittel ab? ∎

Nichtparametrische Verfahren

Nichtparametrische statistische Verfahren kommen mit nur wenigen Annahmen über die Verteilung der beobachteten Zufallsvariablen aus. Oft werden sie mit dem Begriff „verteilungsfreie" Verfahren gleichgesetzt. Eine Unterscheidung ist aber möglich. Ein „verteilungsfreies" Verfahren basiert auf einer Statistik, deren Verteilung unabhängig von der Verteilung der beobachteten Zufallsvariablen in der Grundgesamtheit ist. Ein derartig universelles Verfahren herzuleiten ist nicht immer möglich. Stattdessen sind schwache Annahmen notwendig, beispielsweise die Stetigkeit der Verteilung. Ein „nichtparametrisches" Verfahren trifft keine Annahmen über die Parameter der Verteilung der Grundgesamtheit. Näheres siehe Büning, Trenkler (1994).

11.1 Ordnungsstatistiken und Ränge

Viele nichtparametrische Verfahren basieren auf Rang- oder Ordnungsstatistiken. Werden die Stichprobenvariablen $X_1, \ldots, X_n$ gemäß $X_{(1)} \leq X_{(2)} \leq \ldots \leq X_{(n)}$ sortiert, so heißt $(X_{(1)}, \ldots, X_{(n)})$ geordnete Statistik und $X_{(i)}$ die i-te Ordnungsstatistik. Typische Ordnungsstatistiken sind Minimum, Maximum oder Median. Durch die Veränderung der Reihenfolge sind derartige Statistiken mit einem Informationsverlust gegenüber der ursprünglichen Stichprobe verbunden.

Rangstatistiken verknappen ebenfalls die Information gegenüber der Ausgangsstichprobe. Der Rang einer Stichprobenvariablen $X_i = X_{(j)}$ ist definiert durch: $rg(X_i) = rg(X_{(j)}) = j$. Ränge charakterisieren eine Stichprobe gut, denn die Korrelation zwischen dem Rang i und dem Rang j mit $i \neq j$ beträgt $-\frac{1}{n-1}$. Auf Rängen basierende Verfahren sind verteilungsfrei.

Die hier vorgestellte Definition von Rängen ist nur bei bindungsfreien Stichproben richtig. Bindungen sind Merkmalswerte, die mehr als einmal auftreten. Um die Bindungen aufzulösen, kann man beispielsweise Durchschnittsränge vergeben. Diese sind das arithmetische Mittel aus den Rangzahlen, die für

© Springer-Verlag GmbH Deutschland, ein Teil von Springer Nature 2018
W. Krämer et al., *Datenanalyse mit SAS®*, https://doi.org/10.1007/978-3-662-57799-8_11

die gebundenen Werte insgesamt vergeben werden, sofern die Rangzahl einfach fortläuft. Andere Verfahren zur Bindungslösung sind die zufällige Rangvergabe innerhalb der Bindung oder der maximale (minimale) Rang für alle gebundenen Merkmalswerte.

Beispiel 11.1: Rangvergabe mit der Prozedur RANK

Nachstehendes Programm bestimmt den Rang für die Merkmalswerte 1, 8, 4, 2, 8, 8, 3, 3, 6, 2. In dieser Stichprobe liegen Bindungen vor. Der Wert 3 tritt z. B. zweimal auf, als Ordnungsstatistik 4 und 5. Der Durchschnittsrang für diese beiden Werte beträgt daher $(4+5)/2 = 4{,}5$.

Stichprobe	X_1	X_2	X_3	X_4	X_5	X_6	X_7	X_8	X_9	X_{10}
Realisation	1	8	4	2	8	8	3	3	6	2
Ordnungsstatistik	$X_{(1)}$	$X_{(8)}$	$X_{(6)}$	$X_{(2)}$	$X_{(9)}$	$X_{(10)}$	$X_{(4)}$	$X_{(5)}$	$X_{(7)}$	$X_{(3)}$
Durchschnittsrang	1	9	6	2,5	9	9	4,5	4,5	7	2,5
Zufallsrang	1	10	6	3	8	9	5	4	7	2

$\square$

SAS bestimmt die Ränge mit der Prozedur RANK. Die allgemeine Syntax dazu lautet:

```
PROC RANK [Option(en)];
  BY <Variable(n)>;
  RANKS <Rangvariable(n)>;
  VAR <Variable(n)>;
```

Die wichtigsten Optionen der Prozedur RANK sind DESCENDING und TIES=HIGH|LOW|MEAN. DESCENDING kehrt die Reihenfolge bei der Rangvergabe um, d. h. die größte Beobachtung bekommt den kleinsten Rang. Die Option TIES gibt die Methode zum Auflösen von Bindungen an. TIES=MEAN erstellt Durchschnittsränge. TIES=HIGH ordnet den gebundenen Werten den größten, TIES=LOW den kleinsten zu vergebenden Rang zu. Das SAS-Programm für die Daten aus Beispiel 11.1 lautet:

```
DATA Stichprobe;
  INPUT x @@;
  DATALINES;
  1 8 4 2 8 8 3 3 6 2
  ;
RUN;

PROC RANK DATA=Stichprobe OUT=Rang TIES=MEAN;
  RANKS DurchschnittsRang;
  VAR x;
RUN;
```

Die Prozedur `RANK` vergibt keine Zufallsränge. Diese lassen sich aber mit Hilfe des DATA-Step zuweisen. Das Hinzufügen der Zeile

```
z=x+RANUNI(1)*0.1;
```

zum DATA-Step `Stichprobe` ändert die Werte von `x` minimal ab. So treten keine Bindungen mehr auf, aber die Rangzahl der restlichen Werte verändert sich nicht. Der Faktor nach `RANUNI(1)` (hier: 0,1) ist dabei kleiner als der kleinste Abstand zwischen verschiedenen Merkmalswerten zu wählen. Wird in der `VAR`-Anweisung auch die Variable `z` aufgeführt und unter `RANKS` eine Rangvariable wie z. B. `ZufallsRang` vergeben, werden die Zufallsränge entsprechend bestimmt.

11.2 Verteilungsfreie Signifikanztests

Nichtparametrische Verfahren beinhalten eine Reihe von Signifikanztests sowohl für den Ein-Stichproben- als auch für den Zwei-Stichproben-Fall. Neben Lage- und Variabilitätstests sind vor allem Tests zur Überprüfung von Verteilungsannahmen (Anpassungstests, engl.: Goodness-of-Fit-Tests) von Interesse.

Tests für Lage- und Streuungsunterschiede

Für normalverteilte Zufallsvariablen mit unterschiedlichen Erwartungswerten und Varianzen ist der t-Test das Standardverfahren für den Test auf Gleichheit der Erwartungswerte (gleiche Varianzen vorausgesetzt). Für den Test auf Varianzgleichheit ist der F-Test zuständig (vgl. Kapitel 8). In der Praxis liegt aber oft keine Normalverteilung vor. Dann empfiehlt sich ein entsprechender verteilungsfreier Test.

Das Gegenstück zum t-Test ist der Wilcoxon-Rangsummentest und das Gegenstück zum F-Test ist der Mood-Test. Für den Wilcoxon-Rangsummentest seien $X_1, ..., X_m \sim F$ und $Y_1, ..., Y_n \sim G$ als stochastisch unabhängige Stichproben gegeben. F und G seien stetige Verteilungen mit $G(z) = F(z - \theta)$ $\forall\ z, \theta \in \mathbb{R}$. Die Teststatistik für den Wilcoxon-Rangsummentest zur Hypothese H_0: $\theta = 0$ vs. H_1: $\theta \neq 0$ lautet:

$$W_N = \sum_{i=1}^{m} rg(X_i).$$

Die Ränge werden aus der *vereinigten* Stichprobe $X_1, \ldots, X_m, Y_1, \ldots, Y_n$ mit dem Umfang $N = m + n$ gebildet. Die Nullhypothese auf Gleichheit der Verteilung wird sowohl für zu kleine als auch für zu große Werte der Teststatistik W_N abgelehnt. Die kritischen Werte sind beispielsweise in Büning, Trenkler

(1994) nachzulesen. Für große Stichproben, etwa m oder n größer als 25, ist W_N unter H_0 approximativ normalverteilt:

$$W^+ = \frac{W_N - \frac{1}{2}m(N+1)}{\sqrt{\frac{1}{12}mn(N+1)}} \sim N(0,1).$$

Die Prozedur `NPAR1WAY` führt den Wilcoxon-Rangsummentest durch. Die allgemeine Syntax lautet:

```
PROC NPAR1WAY [Option(en)];
   EXACT <Teststatistik> [/ Berechnungsoption(en)];
```

Zusätzlich lassen sich die Anweisungen `BY`, `CLASS`, `FREQ`, `OUTPUT` und `VAR` wie gewohnt verwenden. Die Optionen von `NPAR1WAY` bestimmen den durchzuführenden nichtparametrischen Test, wie beispielsweise `WILCOXON` für den betrachteten Wilcoxon-Rangsummentest.

Die Anweisung `EXACT` berechnet exakte anstelle asymptotischer p-Werte für die ausgewählte Teststatistik. Weitere Berechnungsoptionen ersetzen die exakten p-Werte durch Monte-Carlo-Schätzungen. Dies empfiehlt sich vor allem bei großen Datensätzen. In diesem Fall ist die exakte Bestimmung sehr zeitaufwendig und arbeitsspeicherintensiv. SAS bestimmt die Monte-Carlo-Schätzung eines p-Werts mit dem Algorithmus von Agresti et al. (1979).

Als Schlüsselwort für `Teststatistik` ist u. a. `WILCOXON` möglich. Die wichtigsten `Berechnungsoptionen` sind `ALPHA=<Wert>`, `MAXTIME=<Wert>` und `MC`. Die Option `ALPHA=<Wert>` legt das Konfidenzniveau für die Monte-Carlo-Schätzung fest. Für ein 99 %-Konfidenzintervall ist `ALPHA=0.01` zu wählen. Mit `MAXTIME=<Wert>` wird die maximale Zeit (in Sekunden) zur Berechnung des exakten p-Werts festgelegt. Beendet die Prozedur die Berechnung nicht innerhalb der angegebenen Zeit, wird die Berechnung abgebrochen. `MC` ersetzt die exakte Berechnung des p-Werts durch die Monte-Carlo-Methode.

Beispiel 11.2: Wilcoxon-Rangsummentest mit der Prozedur `NPAR1WAY`

Ein Autoreifenhersteller möchte feststellen, ob eine Marketingkampagne die Kundenzufriedenheit beeinflusst. Dazu hat er ein Meinungsforschungsinstitut beauftragt, die Kundenzufriedenheit im Vergleich mit dem Marktführer zu erfragen. Die Bewertungsskala für die Zufriedenheit reichte von 1 (sehr zufrieden) bis 5 (sehr unzufrieden). Die Stichprobe umfasst jeweils 101 Kunden beider Hersteller.

Nachstehendes Programm berechnet den Wilcoxon-Rangsummentest für die Befragungsergebnisse aus dem Datensatz `Wilcoxon`.

```
DATA Wilcoxon;
 DO i=1 TO 202;
  Hersteller=MOD(i,2);
  x=RANBIN(0,4,0.5)+1;
  OUTPUT;
 END;
RUN;

PROC NPAR1WAY DATA=Wilcoxon WILCOXON;
 CLASS Hersteller;
 EXACT WILCOXON / MC;
 VAR x;
RUN;
```

Die Variable `Hersteller` gibt den entsprechenden Autoreifenhersteller an. Bestimmt wird der exakte p-Wert für den Wilcoxon-Test und die Monte-Carlo-Schätzung.

Abbildung 11.1 zeigt den ausgegebenen Text. Für jeden Hersteller haben alle befragten Personen eine Bewertung abgegeben (N=101). In der Spalte `Sum of Scores` ist die Teststatistik W_N jeweils für beide Gruppen (Hersteller) aufgeführt. Dazu sind die unter der Nullhypothese erwartete Rangsumme und die Standardabweichung aufgeführt. `Mean Score` gibt den mittleren Wilcoxon-Score an, also W_N dividiert durch N.

The NPAR1WAY Procedure

Wilcoxon Scores (Rank Sums) for Variable x Classified by Variable Hersteller				
Hersteller	N	Sum of Scores	Expected Under H0	Std Dev Under H0	Mean Score
1	101	10528.50	10251.50	397.690943	104.242574
0	101	9974.50	10251.50	397.690943	98.757426
Average scores were used for ties.					

Abbildung 11.1: Textausgabe der Prozedur `NPAR1WAY` für den Wilcoxon-Rangsummentest

Abbildung 11.2 zeigt die Textausgabe zum Wilcoxon-Rangsummentest.

The NPAR1WAY Procedure

Wilcoxon Two–Sample Test	
Statistic	10528.5000
Normal Approximation	
Z	0.6953
One–Sided Pr > Z	0.2434
Two–Sided Pr > |Z|	0.4869
t Approximation	
One–Sided Pr > Z	0.2438
Two–Sided Pr > |Z|	0.4877
Z includes a continuity correction of 0.5.	

Abbildung 11.2: Textausgabe der Prozedur `NPAR1WAY` für den Wilcoxon-Rang-summentest

Der Wert der Teststatistik W_N ist unter `Statistic` angegeben. Zusätzlich ist die Teststatistik `Z` mit Normalverteilungs-Approximation aufgeführt. Diese berechnet sich aus den in Abbildung 11.1 angegebenen Werten gemäß:

$$Z = \frac{\texttt{Sum of Scores} - \texttt{Expected under H0} + 0{,}5}{\texttt{Std Dev under H0}} \ .$$

Die Teststatistik Z ist unter $H0$ approximativ standardnormalverteilt. Zum vorgegebenen Niveau von 5 % wird die Hypothese gleicher Mittelwerte nicht abgelehnt. Die ebenfalls aufgeführte Approximation durch die t-Verteilung führt zum gleichen Ergebnis.

Abbildung 11.3 zeigt die Monte-Carlo-Schätzungen der p-Werte für den Test. Neben der Schätzung für den ein- und zweiseitigen Test sind jeweils die 99 %-Konfidenzintervalle der p-Werte aufgeführt. Die Monte-Carlo-Schätzungen für die p-Werte liegen nahe an denen der Normalverteilungs-Approximation.

The NPAR1WAY Procedure

Monte Carlo Estimates for the Exact Test	
One–Sided Pr >= S	
Estimate	0.2457
99% Lower Conf Limit	0.2346
99% Upper Conf Limit	0.2568
Two–Sided Pr >= |S – Mean|	
Estimate	0.4871
99% Lower Conf Limit	0.4742
99% Upper Conf Limit	0.5000
Number of Samples	10000
Initial Seed	66442

Abbildung 11.3: Textausgabe der Prozedur `NPAR1WAY` für den Wilcoxon-Rangsummentest: Monte-Carlo-Schätzung

□

Neben Tests auf Lageunterschiede sind Variabilitätstests wichtig. Variabilitätstests überprüfen die Hypothese H_0: $G(z) = F(z)$ gegen die Alternative H_1: $G(z) = F(\theta z)$. Unter der Alternative haben die Zufallsvariablen X und θY die selbe Verteilung und es gilt: $\mu_X = \theta \mu_Y$ und $\sigma_X^2 = \theta^2 \mu_Y^2$. Variabilitätstests entdecken somit Unterschiede in den Erwartungswerten und der Varianz.

Für den Mood-Test seien zwei Stichproben $X_1, \ldots, X_m \sim F$ und $Y_1, \ldots, Y_n \sim G$ gegeben. Die Variablen X und Y seien unabhängig. Wie beim Wilcoxon-Rangsummentest werden die beiden Stichproben vorher vereinigt. Ferner sei $G(z) = F(\theta z) \quad \forall\, z \in \mathbb{R}$, $\theta \in \mathbb{R}_+$. Die Hypothese H_0: $\theta = 1$ wird für große Werte der Teststatistik

$$M_N = \sum_{i=1}^{m} \left(rg(X_i) - \frac{N+1}{2} \right)^2$$

zugunsten der Alternative H_1: $\theta \neq 1$ abgelehnt. Eine Normalverteilungs-Approximation ist unter der Nullhypothese gegeben durch:

$$Z = \frac{M_N - m(N^2 - 1)/12}{\sqrt{mn(N+1)(N^2 - 4)/180}} \sim N(0,1).$$

Beispiel 11.3: Mood-Test mit der Prozedur `NPAR1WAY`

Nachstehendes Programm führt einen Mood-Test für die Daten aus Beispiel 11.2 durch.

```
PROC NPAR1WAY DATA=Wilcoxon MOOD;
  CLASS Hersteller;
  VAR x;
RUN;
```

Abbildung 11.4 stellt das Ergebnis dar.

The NPAR1WAY Procedure

Mood Two–Sample Test	
Statistic	330264.5833
Z	–0.6972
One–Sided Pr < Z	0.2428
Two–Sided Pr > |Z|	0.4857

Abbildung 11.4: Textausgabe der Prozedur `NPAR1WAY` für den Mood-Test

Wie beim Wilcoxon-Rangsummentest gibt `Statistic` den Wert der Teststatistik M_N für den Mood-Test an. `Z` führt erneut die Normalverteilungs-Approximation auf. Die Hypothese „Es liegen keine Variabilitätsunterschiede vor" ist zum 5 %-Niveau nicht abzulehnen. □

Der Kruskal-Wallis-Test verallgemeinert den Wilcoxon-Rangsummentest auf mehr als zwei Stichproben. Er überprüft, ob ein Lageunterschied zwischen k Stichproben besteht. Dazu seien Daten mit mindestens ordinalem Messniveau in k Stichproben gegeben. Die Stichprobenvariablen $X_{i1}, \ldots, X_{in_i}$ mit $i = 1, \ldots, k$ seien unabhängig mit stetiger Verteilung F_i, $i = 1, \ldots, k$. Es wird die Hypothese H_0: $F_i(z) = F_j(z) \ \forall \ i \neq j$ vs. H_1: $F_i(z) = F(z - \theta_i) \ \forall \ z \in \mathbb{R}$ und mit $\theta_i \neq \theta_j$ für mindestens ein Paar (i,j), $1 \leq i, j \leq c$ überprüft (vgl. Büning, Trenkler, 1994). Die Teststatistik ist gegeben durch:

$$H = \frac{12}{N(N+1)} \sum_{i=1}^{k} \frac{R_i^2}{n_i} - 3(N+1) \ ,$$

wobei R_i der Rangsumme der i-ten Stichprobe aus der kombinierten Stichprobe entspricht. Der Umfang der i-ten Stichprobe ist n_i und es gilt $N = \sum_i n_i$. Die Hypothese wird für große Werte der Teststatistik H abgelehnt. Die kritischen Werte sind in Büning, Trenkler (1994) aufgelistet.

Bei mehr als zwei Gruppen (Stichproben) führt die Prozedur `NAR1WAY` mit der Option `WILCOXON` automatisch den Kruskal-Wallis-Test durch, sonst den Wilcoxon-Rangsummentest.

Anpassungstests

Tests auf die Güte der Anpassung überprüfen, ob die Stichprobenvariablen aus einer bestimmten Verteilung stammen. Diese Tests basieren auf der empirischen Verteilungsfunktion (vgl. Kapitel 7). Die bekanntesten Vertreter sind der Kolmogorov-Smirnov- (KS) und der χ^2-Anpassungstest.

Für den KS-Test werden unabhängige Stichprobenvariablen $X_1, ..., X_n$ mit unbekannter, stetiger Verteilungsfunktion F unterstellt. Die Hypothese $H_0: F(x) = F_0(x) \ \forall x \in \mathbb{R}$ vs. $H_1: F(x) \neq F_0(x)$ für mindestens ein $x \in \mathbb{R}$ ist zu überprüfen, d. h. ob die Verteilungsfunktion eine genau spezifizierte Form F_0 aufweist. Die empirische Verteilungsfunktion ist ein unverzerrter, konsistenter Schätzer der unbekannten wahren Verteilungsfunktion der Stichprobe. Daher bewertet der KS-Test den Abstand der empirischen Verteilungsfunktion F_n von der hypothetischen Verteilungsfunktion F_0. Für große Werte der Teststatistik

$$D = \max_i |F_n(x_i) - F_0(x_i)|$$

lehnt er die Nullhypothese ab. Die Prozeduren `UNIVARIATE` und `CAPABILITY` führen den KS-Test durch. Für ausgewählte Verteilungen wie Beta-, Exponential-, Gamma-, Lognormal-, Normal- und Weibullverteilung ist die Prozedur `CAPABILITY` in Verbindung mit der `HISTOGRAM`-Anweisung zu verwenden. Das Überprüfen auf eine t-Verteilung ist in SAS aber nicht vorgesehen. In diesem Fall muss der KS-Test selbst programmiert werden.

Beispiel 11.4: KS-Test mit der Prozedur `CAPABILITY`

Die Mitarbeiter der Firma Pedantix müssen jeden Tag einen Aufzug zu ihren Büros benutzen. Die Wartezeit vor dem Aufzug ist exponentialverteilt. Die Mitarbeiter behaupten, sie müssten durchschnittlich 2 Minuten und 20 Sekunden vor dem Aufzug warten. Die Aufzugsfirma behauptet dagegen, die Wartezeit beträgt nicht mehr als zwei Minuten. Die Firmenleitung überprüft die Behauptung der Mitarbeiter durch einen KS-Test. Die simulierten Daten sind im Datensatz `Aufzug` zusammengestellt. Insgesamt wird für 50 Personen die Wartezeit gestoppt. Nachstehendes Programm führt die Analyse durch.

```
DATA Aufzug (KEEP=x);
 DO i=1 TO 50;
  x=ROUND(RANEXP(0)*120);
 OUTPUT;
 END;
RUN;


PROC CAPABILITY DATA=Aufzug;
 HISTOGRAM x / EXPONENTIAL(THETA=0 SIGMA=140) NOPLOT;
RUN;
```

Die Anweisung `Histogram` berechnet die KS-Teststatistik. Das hier ebenfalls berechnete Histogramm wird aufgrund der Option `NOPLOT` nicht mit ausgegeben. Abbildung 11.5 enthält in der Zeile `Kolmogorov-Smirnov` die erzeugte Textausgabe. Der Wert der Teststatistik beträgt 0,1348 mit einem zugehörigen p-Wert von $> 0{,}25$. Zum vorgegebenen Niveau von 5 % wird die Hypothese „Es liegt eine Exponentialverteilung mit Parameter $\lambda = 140$ vor" nicht abgelehnt. Die Behauptung der Mitarbeiter lässt sich somit nicht widerlegen.

The CAPABILITY Procedure
Fitted Exponential Distribution for x

Goodness-of-Fit Tests for Exponential Distribution				
Test	Statistic	DF	p Value	
Kolmogorov-Smirnov	D	0.1374811	Pr > D	>0.250
Cramer-von Mises	W-Sq	0.2286952	Pr > W-Sq	0.228
Anderson-Darling	A-Sq	1.2927950	Pr > A-Sq	0.238
Chi-Square	Chi-Sq	13.4392466	5 Pr > Chi-Sq	0.020

Abbildung 11.5: Teststatistik und p-Wert des Ein-Stichproben Kolmogorov-Smirnov-Tests $\qquad\square$

Ein weiteres sehr gebräuchliche Verfahren zur Überprüfung des Anpassungsgüte ist der χ^2-Test. Im Gegensatz zum KS-Test sind Daten mit ordinalem oder metrischem Messniveau in k Klassen zu gruppieren. Die Hypothese H_0: $F(x) = F_0(x)$ $\forall x \in \mathbb{R}$ vs. H_1: $F(x) \neq F_0(x)$ für mindestens ein $x \in \mathbb{R}$ wird mit der Teststatistik

$$X^2 = \sum_{i=1}^{k} \frac{(n_i - np_i)^2}{np_i} \ ,$$

überprüft. Unter H_0 nimmt die Zufallsvariable X mit Wahrscheinlichkeit p_i einen Wert in der i-ten Klasse an. Die Teststatistik X^2 ist unter H_0 asymptotisch χ^2-verteilt mit $k - 1$ Freiheitsgraden. Die Nullhypothese wird für $X^2 \geq \chi^2_{k-1;1-\alpha}$ abgelehnt.

Der χ^2-Test sollte nur durchgeführt werden, wenn in jeder Gruppe mindestens 5 Beobachtungen vorliegen. Andernfalls sollte man Klassen zusammenlegen oder den KS-Test verwenden.

In SAS kann der χ^2-Anpassungstest sowohl mit den Prozeduren `CAPABILITY` und `UNIVARIATE` in Verbindung mit der Anweisung `HISTOGRAM` durchgeführt werden als auch mit der Prozedur `FREQ` und der `TABLES`-Anweisung.

Beispiel 11.5: χ^2-Anpassungstest mit der Prozedur `CAPABILITY`

Ein Mineralwasserabfüller möchte wissen, ob die neu angeschaffte Abfüllanlage die Flaschen mit einer Mindestmenge befüllt. Der Hersteller der Abfüllanlage behauptet, die Füllmenge sei normalverteilt mit $\mu = 0{,}7$ Litern und einer Standardabweichung von 0,1 Litern. Dies wird mit dem χ^2-Anpassungstest überprüft.

Nachfolgendes Programm simuliert die Daten und führt den Anpassungstest durch.

```
DATA WASSER;
  DO i=1 TO 50;
   x=ROUND(NORMAL(0)*0.1+0.7,0.01);
   OUTPUT;
  END;
RUN;

PROC CAPABILITY DATA=Wasser;
  HISTOGRAM x / NORMAL(MU=0.7 SIGMA=0.1) NOPLOT;
RUN;
```

Abbildung 11.6 zeigt u. a. den geschätzten Erwartungswert (`MEAN`=0,7048) und die empirische Standardabweichung (`Std Deviation`=0,0864). Diese entsprechen etwa den vom Hersteller angegebenen Werten.

The CAPABILITY Procedure
Variable: x

Moments			
N	50	Sum Weights	50
Mean	0.7048	Sum Observations	35.24
Std Deviation	0.08638405	Variance	0.0074622
Skewness	0.27613427	Kurtosis	−0.4528257
Uncorrected SS	25.2028	Corrected SS	0.365648
Coeff Variation	12.2565338	Std Error Mean	0.01221655

Abbildung 11.6: Schätzung der Momente mittels `PROC CAPABILITY`

Abbildung 11.7 zeigt das Ergebnis des χ^2-Anpassungstests für die Mineralwasserdaten. Der Wert der Teststatistik beträgt 2,234. Zum vorgegebenen Niveau von 5 % ist die Hypothese normalverteilter Daten mit Parametern $\mu = 0,7$ und $\sigma = 0,1$ nicht abzulehnen.

The CAPABILITY Procedure
Fitted Normal Distribution for x

Goodness-of-Fit Tests for Normal Distribution				
Test		Statistic	DF	p Value
Kolmogorov–Smirnov	D	0.06680720		Pr > D	>0.250
Cramer–von Mises	W-Sq	0.04767954		Pr > W-Sq	>0.250
Anderson–Darling	A-Sq	0.42118839		Pr > A-Sq	>0.250
Chi-Square	Chi-Sq	2.23431501	6	Pr > Chi-Sq	0.897

Abbildung 11.7: χ^2-Anpassungstest mittels der Prozedur `CAPABILITY`   □

Das Beispiel 11.5 lässt sich nicht mit der Prozedur UNIVARIATE analysieren da diese keinen χ^2-Test, wohl aber anderen Anpassungstests durchführt. SAS führt mehrere Anpassungstests auf einmal durch. Das sollte nicht dazu verleiten, sich *nach* der Analyse den „passenden" auszuwählen. Ist das erhoffte Ergebnis mit dem zuvor ausgewählten Test nicht zu erreichen, darf nicht nachträglich ein anderer Test ausgewählt werden, nur weil dieser das gewünschte Ergebnis liefert. Ein solcher Vorgehen ist leider sehr verbreitet, zu den Konsequenzen siehe Ziliak, McCloskey, 2008.

Den KS-Test gibt es auch in einer Zwei-Stichproben-Variante. Diese testet nicht mehr auf Vorliegen einer bestimmten Verteilung F_0, sondern auf Gleichheit der Verteilungen zweier Zufallsvariablen. Der Zwei-Stichproben-KS-Test vergleicht zwei empirische Verteilungsfunktionen und lehnt bei zu großem maximalen Abstand die Hypothese auf Gleichheit der Verteilungen ab. Die Prozedur NPAR1WAY mit der Option EDF führt diesen Test durch. Dazu fügt man die beiden Datensätze in einen Datensatz zusammen und führt zur Unterscheidung eine Klassifikationsvariable ein.

Hinweis: Die Verteilung des KS-Tests im Zwei-Stichproben-Fall unterscheidet sich von der im Ein-Stichproben-Fall. Die in Büning, Trenkler (1994) vertafelten kritischen Werte sind deshalb für den Zwei-Stichproben-Fall ungeeignet.

Beispiel 11.6: Zwei-Stichproben-KS-Test mit der Prozedur NPAR1WAY

Der Datensatz Kstest2 enthält 15 Realisationen einer $N(1, 4)$-verteilten Zufallsvariablen und 10 Realisationen einer $N(2, 9)$-verteilten Zufallsvariablen. Nachstehendes Programm führt den Zwei-Stichproben-KS-Test durch.

```
DATA Kstest2;
 DO i=1 TO 25;
  Gruppe=CEIL(i/15);
  x=NORMAL(1)*(Gruppe+1)+Gruppe;
  OUTPUT;
 END;
RUN;


PROC NPAR1WAY DATA=Kstest2 EDF;
 CLASS Gruppe;
 VAR x;
RUN;
```

Abbildung 11.8 zeigt die Teststatistik und den zugehörigen p-Wert. Zum 5 %-Niveau ist die Hypothese identischer Verteilungen nicht abzulehnen. Dieses Beispiel zeigt sehr schön, dass bei kleinen Stichproben nur schwer signifikante Teststatistiken erzielbar sind und stützt damit die These von Ziliak, McCloskey, 2008 oder Krämer, 2011, dass man sich mehr auf die geschätzten Parameter selbst und weniger auf die Ergebnisse von Signifikanztests verlassen sollte.

The NPAR1WAY Procedure

Kolmogorov–Smirnov Two–Sample Test (Asymptotic)			
KS	0.179629	D	0.366667
KSa	0.898146	Pr > KSa	0.3953

Abbildung 11.8: Zwei-Stichproben-KS-Test   ☐

Unabhängigkeitstests

Der χ^2-Unabhängigkeitstest überprüft, ob zwei Zufallsvariablen X und Y unabhängig voneinander sind. Ihre Merkmalswerte seien an n Untersuchungseinheiten erhoben und in k bzw. ℓ Klassen aufgeteilt. Es bezeichne n_{ij} die Zahl von Beobachtungen, die gleichzeitig in der i-ten Klasse von Variable X und der j-ten Klasse von Variable Y liegen. Weiterhin sei $n = \sum_{i=1}^{k} \sum_{j=1}^{\ell} n_{ij}$ die Gesamthäufigkeit und $\tilde{n}_{ij}$ die theoretische Häufigkeit, mit $\tilde{n}_{ij} = \frac{n_{i.} n_{.j}}{n}$, $n_{i.} = \sum_{j=1}^{\ell} n_{ij}$, $n_{.j} = \sum_{i=1}^{k} n_{ij}$ (vgl. 11.1). Die Hypothese H_0: „X und Y sind unabhängig" vs. H_1: „X und Y sind abhängig" wird mit der Teststatistik

$$X^2 = \sum_{i=1}^{k} \sum_{j=1}^{\ell} \frac{(n_{ij} - \tilde{n}_{ij})^2}{\tilde{n}_{ij}}$$

überprüft. Der Teststatistik liegt nachstehende Kontingenztafel zugrunde:

Tabelle 11.1: Kontingenztafel für den χ^2-Unabhängigkeitstest

		Klassen von Y				
		1	2	$\cdots$	ℓ	Σ
	1	n_{11}	n_{12}	$\cdots$	$n_{1\ell}$	$n_{1.}$
Klassen	2	n_{21}	n_{22}	$\cdots$	$n_{2\ell}$	$n_{2.}$
von X	$\vdots$	$\vdots$	$\vdots$	$\ddots$	$\vdots$	$\vdots$
	k	n_{k1}	n_{k2}	$\cdots$	$n_{k\ell}$	$n_{k.}$
	Σ	$n_{.1}$	$n_{.2}$	$\cdots$	$n_{.\ell}$	n

Unter H_0 beschreibt $\tilde{n}_{ij}$ die erwartete (theoretische) Häufigkeit für das Feld (i,j) und X^2 den Unterschied zwischen tatsächlichen und erwarteten Häufigkeiten. Die Teststatistik ist asymptotisch χ^2-verteilt mit $(k-1)(\ell-1)$ Freiheitsgraden. Die Nullhypothese wird abgelehnt, wenn $X^2 \geq \chi^2_{(k-1)(\ell-1);1-\alpha}$.

Die konkrete Durchführung in SAS geschieht durch die Prozedur FREQ mit der TABLES-Anweisung und der Option CHISQ.

Beispiel 11.7: χ^2-Unabhängigkeitstest mit der Prozedur FREQ

Ein Flugzeughersteller benötigt exakt gefertigte Gewindestangen zur Anlenkung der Querruder. Diese Gewindestangen werden von zwei Zulieferern (Firma Alpha und Firma Beta) produziert. Die Qualitätskontrolle des Flugzeugherstellers überprüft, ob die Präzision der Fertigung unabhängig von der Zulieferfirma ist. Nachstehendes Programm analysiert die Stichprobe der produzierten Gewindestangen mit dem χ^2-Unabhängigkeitstest.

```
DATA Gewinde;
 INPUT Firma Zustand Anzahl;
 DATALINES;
  1 0 191
  1 1 15
  2 0 180
  2 1 5
 ;
RUN;


PROC FORMAT;
 VALUE zust 0='brauchbar' 1='unbrauchbar';
 VALUE firm 1='Alpha'    2='Beta';
RUN;


PROC FREQ DATA=Gewinde;
 TABLES Zustand*Firma / CHISQ EXPECTED
                        NOROW NOCOL NOPERCENT;
 WEIGHT Anzahl;
 FORMAT Zustand zust. Firma firm.;
RUN;
```

Die Option CHISQ führt den χ^2-Unabhängigkeitstest durch. Die Option EXPECTED gibt die unter der Nullhypothese erwartete Zellhäufigkeit aus. So hat die Firma Alpha 191 brauchbare Gewindestangen geliefert, verglichen mit unter H_0 erwarteten 195,46.

Die Optionen NOROW, NOCOL und NOPERCENT unterdrücken die Ausgabe der absoluten und prozentualen Zeilen- bzw. Spaltenzellhäufigkeit.

The FREQ Procedure

Frequency Expected	Table of Zustand by Firma		
	Firma		
Zustand	Alpha	Beta	Total
brauchbar	191 195.46	180 175.54	371
unbrauchbar	15 10.537	5 9.4629	20
Total	206	185	391

Abbildung 11.9: Kontingenztafel der Prozedur FREQ

Abbildung 11.10 zeigt die Textausgabe des Unabhängigkeitstests. Die Unabhängigkeitshypothese wird zum vorgegebenen Niveau von 5 % abgelehnt.

The FREQ Procedure

Statistics for Table of Zustand by Firma

Statistic	DF	Value	Prob
Chi–Square	1	4.2104	0.0402
Likelihood Ratio Chi–Square	1	4.4303	0.0353
Continuity Adj. Chi–Square	1	3.3198	0.0684
Mantel–Haenszel Chi–Square	1	4.1996	0.0404
Phi Coefficient		-0.1038	
Contingency Coefficient		0.1032	
Cramer's V		-0.1038	

Abbildung 11.10: Textausgabe der Prozedur FREQ zum χ^2-Unabhängigkeitstest

□

11.3 Nichtparametrische Dichteschätzung

Die empirische Verteilungsfunktion schätzt die unbekannte Verteilungsfunktion F (vgl. Kapitel 7). Dieser Abschnitt widmet sich der Schätzung der Dichte f.

Die nichtparametrische Dichteschätzung benötigt nur wenige Annahmen bezüglich der zugrunde liegenden Verteilung. Eine bestimmte Verteilungsfamilie wird nicht unterstellt, wohl aber die Existenz höherer Ableitungen. Eine erste Idee über die Form der Dichte liefert das Histogramm der Stichprobenwerte. So entsteht eine als Dichte zu interpretierende Funktion, welche eine Näherung an die unbekannte Dichte f liefert. Ausgenutzt wird dabei die Beziehung zwischen relativer Häufigkeit und Wahrscheinlichkeit. Für eine Stichprobe $X_1, ..., X_n$ aus einer stetigen Verteilung mit Dichte f gilt:

$$P(a \leq X_i \leq b) = \int_a^b f(x) \, dx \ .$$

Daraus ergibt sich eine Dichteschätzung im Intervall $[a, b]$ zu:

$$\hat{f}(x) = \frac{\text{Anzahl der } X_i \text{ in } [a, b]}{n(b - a)}.$$

Für k Intervalle $B_k = [x_0 + kh, x_0 + (k + 1)h]$, mit x_0 als Anfangspunkt, beispielsweise $x_{\min}$ und h als Bandbreite, welche die Merkmalswerte $x_1, ..., x_n$ überdecken, ist der Histogrammschätzer in der Notation der Dichteschätzer gegeben durch:

$$\hat{f}_H(x) = \frac{1}{nh} \sum_k n_k I_{B_k}(x) \ .$$

Dabei ist

$$I_{B_k}(x) = \begin{cases} 1 \ , \ x \in B_k \\ 0 \ , \ \text{sonst} \end{cases}$$

die Indikatorfunktion und n_k die absolute Häufigkeit der in B_k realisierten Stichprobenwerte.

Abbildung 11.11 zeigt den Histogrammschätzer für 80 Zufallszahlen aus einer Betaverteilung mit $\alpha = 1{,}5$ und $\beta = 1{,}2$.

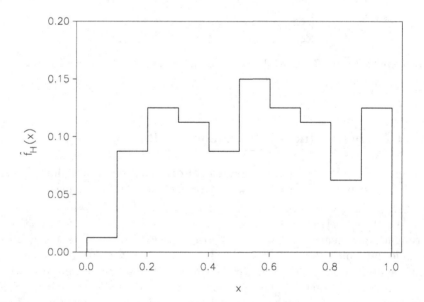

Abbildung 11.11: Histogrammschätzer

Eine Dichteschätzung durch Histogramme empfiehlt sich aber nicht immer. Häufig ist die Dichte f eine stetige oder sogar differenzierbare Funktion, ein Histogramm ist hingegen nur stückweise stetig und nicht überall differenzierbar, da es über die Klassen verschiedene konstante Werte annimmt. Ferner sind Klassenbreite und Klassenanzahl benutzerspezifisch und damit nicht objektiv. Hier bieten sich Kernschätzer als bessere Alternative an. Diese von Rosenblatt (1956) eingeführten Schätzer haben die Form:

$$\hat{f}_n(x) = \frac{1}{nh} \sum_{i=1}^{n} K\left(\frac{x - X_i}{h}\right).$$

Die Kernfunktion K hat dabei die Eigenschaften einer Dichte, also $K(x) \geq 0$ und $\int_{-\infty}^{\infty} K(x)\, dx = 1$. Auch hier heißt der Parameter h Bandbreite und ist vom Anwender zu bestimmen. Durch die Wahl geeigneter Kerne K werden unterschiedliche Kernschätzer konstruiert. Die gebräuchlichsten Kerne sind neben der Standardnormalverteilungsdichte ($=$ Gauss-Kern), der Dreieckskern

$$K(x) = \begin{cases} 1 - |x| & ,\text{ für } |x| < 1 \\ 0 & ,\text{ sonst} \end{cases},$$

und der Epanechnikov-Kern (oder Quadratkern)

$$K(x) = \begin{cases} \frac{3}{4}(1 - x^2) & ,\text{ für } |x| < 1 \\ 0 & ,\text{ sonst} \end{cases}.$$

Abbildung 11.12 zeigt die Graphen dieser drei Kerne.

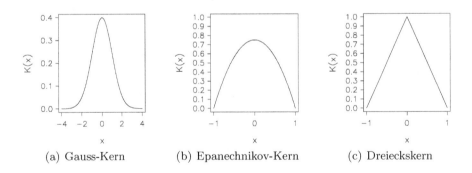

(a) Gauss-Kern   (b) Epanechnikov-Kern   (c) Dreieckskern

Abbildung 11.12: Ausgewählte Kernfunktionen zur nichtparametrischen Dichteschätzung

Wie beim Histogramm ist auch bei den Kernschätzern die Wahl der Bandbreite wichtig. Eine zu große Bandbreite glättet zu stark. Eine zu kleine Bandbreite lässt den Kernschätzer zu grob erscheinen, d. h. es zeigen sich zu viele

„Zacken". Aufgrund der größeren „Glattheit" sind Kernschätzer geeigneter als Histogrammschätzer.

Zur Wahl der geeigneten Bandbreite bei großen Stichprobenumfängen siehe Büning, Trenkler (1994). Die optimale Bandbreite ist gegeben durch:

$$h_{\text{opt}} = \left[\frac{\int_{-\infty}^{\infty} K^2(x)\, dx}{n\sigma_K^4 \int_{-\infty}^{\infty} f''(x)^2\, dx} \right]^{\frac{1}{5}} . \tag{11.1}$$

Die Prozeduren CAPABILITY, UNIVARIATE und KDE führen die Kerndichteschätzung durch. Die Kernschätzer sind in UNIVARIATE oder CAPABILITY in der HISTOGRAM-Anweisung mit der Option KERNEL zu berechnen. Die allgemeine Syntax lautet:

```
PROC CAPABILITY DATA=<Datensatzname>;
 HISTOGRAM <Variable(n)> / KERNEL[( Option(en) )];
```

Die Option C=<Wert(e)>|MISE gibt die standardisierte Bandbreite des Kerns an. Bis zu fünf Bandbreiten können gleichzeitig angegeben werden. Die Option MISE bestimmt die Bandbreite, die den approximativen mittleren integrierten quadratischen Fehler, kurz AMISE, minimiert (vgl. Hodges, Lehmann, 1956). Die Option K=NORMAL|QUADRATIC|TRIANGULAR wählt den entsprechenden Kern aus.

Beispiel 11.8: Kernschätzung mit der Prozedur CAPABILITY

Für 200 Anrufer wird die Zeit in der Warteschleife bis zur Verbindung mit einem Sachbearbeiter erhoben. Nachstehendes Programm schätzt die Dichte der zugrunde liegenden Zufallsvariablen mit einem Histogramm und einem Epanechnikov-Kern mit Bandbreite 0,5.

```
DATA Warteschleife;
 DO i=1 TO 200;
  x=(1/20+RANEXP(1)*4);
  OUTPUT;
 END;
RUN;

PROC CAPABILITY DATA=Warteschleife NOPRINT;
 VAR x;
 HISTOGRAM x / KERNEL(C=0.5 K=QUADRATIC) NOLEGEND;
RUN;
```

Abbildung 11.13 zeigt das Histogramm und die geschätzte Dichte.

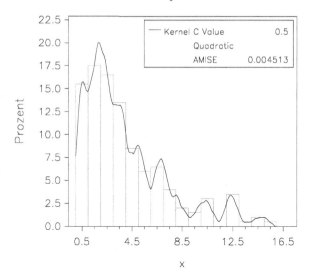

Abbildung 11.13: Schätzung des Epanechnikov-Kerns mit zu geringer Bandbreite

Die geschätzte Dichte ist deutlich „gezackt" und gibt die zugrunde liegende Verteilung noch nicht hinreichend gut wieder. Die Dichte deutet eine rechtsschiefe Verteilung an.

Abbildung 11.14 zeigt eine zu „glatte" Dichteschätzung. Hier erscheint die gewählte Bandbreite zu groß. Die Schiefe wird aber bestätigt.

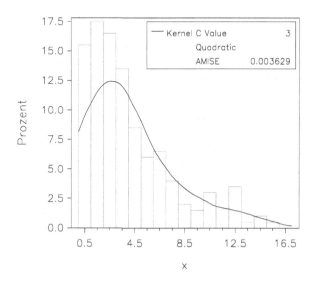

Abbildung 11.14: Schätzung des Epanechnikov-Kerns mit zu großer Bandbreite

Die Option

```
KERNEL(C=MISE)
```

berechnet eine „optimale" Bandbreite. Abbildung 11.15 zeigt die resultierende Kernschätzung.

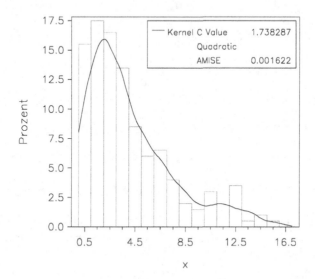

Abbildung 11.15: Schätzung des Epanechnikov-Kerns mit optimaler Bandbreite

Dieser Kern stellt einen guten Kompromiss zwischen (zu) genauer Anpassung an die Daten und (zu) glattem Kurvenverlauf dar. Durch das Einblenden des Werts von C ist die optimale, standardisierte Bandbreite unmittelbar abzulesen. Die INSET-Anweisung ermöglicht dieses Einblenden. In der INSET-Anweisung stehen die nachstehenden Optionen für eine Kernschätzung zur Verfügung:

Tabelle 11.2: Optionen von INSET zur Kernschätzung

Option	Beschreibung
AMISE	Approximativer, integrierter MSE
BANDWIDTH	Bandbreite
C	Standardisierte Bandbreite
TYPE	Typ des Kernschätzers

Für die abgebildete Einblendung ist obiges Analyseprogramm um die Anweisung

```
INSET KERNEL(C TYPE AMISE) / POSITION=NE;
```

zu erweitern.   □

Eine nichtparametrische Dichteschätzung ist auch mit der Prozedur `KDE` möglich. Diese Prozedur verwendet Gauss-Kerne, berechnet eine Reihe von Kenngrößen und speichert die geschätzte Dichte in einem Datensatz ab. Die geschätzte Dichte lässt sich dann beispielsweise mit `PROC GPLOT` grafisch darstellen. Die allgemeine Syntax lautet:

```
PROC KDE [Option(en)];
  BIVAR <Variable(n)>;
  BY <Variable(n)>;
  FREQ <Variable>;
  UNIVAR <Variable(n)>;
  WEIGHT <Variable>;
```

Die aufgeführten Anweisungen sind wie gewohnt zu verwenden. Tabelle 11.3 führt die wichtigsten Optionen der Anweisungen `BIVAR` und `UNIVAR` auf:

Tabelle 11.3: Ausgewählte Optionen der Anweisungen `BIVAR` und `UNIVAR`

Option	Beschreibung
`BWM=<Liste>`	Spezifiziert die Bandbreite zur Dichteschätzung; bei einer univariaten Dichte ist ein Wert für `Liste` einzugeben, bei einer bimodalen zwei durch Komma getrennte Werte
`METHOD=SJPI|SNR|SROT|OS`	Bestimmt die Methode zur Bandbreitenberechnung; `SJPI` entspricht der Sheather-Jones-Methode, `SNR` der einfachen Normal-Methode, `SROT` ist Silvermans Daumenregel und `OS` überglättet die Dichte. Diese Option ist unter `UNIVAR` möglich
`NGRID=<Liste>`	Spezifiziert die Stützstellenanzahl, die mit der `VAR`-Variablen korrespondiert; die Standardeinstellung ist 401 für unimodale bzw. 60 für bimodale Dichten
`PERCENTILES=<Liste>`	Berechnet die Perzentile für jede `VAR`-Variable; die Standardeinstellungen sind $0.5, 1, 2.5, 5, 10, 25, 50, 75, 90, 95, 97.5, 99$ und 99.5

Das Standardverfahren zur Bandbreitenberechnung mit `KDE` ist die Methode von Sheather-Jones. Sie ergibt eine zur Gleichung 11.1 analoge Lösung. Die einfache Normal-Methode unterstellt für die Funktion $\hat{f}$ in Gleichung 11.1 eine Normalverteilung, wodurch sich die Bandbreite

$$h = \hat{\sigma} \left[\frac{4}{3n} \right]^{1/5}$$

ergibt. Dabei bezeichnet $\hat{\sigma}$ die Stichprobenstandardabweichung. Die Daumenregel nach Silverman bestimmt die Bandbreite gemäß

$$h = 0{,}9 \cdot \min\left\{\hat{\sigma};\ \frac{Q_3 - Q_1}{1{,}34}\right\} n^{-1/5}\ ,$$

mit Q_1 und Q_3 als unteres bzw. oberes Stichprobenquartil. Schließlich berechnet sich die Bandbreite durch Überglättung (engl.: oversmoothing)

$$h = 3\hat{\sigma}\left[\frac{1}{70\sqrt{\pi}n}\right]^{1/5}.$$

Nachstehendes Programm ermöglicht eine Dichteschätzung für die Daten aus Beispiel 11.8 mit KDE. Die Bandbreite ist analog zur optimalen Bandbreite zu wählen (vgl. Abbildung 11.15).

```
PROC KDE DATA=Warteschleife;
 UNIVAR x /METHOD=SROT NG=300 BWM=1.73 OUT=B;
RUN;
```

Abbildung 11.16 zeigt die Kernschätzung.

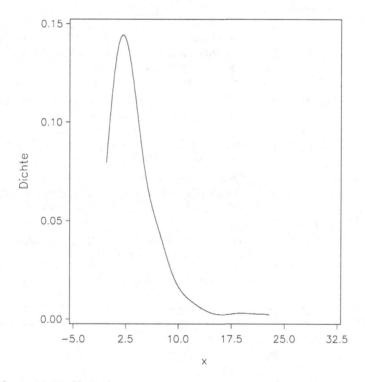

Abbildung 11.16: Kernschätzung mit KDE

11.4 Übungsaufgaben

Aufgabe 11.1:

Die Prozedur RANK mit der Option FRACTION berechnet die Maximalränge (analog zu TIES=HIGH) geteilt durch den Stichprobenumfang. Nutzen Sie dies, um für die Merkmalswerte (Variable x)

  7 3 6 7 4 3 6 6 8 8

die empirische Verteilungsfunktion zu zeichnen.   ■

Aufgabe 11.2:

Nachstehender DATA-Step simuliert zwei schwach korrelierte Zufallsvariablen.

```
DATA Korrelation (DROP=i);
 DO i=1 TO 500;
  x = 0.2*NORMAL(1);
  y = 0.08*x + 0.2*NORMAL(1);
  OUTPUT;
 END;
RUN;
```

Untersuchen Sie den Zusammenhang zwischen diesen Variablen mittels Unabhängigkeitstest. Nutzen Sie dabei eine geeignete Klassenaufteilung.   ■

Aufgabe 11.3:

Der Datensatz *ks2sp.sas7bdat* enthält die Variablen x und y mit 40 bzw. 30 Merkmalswerten. Überprüfen Sie mit dem KS-Test, ob beide Variablen der selben Verteilung entstammen.   ■

Aufgabe 11.4:

Zeichnen Sie für die Daten aus Beispiel 11.8 den Graphen des Histogrammschätzers und der Dichteschätzung mit Silvermans Daumenregel in ein gemeinsames Diagramm.   ■

Aufgabe 11.5:

Berechnen Sie für den nachstehenden Datensatz a einen bivariaten Kerndichteschätzer und stellen Sie ihn grafisch dar.

```
DATA a (DROP=i t);
 DO i=1 TO 50;
  t=TINV(RANUNI(1),2);
  x=t+NORMAL(1);
  y=t+NORMAL(1);
  OUTPUT;
 END;
RUN;
```

                                                        ■

Multivariate Verfahren

Multivariate Verfahren lassen sich in strukturprüfende sowie struktur-entdeckende Verfahren einteilen. Die hier behandelten strukturentdeckenden Verfahren wie die Faktoren- oder die Clusteranalyse decken Zusammenhänge zwischen verschiedenen Variablen auf.

12.1 Multivariate Kennzahlen

Für einen k-dimensionalen Zufallsvektor $X = (X_1, ..., X_k)'$ sind Erwartungs-wertvektor und Kovarianzmatrix gegeben durch:

$$E(X) = (\mu_1, ..., \mu_k)' = \mu$$

und

$$Cov(X) = \begin{pmatrix} Cov(X_1, X_1) & Cov(X_1, X_2) & \cdots & Cov(X_1, X_k) \\ Cov(X_2, X_1) & Cov(X_2, X_2) & \cdots & Cov(X_2, X_k) \\ \vdots & \vdots & \ddots & \vdots \\ Cov(X_k, X_1) & Cov(X_k, X_2) & \cdots & Cov(X_k, X_k) \end{pmatrix}.$$

Bei n Realisationen für jede der Zufallsvariablen $X_1, ..., X_k$ werden die Elemente des Erwartungswertes geschätzt durch:

$$\hat{E}(X) = (\hat{\mu}_1, ..., \hat{\mu}_k)' \qquad \text{mit} \qquad \hat{\mu}_i = \frac{1}{n} \sum_{j=1}^{n} x_{ij} \, ,$$

wobei x_{ij} die j-te Realisation der Zufallsvariablen X_i ist ($i = 1, ..., k$, $j = 1, ..., n$). Die Elemente der Kovarianzmatrix werden geschätzt durch:

© Springer-Verlag GmbH Deutschland, ein Teil von Springer Nature 2018
W. Krämer et al., *Datenanalyse mit SAS®*, https://doi.org/10.1007/978-3-662-57799-8_12

$$\widehat{Cov}(X) = \begin{pmatrix} \hat{\sigma}_{11} & \cdots & \cdots & \cdots & \hat{\sigma}_{1k} \\ \hat{\sigma}_{21} & \hat{\sigma}_{22} & \cdots & \cdots & \hat{\sigma}_{2k} \\ \vdots & \vdots & \ddots & & \vdots \\ \hat{\sigma}_{k1} & \cdots & \cdots & \cdots & \hat{\sigma}_{kk} \end{pmatrix},$$

mit

$$\hat{\sigma}_{ij} = \frac{1}{n-1} \sum_{\ell=1}^{n} (x_{i\ell} - \hat{\mu}_i)(x_{j\ell} - \hat{\mu}_j),$$

wobei $i = 1, ..., k$, $j = 1, ..., k$ sowie $\ell = 1, ..., n$.

Wird in der SAS-Prozedur CORR die Option VARDEF=N statt des Standardwertes VARDEF=DF gesetzt, so verändert sich in obiger Formel der Faktor von $\frac{1}{n-1}$ zu $\frac{1}{n}$.

Beispiel 12.1: Kovarianzberechnung mit der Prozedur CORR

Das nachstehende Programm berechnet die empirische Kovarianzmatrix von x und y.

```
DATA Kovmatrix;
 INPUT x y;
 DATALINES;
  1 5
  2 4
  5 -2
  2 -1
  1 3
 ;
RUN;

PROC CORR DATA=Kovmatrix COV VARDEF=DF;
RUN;
```

Die empirische Kovarianzmatrix lautet:

$$Cov(x, y) = \begin{pmatrix} 2{,}70 & -3{,}95 \\ -3{,}95 & 9{,}70 \end{pmatrix}.$$

Mit der Option VARDEF=N ergibt sich die Kovarianzmatrix:

$$Cov(x, y) = \begin{pmatrix} 2{,}16 & -3{,}16 \\ -3.16 & 7{,}76 \end{pmatrix}.$$

$\square$

12.2 Faktoren- und Hauptkomponentenanalyse

Hauptkomponentenanalyse

Die Hauptkomponentenanalyse dient zur Dimensionsreduktion einer Menge von Zufallsvariablen. Dies wird erzielt, indem die Varianz-Kovarianzstruktur der ursprünglichen Variablen durch wenige Linearkombinationen dieser Ausgangsvariablen beschrieben wird.

Gegeben sei der Zufallsvektor $X' = (X_1, \ldots, X_p)$ mit Kovarianzmatrix Σ. Die nach der Größe sortierten Eigenwerte von Σ seien $\lambda_1 \geq \lambda_2 \geq \cdots \geq \lambda_p \geq 0$, jeweils mit zugehörigem (normiertem) Eigenvektor e_i. Eigenwerte und -vektoren werden durch Spektralzerlegung bestimmt (vgl. Rao, 2002).

Die Linearkombinationen

$$Y_1 = \ell_1' X = \ell_{11} X_1 + \ell_{12} X_2 + \cdots + \ell_{p1} X_p \tag{12.1}$$
$$Y_2 = \ell_2' X = \ell_{12} X_1 + \ell_{22} X_2 + \cdots + \ell_{p2} X_p$$
$$\vdots$$
$$Y_p = \ell_p' X = \ell_{1p} X_1 + \ell_{2p} X_2 + \cdots + \ell_{pp} X_p$$

mit

$$Var(Y_i) = \ell_i' \Sigma \ell_i \,, \qquad\qquad i = 1, 2, \ldots, p \tag{12.2}$$

und

$$Cov(Y_i, Y_k) = \ell_i' \Sigma \ell_k = 0 \,, \qquad i, k = 1, 2, \ldots, p \,. \tag{12.3}$$

heißen Hauptkomponenten, wenn sie die Varianz in Gleichung 12.2 maximieren. Geometrisch entsprechen die Linearkombinationen einem neuen (orthogonalen) Koordinatensystem, welches durch Rotation der ursprünglichen Koordinatenachsen entsteht (vgl. Johnson, Wichern, 1992). Die neu gefundenen Koordinatenachsen zeigen in die Richtung der größten Variabilität des Zufallsvektors X und sind paarweise unkorreliert.

Die Parameter ℓ_{ij}, $(i, j = 1, \ldots, p)$ sowie die Kovarianzmatrix Σ sind unbekannt und sind daher zunächst zu schätzen. Als Schätzer für die ℓ_{ij}, $i, j = 1, \ldots, p$ dienen die Eigenvektoren e_i, als Schätzer der Kovarianzmatrix verwendet man die empirische Kovarianzmatrix.

Die erste Hauptkomponente Y_1 ist somit gegeben durch:

$$\hat{Y}_1 = e_{11} X_1 + \ldots + e_{p1} X_p \,,$$

mit Varianz $Var(\hat{Y}_1) = e_1' \Sigma e_1 = \lambda_i$.

Für die Varianz der Hauptkomponenten gilt folgender Zusammenhang:

$$\sum_{i=1}^{p} Var(X_i) = \lambda_1 + \ldots + \lambda_p = \sum_{i=1}^{p} Var(Y_i).$$ (12.4)

Damit lässt sich der Anteil der k-ten Hauptkomponente an der Gesamtvarianz schreiben als:

$$\frac{\lambda_k}{\lambda_1 + \ldots + \lambda_p}, \quad (k = 1, \ldots, p).$$

Die ersten m Hauptkomponenten ($m \leq p$) sollen möglichst viel Variation des ursprünglichen Datensatzes erklären. In der Praxis sind es oft $m = 3$ oder $m = 4$ Hauptkomponenten.

Die Prozedur PRINCOMP führt die Hauptkomponentenanalyse durch. Die allgemeine Syntax lautet:

```
PROC PRINCOMP [Option(en)];
  BY <Variable(n)>;
  FREQ <Variable(n)>;
  PARTIAL <Variable(n)>;
  VAR <Variable(n)>;
  WEIGHT <Variable(n)>;
```

Die wichtigsten Optionen sind in Tabelle 12.1 zusammengefasst.

Tabelle 12.1: Die wichtigsten Optionen der Prozedur PRINCOMP

Option	Beschreibung
COV	Bestimmt die Hauptkomponenten mittels Kovarianzmatrix; andernfalls mittels Korrelationsmatrix
N	Legt die Anzahl der zu bestimmenden Hauptkomponenten fest
PREFIX=<Name>	Setzt ein Präfix für die Hauptkomponentenbezeichnungen (Standardeinstellung: Prin)

Die Anweisungen BY, FREQ, WEIGHT und VAR funktionieren wie gewohnt. Die Anweisung PARTIAL betrachtet partielle Kovarianzen statt der Kovarianzmatrix zur Bestimmung der Hauptkomponenten.

Beispiel 12.2: Hauptkomponentenanalyse mit der Prozedur PRINCOMP

Für 24 Schildkröten liegen die Merkmale Länge (x_1), Breite (x_2) und Höhe (x_3) des Panzers vor. Um die Beziehung zwischen der Länge, Breite und Höhe besser herauszustellen, bietet sich zunächst eine logarithmische Transformation der Ausgangsvariablen an.

```
DATA SKroete;
 INPUT Laenge Breite Hoehe @@;
 x1=log(Laenge);
 x2=log(Breite);
 x3=log(Hoehe);
 DATALINES;
    98  81 38   103  84 38   103  86 42   105  86 42
   109  88 44   123  92 50   123  95 46   133  99 51
   133 102 51   133 102 51   134 100 48   136 102 49
   138  98 51   138  99 51   141 105 53   147 108 57
   149 107 55   153 107 56   155 115 63   155 117 60
   158 115 62   159 118 63   162 124 61   177 132 67
 ;
RUN;

PROC PRINCOMP COV DATA=SKroete OUT=Ergebnis;
 VAR x1 x2 x3;
RUN;
```

Abbildung 12.1 zeigt die geschätzte Kovarianzmatrix:

The PRINCOMP Procedure

Covariance Matrix		
	x1	x2	x3
x1	0.0264056283	0.0201119539	0.0249175829
x2	0.0201119539	0.0161904463	0.0194242992
x3	0.0249175829	0.0194242992	0.0249397967

Abbildung 12.1: Geschätzte Kovarianzmatrix

Abbildung 12.2 zeigt die Eigenwerte der geschätzten Kovarianzmatrix und Abbildung 12.3 die zugehörigen normierten Eigenvektoren. Die erste Hauptkomponente erklärt demnach bereits 98,06 % der Varianz des Datensatzes. Die ersten beiden Hauptkomponenten erklären gemeinsam 99,19 % der Varianz (Spalte: Cumulative).

The PRINCOMP Procedure

Eigenvalues of the Covariance Matrix			
	Eigenvalue	Difference	Proportion	Cumulative
1	0.06622582	0.06545996	0.9806	0.9806
2	0.00076585	0.00022165	0.0113	0.9919
3	0.00054420		0.0081	1.0000

Abbildung 12.2: Eigenwerte der geschätzten Kovarianzmatrix

The PRINCOMP Procedure

Eigenvectors		
	Prin1	Prin2	Prin3
x1	0.626665	0.552570	-.549506
x2	0.487816	0.271745	0.829572
x3	0.607723	-.787922	-.099260

Abbildung 12.3: Eigenvektoren der geschätzten Kovarianzmatrix

Die Hauptkomponenten sind somit gegeben durch:

$$\hat{Y}_1 = +\ 0{,}626665\ X_1 + 0{,}487810\ X_2 + 0{,}607723\ X_3$$
$$\hat{Y}_2 = +\ 0{,}552570\ X_1 + 0{,}271745\ X_2 - 0{,}787922\ X_3$$
$$\hat{Y}_3 = -\ 0{,}549506\ X_1 + 0{,}829572\ X_2 - 0{,}099260\ X_3$$

$\square$

Faktorenanalyse

Die Faktorenanalyse beschreibt die Kovarianzstruktur der beobachteter Daten durch wenige, unbeobachtbare Zufallsgrößen. Diese Zufallsgrößen heißen Faktoren. Das Faktorenmodell unterstellt eine Gruppierungsmöglichkeit der Variablen durch ihre Korrelation. Die Variablen innerhalb einer gemeinsamen Gruppe korrelieren untereinander stärker als mit Variablen anderer Gruppen. Jede Gruppe von Variablen wird durch einen Faktor beschrieben.

Für das Faktorenmodell sei der Zufallsvektor $X = (X_1, \ldots, X_p)'$ mit $E(X) = \mu = (\mu_1, \ldots, \mu_p)'$ und $Cov(X) = \Sigma$ gegeben. Ferner ist der Zufallsvektor X abhängig vom Störterm $\varepsilon = (\varepsilon_1, \ldots, \varepsilon_p)'$. Die ε_i $(i = 1, \ldots, p)$ heißen spezifische Faktoren. Das Modell ist gegeben durch:

$$X_1 - \mu_1 = \ell_{11}F_1 + \ell_{12}F_2 + \cdots + \ell_{1m}F_m + \varepsilon_1 \qquad (12.5)$$
$$X_2 - \mu_2 = \ell_{21}F_1 + \ell_{22}F_2 + \cdots + \ell_{2m}F_m + \varepsilon_2$$
$$\vdots$$
$$X_p - \mu_p = \ell_{p1}F_1 + \ell_{p2}F_2 + \cdots + \ell_{pm}F_m + \varepsilon_p.$$

In Matrixschreibweise lautet die Modellgleichung:

$$X - \mu = LF + \varepsilon , \qquad (12.6)$$

mit

$$X \sim (p \times 1),\ \mu \sim (p \times 1),\ L \sim (p \times m),\ F \sim (m \times 1) \text{ und } \varepsilon \sim (p \times 1).$$

Die Parameter ℓ_{ij} heißen Ladungen der Faktoren und bilden die Ladungsmatrix L. Das Faktorenmodell unterstellt für X eine lineare Abhängigkeit von wenigen, aber unbeobachtbaren Zufallsvariablen $F_1, F_2, \ldots, F_m$. Dabei heißt F_i $(i = 1, \ldots, m)$ gemeinsamer Faktor, wenn mindestens zwei seiner Ladungen von Null verschieden sind. F_i heißt Einzelfaktor, wenn genau eine Ladung von Null verschieden ist. Somit bezeichnet ℓ_{ij} die Ladung der i-ten Variable auf den j-ten Faktor.

Die p Abweichungen $X_1 - \mu_1, \ldots, X_p - \mu_p$ lassen sich durch $p + m$ unbeobachtbare Zufallsvariablen $F_1, \ldots, F_m$ und $\varepsilon_1, \ldots, \varepsilon_p$ beschreiben. Das unterscheidet das Faktorenmodell aus Gleichung 12.6 von einem multivariaten Regressionsmodell, in welchem die unabhängigen Variablen beobachtbar sind.

Für das Faktorenmodell gelte weiterhin:

$$E(F) = 0, \qquad Cov(F) = E(FF') = I$$

$$E(\varepsilon) = 0, \qquad Cov(\varepsilon) = E(\varepsilon\varepsilon') = \Psi = \begin{pmatrix} \psi_1 & 0 & \cdots & 0 \\ 0 & \psi_2 & \cdots & 0 \\ \vdots & \vdots & \ddots & \vdots \\ 0 & 0 & \cdots & \psi_p \end{pmatrix} \qquad (12.7)$$

sowie die stochastische Unabhängigkeit von F und ε, d. h.

$$Cov(\varepsilon, F) = E(\varepsilon F') = 0 .$$

Das Faktorenmodell aus Gleichung 12.6 mit den Voraussetzungen aus Gleichung 12.7 heißt orthogonales Modell. Dieses ist linear in den gemeinsamen Faktoren und beschreibt die Kovarianzstruktur von X für das Modell

$$(X - \mu)(X - \mu)' = LF(LF)' + \varepsilon(LF)' + LF\varepsilon' + \varepsilon\varepsilon' .$$

Damit gilt:

$$\Sigma = Cov(X) = E[(X - \mu)(X - \mu)'] = LL' + \Psi . \qquad (12.8)$$

Für die Kovarianz der Zufallsvektoren X und F gilt:

$$Cov(X, F) = L \ . \tag{12.9}$$

Der Anteil der Varianz der i-ten Variablen, beschrieben durch die m gemeinsamen Faktoren, heißt Kommunalität und sei mit h_i^2 bezeichnet. Mit Gleichung 12.8 gilt für die Kommunalität h_i^2:

$$h_i^2 = \ell_{i1}^2 + \ell_{i2}^2 + \cdots + \ell_{im}^2 \ . \tag{12.10}$$

Die i-te Kommunalität ist somit die Quadratsumme der Faktorladungen der i-ten Variablen auf den m-ten gemeinsamen Faktor.

Zur Bestimmung der Faktoren ist zunächst die unbekannte Kovarianzmatrix Σ aus den vorliegenden Daten durch die empirische Kovarianzmatrix S zu schätzen. Ziel ist es, die Matrix $\hat{\Psi} = S - \hat{L}\hat{L}'$ aus Gleichung 12.8 zu minimieren, also $S \cong \hat{L}\hat{L}'$. Zur Schätzung von $\hat{L}\hat{L}'$ dient entweder die Hauptkomponentenmethode oder die Maximum-Likelihood-Methode. Bei der Schätzung mit der Hauptkomponentenmethode wird Σ durch S aus den vorliegenden Daten geschätzt. Anschließend werden die Eigenwerte bzw. Eigenvektoren bestimmt.

Kann für F und ε eine Normalverteilung angenommen werden, lässt sich der Maximum-Likelihood-Schätzer für die Matrizen L und Ψ bestimmen. Da L nur bis auf orthogonale Transformationen eindeutig ist, lässt sich die Likelihood-Funktion eindeutig maximieren, wenn die Eindeutigkeitsbedingung (engl.: uniqueness condition) $L'\Psi^{-1}L = \Delta$ gefordert wird, mit Δ als Diagonalmatrix. Die ML-Schätzer $\hat{L}$ und $\hat{\Psi}$ lassen sich dann numerisch bestimmen. Näheres zu den beiden Schätzverfahren siehe Johnson, Wichern (1992).

Aus der geschätzten Ladungsmatrix $\hat{L}$ ist ersichtlich, welche Variablen welchen Faktoren zugeordnet sind. Eine Variable i wird einem Faktor j zugeordnet, wenn $|\ell_{ij}| > 0{,}6$. Eine Variable lässt sich mitunter auch mehreren Faktoren zuordnen, was eine Interpretation der Faktoren erschwert. Einen Ausweg bietet eine varianzmaximierende Rotation der Ladungsmatrix, welche die Zuordnung verbessert. Die bekanntesten Rotationsmethoden sind die durch Kaiser (1958) eingeführte Varimax-Rotation und die Quartimax-Rotation.

In SAS führt die Prozedur FACTOR die Faktorenanalyse durch. Die allgemeine Syntax lautet:

```
PROC FACTOR [Option(en)];
  VAR <Variable(n)>;
  FREQ <Variable(n)>;
  WEIGHT <Variable(n)>;
  BY <Variable(n)>;
```

Die Anweisungen VAR, FREQ, WEIGHT und BY funktionieren wie gewohnt. Tabelle 12.2 stellt die wichtigsten Optionen von PROC FACTOR vor.

Tabelle 12.2: Die wichtigsten Optionen von `PROC FACTOR`

Option	Beschreibung
`METHOD=PRINCIPAL`|`ML`	Gibt die Schätzmethode für die Faktoren an; `PRINCIPAL` entspricht der Hauptkomponentenmethode; weitere Methoden siehe SAS Product Documentation
`MINEIGEN=<Wert>`	Legt über `Wert` die untere Schranke fest, bis zu der Faktoren als relevant einzustufen sind
`NFACTORS=<Wert>`	Legt über `Wert` die Faktorenanzahl fest
`ROTATE=QUARTIMAX`|`VARIMAX`	Legt die Rotationsmethode fest; weitere Methoden siehe SAS Product Documentation

Beispiel 12.3: Faktorenanalyse mit der Prozedur `FACTOR`

Zufällig ausgewählte Konsumenten wurden nach ihrer Meinung zu neuen Müsliriegeln befragt. Die Produkte waren gemäß einer siebenstufigen Skala nach den Kriterien geschmackliche Qualität, Preis, Geschmacksrichtung, Eignung als Snack und Energiegehalt zu bewerten. Gesucht sind zwei Faktoren, welche die Daten hinreichend gut beschreiben. Zur Verbesserung der Interpretierbarkeit ist zusätzlich eine Varimaxrotation durchzuführen.

```
PROC FACTOR DATA=Konsum METHOD=PRIN
           NFACTORS=2 ROTATE=VARIMAX;
  VAR Geschmack Geld Geschmacksrichtung Snack Energie;
RUN;
```

Die Option `NFACTORS=2` bestimmt die Anzahl der Faktoren. Abbildung 12.4 zeigt die unrotierten Faktoren. Die Faktorladung der Variablen `Geschmack` auf den ersten Faktor beträgt -0,97815 und die der Variablen `Energie` auf den zweiten Faktor 0,03854.

The FACTOR Procedure
Initial Factor Method: Principal Components

Factor Pattern		
	Factor1	Factor2
Geschmack	−0.97815	0.20692
Geld	0.98686	−0.08029
Geschmacksrichtung	−0.97037	0.23352
Snack	0.81884	0.57382
Energie	0.99556	0.03854

Abbildung 12.4: Unrotierte Faktoren

Mit diesen Faktorladungen ist keine eindeutige Zuordnung der Variablen zu den Faktoren möglich. Abbildung 12.5 zeigt die orthogonale mit der Varimax-Methode errechnete Transformation T für die Faktorrotation.

The FACTOR Procedure
Rotation Method: Varimax

Orthogonal Transformation Matrix		
	1	2
1	−0.83700	0.54720
2	0.54720	0.83700

Abbildung 12.5: Varimax-Rotationsmatrix

Nach der Rotation fällt die Variablenzuordnung leichter. Abbildung 12.6 zeigt die rotierten Faktoren. Auf den Faktor `Factor1` laden jetzt die Variablen `Geschmack` und `Geschmacksrichtung`. Die Variablen `Energie`, `Snack` und `Geld` laden auf den Faktor `Factor2`. Diese Zuordnung erfolgt aufgrund des Vorzeichens der jeweiligen Faktorladung. `Geld` hat mit einem Wert von 0,4728 nur eine schwache Ladung auf `Factor2`.

The FACTOR Procedure
Rotation Method: Varimax

Rotated Factor Pattern	Factor1	Factor2
Geschmack	0.93194	−0.36205
Geld	−0.86994	0.47280
Geschmacksrichtung	0.93998	−0.33553
Snack	−0.07138	0.92836
Energie	−0.81219	0.57703

Abbildung 12.6: Faktoren nach der Varimax-Rotation

Abbildung 12.7 zeigt die geschätzten Kommunalitäten (quadrierte Summe der Variablen i über die $m = 2$ Faktoren). Die hohen Werte deuten auf eine hinreichend gut erklärte Varianz durch die zwei Faktoren.

The FACTOR Procedure
Initial Factor Method: Principal Components

Final Communality Estimates: Total = 4.968470				
Geschmack	Geld	Geschmacksrichtung	Snack	Energie
0.99959271	0.98033951	0.99614776	0.99977318	0.99261677

Abbildung 12.7: Kommunalitäten der Variablen

Mit zunehmender Faktorenzahl nimmt die erklärte Varianz pro neuem Faktor ab. Bei der Auswahl der Faktorenzahl ist ein „Scree-Plot" hilfreich. Er trägt die absteigend sortierten Eigenwerte gegen die zugehörigen Faktorenzahl ab und lässt sich in SAS durch Herausschreiben eines Datensatzes mit der Option `OUTSTAT=<Datensatz>` und `PROC GPLOT` erzeugen:

```
PROC FACTOR DATA=Konsum METHOD=PRIN NFACTORS=2
            ROTATE=VARIMAX OUTSTAT=Faktor;
 VAR Geschmack Geld Geschmacksrichtung Snack Energie;
RUN;

PROC TRANSPOSE DATA=Faktor OUT=Faktor1 PREFIX=Col;
RUN;

DATA Faktor2;
 SET Faktor1;
 t=_N_;
RUN;

PROC GPLOT DATA=Faktor2;
 SYMBOL1 V=DOT H=0.5 C=BLACK I=JOIN;
 PLOT Col11*t=1;
RUN;
QUIT;
```

Abbildung 12.8 zeigt das Ergebnis, einen typischen Scree-Plot mit seinem charakteristischen „Knick". Ein Knick ist eine deutliche Veränderung der Steigung. Die Knickstelle gibt die Anzahl der zu verwendenden Faktoren an. Demnach sind hier zwei Faktoren zu verwenden.

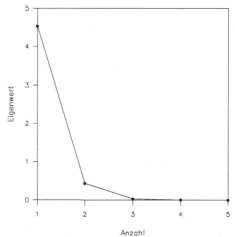

Abbildung 12.8: Scree-Plot der Faktorenanalyse

12.3 Clusteranalyse

Ziel der Clusteranalyse ist eine Einteilung (Clusterung) von Beobachtungen in einem Datensatz in sinnvolle Gruppen (Cluster). Die Clustereinteilung erfolgt über Distanzmaße wie dem Euklidischen Abstand oder der Mahalanobis-Distanz. Die Clusteranzahl ist dabei vom Anwender festzulegen.

Im Weiteren werden ausschließlich hierarchische Verfahren betrachtet. Für andere Clusterverfahren siehe Hartung, Elpelt (2006). Die bekanntesten hierarchischen Verfahren starten mit einer sehr feinen Einteilung der Beobachtungen, die schrittweise gröber wird. Die bekanntesten Algorithmen sind der Single-Linkage- sowie der Average-Linkage-Algorithmus.

Beim Single-Linkage bildet zunächst jede Beobachtung eine eigene Gruppe. In jedem Schritt wird der Abstand zwischen den einzelnen Gruppen berechnet, die Gruppen mit dem kleinsten Abstand bilden eine neue Gruppe. Average-Linkage beginnt ebenfalls mit einer Beobachtung pro Gruppe. Jede Gruppe ist dabei durch ihren Mittelpunkt beschrieben. Dieser berechnet sich aus dem Durchschnitt (beispielsweise dem arithmetischen Mittel) aller Beobachtungen in der Gruppe. Der Abstand zweier Gruppen ist definiert als der Abstand der jeweiligen Gruppenmittelwerte.

Beide Verfahren werden jeweils solange fortgeführt, bis die gewünschte Gruppenzahl erreicht ist oder alle Beobachtungen eine gemeinsame Gruppe bilden.

In SAS dient dazu die Prozedur CLUSTER. Die allgemeine Syntax lautet:

```
PROC CLUSTER [Option(en)];
  VAR <Variable(n)>;
  ID <Variable>;
```

Die Anweisungen ID und VAR sind wie gewohnt zu verwenden. Tabelle 12.3 stellt die wichtigsten Optionen zusammen.

Tabelle 12.3: Die wichtigsten Optionen der Prozedur Cluster

Option	Beschreibung
METHOD=AVE|SINGLE	Legt das Clusterverfahren fest; AVE führt Average-Linkage durch und SINGLE entsprechend Single-Linkage; weitere Verfahren sind möglich
OUTTREE=<SAS-Datensatz>	Erzeugt einen Datensatz für eine grafische Darstellung der Clusterung
PRINT=<N>	Gibt nur die letzten N Clusterschritte aus; ohne diese Option werden alle Schritte ausgegeben

Abbildung 12.9 zeigt einen zweidimensionalen Datensatz mit drei möglichen Gruppen. Während die schwarze Gruppe gut von den beiden grauen Gruppen

getrennt ist, lassen sich die beiden grauen Gruppen weniger deutlich voneinander trennen.

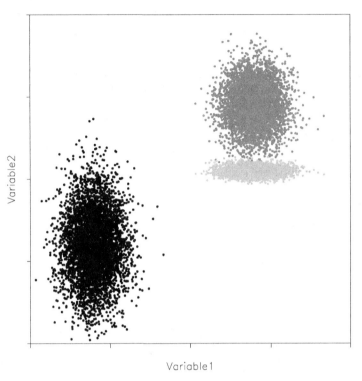

Abbildung 12.9: Datensatz mit zweidimensionalen Beobachtungen und drei Gruppen

Viele Clusterverfahren können kreisförmige Gruppen erkennen, jedoch keine
elliptischen. Die Prozedur ACECLUS (ACECLUS = Approximate Covariance
Estimation for Clustering, vgl. Art et al., 1982) überführt elliptische Grup-
pen durch lineare Transformation in kreisförmige und nähert so die Intra-
Cluster-Kovarianzmatrix der Einheitsmatrix an. Die allgemeine Syntax von
PROC ACECLUS lautet:

```
PROC ACECLUS [Option(en)];
  BY <Variable(n)>;
  FREQ <Variable>;
  VAR <Variable(n)>;
  WEIGHT <Variable>;
```

Die wichtigste Option ist PROPORTION=<Wert>. Sie gibt den Anteil der
Wertepaare an, welcher für die Schätzung der Intra-Cluster-Kovarianzmatrix
berücksichtigt wird.

Beispiel 12.4: Clusteranalyse mit der Prozedur CLUSTER

Der Datensatz Armut enthält Angaben von 16 Ländern zur Geburts-, Sterbe- und Kindersterblichkeitsrate, siehe Johnson, Wichern (1992). Die 16 Länder sind anhand der vorliegenden Angaben in Gruppen einzuteilen. Aus vorherigen Untersuchungen ist die elliptische Form der Gruppen bekannt. Nachstehendes Programm führt eine Clusteranalyse durch.

```
PROC ACECLUS DATA=Armut OUT=Ace_Armut PROPORTION=0.03 NOPRINT;
 VAR Geburtenrate Sterberate Kindersterblichkeit;
RUN;

PROC CLUSTER DATA=Ace_Armut OUTTREE=Baum
           METHOD=AVE NOEIGEN PRINT=10;
 VAR can1 can2 can3;
 ID Land;
RUN;
```

Die Option NOEIGEN unterdrückt die Berechnung von Eigenwerten der Kovarianzmatrix. Die Gruppenbildung erfolgt nach dem Average-Linkage-Algorithmus (METHOD=AVE). Die Variablen can1, can2 und can3 sind von der Prozedur ACECLUS erzeugt worden. Abbildung 12.10 zeigt die Textausgabe von PROC CLUSTER:

The CLUSTER Procedure
Complete Linkage Cluster Analysis

Root–Mean–Square Total–Sample Standard Deviation = 7.76692

Mean Distance Between Observations   = 13.82321

	Cluster History				
NCL	Clusters Joined		FREQ	Norm Max Dist	T i e
10	CL12	Schweden	3	0.1559	
9	CL11	CL10	7	0.177	
8	CL13	USA	3	0.2481	
7	CL9	CL8	10	0.2791	
6	CL7	Japan	11	0.2943	
5	Venezuela	Korea	2	0.7079	
4	Paraguay	Mexiko	2	0.8715	
3	CL5	CL6	13	1.1427	
2	Brasilien	CL4	3	1.4343	
1	CL2	CL3	16	3.1729	

Abbildung 12.10: Textausgabe der Prozedur CLUSTER

Die Option PRINT=10 gibt nur die letzten zehn Clusterschritte aus. Die Spalte Clusters Joined führt die im jeweiligen Schritt zusammengefassten Gruppen auf. Dabei steht `CL<n>` für die Gruppe, welche durch den Average-Linkage-Algorithmus im Schritt `NCL=n` gebildet wurde. Der sechstletzte Schritt fasst somit die Gruppe `CL7` mit dem bis dahin nicht einer Gruppe zugeordneten Land `Japan` zu `CL6` zusammen. Die Spalte `FREQ` gibt an, wie viele Elemente sich in diesem zusammengeführten Cluster befinden. Der Cluster `CL12`-`Schweden` enthält beispielsweise drei Elemente.

Die Spalte `Norm Max Dist` zeigt die sukzessive Zunahme der Abstände zwischen den Clustern. Im letzten Clusterschritt befinden sich alle Beobachtungen in einer gemeinsamen Gruppe. Die Option `NCL=k` begrenzt die Gruppenzahl auf `k`. □

Zur grafischen Darstellung der hierarchischen Struktur dient ein Dendrogramm. Dazu ist in SAS ein eigener Datensatz notwendig, welcher die Zusammenführung der Gruppen beinhaltet. Die `OUTTREE=`-Anweisung in Beispiel 12.4 erzeugt diesen Datensatz. Er enthält auch die berechneten maximalen Abstände zwischen den Clustern sowie die zugehörige Standardabweichung. Die Prozedur `TREE` erzeugt das Dendrogramm.

Beispiel 12.4: (Fortsetzung)

Nachstehendes Programm erstellt ein Dendrogramm aus dem Datensatz `Baum`.

```
PROC TREE DATA=Baum HORIZONTAL;
 HEIGHT _NCL_;
 ID Land;
RUN;
```

Die Option `HORIZONTAL` gibt die Orientierung des Dendrogramms an. Die Standardeinstellung ist vertikal. Die `HEIGHT`-Anweisung legt die vertikale bzw. horizontale Position der Verzweigungen durch die aufgeführte Variable fest. Die Variable `_NCL_` wird von der Prozedur `CLUSTER` automatisch erzeugt und steht für die Clusteranzahl im jeweiligen Iterationsschritt. Abbildung 12.11 zeigt das resultierende Dendrogramm für die Daten aus Beispiel 12.4.

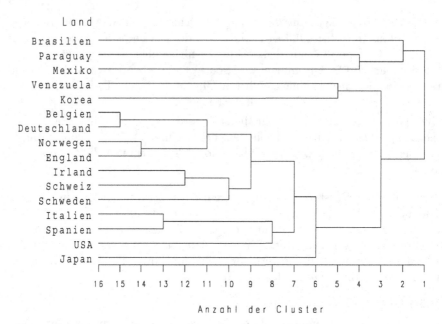

Abbildung 12.11: Dendrogram der Daten aus Beispiel 12.4

Die sukzessive Zusammenführung der Cluster ist am Dendrogramm gut abzulesen. Für jeden der 16 Iterationschritte zeigt es die zunehmend gröbere Clustereinteilung. Zu Beginn bildet jedes Land eine eigene Gruppe. Sind beispielsweise drei Gruppen zu bilden, besteht die erste aus Brasilien, die zweite aus Paraguay und Mexiko und die dritte aus allen übrigen Ländern.   □

Eine neue Beobachtung ist nach einer abgeschlossenen Clusterung der Gruppe zuzuordnen, zu welcher sie den kleinsten Abstand besitzt. Diese Zuordnung heißt Klassifikation. Clusterung und Klassifikation bezeichnen somit verschiedene Dinge.

12.4 Übungsaufgaben

Aufgabe 12.1:

Die Datei *Track.html* enthält die Leichtathletikrekorde der Männer über verschiedene Laufstrecken für 55 ausgewählte Länder.

(a) Lesen Sie den Datensatz mit geeigneten Optionen ein.

(b) Führen Sie eine Faktorenanalyse durch. Extrahieren Sie zwei Faktoren mit der Hauptkomponentenmethode und rotieren Sie die Ladungsmatrix mit der Varimax-Methode. Welcher Anteil an Variabilität wird durch die beiden Faktoren erklärt? Interpretieren Sie die (rotierte) Ladungsmatrix.
■

Aufgabe 12.2:

Der Datensatz *City.sas7bdat* enthält für einige ausgewählte Städte die Merkmale:

price: Index der Lebenshaltungskosten (bezogen auf Zürich) und

salary: mittlerer Stundenlohn (bezogen auf Zürich).

Führen Sie eine Clusteranalyse mit dem Complete-Linkage-Verfahren (Option METHOD=COMPLETE) durch, um die unterschiedlichen Gruppen von Städten voneinander abzugrenzen und stellen Sie die Clusterschritte grafisch dar.

Wie verändert sich das Ergebnis, wenn Sie außerdem die Prozedur ACECLUS verwenden?
■

Aufgabe 12.3:

Der Datensatz *Stock.sas7bdat* enthält die wöchentlichen Renditen fünf ausgewählter Aktien an der New Yorker Börse.

(a) Schätzen Sie die Kovarianzmatrix.

(b) Führen Sie eine Hauptkomponentenanalyse durch.

(c) Wie viel Prozent der Varianz wird durch die ersten drei Hauptkomponenten erklärt?

(d) Interpretieren Sie die Hauptkomponenten.
■

Zeitreihenverfahren

Zeitreihen sind Daten, die zeitlich angeordnet sind. Beispiele sind die Tages-schlusskurse von BMW für das aktuelle Börsenjahr, das bundesdeutsche Sozialprodukt ab 1948 oder die monatliche Zahl der Verkehrstoten in Nordrhein-Westfalen des Jahres 2012. Die Abbildung 13.1 zeigt beispielhaft die Zahl der Arbeitslosen in Deutschland über ein Jahrzehnt. Man erkennt deutlich Trends und zyklische Schwankungen.

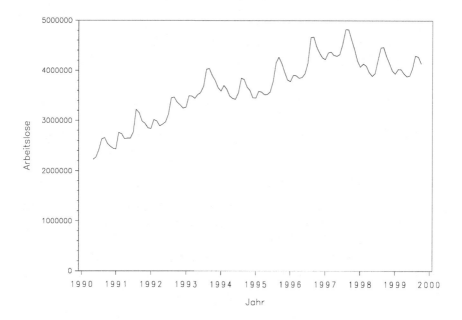

Abbildung 13.1: Arbeitslose in Deutschland

© Springer-Verlag GmbH Deutschland, ein Teil von Springer Nature 2018
W. Krämer et al., *Datenanalyse mit SAS®*, https://doi.org/10.1007/978-3-662-57799-8_13

Abbildung 13.2 zeigt den logarithmierten und um Dividenden- sowie Bezugs-
rechtabschläge bereinigten Aktienkurs von BMW. Die Zeitreihe zeigt einen
deutlichen Trend, aber es fällt schwer zu beurteilen, ob zyklische Schwankungen vorhanden sind.

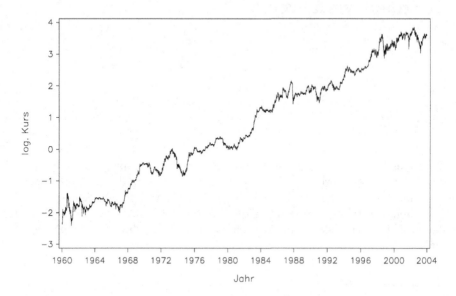

Abbildung 13.2: Bereinigter und logarithmierter Aktienkurs von BMW

13.1 Trend- und Saisonbereinigung

Das klassische Komponentenmodell für Zeitreihen unterstellt die folgende Zerlegung:

Zeitreihe = Trend + Saison + Rest.

Dabei ist nur die Zeitreihe als Ganzes beobachtbar, die einzelnen Komponenten jedoch nicht. Neben der additiven Überlagerung kann alternativ ein
multiplikatives Modell verwendet werden.

„Trend" ist eine langfristige, systematische Veränderung des mittleren Niveaus
der Zeitreihe. Die „Saison" ist eine jahreszeitlich bedingte Schwankungs-
komponente. Sie ist als eine Folge $\{s_t\}$ mit der Eigenschaft

$$s_{t+p} = s_t \tag{13.1}$$

definiert. p ist die Periode der Saisonkomponente. Für Monatsdaten ist beispielsweise $p = 12$. Alle sonstigen Einflüsse werden durch die irreguläre
(„Rest"-)Komponente abgedeckt (vgl. Schlittgen, Streitberg, 2001).

SAS enthält eine Vielzahl von Verfahren, Zeitreihen zu modellieren, vorher-
zusagen oder von Trend- und Saisoneinflüssen zu bereinigen. Letzteres ist
beispielsweise notwendig, um „echte" Erfolge unternehmerischer oder wirt-
schaftspolitischer Handlungen von saisoninduzierten Effekten zu unterscheiden. Steigert etwa ein Kaufhaus seinen Umsatz im Dezember verglichen zum
Oktober um zehn Prozent, so liegt das nicht unbedingt an einer erfolgreichen
Marketingstrategie. Vielleicht wäre der Umsatz ohne das Weihnachtsgeschäft
um zehn Prozent gefallen. Deshalb ist es wichtig, vor einer weiteren Analyse
derartige Saisoneffekte herauszurechnen.

Saisonbereinigungsverfahren beruhen im Wesentlichen auf dem gleichen
Grundprinzip: Man verfolgt die jeweiligen Daten, ob Einzelhandelsumsätze,
Passagierzahlen im Luftverkehr oder verkaufte Weihnachtsgänse über
möglichst viele Jahre und berechnet einen „Trend". Dieser Trend beschreibt
die langfristige Entwicklung der Reihe ohne den Saisoneinfluss. Wiederkehren-
de monats- oder quartalsweise Abweichungen vom Trend stellen die Saisonkomponente dar, nicht-wiederkehrende Abweichungen die Restkomponente.
Dazu zählt z. B. ein besonders heißer Sommer, der den Mineralwasserkonsum
erhöht oder ein besonders kalter Winter, der den Heizölverbrauch erhöht.

Somit ist eine Zeitreihe vor der Saisonanpassung noch von etwaigen Trend-
einflüssen zu bereinigen. Dazu ist zunächst ein Trend anzupassen und dieser
anschließend von den Ausgangsdaten abzuziehen. Mögliche Verfahren sind
gleitende Durchschnitte, d. h. gewichtete arithmetische Mittel aufeinander
folgender realisierter Zeitreihenwerte. Trendanpassungen lassen sich in SAS
im DATA-Step mittels LAG-Funktion oder mittels der Prozedur EXPAND
durchführen. Neben einer Trendanpassung kann diese Prozedur jedoch noch
einiges mehr, etwa eine Zeitreihe in Trend-, Saison- und irreguläre Komponenten zerlegen. Die Syntax dafür lautet:

```
PROC EXPAND;
  CONVERT <Variable>=<Neue Variable> </ Transformation>;
RUN;
```

Hierbei bezeichnet Variable die ursprünglich beobachtete Zeitreihe und Neue
Variable die transformierte Zeitreihe. Tabelle 13.1 stellt die wichtigsten
Transformationen zusammen.

Tabelle 13.1: Die wichtigsten Transformationen der Prozedur EXPAND

Transformation	Beschreibung
CD_TC <s>	Klassische Zeitreihenzerlegung: Trendkomponente
CDA_I <s>	Klassische Zeitreihenzerlegung: irreguläre Komponente
CDA_S <s>	Klassische Zeitreihenzerlegung: Saisonkomponente
CMOVAVE(<Gewichte>)	Berechnung des gleitenden Durchschnitts mit den spezifizierten (zur Summe 1 normierten) Gewichten
CMOVAVE <n>	Berechnung des gleitenden Durchschnitts der Länge n und den Gewichten $\frac{1}{n}$
TRIM <n>	Festlegung der Länge: Setzt alle x_t mit $t \leq n$ oder $t \geq T - n + 1$ auf einen fehlenden Wert (.)

Hierbei bezeichnet s die Periode der Saisonfigur.

Beispiel 13.1: Trendanpassung

Folgendes Programm liefert eine Trendanpassung der Arbeitslosenzahl mittels gleitendem Durchschnitt und speichert diese im Datensatz Transform:

```
PROC EXPAND DATA=Arbeitsl OUT=Transform;
  CONVERT arbeitsl=trend / TRANSFORM=(
                     CMOVAVE (1 2 2 2 2 2 2 2 2 2 2 1)
                     TRIM 6);
  RUN;
```

Abbildung 13.3 stellt diese Trendanpassung dar. Die Trendanpassung ist „glatt" und enthält keine saisonalen Einflüsse mehr.

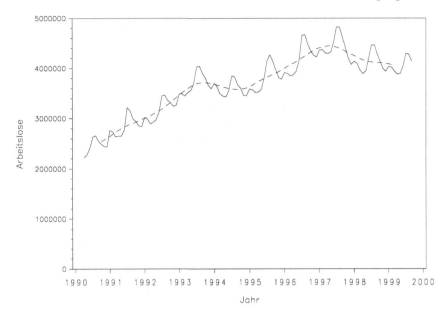

Abbildung 13.3: Arbeitslose in Deutschland (durchgehende Linie) und angepasster Trend (gestrichelte Linie)

Die nach der Trendbereinigung verbliebene Reihe dient als Ausgangspunkt für die eigentliche Saisonanpassung bzw. -bereinigung. Die Saisonfigur errechnet sich als durchschnittliche Abweichung vom Trend.

In SAS erfolgt die Saisonanpassung mit der Prozedur EXPAND oder mit der Prozedur X11. Das letztere Verfahren wurde vom US-amerikanischen „Bureau of the Census" entwickelt und wird weltweit am häufigsten angewendet. Es umfasst sehr viele Methoden zur Saisonschätzung bzw. -approximation. Diese Verfahren werden durch Schlüsselwörter in der TABLES-Anweisung aufgerufen.

Die allgemeine Syntax von PROC X11 lautet:

```
PROC X11 [Option(en)];
  ARIMA <Option(en)>;
  MACURVES <Option(en)>;
  MONTHLY <Option(en)>;
  QUARTERLY <Option(en)>;
  TABLES <Tabellenname(n)>;
```

Die Anweisung ARIMA passt ein ARIMA-Modell Schlittgen, Streitberg (2001) an die Daten an und berechnet anhand dieses Modells Vorhersagewerte. Die Anpassung erfolgt durch die Anweisung ARIMA MODEL=(P=<Ordnung> Q=<Ordnung>). Neben der Ordnung für das ARIMA-Modell lässt sich auch die Ordnung der saisonalen AR- bzw. MA-Anteile spezifizieren. Die Vorhersage wird durch die Option FORECAST=<n> veranlasst. Dabei bezeichnet n die Anzahl der vorherzusagenden Perioden. In der Regel betrachtet X11 die Daten als sich jährlich wiederholend, somit sagt die Angabe von FORECAST=1 Werte für ein Jahr vorher.

MACURVES beeinflusst die Schätzung der Saisonfigur. Die Option <Monatsname>=STABLE erzwingt eine starre Saisonfigur für den angegebenen Monat. Ohne diese Option ist die Gleichung $s_{t+p} = s_t$ i. A. verletzt.

MONTHLY wird für Monatsdaten und QUARTERLY für Quartalsdaten verwendet. Beide Anweisungen erlauben die Option ADDITIVE für ein additives Modell. Die Optionen START und END legen Anfangs- bzw. Endzeitpunkt für die Saisonanpassung fest.

Die wichtigste Anweisung der Prozedur X11 ist TABLES. Sie spezifiziert die Saisonanpassungsmethode. Der Umfang der möglichen Methoden ist sehr groß und eine Darstellung an dieser Stelle würde den Rahmen dieses Buches sprengen. Näheres erfährt man etwa in der die SAS Product Documentation.

Beispiel 13.2: Saisonanpassung mit Prozedur X11

Das folgende Programm passt nach der Trendbereinigung mit PROC EXPAND eine Saisonfigur an die deutschen Arbeitslosendaten an:

```
PROC EXPAND DATA=arbeitsl OUT=a;
 CONVERT arbeitsl=trend
         / TRANSFORM=(CMOVAVE(1 2 2 2 2 2 2 2 2 2 2 1));
RUN;

DATA b;
 SET a;
 t_berein=arbeitsl-trend;
RUN;

PROC X11 DATA=b;
 VAR t_berein;
 MACURVES JAN=STABLE FEB=STABLE MAR=STABLE APR=STABLE
          MAY=STABLE JUN=STABLE JUL=STABLE AUG=STABLE
          SEP=STABLE OCT=STABLE NOV=STABLE DEC=STABLE;
 MONTHLY START=May90 ADDITIVE;
 TABLES D10;
RUN;
```

Die Prozedur EXPAND schätzt zunächst den Trendverlauf mit einem gleitenden Durchschnitt. Dieser Trend wird im nachfolgenden DATA-Step von der Ausgangszeitreihe abgezogen. Anschließend passt PROC X11 ein additives Saisonmodell (TABLES D10) mit Monatsdaten an.

Abbildung 13.4 zeigt die zugehörige Textausgabe. Die monatliche Komponente der Saisonfigur ist in den Spalten angegeben. Durch die STABLE-Option sind die Komponenten eines jeden Monats über alle Jahre identisch und die Komponenten der Saisonfigur addieren sich zu Null. Abbildung 13.5 veranschaulicht die durch PROC X11 geschätzte Saisonfigur.

The X11 Procedure

Seasonal Adjustment of – t_berein

Year	JAN	FEB	MAR	APR	MAY	JUN	JUL	AUG	SEP	OCT	NOV	DEC	Avg
D10 Final Seasonal Factors													
1990	.	.	.	.	–178851	–159476	5053.61	313556	315612	159048	40720.3	–104596	48883.5
1991	–153628	–25647	–55057	–156736	–178851	–159476	5053.61	313556	315612	159048	40720.3	–104596	0.000
1992	–153628	–25647	–55057	–156736	–178851	–159476	5053.61	313556	315612	159048	40720.3	–104596	0.000
1993	–153628	–25647	–55057	–156736	–178851	–159476	5053.61	313556	315612	159048	40720.3	–104596	0.000
1994	–153628	–25647	–55057	–156736	–178851	–159476	5053.61	313556	315612	159048	40720.3	–104596	0.000
1995	–153628	–25647	–55057	–156736	–178851	–159476	5053.61	313556	315612	159048	40720.3	–104596	0.000
1996	–153628	–25647	–55057	–156736	–178851	–159476	5053.61	313556	315612	159048	40720.3	–104596	0.000
1997	–153628	–25647	–55057	–156736	–178851	–159476	5053.61	313556	315612	159048	40720.3	–104596	0.000
1998	–153628	–25647	–55057	–156736	–178851	–159476	5053.61	313556	315612	159048	40720.3	–104596	0.000
1999	–153628	–25647	–55057	–156736	–178851	–159476	5053.61	313556	315612	159048	.	.	6387.52
Avg	–153628	–25647	–55057	–156736	–178851	–159476	5053.61	313556	315612	159048	40720.3	–104596	

Total: 454943

Abbildung 13.4: Saisonanpassung an die Arbeitslosendaten mit PROC X11

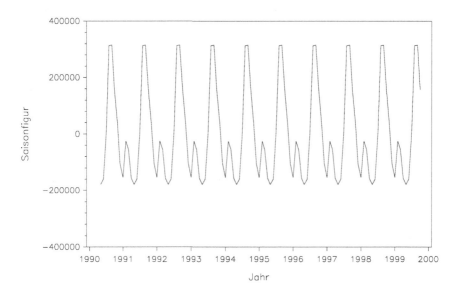

Abbildung 13.5: Durch PROC X11 geschätzte Saisonfigur der deutschen Arbeitslosenzahlen

Eine ähnliche Saisonanpassung liefert auch PROC EXPAND. Dazu ist in der CONVERT-Anweisung unter der Option TRANSFORM die Option CDA_S 12 zu wählen.   □

13.2 Naive Prognoseverfahren

Eine der wichtigsten Aufgaben jeder Zeitreihenanalyse ist die Vorhersage zukünftiger Werte. Man unterscheidet dabei „naive" und modellgestützte Prognoseverfahren. Naive Verfahren extrapolieren im Wesentlichen nur vergangene Trends. Modellgestützte Verfahren passen ein statistisches Modell an die Daten an und benutzen dieses für Vorhersagen.

Das in der Praxis am weitesten verbreitete naive Verfahren ist das exponentielle Glätten. Es erzeugt die Prognose zukünftiger Werte als gleitenden Durchschnitt mit geometrisch abnehmenden Gewichten für alle vergangenen Werte:

$$\hat{x}_{T+1} = (1 - \beta) \sum_{j=0}^{T-1} \beta^j x_{T-j}. \tag{13.2}$$

Dabei sind x_1 bis x_T die im Zeitraum 1 bis T beobachteten Werte und $\hat{x}_{T+1}$ die Prognose für den Zeitpunkt $T + 1$. Der Glättungsparameter β liegt dabei zwischen 0 und 1. Für β nahe bei 1 ist die Prognose „träge", sie hängt kaum von x_T ab und ist im Wesentlichen ein Durchschnitt aller vergangenen Datenpunkte; für β nahe bei 0 wird $\hat{x}_{T+1}$ fast ausschließlich durch x_T bestimmt. Deshalb wählt man β bei langsam variierenden Zeitreihen im Allgemeinen groß, bei schnell variierenden Zeitreihen klein.

Das exponentielle Glätten ist in der Prozedur FORECAST implementiert. Die allgemeine Syntax lautet:

```
PROC FORECAST [Option(en)];
  BY <Variable>;
  ID <Variable>;
  VAR <Variable(n)>;
```

Tabelle 13.2 zeigt einige wichtige Optionen dieser Prozedur. Die Anweisungen BY, ID und VAR funktionieren wie gewohnt.

Tabelle 13.2: Die wichtigsten Optionen der Prozedur `FORECAST`

Option	Beschreibung
`ALPHA=<Wert>`	Legt das Signifikanzniveau für ein Konfidenzintervall der Prognosewerte fest (Standardeinstellung: 0.05)
`INTERVAL=<Intervall>`	Bestimmt die Zeitunterteilung der Eingangszeitreihe; als `Intervall` wird `QTR` für Quartals-, `MONTH` für Monats-, `YEAR` für Jahres- und `DAY` für Tagesdaten gewählt
`LEAD=<n>`	Legt die Anzahl der Prognosewerte fest (Standardeinstellung: 12)
`METHOD=<Methode>`	Wählt das Prognoseverfahren aus; zur Auswahl stehen: `STEPAR` als schrittweise autoregressive Methode, `EXPO` als exponentielles Glätten, `WINTERS` als Holt-Winters Verfahren und `ADDWINTERS` als additive saisonale Variante des Holt-Winters-Verfahrens (Standardeinstellung: `STEPAR`)
`OUT=<Datensatzname>`	Bestimmt den Datensatz, der die Vorhersagewerte enthält
`OUTFULL`	Schreibt Zeitreihenwerte, Prognosen und Prognoseintervallgrenzen in den `OUT=`-Datensatz; ohne diese Option werden nur die Vorhersagewerte in den Datensatz geschrieben
`SEASONS=<Intervall>`	Bestimmt die Periode der Saisonfigur; es können die Schlüsselwörter wie unter `INTERVAL=` gewählt werden
`TREND=1|2|3`	Legt den Polynomgrad für den Trend fest; `TREND=1` entspricht einem konstanten Trend, `TREND=2` einem linearen und `TREND=3` einem quadratischen Trend; darüber wird die Glättungsmethode auf einfaches, doppeltes oder dreifaches Glätten eingestellt
`WEIGHT=<Gewicht>`	Legt $1-\beta$ für `METHOD=EXPO` bzw. $1-\alpha$ für `METHOD=WINTERS` fest (Standardeinstellung: 0,2 für `TREND=1`; 0,106 für `TREND=2`; 0,072 für `TREND=3`)

Beispiel 13.3: Exponentielles Glätten mit der Prozedur `FORECAST`

Nachstehendes Programm führt das exponentielle Glätten für die deutschen Arbeitslosendaten durch:

```
PROC FORECAST DATA=Arbeitsl METHOD=EXPO INTERVAL=MONTH
              TREND=1 OUT=Vorhersage OUTFULL;
  VAR Arbeitsl;
  ID Datum;
RUN;
```

Abbildung 13.6 zeigt die Werte der Originalzeitreihe als einzelne Punkte. Die Prognosewerte sind als durchgehende Linie dargestellt. Die gestrichelten Linien zeigen das 95 %-Konfidenzintervall der Prognosewerte. Dieses ist verhältnismäßig breit, was auf eine nicht ganz optimale Glättungsmethode hindeutet.

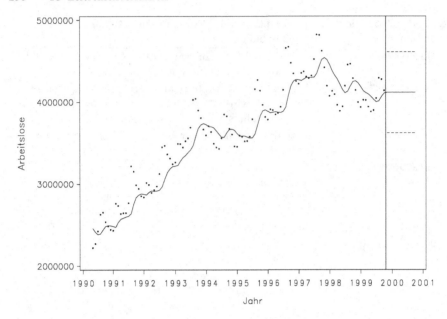

Abbildung 13.6: Exponentielles Glätten mit der Prozedur FORECAST; dargestellt sind die Originalzeitreihe (einzelne Punkte), die Prognosewerte (durchgehende Linie) und ein Konfidenzintervall für die Prognosewerte (gestrichelte Linien)

□

Eine Verallgemeinerung des einfachen exponentiellen Glättens ist das doppelte und das dreifache exponentielle Glätten. Die Prognose $\hat{x}_{T+1}$ bei einfachem exponentiellen Glätten ist:

$$\hat{x}_{T+1} = \operatorname*{argmin}_{a} \left[\sum_{j=0}^{T-1} \beta^j (x_{T+j} - a)^2 \right]. \tag{13.3}$$

Für das doppelte exponentielle Glätten ersetzt man die Konstante a durch die Funktion $a_1 + a_2 j$, das heißt die Prognose für x_{T+j} ist jetzt gegeben durch:

$$\hat{x}_{T+j} = \hat{a}_1 + \hat{a}_2 j \tag{13.4}$$

mit

$$(\hat{a}_1, \hat{a}_2) = \operatorname*{argmin}_{a_1, a_2} \left[\sum_{j=0}^{T-1} \beta^j (x_{T-j} - a_1 + a_2 j)^2 \right].$$

Für das dreifache exponentielle Glätten ersetzt man die Konstante a durch die Funktion $a_1 + a_2 j + a_3 j^2$. Die zugehörige Prognose für x_{T+j} ist jetzt gegeben durch:

$$\hat{x}_{T+1} = \hat{a}_1 + \hat{a}_2 j + \hat{a}_3 j^2 \tag{13.5}$$

mit

$$(\hat{a}_1, \hat{a}_2, \hat{a}_3) = \underset{a_1, a_2, a_3}{\operatorname{argmin}} \left[\sum_{j=0}^{T-1} \beta^j (x_{T-j} - a_1 + a_2 j - a_3 j^2)^2 \right].$$

Darüber hinaus erlaubt die Prozedur FORECAST Prognosen nach dem Verfahren von Holt und Winters. Dieses rekursive Verfahren kann bei Zeitreihen mit Trend angewandt werden. Ausgangspunkt ist das doppelte exponentielle Glätten mit der Prognose wie in Gleichung 13.4. Dabei hängen $\hat{a}_1$ und $\hat{a}_2$ von einem einzigen, mit wachsendem Stichprobenumfang variierenden Glättungsparameter β ab. Die Koeffizienten der Holt-Winters-Prognosegeraden sind dagegen durch die folgende Rekursion gegeben:

$$\hat{a}_1(T) = (1 - \alpha)x_T + \alpha[\hat{a}_1(T-1) + \hat{a}_2(T-1)], \tag{13.6}$$

$$\hat{a}_2(T) = (1 - \gamma)[\hat{a}_1(T) - \hat{a}_1(T-1)] + \gamma\hat{a}_2(T-1). \tag{13.7}$$

Dabei gibt $\hat{a}_j(T)$ den Wert von $\hat{a}_j$ im Rekursionsschritt T an. Der Ausdruck $[\hat{a}_1(T-1) + \hat{a}_2(T-1)]$ in Gleichung 13.6 ist als Schätzer für $\hat{x}_T$ und der Ausdruck $[\hat{a}_1(T) - \hat{a}_1(T-1)]$ in Gleichung 13.7 als Veränderung von α_1 zwischen den Zeitpunkten $T-1$ und T aufzufassen. Der Parameter γ ist geeignet zu wählen. Mit $\alpha = \beta^2$ und $\gamma = \frac{2\beta}{1+\beta}$ ergibt sich das doppelte exponentielle Glätten als Spezialfall der Holt-Winters-Prognose. Die Parameter $\hat{a}_1$ und $\hat{a}_2$ der Holt-Winters-Prognose lassen sich als Achsenabschnitt bzw. Steigung der Prognosegeraden auffassen. Der neue Achsenabschnitt $\hat{a}_1$ ist ein gewichtetes arithmetisches Mittel der vorhergehenden Prognose und der zugehörigen Realisierung. Die neue Steigung $\hat{a}_2$ ist ein gewichtetes arithmetisches Mittel der alten Steigung und der Steigung zwischen dem letzten und dem neuen Achsenabschnitt.

Beispiel 13.4: Holt-Winters-Prognose mit der Prozedur FORECAST
Nachfolgendes Programm führt eine Holt-Winters-Prognose für die deutschen Arbeitslosendaten durch.

```
PROC FORECAST DATA=Arbeitsl INTERVAL=MONTH
              METHOD=WINTERS OUT=Holt OUTFULL;
  VAR Arbeitsl;
  ID Datum;
RUN;
```

Neben der veränderten Methode (WINTERS) kann zur Verbesserung der Prognose noch die Option SEASONS=MONTH verwendet werden, sie berücksichtigt auch saisonale Einflüsse.

Abbildung 13.7 zeigt die Prognose. Das Holt-Winters-Verfahren erlaubt im Gegensatz zum einfachen exponentiellen Glätten einen linearen Trend.

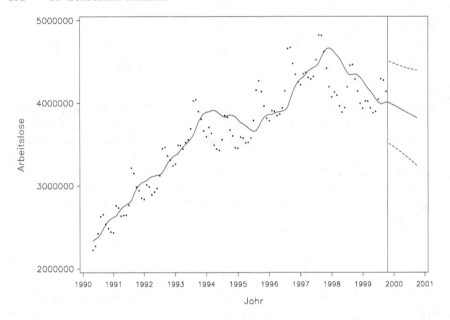

Abbildung 13.7: Holt-Winters-Prognose mit der Prozedur `FORECAST`   ☐

13.3 Modellgestützte Prognoseverfahren

Eine Zeitreihe lässt sich auch als Realisation eines stochastischen Prozesses ansehen, d. h. als eine Folge von Zufallsvariablen $\{X_t\}_{t \in \mathbf{Z}}$. Ein einfaches Beispiel für stochastische Prozesse ist das weiße Rauschen (engl.: White-Noise), eine Folge unkorrelierter Zufallsvariablen mit gleichem Erwartungswert und gleicher Varianz.

Weitere Beispiele sind autoregressive sowie Moving-Average-Prozesse. Ein stochastischer Prozess $\{X_t\}$ heißt Moving-Average-Prozess der Ordnung q (kurz MA(q)), wenn er sich schreiben lässt als

$$X_t = \varepsilon_t - \theta_1 \varepsilon_{t-1} - \ldots - \theta_q \varepsilon_q \ ,$$

mit weißem Rauschen ε_t.

Ein stochastischer Prozess $\{X_t\}$ heißt autoregressiver Prozess der Ordnung p (kurz AR(p)), wenn er sich schreiben lässt als

$$X_t = \phi_1 X_{t-1} + \cdots + \phi_p X_{t-p} + \varepsilon_t \ ,$$

wiederum mit weißem Rauschen ε_t. Modellgestützte Prognoseverfahren passen ein statistisches Modell an die Daten an und benutzen dieses für Prognosen. In SAS ist dafür die Prozedur `ARIMA` zuständig. Sie unterstellt, dass sich die vorliegende Zeitreihe als Autoregressiver Moving-Average-Prozess der Ordnungen p und q (kurz ARMA(p, q)) schreiben lässt:

$$X_t - \phi_1 X_{t-1} - \cdots - \phi_p X_{t-p} = \varepsilon_t + \theta_1 \varepsilon_{t-1} + \ldots + \theta_q \varepsilon_{t-q}.$$

Dabei sind ϕ_1 bis ϕ_p und θ_1 bis θ_q unbekannte, zu schätzende Parameter und die ε's sind seriell unabhängige Zufallsvariablen mit Erwartungswert Null und identischer Varianz σ^2 („weißes Rauschen"). Viele Zeitreihen aus den verschiedensten Anwendungsgebieten lassen sich so sehr gut beschreiben.

ARMA-Prozesse sind nicht notwendig stationär. Ein stochastischer Prozess heißt stationär, wenn seine Komponenten den gleichen Erwartungswert besitzen und die Kovarianz $\gamma(\tau)$ zweier Folgenglieder X_t und $X_{t+\tau}$ nur von ihrem Zeitabstand abhängt:

$$\gamma(\tau) = E\left[(X_t - E(X_t)(X_{t+\tau} - E(X_{t+\tau}))\right] . \tag{13.8}$$

In `PROC ARIMA` erfolgt die Parameterschätzung mit der ML-Methode oder einer Modifikation der KQ-Methode. Die Prozedur erlaubt, die Ordnungen p und q des AR- bzw. MA-Teils eines ARMA-Prozesses fest vorzugeben oder aber durch geeignete Optimierungsverfahren zu finden. Das bekannteste Auswahlkriterium dafür ist Akaike's Informationkriterium (kurz AIC). Für ein Modell mit k Parametern und der geschätzten Residualvarianz $\hat{\sigma}^2$ ist es definiert als:

$$\text{AIC} = \ln \hat{\sigma}^2 + \frac{2k}{T} ,$$

wobei T der Länge der Zeitreihe entspricht. Allerdings überschätzt AIC die Parameterzahl sehr oft. Geeigneter zur Bestimmung der Ordnung eines ARMA-Prozesses ist das Bayes Informationskriterium (kurz BIC). Es ist definiert als:

$$\text{BIC} = \ln \hat{\sigma}^2 + \frac{k \ln T}{T} .$$

Die allgemeine Syntax für die Prozedur `ARIMA` lautet:

```
PROC ARIMA [Option(en)];
 IDENTIFY VAR=<Variable> [Option(en)];
 ESTIMATE <Option(en)>;
 FORECAST <Option(en)>;
```

`IDENTIFY` bestimmt die Ordnung des zugrunde liegenden stochastischen Prozesses. Dabei lassen sich optional die Ordnungen p und q als Optionen vorgeben. Dabei kann man zwischen der direkten Angabe, etwa `P=1`, oder einem Intervall, etwa `P=(1:5)`, wählen. Im letzteren Fall werden Prozesse für alle Ordnungen von p im Bereich 1 bis 5 angepasst, analog für die Ordnung q. Für die Modellselektion stehen die Optionen `MINIC`, `SCAN` und `ESACF` zur Verfügung. Durch die Angabe von `MINIC` werden für alle vorgegebenen Modellordnungen Informationskriterien bestimmt, anhand derer die Modellauswahl erfolgen kann. Die Option `CENTER` zieht von der Zeitreihe den globalen Mittelwert ab. Für nichtstationäre Zeitreihen erzeugt man Stationarität durch ein-

oder mehrmaliges Differenzenbilden. Die Differenzenordnung ist in runden Klammern nach dem Variablennamen anzugeben, etwa `VAR=<Variable>(1)`.

`ESTIMATE` schätzt die Koeffizienten des ARMA-Prozesses entweder mit ML- (`METHOD=ML`), bedingter KQ- (`METHOD=CLS`) oder unbedingter KQ-Methode (`METHOD=ULS`). Die Modellordnung wird hier ebenso wie in der Anweisung `IDENTIFY` mit den Optionen `P=` und `Q=` gewählt. Allerdings sind hier konkrete Ordnungen anzugeben, ein Intervall ist nicht zulässig. Leider ist es dabei nicht möglich, automatisch auf die mit Anweisung `IDENTIFY` gefundene Modellordnung zuzugreifen.

`FORECAST` berechnet Prognosewerte für den unter `ESTIMATE` spezifizierten Prozess. Die Option `LEAD=<n>` gibt die Zahl der zu prognostizierenden Werte an.

Beispiel 13.5: Modellgestützte Prognose mit der Prozedur `ARIMA`

Nachfolgendes Programm erstellt eine Prognose für die trend- und saisonbereinigten bundesdeutschen Arbeitslosenzahlen.

```
PROC EXPAND DATA=Arbeitsl OUT=b;
 CONVERT arbeitsl=y / TRANSFORM=(CDA_I 12);
RUN;

PROC ARIMA DATA=b;
 IDENTIFY VAR=y MINIC NLAG=60 OUTCOV=Kovarianz;
 ESTIMATE P=2 METHOD=ML;
 FORECAST ID=Datum INTERVAL=MONTH LEAD=12 OUT=Vorhersage;
RUN;
QUIT;
```

Die Prozedur `EXPAND` bereinigt zunächst die Zeitreihe von Trend- und Saisoneinflüssen. Die bereinigte Reihe wird in der Variablen `y` im Datensatz `b` gespeichert. Die `IDENTIFY`-Anweisung mit der Option `MINIC` ermöglicht eine Modellselektion anhand des BIC. Zu wählen ist das Modell mit dem kleinsten BIC-Wert. Die Option `OUTCOV=` speichert die Werte der Autokovarianzfunktion (und andere) im angegebenen Datensatz `Kovarianz`.

Die Option `NLAG=` bestimmt dabei die Verzögerungstiefe zur Berechnung der Autokovarianz. Der Datensatz `Kovarianz` wird später gesondert ausgewertet.

Die Textausgabe von `IDENTIFY` in Abbildung 13.8 ermöglicht, das „beste" Modell auszuwählen. Es werden alle Modelle mit den Kombinationsmöglichkeiten für p und q jeweils zwischen Null und drei betrachtet. Das Modell AR(2) weist den kleinsten Wert für BIC auf (BIC $\approx -20{,}92$ für $p = 2$ und $q = 0$).

The ARIMA Procedure

Minimum Information Criterion				
Lags	MA 0	MA 1	MA 2	MA 3
AR 0	21.60363	21.29967	21.23451	21.19007
AR 1	20.93108	20.96584	20.99186	21.02151
AR 2	20.91759	20.93051	20.97032	20.95768
AR 3	20.95291	20.96415	20.99654	20.98921

Abbildung 13.8: Modellselektion mit BIC. Das Modell mit dem kleinsten BIC-Wert ist ein AR(2)-Modell

Die **ESTIMATE**-Anweisung schätzt die Koeffizienten ϕ_1 und ϕ_2 des AR(2)-Modells mit der ML-Methode.

The ARIMA Procedure

Maximum Likelihood Estimation					
Parameter	Estimate	Standard Error	t Value	Approx Pr > |t|	Lag
MU	3647.9	10045.9	0.36	0.7165	0
AR1,1	0.85033	0.09850	8.63	<.0001	1
AR1,2	−0.21511	0.09814	−2.19	0.0284	2

Abbildung 13.9: ML-Schätzung der AR-Koeffizienten

Wie Abbildung 13.9 zeigt, erhalten wir als Schätzwert $\phi_1 = 0{,}85033$ und $\phi_2 = -0{,}21511$. Mittels t-Test werden zudem die Hypothesen H_0: $\phi_1 = 0$ und H_0: $\phi_2 = 0$ jeweils zum 5 %-Niveau verworfen.

Das so angepasste Modell wird anschließend durch die **FORECAST**-Anweisung zur Prognose verwendet. Die Option **INTERVAL=MONTH** legt die Daten als Monatsdaten fest. Durch **LEAD=12** werden zwölf Werte, also ein Jahr, prognostiziert. Die vorhergesagten Werte werden mit der Option **OUT=** im Datensatz **Vorhersage** gespeichert. In Abbildung 13.10 sind die Prognosewerte zusammen mit der bereinigten Zeitreihe und den 95 %-Konfidenzgrenzen für das Prognoseintervall abgetragen. Die Prognose ist die gewichtete Summe der letzten Zeitreihenwerte mit den Gewichten ϕ_1 und ϕ_2.

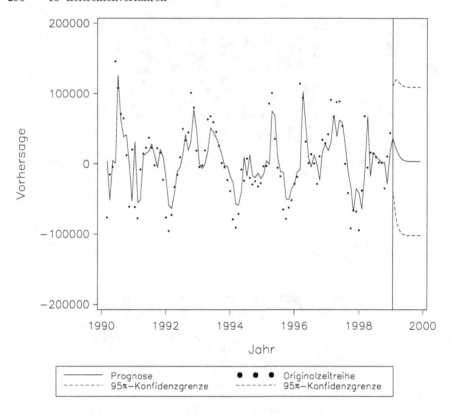

Abbildung 13.10: Vorhersagewerte und 95 %-Prognoseintervall für die trend- und saisonbereinigten bundesdeutschen Arbeitslosenzahlen   □

Neben der Modellidentifikation mit der IDENTIFY-Anweisung von PROC ARIMA hilft auch das nachfolgend vorgestellte explorative, auf der Autokorrelationsfunktion basierende Verfahren bei der Modellauswahl. Die Autokorrelation $\rho(\tau)$ ist die Autokovarianz zur Verzögerung τ dividiert durch die Autokovarianz zur Verzögerung Null, also: $\rho(\tau) = \frac{\gamma(\tau)}{\gamma(0)}$. Aus der Autokorrelationsfunktion lässt sich zudem die partielle Autokorrelationsfunktion bestimmen (siehe Schlittgen, Streitberg, 2001). Für viele ARMA-Prozesse weisen die Autokorrelationsfunktion (ACF) und die partielle Autokorrelationsfunktion (PACF) bestimmte Muster auf. So verschwindet für reine MA-Prozesse die ACF $\varrho(\tau)$ für Verzögerungen größer der Prozessordnung. Eine analoge Aussage ergibt sich für die PACF $\pi(\tau)$ und AR-Prozesse.

Schematisch kann man folgendes Verhalten festhalten:

Tabelle 13.3: Verhalten der ACF und PACF verschiedener Prozesstypen

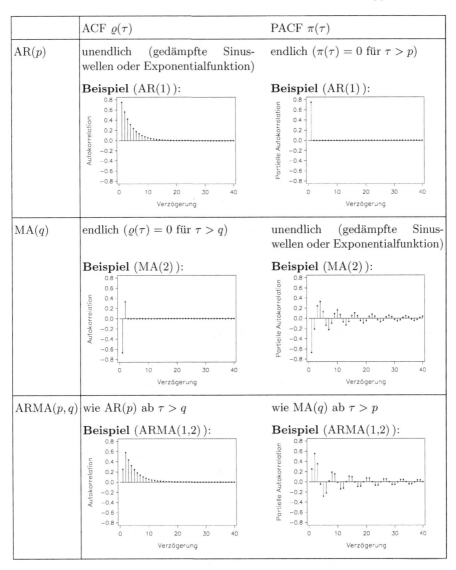

Die Identifikation von ARMA-Prozessen mittels der ACF bzw. PACF ist jedoch nur für Modelle mit niedriger Ordnung möglich. Für die Arbeitslosendaten ergeben sich ACF bzw. PACF wie in den Abbildungen 13.11(a) und 13.11(b). Die gestrichelten Linien repräsentieren dabei die kritischen Werte für den Test zum 5%-Signifikanzniveau der Hypothesen H_0: $\varrho(\tau) = 0$ bzw. H_0: $\pi(\tau) = 0$. Die notwendigen Daten werden durch die `IDENTIFY`-Anweisung von `PROC ARIMA` im Datensatz `Kovarianz` zusammengestellt.

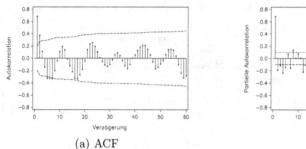
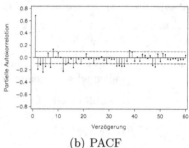

(a) ACF   (b) PACF

Abbildung 13.11: ACF und PACF der Arbeitslosendaten mit kritischen Werten (gestrichelte Linien)

In der geschätzten ACF sind die gedämpften Sinuswellen ab der ersten Verzögerung klar zu erkennen. Die Werte für die empirische PACF unterscheiden sich für die ersten Verzögerungen deutlich von Null. Für größere Verzögerungen erscheinen die Werte als zufällig um Null streuend. Dieses Bild ist charakteristisch für AR-Prozesse. Aufgrund obiger Grafiken erscheint ein AR-Prozess der Ordnung $p \leq 5$ plausibel.

13.4 Zeitreihenanalyse im Frequenzbereich

Das zyklische Verhalten von Zeitreihen lässt sich auch durch die Amplitude und die Frequenz der zugrunde liegenden Schwingungen beschreiben. Für eine Schwingung $f(t)$ mit der Eigenschaft

$$f(t+p) = f(t) \quad \forall\, t \in \mathbb{R}$$

heißt $p > 0$ Periode und $\lambda = \frac{1}{p}$ Frequenz. Es lässt sich zeigen, dass jeder stationäre stochastische Prozess beliebig genau durch harmonische Prozesse der Art

$$x_t = \sum_{i=1}^{n} \left[A_i \cos(\lambda_i t) + B_i \sin(\lambda_i t) \right]$$

approximierbar ist. Dabei sind die λ_i feste Frequenzen zwischen 0 und 2π, die Amplituden A_i und B_i sind paarweise unabhängige Zufallsvariablen mit Erwartungswert Null und $E(A_i^2) = E(B_i^2)$.

Eine Zeitreihenanalyse im Spektralbereich basiert auf der Spektraldichte (kurz Spektrum) $f(\lambda)$ eines stationären Prozesses. Diese ist definiert als

$$f(\lambda) = \gamma(0) + 2 \sum_{\tau=1}^{\infty} \gamma(\tau) \cos(\lambda \tau)$$

und beschreibt, mit welchem Gewicht die verschiedenen Frequenzen λ im Intervall $(0; 2\pi)$ in die Spektraldarstellung eines stationären Prozesses eingehen. Abbildung 13.12 zeigt die Spektraldichten einiger ausgewählter stationärer stochastischer Prozesse.

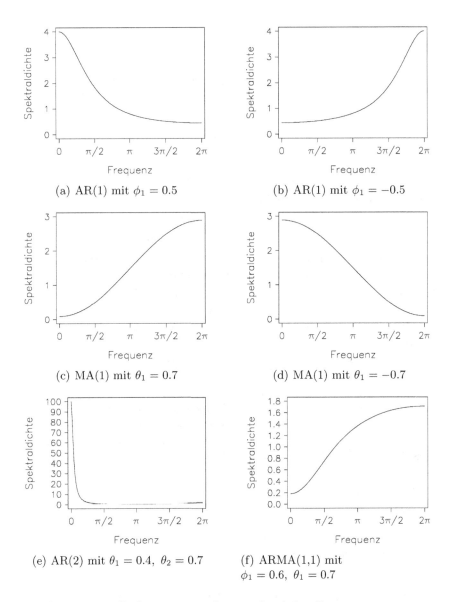

(a) AR(1) mit $\phi_1 = 0.5$

(b) AR(1) mit $\phi_1 = -0.5$

(c) MA(1) mit $\theta_1 = 0.7$

(d) MA(1) mit $\theta_1 = -0.7$

(e) AR(2) mit $\theta_1 = 0.4$, $\theta_2 = 0.7$

(f) ARMA(1,1) mit $\phi_1 = 0.6$, $\theta_1 = 0.7$

Abbildung 13.12: Spektren ausgesuchter stochastischer Prozesse

Der Einfluss der Frequenzen zwischen 0 und 2π lässt sich durch das empirische Spektrum (kurz Periodogramm) schätzen, welches auf der empirischen Autokovarianzfunktion basiert. Die empirische Autokovarianzfunktion $\hat{\gamma}(\tau)$ als Schätzung für die theoretische Autokovarianzfunktion $\gamma(\tau)$ ist definiert als:

$$\hat{\gamma}(\tau) = \frac{1}{T} \sum_{t=1}^{T-\tau} (x_t - \bar{x})(x_{t+\tau} - \bar{x}).$$

Damit ist das Periodogramm als eine Funktion der Frequenz $\lambda \in \mathbb{R}$ gegeben:

$$I(\lambda) = \hat{\gamma}(0) + 2 \sum_{\tau=1}^{T-1} \hat{\gamma}(\tau) \cos(2\pi\lambda\tau).$$

In SAS wird das Periodogramm durch die Prozedur SPECTRA berechnet. Die allgemeine Syntax lautet:

```
PROC SPECTRA [Option(en)];
  WEIGHTS <Gewichtsdefinition>;
```

Die Anweisungen BY und VAR lassen sich wie gewohnt verwenden. Die Gewichtsdefinition mit WEIGHTS weicht hingegen von der in Kapitel 4 vorgestellten Funktionalität ab und wird daher weiter unten genauer betrachtet.

Als wichtigste Optionen stehen P zur Ausgabe des Periodogramms, S zur Schätzung des Spektrums ($\hat{=}$ geglättetes Periodogramm), OUT= zur Erzeugung eines Ergebnisdatensatzes und CENTER zum Zentrieren der Zeitreihe zur Verfügung.

Die Option OUT=<Datensatzname> speichert die Periodogrammwerte sowie die Spektraldichteschätzungen in einem Datensatz. Die Variablen, welche die Periodogrammwerte enthalten, werden durchnummeriert und beginnen mit dem Buchstaben P. Analog erhalten die Namen der Spektraldichteschätzungen ein vorangestelltes S. Für die erste in der Anweisung VAR spezifizierte Variable ergibt sich somit die Bezeichnung P_01 als Schätzung des Periodogramms und S_01 als Spektraldichteschätzung usw. Zudem werden in dem erzeugten Datensatz die Variablen Freq und Period mit jeweils zugehörigen Frequenzen bzw. Periodenwerten gespeichert.

Beispiel 13.6: Periodogrammberechnung mit der Prozedur SPECTRA

Nachstehendes Programm berechnet ein Periodogramm für die trendbereinigte Zeitreihe der Arbeitslosenzahl in Deutschland.

```
PROC EXPAND DATA=Arbeitsl OUT=a;
  CONVERT Arbeitsl=Trend / TRANSFORM=(CD_TC 12);
RUN;
```

```
DATA b;
 SET a;
 y=Arbeitsl-Trend;
RUN;


PROC SPECTRA DATA=b P OUT=Periodogramm CENTER;
 VAR y;
RUN;
```

Abbildung 13.13 zeigt das so erzeugte Periodogramm der Arbeitslosendaten.

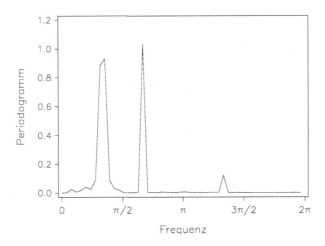

Abbildung 13.13: Periodogramm der Arbeitslosendaten

Im Periodogramm sind die geschätzten Frequenzanteile gegen die jeweils zugehörigen Frequenzen abgetragen. Man erhält einen deutlich weniger glatten
Verlauf als etwa bei einem Spektrum. Diese Eigenschaft ist charakteristisch
für Periodogramme. Eine Spitze, etwa bei $\pi/3$, ist durch den Saisoneffekt zu
erklären. Zur Erinnerung: eine Saisonkomponente der Periode 12 entspricht
einer Schwingung der Frequenz $\pi/3$. Eine weitere Spitze etwa bei $2\pi/3$ steht
für eine zusätzliche Halbjahresschwingung.

Phänomene wie der „Leakage-Effekt" oder das Auftreten von Oberschwin-
gungen erschweren die Interpretation des Periodogramms (vgl. Schlittgen,
Streitberg, 2001). Der Leakage-Effekt bezeichnet die Erhöhung der Ordinatenwerte in der näheren Umgebung hoher Ordinatenwerte. Oberschwingun-
gen sind erhöhte Ordinatenwerte für ganzzahlige Vielfache ($2\lambda, 3\lambda, \ldots$) einer
Frequenz λ mit hohem Ordinatenwert. Diese Artefakte sind auf nicht exakt
sinusförmige Schwingungen in der Saisonkomponente zurückzuführen. Eine
Oberschwingung in Abbildung 13.13 ist beispielsweise die Spitze bei $4\pi/3$.

Das Periodogramm ist kein guter Schätzer für das theoretische Spektrum. Hauptproblem ist die nicht verschwindende Varianz für wachsende Stichprobenumfänge, d. h. $I(\lambda)$ konvergiert auch für große Stichprobenumfänge nicht gegen das theoretische $f(\lambda)$. Eine bessere Schätzung lässt sich durch eine „Glättung" des Periodogramms erreichen.Dafür gibt es zwei Varianten, die direkte und die indirekte Spektralschätzung. Bei der direkten Spektralschätzung werden die Periodogrammwerte mit einem gleitenden Durchschnitt geglättet. Dieses Verfahren ist leicht mit PROC EXPAND auf den von PROC SPECTRA erzeugten Datensatz umzusetzen. Ein indirekter Spektralschätzer errechnet sich, indem die empirischen Autokovarianzen gewichtet in die Periodogrammberechnung eingehen:

$$S(\lambda) = \sum_{\tau=-T+1}^{T-1} k_\tau \hat{\gamma}(\tau) \cos(2\pi\lambda\tau).$$

Die Gewichtsfolge (k_t) mit $\tau \in \{-T+1, -T+2, \ldots, T-1\}$ wird ab einer bestimmten Verzögerung $|\tau| > \tau_0$ identisch Null. Eine solche Folge heißt auch Lag-Fenster. Indirekte Spektralschätzer berechnet PROC SPECTRA mit der Option S und der WEIGHTS-Anweisung.

Beispiel 13.7: Indirekte Spektralschätzung mit der Prozedur SPECTRA

Gegeben sei der Datensatz b der trendbereinigten bundesdeutschen Arbeitslosenzahlen wie in Beispiel 13.6. Nachfolgendes Programm führt eine indirekte Spektralschätzung durch.

```
PROC SPECTRA DATA=b S OUT=Spektrum CENTER;
 VAR y;
 WEIGHTS PARZEN 6 0;
RUN;
```

Die Option S bewirkt die Ausgabe der Variablen S_01 mit den Ordinatenwerten des indirekten Spektralschätzers im Datensatz Spektrum. Die Anweisung WEIGHTS gibt die Gewichtsfolge für die Glättung an. Es können frei gewählte Gewichte angegeben werden, welche automatisch standardisiert werden. Alternativ wird die Gewichtsfolge durch Kerne festgelegt. In PROC SPECTRA stehen die Kerne von Parzen, Bartlett, Tukey-Hanning, ein quadratischer Kern und ein Rechteckkern zur Verfügung (Schlüsselwörter PARZEN, BART, TUKEY, QS und TRUNCAT). Zur Definition der Kerne siehe Schlittgen, Streitberg (2001). In der Praxis hat sich der Parzen-Kern bewährt. Die beiden Zahlen hinter dem Schlüsselwort PARZEN dienen zur Festlegung der Bandbreite des Kerns. Abbildung 13.14 zeigt die Spektralschätzung mit Parzen-Kern.

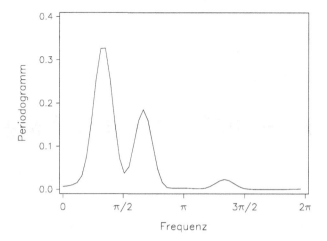

Abbildung 13.14: Indirekter Spektralschätzer mit Parzen-Kern für die trend-bereinigten Arbeitslosendaten

Die regelmäßige Schwingung der Frequenz $\pi/3$, d. h. der Periode 12, dominiert alle übrigen Schwingungen. Das entspricht gerade einem jährlich wieder-kehrenden Saisoneffekt in den Monatsdaten der Arbeitslosenzahlen.   □

13.5 ARCH- und GARCH-Modelle

Viele ökonomische Zeitreihen weisen Änderungen im Schwankungsverhalten auf, die mit ARMA-Modellen nicht erklärbar sind. Zeitreihen mit Änderun-gen im Schwankungsverhalten heißen heteroskedastisch. Heteroskedastizität lässt sich insbesondere für Renditeprozesse von Kapitalmarktdaten beobach-ten. Hier folgen betragsmäßig großen Werten oft weitere große Werte nach. Abbildung 13.15 zeigt dieses Verhalten.

Renditen bezeichnen Änderungsraten einer Zeitreihe $\{x_t\}$ zwischen zwei auf-einander folgenden Zeitpunkten und errechnen sich als zeitdiskrete

$$R_t = \frac{x_t - x_{t-1}}{x_{t-1}}$$

oder zeitstetige Renditen

$$r_t = \ln\left(\frac{x_t}{x_{t-1}}\right) \ .$$

Nachfolgend werden ausschließlich zeitstetige Renditen verwendet. Für eine tiefergehende Diskussion der Renditeberechnung siehe Campbell et al. (1997).

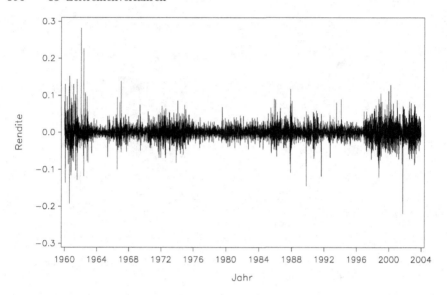

Abbildung 13.15: Rendite von BMW

Die Klumpenbildung der betragsmäßig großen Ausschläge lässt sich gut mit ARCH-Modellen erklären. Eine Folge $\{y_t\}$ von Zufallsvariablen heißt ARCH-Prozess der Ordnung p (kurz ARCH(p)), wenn sie sich schreiben lässt als:

$$y_t = \varepsilon_t \cdot \sqrt{\delta_0 + \delta_1 y_{t-1}^2 + \ldots + \delta_p y_{t-p}^2} \tag{13.9}$$

mit einem weißen Rauschen $\{\varepsilon_t\}$ (auch „Innovation" genannt) und nichtnegativen Parametern $\delta_0, \ldots, \delta_p$. Außerdem sei der bedingte Erwartungswert von ε_t, gegeben alle vergangenen Realisationen von $\{y_t\}$, gleich Null:

$$E_{t-1}(\varepsilon_t) = 0$$

und die Varianz gleich eins:

$$Var(\varepsilon_t) = 1 .$$

Haben alle Nullstellen des Polynoms

$$p(z) = 1 - \delta_1 z - \delta_2 z^2 - \ldots - \delta_p z^p$$

einen Betrag größer eins, gibt es immer einen eindeutigen stationären stochastischen Prozess $\{y_t\}$, der die Gleichung 13.9 erfüllt.

Wegen

$$E(y_t) = E\big(E_{t-1}(y_t)\big)$$
$$= E\Big(E_{t-1}\Big(\varepsilon_t \cdot \sqrt{\delta_0 + \delta_1 y_{t-1}^2 + \ldots + \delta_p y_{t-p}^2}\,\Big)\Big)$$
$$= E\Big(E_{t-1}(\varepsilon_t) \cdot \sqrt{\delta_0 + \delta_1 y_{t-1}^2 + \ldots + \delta_p y_{t-p}^2}\,\Big)$$
$$= E(0) = 0$$

hat dieser Prozess den Erwartungswert Null und die Varianz

$$Var(y_t) = E\big(y_t^2\big) = \frac{\delta_0}{1 - \delta_1 - \ldots - \delta_p} \; .$$

Wegen

$$E(y_t \cdot y_{t-1}) = E\big(E_{t-1}(y_t \cdot y_{t-1})\big)$$
$$= E\big(E_{t-1}(y_t) \cdot y_{t-1}\big)$$
$$= E(0 \cdot y_{t-1}) = 0$$

gilt außerdem $Cov(y_t, y_{t+s}) = 0$ für alle $s \neq 0$, d. h. der Prozess $\{y_t\}$ ist weißes Rauschen.

Die Komponenten von $\{y_t\}$ sind damit unkorreliert, aber nicht unabhängig. Die *bedingte* Varianz von y_t, gegeben alle vergangenen Realisationen von $\{y_t\}$, ist *nicht* konstant. Sie beträgt

$$Var_{t-1}(y_t) = E_{t-1}\big(y_t^2\big) = \delta_0 + \delta_1 y_{t-1}^2 + \ldots + \delta_p y_{t-p}^2 \; ,$$

daher auch der Name ARCH. Die Folge der Quadrate $\big\{y_t^2\big\}$ ist autokorreliert und genügt einem AR(p)-Prozess mit

$$y_t^2 - \delta_0 - \delta_1 y_{t-1}^2 - \ldots - \delta_p y_{t-p}^2 = v_t$$

für ein geeignet konstruiertes weißes Rauschen $\{v_t\}$. Wegen dieser Korrelation der zweiten Momente eignen sich ARCH-Prozesse hervorragend zur Modellierung der beschriebenen Renditeprozesse.

Eine Verallgemeinerung der ARCH-Prozesse sind die von Bollerslev (1986) eingeführten GARCH-Prozesse (Generalized ARCH). Eine Folge $\{y_t\}$ von Zufallsvariablen heißt GARCH(p, q)-Prozess, wenn die bedingte Varianz $h_t = E_{t-1}(y_t^2)$ die folgende Gleichung erfüllt:

$$h_t = \delta_0 + \delta_1 y_{t-i}^2 + \ldots + \delta_p y_{t-p}^2 + \theta_1 h_t + \ldots + \theta_q h_{t-q} \; . \tag{13.10}$$

Mit einem weißen Rauschen $\{\varepsilon_t\}$ wie für den ARCH-Prozess errechnet sich $\{y_t\}$ gemäß $y_t = \varepsilon_t \cdot \sqrt{h_t}$. Für die nichtnegativen Parameter $\delta_0, \ldots, \delta_p$ und $\theta_1, \ldots, \theta_q$ gelte zudem $\delta_1 + \ldots + \delta_p + \theta_1 + \ldots + \theta_q < 1$. Ein ARCH($p$)-Prozess entspricht damit einem GARCH(p, q)-Prozess mit $q = 0$. Neben diesen Modellen gibt es eine große Zahl von Verallgemeinerungen des GARCH-Ansatzes, beispielsweise beschrieben in Franke et al. (2004).

Die gebräuchlichste Methode zur Schätzung von ARCH- und GARCH-Modellen ist das Maximum-Likelihood-Verfahren. Es benötigt eine Verteilungsannahme für das weiße Rauschen $\{\varepsilon_t\}$. Häufig wird dabei die Normalverteilung unterstellt. Für Renditen von Kapitalmarktdaten ist jedoch in den meisten Fällen die t-Verteilung vorzuziehen.

Die Prozedur `AUTOREG` schätzt verschiedene Varianten von GARCH-Modellen wie GARCH, IGARCH, GARCH-M, EGARCH. Zusätzlich ist auch die Angabe von linearen Modellen mit autoregressiven Fehlertermen möglich. Die allgemeine Syntax lautet:

```
PROC AUTOREG [Option(en)];
  MODEL <abhängige Variable>=[unabhängige Variable(n)]
      [/ Option(en)];
  RESTRICT <Gleichung(en)>;
  TEST <Gleichung(en)> [/ Option];
```

Die Anweisungen `BY` und `OUTPUT` lassen sich wie gewohnt verwenden.

`MODEL` spezifiziert das zu schätzende Modell. Zunächst ist die **abhängige Variable** anzugeben. Ohne **unabhängige Variablen** werden ausschließlich stochastische Prozesse wie AR oder GARCH angepasst, andernfalls dienen diese Variablen zur (zusätzlichen) Formulierung des linearen Modells. Als Optionen der `MODEL`-Anweisung stehen unter anderem `CENTER` (Zentrierung der Daten um Null), `NLAG=` (AR-Modellordnung), `GARCH=` (GARCH-Spezifikationen), `METHOD=` (Schätzverfahren) und `DIST=` (Verteilung von $\{\varepsilon_t\}$) zur Verfügung. Die GARCH-Spezifikationen sind nach `GARCH=` durch Komma getrennt in Klammern anzugeben und umfassen `P=` (Modellordnung p), `Q=` (Modellordnung q) und `TYPE=` (Modellvariante).

`RESTRICT` ermöglicht die Parameterschätzung unter Restriktionen. Diese sind als Gleichungen der Modellparameter anzugeben, z. B. `beta0 + beta1 = 0`.

`TEST` führt F-Tests für die Modellparameter wie in Kapitel 10 beschrieben durch. Die Nullhypothese ist dabei durch Gleichungen, analog zu denen der `RESTRICT`-Anweisung, anzugeben.

Beispiel 13.8: GARCH(1,1)-Parameterschätzung mit `PROC AUTOREG`

Für die Renditen des bereinigten BMW-Kurses schätzt nachfolgendes Programm die Parameter eines GARCH(1,1)-Modells mit Normalverteilungsannahme.

```
PROC AUTOREG DATA=bmw;
  MODEL rendite= / CENTER GARCH=(Q=1, P=1);
  RUN;
```

Vor der eigentlichen Schätzung zentriert `CENTER` die Variable `rendite` des `bmw`-Datensatzes um Null. Dadurch entfällt auch die Berechnung des Achsenabschnitts (`Intercept`). Die Option `GARCH=(Q=1, P=1)` schätzt anschließend die

Parameter eines GARCH(1,1)-Modells. Abbildung 13.16 zeigt die Ergebnisse. Die Option `DIST=T` in der `MODEL`-Anweisung unterstellt für die Innovationen des Prozesses anstelle der Normal- eine t-Verteilung.

The AUTOREG Procedure

Variable	DF	Estimate	Standard Error	t Value	Approx Pr > |t|
ARCH0	1	6.1187E-6	3.3931E-7	18.03	<.0001
ARCH1	1	0.1242	0.003074	40.39	<.0001
GARCH1	1	0.8702	0.002825	308.00	<.0001

Abbildung 13.16: Parameterschätzung im GARCH(1,1)-Modell mit `PROC AUTOREG`   □

Alternativ steht auch die bereits beschriebene Prozedur `MODEL` für Schätzungen von GARCH-Modellen zur Verfügung. Sie ist im Gegensatz zu `PROC AUTOREG` nicht auf bestimmte Typen von GARCH-Modellen beschränkt. Die explizite Angabe der Modellgleichung ermöglicht eine flexible Definition des zu verwendenden Modells. Eine Auswahl von Beispielprogrammen ist unter http://support.sas.com/rnd/app/examples/ets/garchex/index.htm zu finden.

Beispiel 13.9: GARCH(1,1)-Parameterschätzung mit `PROC MODEL`

Folgendes Programm erzeugt eine zu Beispiel 13.8 analoge Schätzung.

```
PROC MODEL DATA=bmw;
  rendite=intercept;
  H.rendite = arch0 + arch1*ZLAG(RESID.rendite**2) +
              garch1*ZLAG(H.rendite);
  BOUNDS arch0 arch1 garch1 >= 0;
  FIT rendite / FIML METHOD=MARQUARDT;
RUN;
QUIT;
```

Die Zeile `rendite=intercept;` legt ein lineares Modell ohne Regressoren aber mit Achsenabschnitt (`Intercept`) fest. Dies entspricht etwa der Zentrierung in `PROC AUTOREG`. Die Residuen (`resid.rendite`) dieses Modells werden als y_t's der Gleichung 13.10 aufgefasst. Durch Voranstellen von `H.` wird statt der `rendite` ihre Varianz in der zweiten Gleichung betrachtet. Die Funktion `ZLAG` verzögert die betreffende Variable. Insgesamt repräsentiert `H.rendite = [...];` die Gleichung 13.10 mit $p = q = 1$. Die Anweisung `BOUNDS` verhindert das Auftreten negativer Parameter und `FIT` führt die Anpassung des zuvor gegebenen Modells durch. Das Ergebnis dieser Anpassung zeigt Abbildung 13.17.

Auch hier lassen sich andere Verteilungen als die Normalverteilung für $\{\varepsilon_t\}$ spezifizieren, die t-Verteilung etwa durch Ergänzen der Anweisung

```
ERRORMODEL rendite ~ T(h.rendite,DF);
```

The MODEL Procedure

Nonlinear FIML Parameter Estimates				
Parameter	Estimate	Approx Std Err	t Value	Approx Pr > |t|
intercept	0.000471	0.000131	3.59	0.0003
arch0	8.672E–6	8.398E–7	10.33	<.0001
arch1	0.144166	0.00884	16.32	<.0001
garch1	0.845129	0.00861	98.15	<.0001

Abbildung 13.17: Parameterschätzung im GARCH(1,1)-Modell mit PROC MODEL

□

13.6 Übungsaufgaben

Aufgabe 13.1:

Der Datensatz *Konsum.sas7bdat* enthält vierteljährliche Daten der privaten Konsumausgaben in Deutschland aus den Jahren 1991 bis 2003. Zerlegen Sie die Zeitreihe in Trend-, Saison- und irreguläre Komponente und zeichnen Sie ein Liniendiagramm der trend- und saisonbereinigten Reihe. ∎

Aufgabe 13.2:

Berechnen Sie für die Konsum-Zeitreihe aus Aufgabe 13.1 die Holt-Winters-Prognose für vier zukünftige Zeitpunkte. Berücksichtigen Sie dabei die Saison. Stellen Sie die Reihen- und Vorhersagewerte in einem Diagramm wie in Abbildung 13.7 dar. ∎

Aufgabe 13.3:

Nachstehender DATA-Step simuliert einen ARMA-Prozess.

```
DATA Arma (KEEP=x);
 RETAIN e1 0 x1 0 x2 0;
DO i=-200 TO 200;
 e=NORMAL(1);
 x=0.7*x1+0.2*x2-0.4*e1+e;
 e1=e;
 x2=x1;
 x1=x;
 IF i>0 THEN OUTPUT;
 END;
RUN;
```

Schätzen Sie aus den simulierten Daten die Modellordnung p und q eines ARMA-Prozesses. Bestimmen Sie für das entsprechende Modell die Parameterschätzer mit der ML-Methode. Stimmen die identifizierte Modellordnung und die Parameterschätzer (annähernd) mit den wahren Werten überein? ∎

Aufgabe 13.4:

Berechnen Sie für die simulierte Zeitreihe x aus Aufgabe 13.3 das Periodogramm und das mit den Gewichten 1 2 4 2 1 geglättete Periodogramm. Tragen Sie beide Schätzungen der Spektraldichte in ein Liniendiagramm ab. ∎

Aufgabe 13.5:

Der Datensatz *Dax.sas7bdat* enthält tägliche DAX-Werte aus den Jahren 1970 bis 1989. Schätzen Sie für die DAX-Renditen ein GARCH(1,1)-Modell mit zugrunde liegender t-Verteilung. ∎

Ökonometrie

Ökonomische Daten und Modelle weisen oft Besonderheiten auf, die eine Schätzung mit der „gewöhnlichen" KQ-Methode erschweren oder sogar unmöglich machen. So beeinflussen sich makroökonomische Phänomene mitunter gegenseitig, oder die Zusammenhänge zwischen Regressoren und Regressanden sind nicht linear. Diesen Besonderheiten tragen die nachfolgend vorgestellten Verfahren und Modelle Rechnung.

14.1 Simultane Gleichungssysteme

In Modellen für ökonomische Daten treten die abhängigen Variablen einer Gleichung oft noch in weiteren Gleichungen auf. Das bekannteste Beispiel ist die makroökonomischen Konsumfunktion

$$C_t = \alpha + \beta Y_t + u_t \, , \tag{14.1}$$

wobei C_t den Konsum und Y_t das verfügbare Einkommen einer Volkswirtschaft in einer Periode t angibt. Die Variable u_t ist ein Störterm, wie aus dem linearen Regressionsmodell bekannt. Modellgleichungen wie 14.1, die makroökonomische Variablen in Abhängigkeit von bestimmten Einflussvariablen beschreiben, heißen Verhaltensgleichungen.

Die KQ-Schätzung der Koeffizienten α und β aus der Konsumfunktion in Gleichung 14.1 ist im Allgemeinen verzerrt, da die erklärende Variable Y_t auch in der Identitätsbeziehung

$$Y_t = C_t + A_t \tag{14.2}$$

auftritt. A_t bezeichnet hier „autonome" Ausgaben wie Investitionen und Staatsausgaben, die nicht direkt vom Volkseinkommen abhängen.

© Springer-Verlag GmbH Deutschland, ein Teil von Springer Nature 2018
W. Krämer et al., *Datenanalyse mit SAS®*, https://doi.org/10.1007/978-3-662-57799-8_14

Auflösen der Gleichungen 14.1 und 14.2 nach C_t und Y_t ergibt

$$Y_t = \frac{\alpha}{1-\beta} + \frac{1}{1-\beta}A_t + \frac{1}{1-\beta}u_t \tag{14.3}$$

und

$$C_t = \frac{\alpha}{1-\beta} + \frac{\beta}{1-\beta}A_t + \frac{1}{1-\beta}u_t \; . \tag{14.4}$$

Die Gleichungen 14.1 und 14.2 heißen auch die Strukturform, die Gleichungen 14.3 und 14.4 die reduzierte Form des Systems.

Nach Gleichung 14.3 korreliert die erklärende Variable Y_t in Gleichung 14.1 mit der Störvariablen u_t. Das widerspricht den Voraussetzungen linearer Regressionsmodelle und führt zu inkonsistenten und verzerrten KQ-Schätzungen.

Die bekannteste Alternative ist die zweistufige KQ-Methode (engl.: two-stage least squares, kurz 2SLS) von Theil (1971). Für die 2SLS-Schätzung der Koeffizienten der „Verhaltensgleichung" 14.1 (Konsumfunktion) wird zunächst die erklärende Variable Y_t auf die exogene Variable A_t regressiert (Stufe 1). Die ermittelten vorhergesagten Werte werden anschließend in Gleichung 14.1 eingesetzt und die Koeffizienten α und β geschätzt (Stufe 2). In SAS erfolgt die 2SLS-Schätzung mit der Prozedur SYSLIN. Die allgemeine Syntax lautet:

```
PROC SYSLIN [Option(en)];
  ENDOGENOUS <Variable(n)>;
  IDENTITY <Identitätsbeziehung>;
  INSTRUMENTS <Variable(n)>;
  MODEL <abh. Variable> = <Regressor(en)> [/ Option(en)];
  OUTPUT [PREDICTED=<Variable>] [RESIDUAL=<Variable>];
  RESTRICT <Restriktion>;
```

Neben den aufgeführten Anweisungen funktionieren BY, VAR und WEIGHT wie gewohnt. Die wichtigsten Optionen von SYSLIN sind OLS (KQ-Methode), 2SLS (zweistufige KQ-Methode), 3SLS (dreistufige KQ-Methode) und SUR (seemingly unrelated regression). Sie legen das Schätzverfahren fest. Die Option OUT=<Datensatz> gibt den Datensatz für die Variablen der OUTPUT-Anweisung an.

ENDOGENOUS bestimmt die gemeinsam abhängigen Variablen. Normalerweise sind hier nicht in INSTRUMENTS spezifizierte abhängige Variablen der MODEL- und IDENTITY-Anweisung anzugeben. Für OLS und SUR ist die ENDOGENOUS-Anweisung nicht notwendig.

IDENTITY gibt Identitätsbeziehungen in Form von entsprechenden Gleichungen an. Mehrere Identitätsbeziehungen verlangen auch mehrere IDENTITY-Anweisungen. INSTRUMENTS bestimmt die in der ersten Stufe von 2SLS und 3SLS zur Schätzung verwendeten Variablen (für OLS und SUR ist sie nicht notwendig).

`MODEL` legt das zu schätzende Modell bzw. die Verhaltensgleichung des Modells fest. Die `Regressoren` sind dabei durch Leerzeichen zu trennen. Für mehrere Verhaltensgleichungen sind auch mehrere `MODEL`-Anweisungen nötig.

`OUTPUT` schreibt Schätzwerte und Residuen für die abhängige Variable der vorangegangenen `MODEL`-Anweisung in den unter `OUT=` angegebenen Datensatz. Für mehrere `MODEL`-Anweisungen sind mehrere `OUTPUT`-Anweisungen möglich.

`RESTRICT` gibt Parameterrestriktionen in Form von Gleichungen an.

Verhaltensgleichungen und Identitätsbeziehungen lassen sich durch Voranstellen von `<Gleichungsname>:` vor `MODEL` bzw. `IDENTITY` eindeutig benennen. In der Textausgabe erscheinen von `Gleichungsname` jedoch maximal acht Zeichen.

Beispiel 14.1: 2SLS-Schätzung mit der Prozedur `SYSLIN`

Nachfolgendes Programm schätzt eine Konsumfunktion für Deutschland basierend auf Quartalsdaten der Jahre 1991 bis 2003 mit den saisonbereinigten Variablen Volkseinkommen, Konsumausgaben privater Haushalte und autonome Ausgaben. Die Schätzmethode ist 2SLS.

```
PROC SYSLIN DATA=Makrooek 2SLS OUT=P_2SLS;
  ENDOGENOUS Einkommen Konsum;
  INSTRUMENTS Autonom;
  MODEL Konsum=Einkommen;
  IDENTITY Einkommen=Konsum+Autonom;
  OUTPUT PREDICTED=K_Dach;
RUN;
```

Abbildung 14.1 zeigt das resultierende Schätzergebnis. Der Koeffizient von `Einkommen` ist die „marginale Konsumquote". Sie sagt, wie viel von jedem zusätzlichen Euro an Einkommen für Konsum verwendet wird, hier ca. 80 Cent.

The SYSLIN Procedure
Two–Stage Least Squares Estimation

Parameter Estimates					
Variable	DF	Parameter Estimate	Standard Error	t Value	Pr > |t|
Intercept	1	27.73307	33.13200	0.84	0.4065
Einkommen	1	0.806632	0.110291	7.31	<.0001

Abbildung 14.1: Parameterschätzung mit 2SLS

Abbildung 14.2 zeigt die geschätzte Konsumfunktion (Variable K_Dach aus Datensatz P_2SLS).

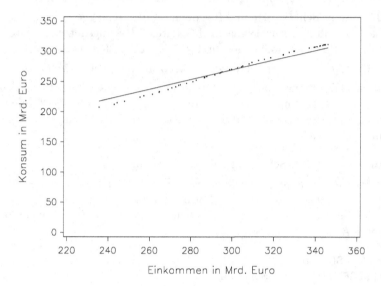

Abbildung 14.2: Geschätzte Konsumfunktion (durchgehende Linie) und Originaldaten (einzelne Punkte) □

Das obige System besteht aus einer Verhaltensgleichung (Gleichung 14.1) und einer stets erfüllten Identitätsbeziehung (Gleichung 14.2). Die meisten ökonometrischen Modelle haben aber mehr als nur eine Verhaltensgleichung. So lässt sich obiges System noch um eine Investitionsgleichung erweitern:

$$I_t = \gamma + \delta(Y_t - Y_{t-1}) + v_t \ . \tag{14.5}$$

Gleichung 14.2 verändert sich dann zu:

$$Y_t = C_t + A_t + I_t \ .$$

Daraus resultiert ein Drei-Gleichungs-Modell mit zwei Verhaltensgleichungen. In solchen Fällen lässt sich eine mögliche Korrelation der Störgrößen u_t und v_t ausnutzen. Dafür sind zunächst die Datenpunkte der Gleichungen 14.1 und 14.5 zu einer einzigen großen Regressormatrix zusammenzufassen. Anschließend kann man alle Koeffizienten gemeinsam mit der verallgemeinerten KQ-Methode schätzen. Dieses Verfahren heißt „seemingly unrelated regression" (kurz SUR). Werden in SUR die Regressoren durch ihre erklärten Variablen aus der ersten Stufe der zweistufigen KQ-Methode ersetzt, heißt das Verfahren auch dreistufige KQ-Methode (engl.: three-stage least squares, kurz 3SLS).

Beispiel 14.2: 3SLS-Schätzung mit der Prozedur `SYSLIN`

Nachfolgendes Programm schätzt die Konsumfunktion von Deutschland basierend auf Quartalsdaten der Jahre 1991 bis 2003 mit den saisonbereinigten Variablen Volkseinkommen, Konsumausgaben privater Haushalte, private Investitionen und autonome Ausgaben mit der Methode 3SLS.

```
DATA Makro2;
 SET Makrooek;
 L_Einkommen=LAG(Einkommen);
RUN;

PROC SYSLIN DATA=Makro2 OUTEST=Schaetz 3SLS OUT=P_3SLS;
 ENDOGENOUS Einkommen Konsum Investitionen;
 INSTRUMENTS Autonom L_Einkommen;
 MODEL Konsum=Einkommen;
 OUTPUT PREDICTED=K_Dach;
 MODEL Investitionen=Einkommen L_Einkommen;
 IDENTITY Einkommen=Konsum+Autonom+Investitionen;
 RESTRICT Einkommen+L_Einkommen=0;
RUN;
```

Abbildung 14.3 zeigt die zugehörige Textausgabe. Durch die Restriktion `Einkommen+L_Einkommen=0` (siehe Gleichung 14.5) sind die Schätzer für `Einkommen` und `L_Einkommen` bis auf das Vorzeichen identisch.

The SYSLIN Procedure
Three–Stage Least Squares Estimation

Parameter Estimates					
Variable	DF	Parameter Estimate	Standard Error	t Value	Pr > |t|
Intercept	1	−27.4164	2.010832	−13.63	<.0001
Einkommen	1	0.990162	0.006633	149.27	<.0001

Parameter Estimates					
Variable	DF	Parameter Estimate	Standard Error	t Value	Pr > |t|
Intercept	1	10.85775	7.152437	1.52	0.1356
Einkommen	1	8.417593	3.117296	2.70	0.0095
L_Einkommen	1	−8.41759	3.117296	−2.70	0.0095
RESTRICT	−1	9.202647	4.351654	2.11	0.0330

Abbildung 14.3: Parameterschätzung mit 3SLS

Abbildung 14.4 zeigt die geschätzte Konsumfunktion (Variable K_Dach aus Datensatz P_3SLS).

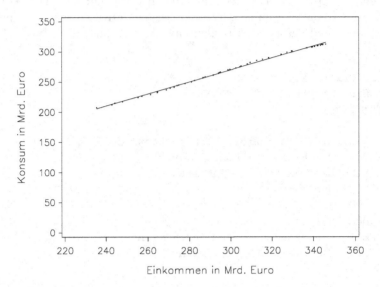

Abbildung 14.4: Geschätzte Konsumfunktion (durchgehende Linie) und Originaldaten (einzelne Punkte)

PROC SYSLIN mit der Option SUR statt 3SLS verwendet die Methode SUR. Die Anweisungen ENDOGENOUS und INSTRUMENTS sind für diese Methode nicht mehr notwendig.   □

Die wichtigste Aufgabe simultaner Gleichungssysteme ist die Prognose zukünftiger Werte der endogenen Variablen (in obigem Beispiel: C_t, Y_t und I_t), gegeben die zukünftigen Werte der exogenen Variablen (in obigem Beispiel: A_t und Y_{t-1}). Die Prozedur SIMLIN berechnet diese Prognosen unter Verwendung bereits vorliegender Koeffizienten der Verhaltensgleichungen eines Systems (= Strukturform) sowie zukünftiger Werte der exogenen Variablen. SIMLIN löst zunächst die Verhaltensgleichungen nach den exogenen Variablen auf (= reduzierte Form), setzt dann die zukünftigen Werte der exogenen Variablen ein und berechnet so die Prognosen für die endogenen Variablen.

Die allgemeine Syntax der Prozedur SIMLIN ist gegeben durch:

```
PROC SIMLIN [Option(en)];
  ENDOGENOUS <Variable(n)>;
  EXOGENOUS <Variable(n)>;
  LAGGED <verzögerte Variable> <endogene Variable> <Ordnung>;
```

Neben den aufgeführten Anweisungen funktionieren BY, ID und OUTPUT wie gewohnt. Die Option EST=<Datensatz> gibt an, welcher Datensatz die (geschätzten) Koeffizienten des zu simulierenden Modells enthält. START=<n> legt die Beobachtungsnummer fest, ab welcher die Prognose erfolgt. TYPE=<Schätzmethode> bestimmt durch die Schlüsselwörter OLS, 2SLS, 3SLS, SUR die Schätzmethode.

EXOGENOUS listet die unabhängigen bzw. exogenen Variablen des Systems auf. ENDOGENOUS ist wie in PROC SYSLIN zu verwenden.

LAGGED bestimmt für eine verzögerte Variable die zugehörige endogene Variable sowie die Ordnung der Verzögerung. Entspricht beispielsweise die Variable x der zweiten Verzögerung von y, so lautet die Anweisung LAGGED x y 2;. Für mehrere verzögerte Variablen ist das Schema <verzögerte Variable> <endogene Variable> <Ordnung> innerhalb einer Anweisung durch Leerzeichen getrennt entsprechend zu wiederholen.

Beispiel 14.3: Prognosen mit der Prozedur SIMLIN

Nachstehendes Programm berechnet für die Datensätze Makro2 und Schaetz aus Beispiel 14.2 eine fortlaufende Prognose und schreibt die vorhergesagten Werte in den Datensatz Prognose.

```
PROC SIMLIN DATA=Makro2 (WHERE=(L_Einkommen ne .))
            EST=Schaetz TYPE=3SLS;
  ENDOGENOUS Einkommen Konsum Investitionen;
  EXOGENOUS Autonom;
  LAGGED L_Einkommen Einkommen 1;
  OUTPUT OUT=Prognose PREDICTED=E_Dach K_Dach I_Dach;
RUN;
```

Da die Variable L_Einkommen durch ihre Defintion (siehe Beispiel 14.2) einen fehlenden Wert aufweist, werden mittels der WHERE-Option die Beobachtungen auf die nicht fehlenden Werte eingeschränkt. Andernfalls entsteht eine Fehlermeldung.

Abbildung 14.5 stellt die Vorhersagen für das Einkommen (Variable E_Dach) aus Datensatz Prognose gemeinsam mit den beobachteten Werten (Variable Einkommen) dar.

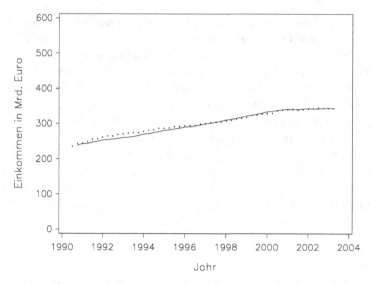

Abbildung 14.5: Vorhersage (durchgezogene Linie) und beobachtete Werte (einzelne Punkte) für Einkommen □

14.2 Nichtlineare Gleichungssysteme

Neben den obigen linearen Gleichungen können die Variablen eines ökonomischen Gleichungssystems auch nichtlinear miteinander verbunden sein. Ein Beispiel dafür ist:

$$\text{reale Lohnerhöhung} = \frac{\text{nominale Lohnerhöhung}}{\text{Preisanstieg}} .$$

Die allgemeine Form eines solchen nichtlinearen Gleichungssystems ist

$$y_t = f(y_t, x_t, \theta) + \varepsilon_t .$$

Dabei ist f eine n-dimensionale nichtlineare Funktion, y_t ein n-dimensionaler Vektor aller endogenen Variablen und x_t ein m-dimensionaler Vektor der exogenen Variablen des Systems, welcher auch verzögerte Werte von endogenen Variablen enthalten darf. θ ist der Vektor aller unbekannten, zu schätzenden Parameter und ε_t ein Vektor von Störgrößen. Wenn die zugehörige Gleichung eine Definitionsgleichung ist, kann ε_t auch Null-Komponenten enthalten.

Die Prozedur `MODEL` ermöglicht sowohl das Schätzen der Parameter in θ als auch die Vorhersage zukünftiger Werte von y_t für einen gegebenen Vektor θ sowie zukünftige Werte von x_t. Sie ist in Kapitel 8 näher vorgestellt. Wie bei linearen Modellen lassen sich auch hier beim Schätzen mögliche Korrelationen zwischen den Komponenten von ε_t oder Restriktionen bezüglich der Komponenten von θ ausnutzen. Näheres siehe Judge et al. (1985).

Beispiel 14.4: Parameterschätzung in nichtlinearen Gleichungssystemen mit der Prozedur MODEL

Bard (1974) modelliert die US-Amerikanische Industrieproduktion der Jahre 1909 bis 1949 mit folgendem Gleichungssystem:

$$X_3 = a \cdot 10^{b \cdot X_4} \left(e \cdot X_1^{-d} + (1 - e)X_2^{-d} \right)^{-\frac{c}{d}}$$

$$X_5 = \frac{e}{1 - e} \left(\frac{X_1}{X_2} \right)^{-1-d} .$$

Dabei sind a bis e unbekannte Parameter. X_1 ist der Kapitaleinsatz, X_2 der Arbeitseinsatz, X_3 die reale Produktion, X_4 das Jahr und X_5 das Verhältnis von Langfristzinsen und Lohnsteigerungsraten. X_1 und X_2 sind endogene, X_3, X_4 und X_5 exogene Variablen. Das nachfolgende Programm schätzt die Parameter des Gleichungssystems mit der FIML-Methode (Daten aus Bard, 1974):

```
PROC MODEL DATA=Bodkin_Klein;
 PARAMETERS a b c d e;
 ENDOGENOUS x1 x2;
 EXOGENOUS x3 x4 x5;
 EQ.g1=x3 -a *10**(b*x4)
       *(e*x1**(-d)+(1-e)*x2**(-d))**(-c/d);
 EQ.g2=x5 -(e/(1-e)) *(x1/x2)**(-1-d);
 FIT g1 g2 /FIML;
RUN;
```

Abbildung 14.6 zeigt das Resultat der Parameterschätzung. Der positive Wert des Parameters b deutet auf eine im Zeitverlauf steigende Industrieproduktion hin. Somit sind vermutlich nicht alle produktivitätsbestimmenden Faktoren im Gleichungssystem berücksichtigt.

The MODEL Procedure

Nonlinear FIML Parameter Estimates			
Parameter	Estimate	Approx Std Err	t Value	Approx Pr > |t|
a	0.58395	0.0218	26.76	<.0001
b	0.005877	0.000673	8.74	<.0001
c	1.3636	0.1148	11.87	<.0001
d	0.473688	0.2699	1.75	0.0873
e	0.446748	0.0596	7.49	<.0001

Abbildung 14.6: Parameterschätzung mit PROC MODEL

14.3 Regression mit qualitativen abhängigen Variablen

Das lineare Standardregressionsmodell erfordert metrische abhängige Variablen. Damit sind beispielsweise Modelle für das Wahl- oder Kaufverhalten ausgeschlossen:

$$Y_i = \begin{cases} 1\,, \text{Wähler } i \text{ wählt Partei A}\,, \\ 0\,, \text{sonst}\,. \end{cases}$$

Der wichtigste Spezialfall solcher Modelle für binäre abhängige Variablen ist das lineare logistische Regressionsmodell

$$\log\left(\frac{p_i}{1 - p_i}\right) = \alpha + \beta' x_i$$

mit $p = P(Y_i = 1)$ und x_i als Vektor von Regressoren.

Alternativ zu $\log\left(\frac{p_i}{1-p_i}\right)$ (= inverse Verteilungsfunktion der logistischen Verteilung) sind noch weitere Spezifikationen der „Link-Funktion" g in der allgemeinen Gleichung

$$g(p_i) = \alpha + \beta' x_i$$

möglich, beispielsweise $\Phi^{-1}(p_i)$ (= inverse Verteilungsfunktion der Standardnormalverteilung) oder $\log\bigl(-\log(1 - p_i)\bigr)$ (= inverse Verteilungsfunktion der Gompertz-Verteilung).

Die Prozedur LOGISTIC schätzt diese Modelle. Ihre allgemeine Syntax lautet:

```
PROC LOGISTIC [Option(en)];
  MODEL <abh. Variable> = <Regressor(en)> [/ Option(en)];
```

Zusätzlich braucht man hier auch oft noch die Anweisungen BY, CLASS, FREQ, OUTPUT und WEIGHT, diese funktionieren wie gewohnt.

MODEL spezifiziert das zu schätzende Modell analog zur Prozedur REG. Die Schätzung erfolgt mit der ML-Methode. Wichtige Optionen der MODEL-Anweisung sind LINK= und TECHNIQUE=. LINK=LOGIT (Standardeinstellung) bestimmt die inverse Verteilungsfunktion der logistischen Verteilung als Link-Funktion. LINK=PROBIT verwendet die Standardnormalverteilung und LINK=CLOGLOG die Gompertz-Verteilung. TECHNIQUE= legt fest, mit welchem Algorithmus das Maximum der Likelihood-Funktion gesucht wird. TECHNIQUE=FISHER (Standardeinstellung) verwendet den Fisher-Scoring-Algorithmus, TECHNIQUE=NEWTON das Newton-Raphson-Verfahren.

Neben den binären abhängigen Variablen erlaubt PROC LOGISTIC auch qualitative abhängige Variablen mit mehr als zwei Ausprägungen. Diese müssen dann jedoch geordnet vorliegen, etwa:

$$Y_i = \begin{cases} 0\,, \text{kein berufsqualifizierender Abschluss}, \\ 1\,, \text{Berufsschulabschluss}, \\ 2\,, \text{(Fach-)Hochschulabschluss}. \end{cases}$$

Beispiel 14.5: Logistische Regression mit der Prozedur LOGISTIC

Theil (1971) beschreibt die Wahrscheinlichkeit p_i für einen Autokauf in Abhängigkeit vom Familieneinkommen x_i mit

$$\log\left(\frac{p_i}{1-p_i}\right) = \beta_0 + \beta_1 \log(x_i) \ .$$

Nachfolgendes Programm simuliert gemäß dieses Modells zunächst Einkommensdaten und zugehörige Kaufereignisse. PROC LOGISTIC schätzt anschließend die Modellparameter und schreibt Vorhersagewerte für $P(\text{Kauf} = 0)$ in den Datensatz.

```
DATA Auto (DROP=i p);
 DO i=1 TO 200;
  Einkommen=40000*(-LOG(1-RANUNI(1)))**(2/3);
  x=LOG(Einkommen);
  p=1/(EXP(50-4.9*x)+1);
  Kauf=(SIGN(p-RANUNI(1))+1)/2;
  OUTPUT;
 END;
RUN;


PROC LOGISTIC DATA=Auto;
 MODEL Kauf=x;
 OUTPUT OUT=Vorhersage PREDICTED=p;
RUN;
```

Abbildung 14.7 zeigt das Resultat der Parameterschätzung. Die Schätzer liegen nahe bei den wahren Parametern 50 bzw. $-4{,}9$.

The LOGISTIC Procedure

Analysis of Maximum Likelihood Estimates					
Parameter	DF	Estimate	Standard Error	Wald Chi–Square	Pr > ChiSq
Intercept	1	53.1404	8.0078	44.0372	<.0001
x	1	–5.1893	0.7785	44.4288	<.0001

Abbildung 14.7: Parameterschätzung mit PROC LOGISTIC

Abbildung 14.8 zeigt mit den Daten aus Datensatz Vorhersage den geschätzten Zusammenhang zwischen Einkommen und Wahrscheinlichkeit für einen Autokauf $P(\text{Kauf} = 1)$.

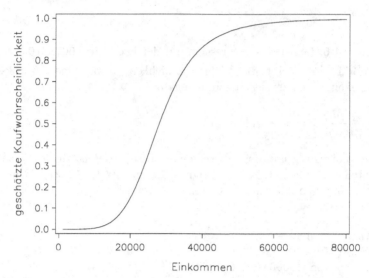

Abbildung 14.8: Geschätzter Zusammenhang zwischen Einkommen und Wahrscheinlichkeit für einen Autokauf

14.4 Übungsaufgaben

Aufgabe 14.1:
Nachstehender DATA-Step simuliert makroökonomische Daten.

```
DATA Makrooek (DROP=u v);
 Einkommen=0;
 DO t=-100 TO 100;
  u=NORMAL(1)*6;
  v=NORMAL(1)*2;
  Autonom=RANBIN(1,4000+ROUND(1.045**(t+100)),0.3)/100;
  Investitionen=ROUND(2/1.8*(2+0.02*((150+Autonom+u)/0.2
                  -0.02*Einkommen)+v),0.01);
  Konsum=ROUND((150+0.8*(Autonom+Investitionen)+u)/0.2,0.01);
  Einkommen=Konsum+Autonom+Investitionen;
  IF t>0 THEN OUTPUT;
 END;
RUN;
```

Zeichnen Sie die mit der SUR-Methode berechneten Einkommensprognosen analog zu Beispiel 14.3. ∎

Aufgabe 14.2:
Der Datensatz *Zweigleich.sas7bdat* enthält jeweils 50 Werte für die Variablen x_1, x_2, x_3, y_1 und y_2. Unterstellen Sie den Zusammenhang

$$y_1 = a \cdot \frac{x_1}{x_2}$$
$$y_2 = b \cdot \log(x_3) + c \cdot \log(x_2)$$

und schätzen Sie die Parameter a, b und v mit der KQ-Methode. ∎

Aufgabe 14.3:
Schätzen Sie für die Daten aus Beispiel 14.5 ein logistisches Regressionsmodell mit allen vorgestellten Link-Funktionen. Präsentieren Sie die jeweils geschätzten Zusammenhänge zwischen Einkommen und Wahrscheinlichkeit für einen Autokauf zum Vergleich der Link-Funktionen in einem gemeinsamen Liniendiagramm. ∎

Epidemiologie

Das vorliegende Kapitel beschäftigt sich nach der Vorstellung verschiedener Studientypen mit der statistischen Auswertung epidemiologischer Daten. Es stellt in Ergänzung zu den Kenngrößen und Verfahren der vorstehenden Kapitel die Inzidenz, die Prävalenz, das Odds Ratio und das relative Risiko vor und erläutert deren Umsetzung in SAS.

15.1 Studientypen

Es gibt zwei unterschiedliche Formen von Studien: experimentelle Interventions- und Beobachtungsstudien. In Interventionsstudien erhalten die Studienteilnehmer unter kontrollierten Bedingungen gezielt eine Intervention, deren Auswirkung untersucht wird. Idealerweise erfolgt eine Interventionsstudie als randomisierte kontrollierte klinische Studie (engl.: randomized controlled trial, RCT). Beispielsweise sollen zwei mögliche Therapien einer bestimmten Erkrankung miteinander verglichen werden. Dazu teilt man die Studienpatienten in zwei Gruppen auf, verabreicht in jeder Gruppe jeweils eine der beiden Therapien und vergleicht am Ende den erzielten Therapieerfolg zwischen beiden Gruppen. Die Entscheidung zwischen den beiden möglichen Behandlungen eines Studienpatienten erfolgt nach dem Zufallsprinzip. Im Unterschied dazu trifft in einer Beobachtungsstudie der behandelnde Arzt die Therapieentscheidung jedes Patienten individuell und genauso wie in der Regelversorgung.

In der Epidemiologie lassen sich im Wesentlichen drei Arten von Beobachtungsstudien unterscheiden:

- die (prospektive) Kohortenstudie,
- die (retrospektive) Fall-Kontroll-Studie und
- die Querschnittsstudie.

© Springer-Verlag GmbH Deutschland, ein Teil von Springer Nature 2018
W. Krämer et al., *Datenanalyse mit SAS®*, https://doi.org/10.1007/978-3-662-57799-8_15

Eine Kohorten- und eine Fall-Kontroll-Studie untersucht den Zusammenhang zwischen einem bestimmten Einflussfaktor („Exposition" einer Person) und dem Auftreten eines interessierenden Ereignisses. Eine Kohortenstudie beobachtet beispielsweise Raucher sowie Nichtraucher über einen bestimmten Zeitraum und dokumentiert, ob eine Lungenkrebserkrankung auftritt oder nicht (prospektive Untersuchung). Eine Fall-Kontroll-Studie ist zeitlich umgekehrt (retrospektive Untersuchung). Man betrachtet eine Gruppe erkrankter Personen (Fälle) und eine Gruppe gesunder Kontrollpersonen und ermittelt jeweils, ob in der Vergangenheit eine Exposition gegenüber einem potenziellen Risikofaktor vorlag oder nicht. Eine Querschnittsstudie beinhaltet weder eine zeitliche Nachverfolgung noch einen Rückblick. Stattdessen dokumentiert man das Vorliegen aller interessierenden Sachverhalte gleichzeitig, d. h. die Exposition und/oder die Erkrankung. Die Datenerhebung erfolgt entweder an einzelnen Individuen oder in aggregierter Form (ökologische Studie).

15.2 Epidemiologische Kenngrößen

Eine epidemiologische Querschnittsstudie beschreibt das Auftreten und die Verbreitung einer bestimmten Erkrankung oder Exposition in einer Population. Geeignete statistische Kenngrößen sind die Inzidenz (Inzidenzrate) und die Prävalenz. Die Inzidenz gibt an, wie viele Menschen in einem bestimmten Zeitraum neu erkranken. Die Prävalenz ist der Anteil der Personen, die zu einem bestimmten Zeitpunkt erkrankt bzw. exponiert sind.

Abbildung 15.1 zeigt eine Vierfeldertafel zur Darstellung des Zusammenhangs zwischen einer Exposition und einer Erkrankung.

	Erkrankung ja	Erkrankung nein	Gesamt
Exposition ja	n_{11}	n_{10}	$n_{1\cdot}$
Exposition nein	n_{01}	n_{00}	$n_{0\cdot}$
Gesamt	$n_{\cdot 1}$	$n_{\cdot 0}$	$n_{\cdot\cdot}$

Abbildung 15.1: Vierfeldertafel für den Zusammenhang zwischen einer Exposition und einer Erkrankung

Zur Beschreibung des Zusammenhangs zwischen der Exposition und der Erkrankung dienen das relative Risiko (RR), die Risikodifferenz und das „Chancenverhältnis" (engl.: Odds Ratio, OR). Das relative Risiko ist der Quotient und die Risikodifferenz die Differenz der Wahrscheinlichkeit der Erkrankung einer exponierten und einer nicht exponierten Person p_1 bzw. p_0. Beide Wahrscheinlichkeiten werden anhand der entsprechenden relativen Häufigkeit geschätzt. Die „Chancen" (engl.: Odds) einer Erkrankung sind definiert als $Odds_1 = p_1/(1 - p_1)$ bzw. $Odds_0 = p_0/(1 - p_0)$. Das Odds Ratio ist der

Quotient der geschätzten „Chancen" $Odds_1$ und $Odds_0$.

$$RR = \frac{Rel.\ Erkrankungshäufigkeit\ unter\ den\ exponierten\ Personen}{Rel.Erkrankungshäufigkeit\ unter\ den\ nicht\ exponierten\ Personen} = \frac{\frac{n_{11}}{n_{1\cdot}}}{\frac{n_{01}}{n_{0\cdot}}}.$$

$$OR = \frac{Geschätzte\ Chance\ einer\ Erkrankung\ unter\ den\ exponierten\ Personen}{Geschätzte\ Chance\ einer\ Erkrankung\ unter\ den\ nicht\ exponierten\ Personen}$$

$$= \frac{\frac{n_{11}}{n_{10}}}{\frac{n_{01}}{n_{00}}} = \frac{n_{11} \cdot n_{00}}{n_{10} \cdot n_{01}}.$$

Im Fall einer niedrigen Prävalenz ($n_{11} \ll n_{10}$ und $n_{01} \ll n_{00}$) gilt $RR \approx OR$. In einer prospektiven Kohortenstudie und in einer Querschnittsstudie lassen sich sämtliche obigen Kenngrößen berechnen. In einer retrospektiven Fall-Kontroll-Studie ist dagegen nur das Odds Ratio anzuwenden, da die Anzahl der Fälle und Kontrollpersonen nach dem Studienplan vorgegeben wird und nicht der Verteilung in der Population entspricht. Dadurch ist es nicht möglich, relative Erkrankungshäufigkeiten wie die Inzidenz und Prävalenz zu berechnen, die zur Bestimmung des relativen Risikos erforderlich wären. Die „Chance" einer Erkrankung lässt sich in einer Fall-Kontroll-Studie zwar auch nicht bestimmen, der Quotient der „Chancen" allerdings schon. Man nutzt dafür eine wichtige Eigenschaft des Odds Ratios: das Odds Ratio einer Erkrankung zwischen exponierten und nicht exponierten Personen ist identisch mit dem Odds Ratio der Exposition zwischen erkrankten und nicht erkrankten Personen. Das letztere Odds Ratio lässt sich berechnen, da die „Chancen" der Exposition für erkrankte und nicht erkrankte Personen in einer Fall-Kontroll-Studie bestimmt werden können.

Die Prozedur FREQ berechnet die obigen Kenngrößen.

```
PROC FREQ [Option(en)];
  TABLES <Variable> / [BINOMIAL([WALD] [EXACT]
                                [LEVEL=<Wert>])]
                      [ALPHA=0.05];
  TABLES <Variable1>*<Variable2> / [RELRISK] [RISKDIFF];
```

Beispiel 15.1: Eine prospektive Kohortenstudie soll den Einfluss des Rauchverhaltens auf die Entstehung von Atemwegserkrankungen untersuchen. 100 gesunde Raucher und 100 Nichtraucher wurden in die Studie eingeschlossen und in einem 10-jährigen Nachbeobachtungszeitraum dokumentiert, ob eine Atemwegserkrankung auftritt oder nicht. Unter den Rauchern entwickelten 20 Personen eine Atemwegserkrankung, unter den Nichtrauchern nur 5 Personen.

Das folgende SAS-Programm berechnet die Inzidenz einer Atemwegserkrankung getrennt für Raucher und Nichtraucher inkl. eines Konfidenzintervalls zum Niveau 95 %.

```
DATA Beispiel151;
 INPUT Rauchen Atemerk n;
 DATALINES;
0 1 5
0 0 95
1 1 20
1 0 80
;

PROC FREQ DATA=Beispiel151;
 BY Rauchen;
 TABLES Atemerk / BINOMIAL(WALD EXACT LEVEL=2) ALPHA=0.05;
 WEIGHT n;
RUN;
```

Abbildung 15.2 zeigt das Ergebnis.

The FREQ Procedure

Rauchen=0

Atemwegserkrankung	Frequency	Percent	Cumulative Frequency	Cumulative Percent
0	95	95.00	95	95.00
1	5	5.00	100	100.00

Binomial Proportion	
Atemwegserkrankung = 1	
Proportion	0.0500
ASE	0.0218

Confidence Limits for the Binomial Proportion		
Proportion = 0.0500		
Type	95% Confidence Limits	
Clopper-Pearson (Exact)	0.0164	0.1128
Wald	0.0073	0.0927

Rauchen=1

Atemwegserkrankung	Frequency	Percent	Cumulative Frequency	Cumulative Percent
0	80	80.00	80	80.00
1	20	20.00	100	100.00

Binomial Proportion	
Atemwegserkrankung = 1	
Proportion	0.2000
ASE	0.0400

Confidence Limits for the Binomial Proportion		
Proportion = 0.2000		
Type	95% Confidence Limits	
Clopper-Pearson (Exact)	0.1267	0.2918
Wald	0.1216	0.2784

Abbildung 15.2: Schätzung von Inzidenzen mit der Prozedur FREQ

Die geschätzte Inzidenz einer Atemwegserkrankung unter Nichtrauchern beträgt $r_0 = 0,05$ mit einem exakten 95 %-Konfidenzintervall nach Clopper-Pearson von (0,0164-0,1128) und einem asymptotischen 95 %-Konfidenzintervall nach Wald von (0,0073-0,0927). Unter den Rauchern beträgt die geschätzte Inzidenz $r_1 = 0,2$ mit entsprechenden Konfidenzintervallen (0,1267-0,2918) bzw. (0,1216-0,2784).

Das nachstehende SAS-Programm berechnet das relative Risiko, die Risikodifferenz und das Odds Ratio einer Atemwegserkrankung für den Risikofaktor Rauchen.

```
PROC SORT DATA=Beispiel151;
 BY DESCENDING Rauchen;
RUN;

PROC FREQ DATA=Beispiel151 ORDER=DATA;
 TABLES Rauchen*Atemerk / NOCOL NOPERCENT RELRISK RISKDIFF;
 WEIGHT n;
RUN;
```

Abbildung 15.3 zeigt das Ergebnis.

The FREQ Procedure

Frequency Row Pct	Table of Rauchen by Atemwegserkrankung		
	Atemwegserkrankung		
Rauchen	1	0	Total
1	20 20.00	80 80.00	100
0	5 5.00	95 95.00	100
Total	25	175	200

Column 1 Risk Estimates						
	Risk	ASE	(Asymptotic) 95% Confidence Limits		(Exact) 95% Confidence Limits	
Row 1	0.2000	0.0400	0.1216	0.2784	0.1267	0.2918
Row 2	0.0500	0.0218	0.0073	0.0927	0.0164	0.1128
Total	0.1250	0.0234	0.0792	0.1708	0.0826	0.1790
Difference	0.1500	0.0456	0.0607	0.2393		
Difference is (Row 1 - Row 2)						

Odds Ratio and Relative Risks			
Statistic	Value	95% Confidence Limits	
Odds Ratio	4.7500	1.7058	13.2270
Relative Risk (Column 1)	4.0000	1.5626	10.2396
Relative Risk (Column 2)	0.8421	0.7560	0.9380

Abbildung 15.3: Schätzung des relativen Risikos, der Risikodifferenz und des Odds Ratios mit der Prozedur FREQ

Das relative Risiko einer Atemwegserkrankung für Raucher versus Nichtraucher beträgt $RR = 0,2/0,05 = 4$, die Risikodifferenz $RD = 0,2 - 0,05 = 0,15$ und das Odds Ratio $OR = (0,2/0,8)/(0,05/0,95) = 4,75$.   □

Abschnitt 14.3 führt das logistische Regressionsmodell für eine binäre abhängige Variable Y ein:

$$log\left(\frac{p_i}{1-p_i}\right) = \alpha + \beta x_i \,,$$

wobei x_i der Regressor für Person i, α der Achsenabschnitt (Intercept), β ein Regressionskoeffizient und $p_i = p_i(x_i) = P(Y_i = 1 | X_i = x_i)$ die Wahrscheinlichkeit ist, dass die abhängige Variable Y den Wert 1 annimmt.

Sei $Y_i = 1$, falls eine interessierende Erkrankung vorliegt und sonst Null, d. h. p_i gibt die Wahrscheinlichkeit der Erkrankung an. Und sei der Regressor $X_i = 1$, falls eine Exposition vorliegt und sonst Null. Dann gilt für das Odds Ratio der Erkrankung zwischen exponierten und nicht-exponierten Personen

$$OR = \frac{Odds_1}{Odds_0} = \frac{P(Y_i = 1 | X_i = 1)/[1 - P(Y_i = 1 | X_i = 1)]}{P(Y_i = 1 | X_i = 0)/[1 - P(Y_i = 1 | X_i = 0)]} = \frac{e^{\alpha+\beta\cdot 1}}{e^{\alpha+\beta\cdot 0}} = e^{\beta} \,.$$

Dies zeigt, dass der Regressionskoeffizient β des logistischen Regressionsmodells direkt mit dem Odds Ratio zusammenhängt. Damit lässt sich das Odds Ratio neben der obigen Formel auf der Grundlage einer Vierfeldertafel alternativ über ein logistisches Regressionsmodell bestimmen.

Das oben angegebene logistische Modell lässt sich zu einem multivariaten Regressionsmodell erweitern, vgl. Abschnitt 9.1:

$$log\left(\frac{p_i}{1-p_i}\right) = \alpha + \beta_1 x_{1i} + \beta_2 x_{2i} + \ldots \,.$$

Ein multivariates logistisches Modell bestimmt den adjustierten Einfluss einer Einflussgröße auf die binäre abhängige Variable Y unter Konstanthaltung konkurrierender Einflussgrößen. Sei z. B. $Y_i = 1$, falls die Person i Lungenkrebs hat, sonst ist $Y_i = 0$, die Einflussgröße X_{1i} gibt an, ob Person i raucht (1=ja, 0=nein) und X_{2i} gibt ihr Geschlecht an (1= weiblich, 0=männlich). Ein univariates logistisches Modell mit der einzigen Einflussgröße X_1 vergleicht die Gruppen der Raucher und Nichtraucher hinsichtlich der „Chance", Lungenkrebs zu entwickeln. Das Ergebnis ist das geschätzte Odds Ratio $OR_{uni} = e^{\beta_1}$. Das univariate Odds Ratio OR_{uni} ist dadurch gekennzeichnet, dass es die Geschlechtsverteilung in beiden Gruppen außer Acht lässt. D. h. es berücksichtigt nicht, dass das Geschlecht bei Rauchern und Nichtrauchern unterschiedlich verteilt sein könnte. Falls beispielsweise bei den Rauchern die Männer und bei den Nichtrauchern die Frauen überwiegen, so führt dies zu einer Über- oder Unterschätzung des Effekts des Rauchens auf die Entwicklung von Lungenkrebs. Ein multivariates logistisches Modell mit den Einflussgrößen Rauchen (X_1) und Geschlecht (X_2) behebt dieses Problem. Das so ermittelte Odds Ratio $OR_{multi} = e^{\beta_1}$ vergleicht die Gruppen der Raucher und Nichtraucher nicht in der Form wie sie vorliegen. Stattdessen vergleicht das Odds Ratio $OR_{multi} = e^{\beta_1}$ zwei fiktive Gruppen von Rauchern und Nichtraucher miteinander, die eine identische Geschlechtsverteilung aufweisen. Somit lässt sich der isolierte Einfluss des Rauchens auf die Entstehung von Lungenkrebs ermitteln, ohne das Ergebnis durch einen möglichen Geschlechtseffekt zu verfälschen.

Eine Erweiterung des logistischen Modells ist die bedingte logistische Regression. Ein bedingtes logistisches Regressionsmodell berücksichtigt eine bestimmte Störgröße (engl.: Confounder) in der Weise, dass es entsprechend der Ausprägungen der Störgröße die Personen jeweils zu einer Gruppe zusammenfasst. Die so gebildeten Gruppen bezeichnet man auch als Schichten (Strata). Die aufgestellte Modellgleichung ordnet jedem Stratum einen spezifischen Achsenabschnitt (Intercept) zu. Sie lautet im einfachsten Fall

$$ log \left(\frac{p_{hi}}{1 - p_{hi}} \right) = \alpha_h + \beta x_{hi} \ . $$

Dabei bezeichnet der Index h das Stratum und i eine Person innerhalb des Stratums h. Durch den stratum-spezifischen Achsenabschnitt (Intercept) α_h gibt der Regressionskoeffizient β an, wie sich der Regressor x jeweils innerhalb eines Stratums auf die abhängige Variable auswirkt. Der „Confounder" wird also konstant gehalten und auf diese Weise verfälschte Ergebnisse verhindert. Die besondere Idee der bedingten logistischen Regression besteht darin, dass die Parameter α_h bei der Modellanpassung gar nicht geschätzt werden („nuisance parameter"). Dass lediglich der Regressionskoeffizient β geschätzt wird, hat zur Folge, dass diese Schätzung genauer wird.

In den bisherigen multivariaten Modellen war eine bestimmte Einflussgröße von hauptsächlichem Interesse und ihr Einfluss auf die abhängige Variable musste bzgl. konkurrierender Einflussgrößen adjustiert werden. Alternativ lässt sich ein multivariates Modell auch so interpretieren, dass sämtliche Einflussgrößen von gleichem Interesse sind und es darum geht, ihren simultanen Einfluss auf die abhängige Variable zu beschreiben.

In SAS lassen sich uni- und multivariate logistische Regressionsanalysen mit der Prozedur LOGISTIC durchführen (vgl. Abschnitt 14.3).

```
PROC LOGISTIC [Option(en)];
  CLASS <Klassifizierungsvariable(n)>
        [/ PARAM=REF REF=FIRST|REF=LAST];
  MODEL <abh. Variable> = <Regressor(en)>;
  STRATA <Klassifizierungsvariable>;
  ODDSRATIO <Regressor>;
  ESTIMATE '<Text>' <Effekt> <Werte> [/ Option(en)];
```

Die Option DESCENDING legt fest, dass die Wahrscheinlichkeit für die Ausprägung 1 der abhängigen Variable modelliert wird und nicht die Ausprägung 0. Die CLASS-Anweisung muss der MODEL-Anweisung vorausgehen und legt die unabhängigen Klassifizierungsvariablen fest. Die MODEL-Anweisung legt die abhängige Variable und sämtliche Regressoren des logistischen Modells fest. Die STRATA-Anweisung führt eine bedingte logistische Regression durch (siehe unten). Die ODDSRATIO-Anweisung dient zur Berechnung des Odds Ratios des angegebenen Regressors. Die Anweisung ESTIMATE bietet weitergehende Möglichkeiten zur Schätzung beliebiger linearer Kontraste. Der Text beschreibt den geschätzten Kontrast. Als Effekt ist ein Regressor anzugeben. Die Koeffizienten des Kontrasts folgen unter Werte. Die wichtigsten Optionen sind EXP und CL. EXP wendet die Exponentialfunktion auf den Kontrast an, so dass ein Odds Ratio geschätzt wird, und CL ergänzt ein Konfidenzintervall.

Beispiel 15.1 (Fortsetzung): Das Odds Ratio einer Atemwegserkrankung für den Risikofaktor Rauchen lässt sich wie folgt berechnen.

```
PROC LOGISTIC DATA=Beispiel151 DESCENDING;
 CLASS Rauchen / PARAM=REF REF=FIRST;
 MODEL ATEMERK = Rauchen;
 WEIGHT n;
 ODDSRATIO Rauchen;
 ESTIMATE 'OR, Raucher vs. Nichtraucher' Rauchen 1 / EXP CL;
RUN;
```

Das Odds Ratio in Abbildung 15.4 ist identisch zu demjenigen der Prozedur FREQ.

The LOGISTIC Procedure

Analysis of Maximum Likelihood Estimates					
Parameter	DF	Estimate	Standard Error	Wald Chi-Square	Pr > ChiSq
Intercept	1	-2.9444	0.4588	41.1812	<.0001
Rauchen 1	1	1.5581	0.5225	8.8922	0.0029

Odds Ratio Estimates		
Effect	Point Estimate	95% Wald Confidence Limits
Rauchen 1 vs 0	4.750	1.706	13.227

Estimate						
Label	Estimate	Standard Error	Pr > |z|	Exponentiated	Exponentiated Lower	Exponentiated Upper
OR, Raucher vs. Nichtraucher	1.5581	0.5225	0.0029	4.7500	1.7058	13.2270

Abbildung 15.4: Schätzung des Odds Ratios mit der Prozedur LOGISTIC

☐

Beispiel 15.2: Eine retrospektive Fall-Kontroll-Studie soll den Einfluss des Rauchverhaltens auf die Entstehung von Atemwegserkrankungen untersuchen. 100 Patienten mit bestehender Atemwegserkrankung und 100 gesunde Kontrollpersonen wurden über ihr früheres Rauchverhalten befragt. Unter den erkrankten Personen (Fällen) gaben 20 Befragte an, früher geraucht zu haben, unter den gesunden Kontrollen nur 5 Personen.

Das nachstehende SAS-Programm berechnet das Odds Ratio einer Atemwegserkrankung für den Risikofaktor Rauchen. Dabei ist die Syntax der Prozedur FREQ zur Auswertung einer prospektiven Kohortenstudie identisch mit derjenigen einer retrospektiven Fall-Kontroll-Studie. Insbesondere berechnet die Option RELRISK sowohl das relative Risiko als auch das Odds Ratio, ungeachtet des Studiendesigns. In einer retrospektiven Fall-Kontroll-Studie ist es also Aufgabe des Anwenders, in der Ausgabe von PROC FREQ nur das Odds Ratio abzulesen und zu interpretieren, nicht aber das relative Risiko.

```
DATA Beispiel152;
 INPUT Atemerk Rauchen n;
 DATALINES;
1 1 20
1 0 80
0 1 5
0 0 95
;

PROC FREQ DATA=Beispiel152 ORDER=DATA;
 TABLES Atemerk*Rauchen / NOCOL NOPERCENT RELRISK;
 WEIGHT n;
RUN;
```

Abbildung 15.5 zeigt, dass das Odds Ratio einer Atemwegserkrankung für Raucher versus Nichtraucher $OR = 4,75$ beträgt.

The FREQ Procedure

Frequency Row Pct	Table of Atemwegserkrankung by Rauchen		
		Rauchen	
Atemwegserkrankung	1	0	Total
1	20 20.00	80 80.00	100
0	5 5.00	95 95.00	100
Total	25	175	200

Odds Ratio and Relative Risks			
Statistic	Value	95% Confidence Limits	
Odds Ratio	4.7500	1.7058	13.2270
Relative Risk (Column 1)	4.0000	1.5626	10.2396
Relative Risk (Column 2)	0.8421	0.7560	0.9380

Abbildung 15.5: Schätzung des Odds Ratios mit der Prozedur FREQ

15.3 Übungsaufgaben

Aufgabe 15.1:

Eine prospektive Kohortenstudie soll den Einfluss des Rauchverhaltens auf die Entstehung von Atemwegserkrankungen untersuchen. 1000 gesunde Raucher und 1000 Nichtraucher wurden in die Studie eingeschlossen und in einem 10-jährigen Nachbeobachtungszeitraum dokumentiert, ob eine Atemwegserkrankung auftritt oder nicht. Unter den Rauchern entwickelten 200 Personen eine Atemwegserkrankung, unter den Nichtrauchern nur 50 Personen.

Bestimmen Sie die Inzidenz einer Atemwegserkrankung getrennt für Raucher und Nichtraucher inkl. eines Konfidenzintervalls zum Niveau 95 %. Berechnen Sie anschließend das relative Risiko, die Risikodifferenz und das Odds Ratio einer Atemwegserkrankung für den Risikofaktor Rauchen. ∎

Aufgabe 15.2:

Erzeugen Sie mit dem nachstehenden DATA-Step den Datensatz `Aufgabe152`. Der Datensatz enthält für 90 Patienten einer fiktiven klinischen Studie das Alter in Jahren, das Geschlecht, die Dosis eines Medikaments zur Heilung von Kopfschmerzen sowie den Behandlungserfolg (ja/nein).

```
DATA Aufgabe152 (DROP=P LIKO);
 DO PATNR=1 TO 300;
   GESCHL_MANN = RANBIN(1,1,0.5);
   ALTER = RAND('NORMAL', 50, 15);
   DOSIS = INT((PATNR-1)/(300/3)) + 1;
   LIKO = 3 + LOG(0.95)*ALTER + LOG(0.5)*GESCHL_MANN
       + LOG(2)*(DOSIS=2) + LOG(3)*(DOSIS=3);
   P = 1 / (EXP(-LIKO)+1);
   ERFOLG = RANBIN(1,1,P);
   OUTPUT;
 END;
RUN;
```

Bestimmen Sie das univariate Odds Ratio eines Behandlungserfolgs für den Vergleich der Dosis 2 mit der Dosis 1 OR_{uni}(Dosis 2 versus 1) sowie für den Vergleich der Dosis 3 versus 1 OR_{uni}(Dosis 3 versus 1). Führen Sie die Berechnung sowohl mit der Prozedur **FREQ** als auch mit der Prozedur **LOGISTIC** durch und vergleichen Sie die Ergebnisse. Bestimmen Sie anschließend die multivariaten Odds Ratios eines Behandlungserfolgs OR_{multi}(Dosis 2 versus 1) und OR_{multi}(Dosis 3 versus 1), die bzgl. des Alters und Geschlechts der Patienten adjustiert sind. ∎

Biometrie

Der Begriff Biometrie wird sowohl im Sinne der biometrischen Statistik als auch für biometrische Erkennungsverfahren verwendet. Das vorliegende Kapitel beschäftigt sich mit der statistischen Auswertung biometrischer Daten. Es stellt in Ergänzung zu den Kenngrößen und Verfahren der vorstehenden Kapitel die Ereigniszeitanalyse, gruppensequentielle Verfahren und gemischte lineare Modelle vor und erläutert deren Umsetzung in SAS.

16.1 Standardverfahren zur statistischen Planung und Auswertung

Die Planung jeder Studie sollte Überlegungen beinhalten, wie viele Studienteilnehmer eingeschlossen werden (Fallzahlberechnung oder -schätzung, Planung des Stichprobenumfangs). So hält die anschließende statistische Auswertung vorgegebene Gütekriterien bzgl. des Fehlers erster und zweiter Art ein. In SAS sind dafür die Prozeduren `POWER` und `GLMPOWER` vorgesehen (vgl. Abschnitt 10.3).

Beispiel 16.1: Fallzahlschätzung und Auswertung einer randomisierten kontrollierten klinischen Studie

Eine zweiarmige randomisierte klinische Studie soll die Therapien A und B zur Blutdrucksenkung miteinander vergleichen. Als Behandlungserfolg (primäre Zielgröße) gilt eine Senkung des systolischen Blutdrucks um mindestens 10 mmHg. Die erwartete Wahrscheinlichkeit eines Behandlungserfolgs unter Therapien A beträgt $r_A = 90\%$ und unter Therapie B $r_B = 50\%$. Die primäre statistische Auswertung erfolgt mittels eines zweiseitigen χ^2-Unabhängigkeitstests zum Signifikanzniveau 5 %, der eine Güte von 80 % aufweisen soll. Die notwendige Fallzahl der geplanten Studie lässt sich mit der Prozedur `POWER` berechnen (vgl. Abschnitt 10.3).

© Springer-Verlag GmbH Deutschland, ein Teil von Springer Nature 2018
W. Krämer et al., *Datenanalyse mit SAS®*, https://doi.org/10.1007/978-3-662-57799-8_16

```
PROC POWER;
  TWOSAMPLEFREQ TEST=PCHI
                GROUPPROPORTIONS = (.9 .5)
                ALPHA = 0.05
                SIDES = 2
                POWER = 0.8
                NPERGROUP =  . ;
  RUN;
```

Abbildung 16.1 zeigt das Ergebnis der Fallzahlschätzung.

The POWER Procedure
Pearson Chi-square Test for Proportion Difference

Fixed Scenario Elements	
Distribution	Asymptotic normal
Method	Normal approximation
Number of Sides	2
Alpha	0.05
Group 1 Proportion	0.9
Group 2 Proportion	0.5
Nominal Power	0.8
Null Proportion Difference	0

Computed N per Group	
Actual Power	N per Group
0.813	20

Abbildung 16.1: Fallzahlschätzung mit der Prozedur POWER für eine zweiarmige Studie mit binärer Zielgröße

Die notwendige Fallzahl der Studie beträgt $n = 20$ Patienten pro Gruppe, also 40 Patienten insgesamt. Dies ist die kleinste Fallzahl, die die vorgegebenen Anforderungen bzgl. des Signifikanzniveaus und der Güte erfüllt. Die geforderte Güte von 80 % wird sogar leicht überschritten und beträgt 81,3 %.

Die Studie wird entsprechend der Fallzahlschätzung mit 20 Patienten pro Therapiegruppe durchgeführt. Dabei beobachtet man folgende Werte der Blutdrucksenkung in mmHg.

- Therapie A: -6, 0, 5, 10, 11, 12, 12, 13, 14, 15, 15, 16, 17, 17, 18, 19, 20, 22, 22, 22

- Therapie B: -10, -6, -5, 0, 0, 5, 6, 6, 8, 11, 11, 12, 13, 13, 13, 15, 15, 18, 18, 20

Für die primäre statistische Auswertung werden die Daten zu einer binären Zielgröße reduziert. Der χ^2-Unabhängigkeitstest testet die Nullhypothese der Gleichheit beider Erfolgsraten.

```
DATA Beispiel161;
 IF _N_<=20 THEN Therapie='A';
 IF _N_>20 THEN Therapie='B';
 INPUT RR_Senk @@;
 Erfolg=(RR_Senk>=10);
 DATALINES;
-6 0 5 10 11 12 12 13 14 15 15 16 17 17 18 19 20 22 22 22
-10 -6 -5 0 0 5 6 6 8 11 11 12 13 13 13 15 15 18 18 20
 ;
RUN;

PROC FREQ DATA=Beispiel161;
 TABLES Therapie*Erfolg / NOCOL NOPERCENT CHISQ;
RUN;
```

Die Prozedur FREQ (vgl. Abschnitt 11.2) liefert das folgende Ergebnis.

The FREQ Procedure

Frequency Row Pct	Table of Therapie by Erfolg		
		Erfolg	
Therapie	0	1	Total
A	3 15.00	17 85.00	20
B	9 45.00	11 55.00	20
Total	12	28	40

Statistic	DF	Value	Prob
Chi-Square	1	4.2857	0.0384
Likelihood Ratio Chi-Square	1	4.4352	0.0352
Continuity Adj. Chi-Square	1	2.9762	0.0845
Mantel-Haenszel Chi-Square	1	4.1786	0.0409
Phi Coefficient		-0.3273	
Contingency Coefficient		0.3111	
Cramer's V		-0.3273	

Abbildung 16.2: Kontingenztafel und Ausgabe der Prozedur FREQ zum χ^2-Unabhängigkeitstest

Der in Abbildung 16.2 angegebene p-Wert $p = 0,0384$ zeigt, dass die Nullhypothese der Gleichheit beider Erfolgsraten abzulehnen ist.

Alternativ zum obigen Vorgehen lassen sich unter der Annahme normalverteilter Werte der Blutdrucksenkung die Mittelwerte der Blutdrucksenkung in beiden Therapiegruppen mit einem Zwei-Stichproben t-Test vergleichen, ohne die Daten auf eine binäre Zielgröße zu reduzieren (vgl. Abschnitt 8.3, PROC TTEST). □

16.2 Ereigniszeitanalyse

Die Zielgröße einiger Studien ist die Zeit bis zum Eintritt eines bestimmten Ereignisses. Im einfachsten Fall ist das interessierende Ereignis dadurch gekennzeichnet, dass es bei jedem Untersuchungsobjekt einmalig auftritt und danach keine weitere Nachbeobachtung erfolgt. Ein Beispiel dafür ist der Tod des Teilnehmers einer Studie. Aus diesem Grund bezeichnet man die Analyse von Ereigniszeiten häufig synonym als Überlebenszeitanalyse. Dementsprechende Bezeichnungen werden im Folgenden verwendet, um die Lesbarkeit zu vereinfachen. Die vorgestellten Methoden eignen sich allerdings auch für viele andere (positive oder negative) Zielereignisse wie zum Beispiel das erste Rezidiv eines Krebspatienten (Rezidiv-freies Überleben), die Heilung einer Erkrankung oder das Eintreten einer Schwangerschaft.

Auf den ersten Blick lassen sich Überlebensdaten mit den in den vorstehenden Kapiteln vorgestellten Verfahren auswerten, etwa mit nichtparametrischen Verfahren für nicht normalverteilte Daten. In der Praxis ergibt sich aber häufig eine Besonderheit, die die Anwendung spezieller Verfahren erfordert. Der Beobachtungszeitraum wird nicht so weit ausgedehnt, bis jeder Studienteilnehmer verstorben ist. Stattdessen gibt es am Ende einige noch lebende Studienteilnehmer. Diese so genannten (rechts-) zensierten Fälle stellen unvollständige Beobachtungen dar, da man nicht weiß, wann diese Personen versterben werden. Neben der Beendigung der Nachbeobachtung kann es auch zu (rechts-) zensierten Fällen kommen, wenn ein Patient vorzeitig aus der Studie ausscheidet, zum Beispiel weil er sein Einverständnis an der Studienteilnahme zurückzieht. In einem solchen Fall ist es wichtig zu prüfen, ob es sich um eine so genannte nicht-informative Zensierung handelt. Eine Zensierung ist nicht-informativ, wenn die Tatsache der Zensierung keine Information über den späteren Eintritt des Todes enthält, siehe Kleinbaum, Klein (2012).

Für die statistische Analyse von Überlebenszeiten empfiehlt sich zunächst eine grafische Darstellung der Überlebenswahrscheinlichkeit in Abhängigkeit der Überlebenszeit. Der Kaplan-Meier-Schätzer der Überlebenswahrscheinlichkeit bzw. der gesamten Überlebensfunktion $S(t)$ ist definiert durch

$$\hat{S}(t) = \prod_{t_{(i)} \leq t} \frac{n_i - d_i}{n_i} = \prod_{t_{(i)} \leq t} \left(1 - \frac{d_i}{n_i} \right) ,$$

wohei $t_{(i)}$ der i-te Todeszeitpunkt, $\hat{S}(0) = 1$, d_i die Anzahl der Todesfälle zum Zeitpunkt $t_{(i)}$ und n_i die Anzahl der Studienteilnehmer unter Risiko kurz vor dem Zeitpunkt $t_{(i)}$ ist, d.h. die Anzahl der Studienteilnehmer, welche kurz vor dem Zeitpunkt $t_{(i)}$ weder bereits verstorben noch zensiert sind.

Ein nichtparametrischer Test zum Vergleich zweier oder mehrerer Überlebensverteilungen ist der Log-Rank-Test. Die Nullhypothese H_0 besagt, dass die verglichenen Überlebensverteilungen vollkommen identisch sind. Unter der Alternative gibt es zu irgendeinem Zeitpunkt einen beliebigen Unterschied in der Wahrscheinlichkeit zu versterben. Die Teststatistik des Log-Rank-Tests nach Mantel-Haenszel ist gegeben durch

$$Z = \frac{O_1 - E_1}{\sqrt{\widehat{Var}_{H_0}(O_1 - E_1)}} \overset{approx}{\underset{H_0}{\sim}} N(0,1) \ ,$$

wobei

- $i = 1, ..., I$ der Index für die laufende Nummer des Todeszeitpunkts in einer beliebigen Gruppe,
- n_{1i} die Anzahl der Studienteilnehmer unter Risiko in Gruppe 1 kurz vor dem Zeitpunkt i,
- o_{1i} die Anzahl der Todesfälle zum Zeitpunkt i in Gruppe 1,
- n_{2i} und o_{2i} die entsprechenden Anzahlen in Gruppe 2,
- $e_{1i} = E_{H_0}(o_{1i}) = \frac{o_{1i}+o_{2i}}{n_{1i}+n_{2i}} \cdot n_{1i}$ die erwartete Anzahl der Todesfälle zum Zeitpunkt i in Gruppe 1 unter H_0,
- $O_1 = \sum_{i=1}^{I} o_{1i}$ die gesamte Anzahl der Todesfälle in Gruppe 1,
- $E_1 = E_{H_0}(O_1) = \sum_{i=1}^{I} e_{1i}$ die gesamte Anzahl erwarteter Todesfälle in Gruppe 1 unter H_0,
- $\widehat{Var}_{H_0}(O_1 - E_1) = \sum_{i=1}^{I} \frac{n_{1i}n_{2i}(o_{1i}+o_{2i})(n_{1i}+n_{2i}-o_{1i}-o_{2i})}{(n_{1i}+n_{2i})^2(n_{1i}+n_{2i}-1)}$.

Für eine Erweiterung auf mehr als zwei Gruppen siehe Kleinbaum, Klein (2012).

SAS führt die Kaplan-Meier-Schätzung einer oder mehrerer Überlebensverteilungen sowie den Log-Rank-Test mit der Prozedur LIFETEST durch. Die Syntax der wichtigsten Anweisungen und Optionen lautet

```
PROC LIFETEST DATA=<Datensatz> [PLOTS=SURVIVAL] [Option(en)];
  TIME <Überlebenszeit-Variable>
       [*Statusvariable(Liste von Werten für zensierte Fälle)];
  STRATA [Variable(n)] [/ GROUP=<Variable> TEST=LOGRANK];
```

Die wichtigste Option der Prozedur LIFETEST ist PLOTS=SURVIVAL. Sie zeichnet die Kaplan-Meier-Kurve(n) im Output-Delivery-System (ODS). Weitere Optionen beschreibt das nachfolgende Beispiel 16.2. Die TIME-Anweisung legt die Überlebenszeit-Variable und die Statusvariable fest. Die STRATA-Anweisung definiert zwei oder mehrere Gruppen von Patienten, für die getrennte Kaplan-Meier-Kurven gezeichnet und die ggf. mit einem Log-Rank-Test miteinander verglichen werden.

Beispiel 16.2: In einer Studie für Lungenkrebspatienten (Loprinzi et al., 1994) wurde u.a. das Studienzentrum, Geschlecht, Alter und der ECOG-Status („Performance Status" der „Eastern Cooperative Oncology Group") zur Beschreibung des physischen Zustands der Patienten sowie die Überlebenszeit in Tagen ab Diagnosedatum dokumentiert. Der Datensatz lung.sas7bdat

enthält eine Auswahl von 94 Patienten aus vier Zentren der Studie. Abbildung
16.3 zeigt die Daten von 5 Patienten. Die Variable STATUS zeigt an, ob es sich
um einen eingetretenen Todesfall (STATUS=1) oder einen zensierten Fall handelt (STATUS=0).

patnr	inst	sex	age	ph_ecog	time	status
16	1	männlich	72	2	163	1
17	1	weiblich	69	0	588	0
18	1	weiblich	58	0	559	0
19	1	männlich	67	1	11	1
20	1	männlich	44	1	181	1

Abbildung 16.3: Auswahl von Patienten des Datensatzes lung.sas7bdat

Das folgende Programm erstellt Kaplan-Meier-Kurven der Überlebenszeit getrennt nach Geschlecht.

```
ODS GRAPHICS ON;
 PROC LIFETEST DATA=LUNG ATRISK
                /*TIMELIST=(0 TO 1000 by 100)*/
                /*OUTSURV=LUNG_OUT*/
                PLOTS=SURVIVAL(ATRISK=0 TO 1000 BY 100 TEST);
   TIME TIME*STATUS(0);
   *STRATA / GROUP=SEX TEST=LOGRANK;
   STRATA SEX / TEST=LOGRANK;
 RUN;
ODS GRAPHICS OFF;
```

Die TIME-Anweisung legt fest, dass die Überlebenszeit der Studienteilnehmer
in der Variable TIME angegeben ist. Die Statusvariable STATUS kennzeich-
net zensierte Fälle durch den Wert 0. ATRISK ergänzt die Anzahl Studien-
teilnehmer unter Risiko in der Textausgabe. Die TIMELIST-Option gibt die
Koordinaten der Kaplan-Meier-Kurven nicht für sämtliche Sprungstellen der
Kurven aus, sondern stattdessen nur für vorgegebene Werte auf der x-Achse.
OUTSURV schreibt die Ergebnisse der Schätzung in die SAS-Datei LUNG_OUT.
Die STRATA-Anweisung führt einen Log-Rank-Test nach Mantel-Haenszel zum
Vergleich der männlichen und weiblichen Patienten durch. Beide angegebenen
STRATA-Anweisungen führen zum selben Ergebnis. Die zweite Version der An-
weisung hat den Vorteil, dass der p-Wert des Log-Rank-Tests in der Abbildung
ergänzt werden kann (Option TEST). Entgegen der Bezeichnung „Strata" han-
delt es sich in beiden Fällen *nicht* um den stratifizierten Log-Rank-Test (siehe
unten). Die Option PLOTS=SURVIVAL zeichnet die Kaplan-Meier-Kurve(n) im
Output-Delivery-System (ODS). ATRISK trägt in die Abbildung die Anzahl
Studienteilnehmer unter Risiko zu ausgewählten Zeitpunkten ein und TEST
den p-Wert des Log-Rank-Tests.

The LIFETEST Procedure

Summary of the Number of Censored and Uncensored Values					
Stratum	sex	Total	Failed	Censored	Percent Censored
1	männlich	59	48	11	18.64
2	weiblich	35	20	15	42.86
Total		94	68	26	27.66

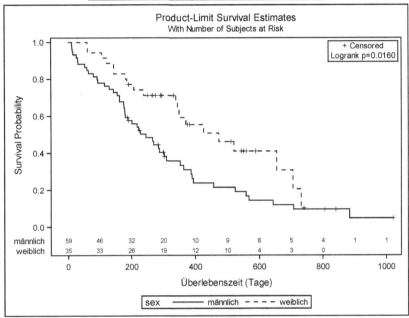

Stratum 1: sex = männlich

Quartile Estimates				
			95% Confidence Interval	
Percent	Point Estimate	Transform	[Lower	Upper)
75	394.00	LOGLOG	310.00	643.00
50	246.00	LOGLOG	179.00	310.00
25	131.00	LOGLOG	53.00	179.00

Stratum 2: sex = weiblich

Quartile Estimates				
			95% Confidence Interval	
Percent	Point Estimate	Transform	[Lower	Upper)
75	705.00	LOGLOG	520.00	.
50	473.00	LOGLOG	340.00	705.00
25	208.00	LOGLOG	122.00	350.00

Abbildung 16.4: Kaplan-Meier-Schätzung der Überlebenszeit

Abbildung 16.4 zeigt die Ergebnisse der Kaplan-Meier-Schätzung. Die angegebenen medianen Überlebenszeiten von 246 bzw. 473 Tagen sind die vergangenen Zeiten, bis jeweils die Hälfte der Studienteilnehmer bzw. Studienteilnehmerinnen verstorben ist.   □

Die bisherigen Auswertungen vergleichen männliche und weibliche Patienten miteinander, ungeachtet in welchem Studienzentrum sie behandelt wurden. Dieser Ansatz ist suboptimal, wenn es einen ausgeprägten Zentrumseffekt gibt, aufgrund dessen sich möglicherweise die Patientenpopulation, einige Begleitumstände bei der Anwendung der Therapie und damit letztendlich der Therapieerfolg von Zentrum zu Zentrum unterscheidet. Mit dem stratifizierten Log-Rank-Test lässt sich ein möglicher Zentrumseffekt ausschalten. Dabei schätzt man den Therapieeffekt getrennt voneinander innerhalb jedes Zentrums und mittelt anschließend alle zentrums-spezifischen Therapieeffekte, um den globalen Therapieeffekt zu bestimmen. Die SAS-Syntax für den stratifizierten Log-Rank-Test lautet:

```
PROC LIFETEST DATA=LUNG;
 TIME TIME*STATUS(0);
 STRATA INST / GROUP=SEX TEST=LOGRANK;
RUN;
```

Abbildung 16.5 zeigt das Ergebnis.

The LIFETEST Procedure

Stratified Test of Equality over Group			
Test	Chi-Square	DF	Pr > Chi-Square
Log-Rank	5.1848	1	0.0228

Abbildung 16.5: Stratifizierter Log-Rank-Test mit Stratifizierung nach dem Studienzentrum

Neben den bisher vorgestellten Verfahren der Überlebenszeitanalyse bietet SAS mit der Prozedur PHREG die Möglichkeit, (multivariate) Regressionsmodelle der Überlebenszeit zu erstellen. Das zentrale Element des verwendeten Cox-Modells oder Proportional-Hazards-Modells ist die Hazard-Funktion. Die Hazard-Funktion ist eine Funktion der Überlebenszeit, die sich alternativ zur Überlebensfunktion $S(t)$ dazu eignet, eine Überlebensverteilung zu charakterisieren. Sie ist definiert durch

$$h(t) = \lim_{\delta \to 0} \frac{P(t < T \leq t + \delta | T > t)}{\delta} = \lim_{\delta \to 0} \frac{S(t + \delta) - S(t)}{\delta \cdot (1 - S(t))}$$

wobei T die Zufallsvariable der Überlebenszeit darstellt. Die Hazard-Funktion ist die bedingte Sterbewahrscheinlichkeit zum Zeitpunkt t pro Zeiteinheit δ.

Das Proportional-Hazards-Modell enthält ebenso wie das lineare Regressionsmodell eine Linearkombination aus Regressoren x_j und Regressionskoeffizienten β_j (vgl. Gleichung 9.1). Die Modellgleichung lautet

$$h(t) = h_0(t) \cdot e^{\sum_{j=1}^{k} \beta_j x_{ji}}.$$

Der Ausdruck $h_0(t)$ stellt die so genannte Baseline-Hazard-Funktion dar, d. h. die Hazard-Funktion derjenigen Studienteilnehmer, deren sämtliche Regressoren x_j den Wert Null haben. Die Regressionskoeffizienten β_j geben den Einfluss eines Regressors x_j auf die Zielgröße an, hier die Überlebenszeit der Studienteilnehmer. Konkret sind die Koeffizienten β_j des Cox-Modells wie folgt zu interpretieren: Für zwei Studienteilnehmer seien sämtliche Regressoren identisch, bis auf einen einzigen Regressor x_1, deren Wert der beiden Studienteilnehmer sich um 1 Einheit unterscheidet. Dann gilt für die entsprechenden Hazard-Funktionen $h_1(t)$ und $h_2(t)$:

$$\frac{h_2(t)}{h_1(t)} = \frac{h_0(t) \cdot e^{\beta_1 \cdot (x_{11}+1) + \sum_{j=2}^{k} \beta_j x_{ji}}}{h_0(t) \cdot e^{\beta_1 \cdot x_{11} + \sum_{j=2}^{k} \beta_j x_{ji}}} = e^{\beta_1 \cdot (x_{11}+1-x_{11})} = e^{\beta_1}.$$

Der Quotient der Hazard-Funktionen $h_1(t)$ und $h_2(t)$, der per Modellannahme des Cox-Modells konstant in der Überlebenszeit t ist, wird als Hazard Ratio (HR) bezeichnet. Die Hazard-Funktionen der beiden oben erwähnten Studienteilnehmer unterscheiden sich also um den Faktor $HR = e^{\beta_1}$. Hat das Hazard Ratio den Wert 1, so hat der entsprechende Regressor keinen Einfluss auf die Überlebenszeit. Ein Hazard Ratio kleiner als 1 zeigt, dass sich mit einem Anstieg des Regressors die Überlebenszeit positiv verändert. Ein Hazard Ratio größer als 1 steht für eine negative Auswirkung des Regressors. Konkret gilt z. B., wenn das Hazard Ratio des Einflussfaktors Studientherapie (aktive Therapie versus Placebo) den Wert $HR = 0,5$ hat, dass beim Vergleich zweier Studienpatienten A und P, die gleichzeitig in die Studie eingeschlossen wurden, mit aktiver Therapie (Patient A) bzw. Placebo (Patient P) behandelt wurden und beide bereits eine feste Zeit t_0 überlebt haben, dass die Wahrscheinlichkeit für Patient A, zum Zeitpunkt t_0 zu versterben, nur $HR = 0.5$-mal so groß ist wie die Sterbewahrscheinlichkeit von Patient P zum Zeitpunkt t_0. Dieser Zusammenhang der Sterbewahrscheinlichkeiten gilt für jeden Zeitpunkt t_0.

Es sei hier ausdrücklich darauf hingewiesen, dass die obige Interpretation die einzige generell richtige Interpretation des Hazard Ratios ist. *Nicht* generell richtig sind die folgenden Interpretationen:

- Anhand des Hazard Ratios kann man die Wahrscheinlichkeit ausrechnen, dass von den beiden gleichzeitig in die Studie eingeschlossenen Patienten A und P einer der beiden früher stirbt als der andere.

- Anhand des Hazard Ratios kann man ausrechnen, wie viel größer die Wahrscheinlichkeit des Patienten A ist, ein bestimmtes Zeitintervall nach der Rekrutierung zu überleben, als diejenige von Patient P.

- Anhand des Hazard Ratios kann man ausrechnen, wie viel größer die erwartete Überlebenszeit von Patient A ist als diejenige von Patient P.

Die Syntax der Prozedur PHREG lautet

```
PROC PHREG DATA=<Datensatz> [Option(en)];
  CLASS <Variable(n)> [(REF=FIRST)|(REF=LAST)];
  MODEL <Überlebenszeit-Variable>
        [*Statusvariable(Werteliste für zensierte Fälle)]=
        <Regressor(en)> [/RISKLIMITS];
  HAZARDRATIO ['Text'] <Variable> [/ DIFF=PAIRWISE];
  ESTIMATE ['Text'] <Effekt> <Werte> [/ EXP CL];
  BASELINE OUT=<Datensatzname> COVARIATES=<Datensatzname>
           SURVIVAL=<Name> [<Schlüsselwort>=<Name>]
           [/ Option(en)];
  OUTPUT OUT=<Datensatzname> RESSCH=<Name>;
  IF <Überlebenszeitvariable>=<zeitabhängige Einflussvariable>
     THEN <Regressor>=0;
     ELSE <Regressor>=1;
```

Tabelle 16.1 zeigt die wichtigsten Anweisungen und Optionen der Prozedur PHREG.

Tabelle 16.1: Die wichtigsten Anweisungen und Optionen der Prozedur PHREG

Anweisung	Beschreibung
CLASS	Legt die unabhängigen Klassifizierungsvariablen fest.
MODEL	Legt die Überlebenszeit-Variable, die Statusvariable (inkl. der Kennzeichnung zensierter Fälle) und die Regressoren des Modells fest. Die Option RISKLIMITS sorgt für die Ausgabe von Konfidenzintervallen der geschätzten Modellkoeffizienten.
HAZARDRATIO	Berechnet das Hazard Ratio des angegebenen Regressors. Die Option DIFF=PAIRWISE berechnet bei kategoriellen Regressoren paarweise Hazard Ratios zwischen allen Kategorien.
ESTIMATE	Schätzung beliebiger linearer Kontraste. Als Effekt ist ein Regressor anzugeben. Die Koeffizienten des Kontrastes folgen unter Werte. Die Option EXP wendet die Exponentialfunktion auf den Kontrast an, so dass ein Hazard Ratio geschätzt wird. CL ergänzt ein Konfidenzintervall.

(Fortsetzung nächste Seite)

Tabelle 16.1 (Fortsetzung)

Anweisung	Beschreibung
BASELINE	Schätzung der Überlebensfunktion für ausgewählte Werte der Regressoren. Unter COVARIATES sind die Werte der Regressoren anzugeben (siehe unten). Die Option OUT legt den Datensatz fest, in den das Ergebnis der Schätzung geschrieben wird. SURVIVAL legt den Namen der Variable fest, die die geschätzten Werte der Überlebensfunktion enthält. Wichtige weitere mögliche Schlüsselwörter sind STDERR, LOWER und UPPER für den Standardfehler und das punktweise Konfidenzintervall der Überlebenswahrscheinlichkeit.
OUTPUT	Wird insbesondere zur Berechnung der Schoenfeld-Residuen benötigt, um die Modellannahme proportionaler Hazards zu überprüfen (siehe unten).
IF ... THEN	Erstellt einen zeitabhängigen Regressor (siehe unten).

Beispiel 16.2 (Fortsetzung): Das folgende Programm passt ein Cox-Modell an die Daten der Lungenkrebspatienten aus Beispiel 16.2 an. Das Modell enthält als Einflussgrößen das Geschlecht, das Alter und den ECOG-Status der Studienpatienten. Neben der Schätzung der Regressionskoeffizienten β_j und der entsprechenden Hazard Ratios werden die Überlebensfunktionen eines männlichen Studienpatienten und einer weiblichen Patientin geschätzt, die beide 60 Jahre alt sind und einen ECOG-Status von 0 haben.

```
DATA LUNG_COVARIATES;
 FORMAT SEX $8.;
 SEX="männlich"; AGE=60; PH_ECOG=0; OUTPUT;
 SEX="weiblich"; AGE=60; PH_ECOG=0; OUTPUT;
RUN;

PROC PHREG DATA=LUNG;
 CLASS SEX PH_ECOG (REF=FIRST);
 MODEL TIME*STATUS(0) = SEX AGE PH_ECOG / RISKLIMITS;
 HAZARDRATIO SEX / DIFF=PAIRWISE;
 ESTIMATE 'Hazard Ratio (männlich versus weiblich)'
         SEX 1 / EXP CL;
 ESTIMATE 'Hazard Ratio (weiblich versus männlich)'
         SEX -1 / EXP CL;
 BASELINE OUT=LUNG_OUT COVARIATES=LUNG_COVARIATES
         SURVIVAL=LUNG_SURV_FITTED;
RUN;
```

```
PROC GPLOT DATA=LUNG_OUT;
 SYMBOL1 INTERPOL=STEPLJ;
 AXIS1 ORDER=(0 TO 1 BY 0.1);
 PLOT LUNG_SURV_FITTED * TIME = SEX / VAXIS=AXIS1;
RUN;
QUIT;
```

Die Abbildungen 16.6 und 16.7 zeigen das Ergebnis der Modellanpassung.

The PHREG Procedure

Type 3 Tests			
Effect	DF	Wald Chi-Square	Pr > ChiSq
sex	1	4.9793	0.0257
age	1	2.2634	0.1325
ph_ecog	2	10.0756	0.0065

Analysis of Maximum Likelihood Estimates									
Parameter		DF	Parameter Estimate	Standard Error	Chi-Square	Pr > ChiSq	Hazard Ratio	95% Hazard Ratio Confidence Limits	Label
sex	männlich	1	0.60140	0.26952	4.9793	0.0257	1.825	1.076 3.095	sex männlich
age		1	0.02095	0.01392	2.2634	0.1325	1.021	0.994 1.049	
ph_ecog	1	1	0.48889	0.30627	2.5480	0.1104	1.631	0.895 2.972	ph_ecog 1
ph_ecog	2	1	1.04361	0.33009	9.9956	0.0016	2.839	1.487 5.423	ph_ecog 2

The PHREG Procedure

Hazard Ratios for sex		
Description	Point Estimate	95% Wald Confidence Limits
sex männlich vs weiblich	1.825	1.076 3.095
sex weiblich vs männlich	0.548	0.323 0.929

Estimate						
Label	Estimate	Standard Error	Pr > |z|	Exponentiated	Exponentiated Lower	Exponentiated Upper
Hazard Ratio (männlich versus weiblich)	0.6014	0.2695	0.0257	1.8247	1.0759	3.0946

Estimate						
Label	Estimate	Standard Error	Pr > |z|	Exponentiated	Exponentiated Lower	Exponentiated Upper
Hazard Ratio (weiblich versus männlich)	-0.6014	0.2695	0.0257	0.5480	0.3231	0.9294

Abbildung 16.6: Cox-Regression, Schätzung der Regressionskoeffizienten β_j und des Hazard Ratios des Geschlechts

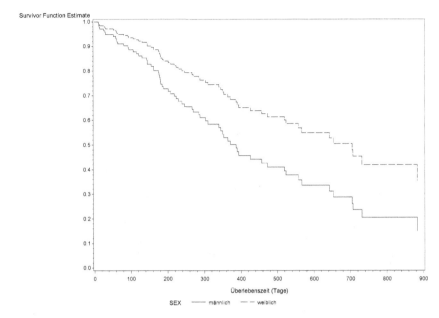

Abbildung 16.7: Cox-Regression, Schätzung der Überlebensfunktion

Die Analyse zeigt, dass Männer eine ungünstigere Prognose haben als Frauen. Die Hazard-Funktion der Männer ist um den Faktor $HR = 1,8247$ höher als diejenige der Frauen. Das geschätzte Hazard Ratio ist adjustiert bzgl. der Einflussgrößen Alter und ECOG-Status.   □

Dem Cox-Modell liegt eine wesentliche Modellannahme zu Grunde, die sich auch in der synonymen Bezeichnung Proportional-Hazards-Modell widerspiegelt. Diese Annahme besagt, dass bei einer beliebigen Konstellation der Regressoren in jedem Fall eine Hazard-Funktion entsteht, die proportional zur Baseline-Hazard-Funktion $h_0(t)$ ist. D. h. es existiert eine Proportionalitätskonstante in Form des Terms $K = e^{\sum_{j=1}^{k} \beta_j x_{ji}}$. Die Auswirkungen der Regressoren auf die Überlebenszeit sind zu jedem Zeitpunkt identisch und ändern sich nicht im Laufe der Zeit. Um die Modellannahme proportionaler Hazards explorativ zu überprüfen, nutzt man die so genannten Schoenfeld-Residuen Schoenfeld (1982) des angepassten Modells. Die Schoenfeld-Residuen ergeben sich aus der Differenz zwischen dem beobachteten Wert eines Regressors und einem nach dem Modell erwarteten Wert.

Beispiel 16.2 (Fortsetzung): Das folgende Programm überprüft anhand der Schoenfeld-Residuen, ob die Hazard-Funktionen der Männer und Frauen proportional zueinander sind.

```
PROC PHREG DATA=LUNG;
 CLASS SEX;
 MODEL TIME*STATUS(0) = SEX / RISKLIMITS;
 OUTPUT OUT=PROPCHECK RESSCH=SCHRES;
RUN;

PROC SGPLOT DATA=PROPCHECK;
 LOESS X=TIME Y=SCHRES / CLM;
RUN;
```

Abbildung 16.8 zeigt den zeitlichen Verlauf der Schoenfeld-Residuen des angepassten Modells. Die LOESS-Anweisung zeichnet anhand lokaler Regressionsmodelle eine geglättete Linie, die den Verlauf der Schoenfeld-Residuen wiedergibt Cleveland (1979). Die Annahme proportionaler Hazards ist erfüllt, wenn
die Residuen horizontal verlaufen, d. h. wenn sie unabhängig von der auf der
x-Achse dargestellten Überlebenszeit sind. Das ist hier der Fall. Insbesondere
das eingezeichnete Konfidenzintervall lässt keinen deutlichen zeitlichen Trend
erkennen.

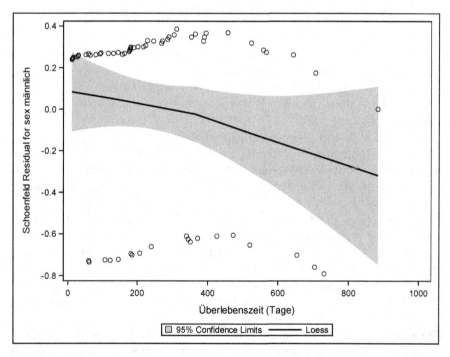

Abbildung 16.8: Cox-Regression, Schoenfeld-Residuen zur Überprüfung der Annahme proportionaler Hazards

Neben dem obigen grafischen Verfahren lässt sich die Annahme proportionaler Hazards alternativ anhand eines Signifikanztests überprüfen. Dazu ergänzt man das Cox-Modell um die Wechselwirkung des interessierenden Einflussfaktors mit der Überlebenszeit, siehe Kleinbaum, Klein (2012).

Falls die Annahme proportionaler Hazards nicht erfüllt und damit das klassische Cox-Modell ungeeignet ist, so bedeutet dies, dass die Auswirkung eines Regressors auf die Überlebenszeit nicht zu jedem Zeitpunkt identisch ist, sondern sich im Zeitverlauf ändert. Das Cox-Modell lässt sich dementsprechend erweitern, indem der entsprechende Regressionskoeffizient β_j nicht mehr konstant, sondern stattdessen eine Funktion der Zeit ist, d. h. $\beta_j = \beta_j(t)$:

$$h(t) = h_0(t) \cdot e^{\sum_{j=1}^{k} \beta_j(t) x_{ji}}.$$

Mit dem Regressionskoeffizienten $\beta_j(t)$ ist auch das Hazard Ratio des entsprechenden Regressors zeitlich veränderlich und es gilt $HR_i(t) = e^{\beta_j(t)}$. In einer speziellen Form einer zeitlichen Änderung der Regressionskoeffizienten $\beta_j(t)$ und der Hazard Ratios $HR_i(t)$ verändert sich nicht die *Auswirkung* des Regressors auf das Überleben im Laufe der Zeit, sondern der Regressor *selbst* unterliegt einer zeitlichen Änderung. Z. B. wird ein Patient zu einem bestimmten Zeitpunkt in eine klinische Studie eingeschlossen, der den Startpunkt der Überlebenszeit darstellt. Ein bestimmtes Therapieelement beginnt allerdings nicht sofort, sondern erst nach einer gewissen Zeit, die bei jedem Patienten unterschiedlich ist. Bei der Frage nach der Auswirkung des Therapieelements ist von Interesse, inwieweit sich das Überleben der Patienten *ab dem Zeitpunkt* ändert, zu dem das Therapieelement angewandt wurde. Der Regressor wird sozusagen zu einem bestimmten Zeitpunkt mit dem Therapieelement „eingeschaltet". Zur Modellierung des dementsprechenden Hazard Ratios schreibt man für die Regressionskoeffizienten

$$\beta_j(t) = \begin{cases} 0, & \text{falls } t \leq t_{0i} \\ \beta_{j1}, & \text{falls } t > t_{0i} \end{cases},$$

wobei der Index i einen individuellen Studienteilnehmer anzeigt und der Ausdruck t_{0i} den Zeitpunkt, zu dem der Regressor bei dem Studienteilnehmer „eingeschaltet" wird.

Beispiel 16.3: In einer Studie der Universität Stanford wurde dokumentiert, wie lange die eingeschlossenen Patienten nach der Durchführung einer Herztransplantation überlebt haben. Der Datensatz `stanford_final.sas7bdat` enthält eine Auswahl von 50 Patienten der Studie mit Angaben zum Alter der Patienten (Variable `AGE`), zum Tag der Herztransplantation nach Einschluss in die Studie (Variable `TX_ATDAY`) sowie die Nachbeobachtungszeit in Tagen (Variable `FUTIME`) und den Status am Ende der Nachbeobachtungszeit (Variable `FUSTAT`). Der Wert `FUSTAT=1` zeigt an, dass ein Patient am Ende der Nachbeobachtungszeit verstorben ist. Einige Patienten konnten nicht transplantiert werden, da kein Spender gefunden wurde. In diesen Fällen wurden die

Daten so aufbereitet, dass in der Variable `TX_ATDAY` der Zeitpunkt eingetragen ist, der 1 Tag nach dem Ende ihrer Nachbeobachtungszeit liegt. Abbildung 16.9 zeigt exemplarisch die Daten von 5 Patienten der Studie.

patnr	age	tx_atday	futime	fustat
1	30	51	50	1
7	50	51	675	1
26	30	1402	1401	0
40	48	41	1408	0
50	45	83	980	1

Abbildung   16.9:   Auswahl   von   Patienten   des   Datensatzes `stanford_final.sas7bdat`

Das folgende Programm passt ein Cox-Modell mit zeitabhängigem Regressor an die `STANFORD`-Daten an.

```
PROC PHREG DATA=stanford_final;
  MODEL FUTIME * FUSTAT(0) = TX AGE / RISKLIMITS;
  IF FUTIME >= TX_ATDAY THEN TX=1; ELSE TX=0;
RUN;
```

Die `IF`-Anweisung erzeugt eine zeitabhängige Variable `TX`, die im Laufe der Beobachtungszeit eines Patienten zunächst den Wert 0 und ab dem Zeitpunkt der Transplantation den Wert 1 hat.

Abbildung 16.10 zeigt das geschätzte Hazard Ratio des zeitabhängigen Regressors `TX`.

The PHREG Procedure

Analysis of Maximum Likelihood Estimates								
Parameter	DF	Parameter Estimate	Standard Error	Chi-Square	Pr > ChiSq	Hazard Ratio	95% Hazard Ratio Confidence Limits	Label
TX	1	-0.88843	0.46085	3.7165	0.0539	0.411	0.167 1.015	
age	1	0.04242	0.01887	5.0550	0.0246	1.043	1.005 1.083	age in years

Abbildung 16.10: Cox-Regression mit zeitabhängigem Regressor

Die Durchführung einer Transplantation scheint eine günstige Auswirkung auf das Überleben der Patienten zu haben. Ab dem Zeitpunkt der Transplantation reduziert sich das Hazard der Patienten um den Faktor $HR = 0,411$ ($p = 0,0539$).   □

16.3 Gruppensequentielle Verfahren

Gruppensequentielle Verfahren (siehe Jennison, Turnbull, 2000 und Wassmer, Brannath, 2016) setzen statistische Signifikanztests zur Lösung eines Testproblems ein (vgl. Abschnitt 8.3). Beispielsweise sei die primäre Frage einer klinischen Studie, ob eine bestimmte neue Therapie einer bisherigen Standardtherapie überlegen ist oder nicht. Die Nullhypothese H_0 eines entsprechenden Testproblems lautet „Beide Therapien sind bzgl. der primären Zielgröße gleichwertig". Unter der Alternativhypothese H_1 ist die neue Therapie besser als die Standardtherapie. Zur Lösung des Testproblems legt man ein Signifikanzniveau α fest. Das klassische Studiendesign ist *einstufig*. D. h. nach Abschluss der Datenerhebung erfolgt eine einmalige statistische Auswertung. Der notwendige Stichprobenumfang der finalen statistischen Auswertung lässt sich bei der Studienplanung festlegen (vgl. Kapitel 10.3, insbes. Beispiel 10.5). Er ergibt sich im Wesentlichen aus dem erwarteten Therapieeffekt sowie einer Anforderung bzgl. der Güte (engl.: Power) des Signifikanztests. In der finalen statistischen Auswertung ermittelt man anhand der erhobenen Daten den p-Wert des Signifikanztests und trifft die entsprechende Testentscheidung.

Ein einstufiges Studiendesign kann große Nachteile haben. So wird beispielsweise der Therapieeffekt aufgrund schlechter Vorinformationen in der Studienplanung möglicherweise über- oder unterschätzt. In beiden Fällen ist es hilfreich, den Irrtum frühzeitig zu erkennen. Ist der Therapieeffekt in Wirklichkeit kleiner als erwartet, so weist der finale Signifikanztest bei der ursprünglich geplanten Fallzahl keine ausreichende Güte auf, d. h. es besteht keine ausreichende Aussicht auf einen erfolgreichen Abschluss der Studie mit einem signifikanten Testergebnis. Ist der Therapieeffekt dagegen in Wirklichkeit größer als erwartet, so reicht möglicherweise schon eine kleinere Fallzahl als die ursprünglich geplante, um die Studie frühzeitig mit einem signifikanten Ergebnis abzuschließen. Das Problem schlechter Vorinformationen über den Therapieeffekt lässt sich mit gruppensequentiellen Verfahren lösen. Dazu führt man eine oder mehrere Zwischenauswertungen durch, in denen die Möglichkeit besteht, die Studie vorzeitig abzubrechen. Der Studienabbruch kann mit einer signifikanten Testentscheidung verbunden sein. Andererseits kommt man möglicherweise zu der Erkenntnis, dass die Fortsetzung der Studie nutzlos ist, da aufgrund eines zu kleinen Therapieeffekts keine Aussicht besteht, die Studie mit einer signifikanten Testentscheidung zu beenden („Futility Stop").

Bei der Anwendung gruppensequentieller Verfahren entsteht ein neues Problem. Und zwar besteht nicht nur in der finalen Auswertung, sondern zusätzlich in jeder Zwischenauswertung die Möglichkeit, die Nullhypothese fälschlicherweise abzulehnen, obwohl sie richtig ist. Dem hierdurch bedingten Anstieg der Wahrscheinlichkeit eines Fehlers erster Art ist entgegen zu wirken. D. h. das angewandte Verfahren muss sicherstellen, dass trotz einer oder mehrfacher Zwischenauswertung(en) die Wahrscheinlichkeit, mindestens einmal einen Fehler erster Art zu begehen, genauso groß ist, als wenn man in einem einstufigen Studiendesign nur eine einzige statistische Auswertung durchführt. Gruppensequentielle Verfahren erfüllen diese Anforderung und leisten die Kontrolle des Fehlers 1. Art.

In SAS lassen sich gruppensequentielle Verfahren mit den Prozeduren SEQDESIGN und SEQTEST planen und durchführen.

Die Prozedur SEQDESIGN dient der Erstellung gruppensequentieller Studiendesigns und hat die folgende Syntax.

```
PROC SEQDESIGN PLOTS=NONE [Option(en)];
  ['Text':] DESIGN
            NSTAGES=<Wert>
            METHOD=<POCOCK|OBRIENFLEMING|...>
            ALT=<LOWER|UPPER|TWOSIDED>
            STOP=<ACCEPT|REJECT|BOTH|...>
            ALPHA=<Wert>
            BETA=<Wert>
            INFO=<EQUAL|CUM(<Werte>)>;
  SAMPLESIZE MODEL=<TWOSAMPLEMEAN(MEANDIFF=<Wert>
                                  STDDEV=<Wert1 Wert2>)|
                    TWOSAMPLEFREQ(NULLPROP=<Wert>
                                  PROP=<Wert>
                                  TEST=<PROP|LOGOR|LOGRR>)|
            ...>;
  ODS OUTPUT BOUNDARY=<Datensatzname>;
```

Tabelle 16.2 zeigt die wichtigsten Anweisungen und Optionen der Prozedur SEQDESIGN.

Tabelle 16.2: Die wichtigsten Anweisungen und Optionen der Prozedur SEQDESIGN

Anweisung / Option	Beschreibung
PLOTS=NONE	Ausgabe des erstellten Designs in Textform ohne zusätzliche grafische Darstellung
'Text'	Beschreibung des erstellten Designs
NSTAGES	Anzahl der Zwischenauswertungen inkl. der finalen Auswertung
METHOD	Methode zur Erstellung des gruppensequentiellen Studiendesigns. Die beiden wichtigsten Methoden sind POCOCK und OBRIENFLEMING (siehe Jennison, Turnbull, 2000 und Wassmer, Brannath, 2016).
ALT	Festlegung eines ein- oder zweiseitigen Testproblems
STOP	Festlegung möglicher Testentscheidungen, wenn eine Studie nach einer Zwischenauswertung abgebrochen wird
ALPHA	Signifikanzniveau

(Fortsetzung nächste Seite)

Tabelle 16.2 (Fortsetzung)

Anweisung / Option	Beschreibung
BETA	Wahrscheinlichkeit eines Fehlers 2. Art, d. h. Gegenwahrscheinlichkeit der Güte (engl.: Power) des Signifikanztests
INFO=EQUAL	Verteilung der gesamten erfassten Information auf die einzelnen Stufen der Studie (Informationsraten). Bei einer normalverteilten Zielgröße legt INFO=EQUAL fest, dass die Fallzahl jeder Stufe gleich groß ist.
SAMPLESIZE	Berechnung der notwendigen Fallzahl. Bei dem Vergleich zweier Gruppen hinsichtlich des Erwartungswertes einer metrischen Zielgröße gibt man mit TWOSAMPLEMEAN die erwartete Differenz der beiden Erwartungswerte sowie die Standardabweichung der Zielgröße in jeder Gruppe an. Bei einer binären Zielgröße werden die Wahrscheinlichkeiten für die interessierende Ausprägung der Zielgröße zwischen beiden Gruppen verglichen. Hier gibt man mit TWOSAMPLEFREQ die beiden Wahrscheinlichkeiten unter der Nullhypothese (NULLPROP) sowie unter der Alternative (PROP) an. Die Teststatistik kann auf der Grundlage der Differenz der beiden relativen Häufigkeiten, des logarithmierten Odds Ratios oder des logarithmierten relativen Risikos konstruiert werden (PROP, LOGOR bzw. LOGRR).
ODS OUTPUT	Ausgabe des erstellten Designs in einen Datensatz zur späteren Anwendung von PROC SEQTEST

Die Prozedur SEQTEST erlaubt die statistische Auswertung gruppensequentieller Studien. Die Syntax der wichtigsten Anweisungen und Optionen lautet

```
PROC SEQTEST
  PLOTS=<NONE|TEST>
   CIALPHA=<Wert>
   BOUNDARY=<Datensatzname>
   PARMS(TESTVAR=<Variable>)=<Datensatzname>
   INFOADJ=<NONE|PROP>;
  ODS OUTPUT TEST=<Datensatzname>;
```

Tabelle 16.3 zeigt die wichtigsten Anweisungen und Optionen der Prozedur SEQTEST.

Tabelle 16.3: Die wichtigsten Anweisungen und Optionen der Prozedur `SEQTEST`

Anweisung / Option	Beschreibung
PLOTS	Ausgabe des Ergebnisses der Auswertung nur in Textform oder mit zusätzlicher grafischer Darstellung
CIALPHA	Festlegung des Signifikanzniveaus bei der Berechnung von Konfidenzintervallen
BOUNDARY	Zu Grunde liegendes Studiendesign in Form des Datensatzes, der mit der Anweisung ODS OUTPUT in PROC SEQDESIGN bzw. in der vorangehenden Zwischenauswertung mit PROC SEQTEST erstellt wurde
PARMS	Übergabe der ausgewerteten Daten einer Stufe der Studie, siehe unten
INFOADJ	Auch wenn eine Studie mit gleichen Informationsraten geplant wurde (INFO=EQUAL in PROC SEQDESIGN), kommt es in der Praxis häufig vor, dass die tatsächlichen Fallzahlen der einzelnen Stufen leicht voneinander abweichen. Um dieser Abweichung von der ursprünglichen Planung gerecht zu werden, kann das Design mit INFOADJ=PROP entsprechend adjustiert werden. Mit INFOADJ=NONE wird auf die Adjustierung verzichtet.
ODS OUTPUT	Ausgabe des aktualisierten Studiendesigns zur Nutzung in der nächsten Zwischenauswertung

Beispiel 16.4: Eine zweiarmige randomisierte klinische Studie soll ein Medikament zur Blutdrucksenkung mit einem Placebo vergleichen. Die Blutdruckmessungen werden als normalverteilt angesehen. Das Medikament senkt den Blutdruck erwartungsgemäß um durchschnittlich 10 mmHg mit einer Standardabweichung von 20 mmHg. Unter Placebo beträgt die erwartete Blutdrucksenkung 0 mmHg (Standardabweichung 20 mmHg). Die statistische Auswertung erfolgt zu einem zweiseitigen Signifikanzniveau von $\alpha = 5\%$. Die angestrebte Güte beträgt 80%.

Das folgende Programm liefert eine Fallzahlschätzung der Studie mit einem einstufigen Studiendesign ohne Zwischenauswertung.

```
PROC POWER;
  TWOSAMPLEMEANS TEST=DIFF
   GROUPMEANS = 0 | 10
   STDDEV     = 20
   ALPHA      = 0.05
   SIDES      = 2
   POWER      = 0.8
   NPERGROUP  = .;
RUN;
```

Abbildung 16.11 zeigt das Ergebnis der Fallzahlschätzung. Die notwendige Fallzahl beträgt 64 Patienten pro Gruppe.

The POWER Procedure
Two-Sample t Test for Mean Difference

Fixed Scenario Elements	
Distribution	Normal
Method	Exact
Number of Sides	2
Alpha	0.05
Group 1 Mean	0
Group 2 Mean	10
Standard Deviation	20
Nominal Power	0.8
Null Difference	0

Computed N per Group	
Actual Power	N per Group
0.801	64

Abbildung 16.11: Fallzahlschätzung einer einstufigen Studie mit `PROC POWER`

Alternativ zu einem einstufigen Studiendesign kann man die Studie mit einem gruppensequentiellen Design nach Pocock (Pocock, 1977) planen. Nach jeweils einem Drittel der rekrutierten Patienten erfolgt eine Zwischenauswertung. Beide Zwischenauswertungen führen zu einem Abbruch der Studie, falls der beobachtete Therapieeffekt ausreichend groß ist. Die Studie soll wie oben insgesamt ein zweiseitiges Signifikanzniveau von $\alpha = 5\%$ einhalten und eine Güte von 80% aufweisen.

Das nachstehende Programm plant die Studie mit 2 Zwischenauswertungen mit einem gruppensequentiellen Design nach Pocock.

```
PROC SEQDESIGN PLOTS=NONE;
 Pocock: DESIGN
         NSTAGES=3
         METHOD=POCOCK
         ALT=TWOSIDED
         STOP=REJECT
         ALPHA=0.05
         BETA=0.2
         INFO=EQUAL;
     SAMPLESIZE MODEL=TWOSAMPLEMEAN(MEANDIFF=10 STDDEV=20 20);
     ODS OUTPUT BOUNDARY=Bnd_Pocock;
 RUN;
```

Abbildung 16.12 zeigt das Ergebnis der Fallzahlschätzung mit `PROC SEQDESIGN`.

The SEQDESIGN Procedure
Design: Pocock

Stage	Information Level Proportion	Actual	N	Alternative Reference Lower	Upper	Boundary Values Lower Alpha	Upper Alpha
	Boundary Information (Standardized Z Scale) Null Reference = 0						
1	0.3333	0.030516	48.82574	-1.74689	1.74689	-2.28948	2.28948
2	0.6667	0.061032	97.65148	-2.47047	2.47047	-2.28948	2.28948
3	1.0000	0.091548	146.4772	-3.02569	3.02569	-2.28948	2.28948

Sample Size Summary	
Test	Two-Sample Means
Mean Difference	10
Standard Deviation (Group 1)	20
Standard Deviation (Group 2)	20
Max Sample Size	146.4772
Expected Sample Size (Null Ref)	143.5482
Expected Sample Size (Alt Ref)	102.7959

Sample Sizes (N)
Two-Sample Z Test for Mean Difference

Stage	Fractional N N	N(Grp 1)	N(Grp 2)	Information	Ceiling N N	N(Grp 1)	N(Grp 2)	Information
1	48.83	24.41	24.41	0.0305	50	25	25	0.0313
2	97.65	48.83	48.83	0.0610	98	49	49	0.0613
3	146.48	73.24	73.24	0.0915	148	74	74	0.0925

Abbildung 16.12: Textausgabe der Prozedur SEQDESIGN zur Planung einer gruppensequentiellen Studie

Die Tabelle *Sample Size Summary* fasst die zu Grunde liegenden Annahmen zusammen. Die Tabelle *Boundary Information* zeigt die Planung der beiden Zwischenauswertungen nach jeweils einem Drittel der Patienten, d. h. mit gleich verteilten Informationsraten 0,3333 und 0,6667. Die entsprechenden Fallzahlen sind nicht ganzzahlig. Die gerundeten Fallzahlen der Zwischenauswertungen sind in der Tabelle *Sample Sizes (N)* angegeben. Die erste Zwischenauswertung wird nach 25 rekrutierten Patienten pro Gruppe durchgeführt, die zweite nach 49 Patienten pro Gruppe und die finale Auswertung nach 74 Patienten pro Gruppe. Falls die Studie nicht in einer der Zwischenauswertungen abgebrochen wird, so werden damit insgesamt 148 Patienten rekrutiert, d. h. 20 Patienten mehr als in einer Studie mit einem einstufigen Design. Es ist allerdings nicht sicher, dass tatsächlich sämtliche 148 Patienten in die Studie eingeschlossen werden. In Anbetracht der Möglichkeit eines frühzeitigen Studienabbruchs gibt die Tabelle *Sample Size Summary* die erwartete Fallzahl an. Sie beträgt unter der Nullhypothese $143,5482$ und unter der Alternative $102,7959$ Patienten.

Die Prozedur SEQDESIGN unterstellt im Gegensatz zu PROC POWER die Annahme, dass die Standardabweichung der Zielgröße bekannt ist, d. h. dass die aus den Daten ermittelte Schätzung mit dem wahren Wert der Standardabweichung übereinstimmt. Diese vereinfachende Annahme, die in gruppensequentiellen Studiendesigns häufig getroffen wird, hat in der Praxis keine wesentlichen Konsequenzen auf die Berechnung der notwendigen Fallzahl.

Das folgende Programm erzeugt fiktive Daten der Studie zur Blutdrucksenkung. PROC REG führt die Zwischenauswertungen und die finale Auswertung durch. Die Ergebnisse von PROC REG werden mit PROC SEQTEST im Rahmen des gruppensequentiellen Designs der Studie aufbereitet, sodass man die Entscheidungen zum Abbruch oder der Fortsetzung der Studie treffen und das finale Ergebnis ermitteln kann.

```
DATA DATEN;
 CALL STREAMINIT(12345);
 STAGE=1;
  MEDIKAMENT=0;
  DO i=1 TO 25; Y=RAND('NORMAL', 0,20); OUTPUT; END;
  MEDIKAMENT=1;
  DO i=1 TO 25; Y=RAND('NORMAL',10,20); OUTPUT; END;
 STAGE=2;
  MEDIKAMENT=0;
  DO i=1 TO 24; Y=RAND('NORMAL', 0,20); OUTPUT; END;
  MEDIKAMENT=1;
  DO i=1 TO 24; Y=RAND('NORMAL',10,20); OUTPUT; END;
 STAGE=3;
  MEDIKAMENT=0;
  DO i=1 TO 25; Y=RAND('NORMAL', 0,20); OUTPUT; END;
  MEDIKAMENT=1;
  DO i=1 TO 25; Y=RAND('NORMAL',10,20); OUTPUT; END;
 DROP i;
RUN;

%MACRO AUSWERTUNG(STAGE,ParameterEstimates,Boundary,TESTOUT);
PROC REG DATA=DATEN PLOTS=NONE;
 WHERE STAGE <= &STAGE;
 MODEL Y=MEDIKAMENT;
 ODS OUTPUT ParameterEstimates=&ParameterEstimates;
RUN;
QUIT;
```

```
DATA &ParameterEstimates;
 SET &ParameterEstimates;
 IF Variable='MEDIKAMENT';
 _Scale_='MLE';
 _Stage_= &STAGE;
 KEEP _Scale_ _Stage_ Variable Estimate StdErr;
RUN;

PROC SEQTEST /**/PLOTS=NONE/**/ CIALPHA=0.05
             BOUNDARY=&Boundary
             PARMS(TESTVAR=MEDIKAMENT)=&ParameterEstimates
             INFOADJ=PROP;
 ODS OUTPUT TEST=&TESTOUT;
RUN;
%MEND;

%AUSWERTUNG(STAGE=1,ParameterEstimates=Parms_Interim1,
            Boundary=Bnd_Pocock,   TESTOUT=Test_Interim1);
%AUSWERTUNG(STAGE=2,ParameterEstimates=Parms_Interim2,
            Boundary=Test_Interim1,TESTOUT=Test_Interim2);
%AUSWERTUNG(STAGE=3,ParameterEstimates=Parms_Final,
            Boundary=Test_Interim2,TESTOUT=Test_Final);
```

Die Routine CALL STREAMINIT legt einen Startwert des Zufallszahlengenerators fest, um reproduzierbare Daten zu erzeugen. Abbildung 16.13 zeigt das Ergebnis der Prozedur SEQTEST.

The SEQTEST Procedure

	Test Information (Standardized Z Scale) Null Reference = 0							
			Alternative		Boundary Values		Test	
	Information Level		Reference		Lower	Upper	MEDIKAMENT	
Stage	Proportion	Actual	Lower	Upper	Alpha	Alpha	Estimate	Action
1	0.3779	0.034596	-1.86000	1.86000	-2.25433	2.25433	1.28850	Continue
2	0.6889	0.063072	-2.51142	2.51142	-2.29363	2.29363	.	
3	1.0000	0.091548	-3.02569	3.02569	-2.29608	2.29608	.	

	Test Information (Standardized Z Scale) Null Reference = 0							
			Alternative		Boundary Values		Test	
	Information Level		Reference		Lower	Upper	MEDIKAMENT	
Stage	Proportion	Actual	Lower	Upper	Alpha	Alpha	Estimate	Action
1	0.3779	0.034596	-1.86000	1.86000	-2.25433	2.25433	1.28850	Continue
2	0.7240	0.066279	-2.57447	2.57447	-2.27591	2.27591	1.78022	Continue
3	1.0000	0.091548	-3.02569	3.02569	-2.30643	2.30643	.	

	Test Information (Standardized Z Scale) Null Reference = 0							
			Alternative		Boundary Values		Test	
	Information Level		Reference		Lower	Upper	MEDIKAMENT	
Stage	Proportion	Actual	Lower	Upper	Alpha	Alpha	Estimate	Action
1	0.3447	0.034596	-1.86000	1.86000	-2.25433	2.25433	1.28850	Continue
2	0.6605	0.066279	-2.57447	2.57447	-2.27591	2.27591	1.78022	Continue
3	1.0000	0.100353	-3.16785	3.16785	-2.34004	2.34004	2.68301	Reject Null

	Parameter Estimates Stagewise Ordering					
Parameter	Stopping Stage	MLE	p-Value for H0:Parm=0	Median Estimate	95% Confidence Limits	
MEDIKAMENT	3	8.469505	0.0427	7.567671	0.27687	14.12815

Abbildung 16.13: Textausgabe der Prozedur SEQTEST

In der ersten Zwischenauswertung hat die Teststatistik einen Wert von $1,28850$. Da dieser Wert kleiner als der kritische Wert von $2,25433$ ist, wird die Studie fortgesetzt. In der zweiten Zwischenauswertung ist die Teststatistik mit einem Wert von $1,78022$ ebenfalls kleiner als der kritische Wert $2,27591$ und die Studie wird weiter fortgesetzt. In der finalen Auswertung übersteigt die Teststatistik mit einem Wert von $2,68301$ den kritischen Wert von $2,34004$. Damit wird die Nullhypothese der Gleichheit beider mittlerer Blutdrucksenkungen abgelehnt. Die geschätzte mittlere Blutdrucksenkung bei der Anwendung des Medikaments ist um $7,567671$ mmHg größer als unter Placebo (95% Konfidenzintervall $0,27687 - 14,12815$). Der p-Wert beträgt $p = 0,0427$. $\qquad\qquad\square$

16.4 Gemischte lineare Modelle

Kapitel 9 behandelt Verfahren zur Untersuchung des Einflusses einer oder mehrerer Einflussvariablen $x_1, \ldots, x_n$ auf eine metrische Zielvariable y. Das lineare Regressionsmodell setzt u. a. voraus, dass die einzelnen Komponenten des Vektors der Fehlerterme u paarweise unkorreliert sind und gleiche Varianz σ^2 haben (Modellannahme A3). Diese Annahmen sind nicht immer erfüllt. So kommt es vor, dass die Komponenten der Zielvariable $\mathbf{y}_i$ (und damit auch die Komponenten des Vektors $\mathbf{u}_i$) so genannte Cluster korrelierter Zufallsvariablen bilden. Beispielsweise sind Gruppen von Teilnehmern einer Studie miteinander verwandt und die entsprechenden Komponenten der Zielvariable y dadurch stochastisch abhängig. Fremde Studienteilnehmer sind dagegen unabhängig voneinander. Oder für jeden Studienteilnehmer i wird nicht nur eine, sondern $n_i > 1$ Beobachtungen der Zielvariable $(y_{ij})_{j=1,\ldots,n_i}$ erhoben. In dem Fall bilden die Beobachtungen am selben Studienteilnehmer jeweils ein Cluster. Eine solche gruppenweise Abhängigkeitsstruktur lässt sich im linearen Regressionsmodell nicht berücksichtigen. Gemischte lineare Modelle (siehe Verbeke, Molenberghs, 2000) stellen eine geeignete Erweiterung dar.

Das gemischte lineare Modell lautet:

$$
\mathbf{y}_i = \begin{pmatrix} y_{i1} \\ \vdots \\ y_{in_i} \end{pmatrix} = \begin{pmatrix} 1 \\ \vdots \\ 1 \end{pmatrix} \beta_0 + \begin{pmatrix} x_{i1}^{(1)} \\ \vdots \\ x_{in_i}^{(1)} \end{pmatrix} \beta_1 + \ldots + \begin{pmatrix} x_{i1}^{(k)} \\ \vdots \\ x_{in_i}^{(k)} \end{pmatrix} \beta_k + \begin{pmatrix} 1 \\ \vdots \\ 1 \end{pmatrix} \gamma_i + \mathbf{u}_i \ .
$$

Der Index i bezeichnet dabei das i-te Cluster, das n_i einzelne Beobachtungen der Zielvariable y enthält.

Die Regressoren x und die zugehörigen Koeffizienten $\beta_0, \beta_1, \ldots, \beta_k$ entsprechen denjenigen des linearen Regressionsmodells aus Abschnitt 9.1. Die wesentliche Erweiterung ist die Addition des Ausdrucks γ_i zum Achsenabschnitt (engl.: Intercept) β_0, der für sämtliche Beobachtungen des Datensatzes identisch ist. Dadurch weisen die Beobachtungen der Zielvariable aus einem gemeinsamen Cluster $y_{i1}, \ldots, y_{in_i}$ den effektiven Achsenabschnitt $\beta_0 + \gamma_i$ auf, was zu der gruppenweisen Abhängigkeitsstruktur führt. Die Koeffizienten β werden als feste Effekte des Modells bezeichnet, die Ausdrücke γ_i als Zufallseffekte und das erstellte Modell als „Random Intercept"-Modell. Zur Anpassung des Modells muss *nicht* wie bei den festen Effekten für jeden einzelnen Zufallseffekt γ_i jeweils ein eigener Parameter geschätzt werden, da die Zufallseffekte γ_i keine eigentlichen Modellparameter darstellen. Stattdessen handelt es sich um Zufallsvariablen, die alle einer identischen Normalverteilung folgen:

$$
\gamma_i \sim N(0; G) \ .
$$

Somit ist bei der Modellanpassung lediglich die Varianz G als Modellparameter zu schätzen.

Der (zufällige) Fehlerterm $\mathbf{u}_i = (u_{i1}, \ldots, u_{in_i})'$ ist multivariat normalverteilt mit

$$\mathbf{u}_i \sim N(0; R_i) \ .$$

Die Matrix $R_i = Var(\mathbf{u}_i)$ kann grundsätzlich jede Form einer gültigen Varianzmatrix haben. Häufig unterstellt man eine Diagonalmatrix

$$R_i = \begin{pmatrix} \sigma_{i1}^2 & 0 & 0 \\ 0 & \ddots & 0 \\ 0 & 0 & \sigma_{in_i}^2 \end{pmatrix} \ ,$$

d. h. die einzelnen Einträge u_{ij_1} und u_{ij_2} sind stochastisch unabhängig, können ggf. aber eine unterschiedliche Varianz haben (Heteroskedastie). Für verschiedene Cluster i, j sind die entsprechenden Varianzmatrizen R_i und R_j in der Regel unterschiedlich. Trotzdem unterstellt man oft eine allgemeine Regel zur Bildung der Matrizen R_i und R_j aus zu Grunde liegenden Varianzparametern, die über sämtliche Cluster identisch sind.

Innerhalb eines Clusters i sind die Zufallseffekte γ_i stochastisch unabhängig von den Fehlertermen $\mathbf{u}_i$. Und für zwei beliebige verschiedene Cluster i, j gilt, dass sowohl die Zufallseffekte γ_i und γ_j, die Fehlerterme $\mathbf{u}_i$ und $\mathbf{u}_j$ als auch der Zufallseffekt γ_i und der Fehlerterm $\mathbf{u}_j$ jeweils stochastisch unabhängig voneinander sind.

Das gemischte lineare Modell lässt sich in ein so genanntes marginales Modell umformulieren, wenn man die Zufallseffekte γ_i und die Fehlerterme $\mathbf{u}_i$ zu dem Term ε_i zusammenfasst:

$$\varepsilon_i = \begin{pmatrix} \varepsilon_{i1} \\ \vdots \\ \varepsilon_{in_i} \end{pmatrix} := \begin{pmatrix} 1 \\ \vdots \\ 1 \end{pmatrix} \gamma_i + \begin{pmatrix} u_{i1} \\ \vdots \\ u_{in_i} \end{pmatrix} \ .$$

Damit lautet das marginale Modell

$$\mathbf{y}_i = \begin{pmatrix} 1 \\ \vdots \\ 1 \end{pmatrix} \beta_0 + \begin{pmatrix} x_{i1}^{(1)} \\ \vdots \\ x_{in_i}^{(1)} \end{pmatrix} \beta_1 + \ldots + \begin{pmatrix} x_{i1}^{(k)} \\ \vdots \\ x_{in_i}^{(k)} \end{pmatrix} \beta_k + \begin{pmatrix} 1 \\ \vdots \\ 1 \end{pmatrix} \gamma_i + \varepsilon_i \ .$$

Im Fall einer heteroskedastischen Varianzmatrix $R_i = Var(\mathbf{u}_i)$ gilt

$$\varepsilon_i \sim N(0; V_i) \text{ mit } V_i := Var(\varepsilon_i) = \begin{pmatrix} G + \sigma_{i1}^2 & G & G \\ G & \ddots & G \\ G & G & G + \sigma_{in_i}^2 \end{pmatrix} \ .$$

Beispiel 16.5: In einer klinischen Beobachtungsstudie mit 25 männlichen und 25 weiblichen Patienten wird bei jedem Patienten an einem festgelegten

Tag morgens, mittags und abends der systolische Blutdruck in mmHg gemessen. Ein geeignetes Modell für die Daten der Studie muss berücksichtigen, dass der mittlere Blutdruck der Männer von demjenigen der Frau abweicht. Es kann einen tageszeitlichen Rhythmus geben, wodurch die Messwerte vom Morgen, Mittag und Abend einen unterschiedlichen Erwartungswert und auch eine unterschiedliche Varianz haben. Darüber hinaus bildet jeder Patient ein Cluster aus drei Messwerten des Blutdrucks. Die drei Messwerte innerhalb eines Clusters sind miteinander korreliert, da sie vom selben Patienten stammen. Die Messungen unterschiedlicher Patienten sind stochastisch unabhängig.

Ein gemischtes lineares Modell, das die beschriebenen Zusammenhänge wiedergibt, lautet

$$\mathbf{y}_i = \begin{pmatrix} y_{i1} \\ y_{i2} \\ y_{i3} \end{pmatrix} = \begin{pmatrix} 1 \\ 1 \\ 1 \end{pmatrix} \beta_0 + \begin{pmatrix} x_i \\ x_i \\ x_i \end{pmatrix} \beta_1 + \begin{pmatrix} 0 \\ 1 \\ 0 \end{pmatrix} \beta_2 + \begin{pmatrix} 0 \\ 0 \\ 1 \end{pmatrix} \beta_3 + \begin{pmatrix} 1 \\ 1 \\ 1 \end{pmatrix} \gamma_i + \mathbf{u}_i \ ,$$

mit $x_i = \begin{cases} 0, \text{ falls Patient } i \text{ weiblich und} \\ 1, \text{ falls Patient } i \text{ männlich ist} \end{cases}$.

Für den Zufallseffekt γ_i gilt $\gamma_i \sim N(0; G)$ und für den Fehlerterm $\mathbf{u}_i = (u_{i1}, u_{i2}, u_{i3})' \sim N(0; R_i)$ mit

$$R_i = R = \begin{pmatrix} \sigma_1^2 & 0 & 0 \\ 0 & \sigma_2^2 & 0 \\ 0 & 0 & \sigma_3^2 \end{pmatrix} \ .$$

Der nachstehende DATA-Step erzeugt einen fiktiven Datensatz `Beispiel165` der Blutdruckstudie.

```
DATA Beispiel165;
 CALL STREAMINIT(1);
 DO PATNR = 1 TO 50;
  IF PATNR<=25 THEN GESCHL_MANN=1;
  IF PATNR >25 THEN GESCHL_MANN=0;
  GAMMA = RAND('NORMAL',0,5);
  TAGESZEIT=1; U=RAND('NORMAL',0,10);
   Y=100+5*(GESCHL_MANN=1)   +GAMMA+U; OUTPUT;
  TAGESZEIT=2; U=RAND('NORMAL',0,15);
   Y=100+5*(GESCHL_MANN=1)+5 +GAMMA+U; OUTPUT;
  TAGESZEIT=3; U=RAND('NORMAL',0,20);
   Y=100+5*(GESCHL_MANN=1)+10+GAMMA+U; OUTPUT;
 END;
RUN;
```

□

Die Prozedur `MIXED` passt ein gemischtes lineares Modell an. Die Syntax der wichtigsten Anweisungen und Optionen lautet

```
PROC MIXED DATA=<Datensatz> [COVTEST];
  CLASS <Variable(n)> [(REF=FIRST)|(REF=LAST)];
  MODEL <abh. Variable> = <feste(r) Effekt(e)> / [SOLUTION];
  RANDOM INTERCEPT / [SUBJECT=<Variable>]
                           [SOLUTION] [V] [VCORR];
  REPEATED <Variable> / [TYPE=<UN(1)|...>];
```

Tabelle 16.4 zeigt die wichtigsten Anweisungen und Optionen der Prozedur MIXED.

Tabelle 16.4: Die wichtigsten Anweisungen und Optionen der Prozedur MIXED

Anweisung / Option	Beschreibung
COVTEST	Durchführung von Signifikanztests für die Kovarianzparameter des Modells
CLASS	Legt die unabhängigen Klassifizierungsvariablen fest.
MODEL	Legt die Zielgröße sowie die festen Effekte des Modells fest. Die Option SOLUTION sorgt für die Ausgabe der geschätzten Modellkoeffizienten.
RANDOM	Legt die zufälligen Effekte des Modells fest. Die Option SOLUTION sorgt für die Schätzung der Zufallseffekte. Mit V bzw. VCORR wird die Varianzmatrix bzw. die entsprechende Korrelationsmatrix des marginalen Modells ausgegeben.
REPEATED	Legt die Varianzmatrix der Fehlerterme $R_i = Var(\mathbf{u}_i)$ fest.

Beispiel 16.5 (Fortsetzung): Das folgende Programm passt an die Daten aus Beispiel 16.5 ein gemischtes lineares Modell an.

```
PROC MIXED DATA=Beispiel165 COVTEST;
  CLASS TAGESZEIT (REF=FIRST);
  MODEL Y = GESCHL_MANN TAGESZEIT / SOLUTION;
  RANDOM INTERCEPT / SUBJECT=PATNR V;
  REPEATED TAGESZEIT / TYPE=UN(1);
RUN;
```

Abbildung 16.14 zeigt die Schätzung der Varianzmatrix $V_i = Var(\varepsilon_i)$ des marginalen Modells mit heteroskedastischer Varianzmatrix R_i für Patient $i = 1$ (siehe Tabelle *Estimated V Matrix for Subject 1*).

The Mixed Procedure

Estimated V Matrix for Subject 1			
Row	Col1	Col2	Col3
1	158.28	31.5748	31.5748
2	31.5748	204.17	31.5748
3	31.5748	31.5748	453.27

Solution for Fixed Effects						
Effect	TAGESZEIT	Estimate	Standard Error	DF	t Value	Pr > |t|
Intercept		100.27	2.2456	48	44.65	<.0001
GESCHL_MANN		5.8265	2.7401	98	2.13	0.0360
TAGESZEIT	2	4.3376	2.4466	98	1.77	0.0794
TAGESZEIT	3	10.1471	3.3118	98	3.06	0.0028
TAGESZEIT	1	0	.	.	.	.

Abbildung 16.14: Ausgabe der Prozedur MIXED

Die entsprechenden wahren Werte lauten

$$V_1 := Var(\varepsilon_1) = \begin{pmatrix} G + \sigma_1^2 & G & G \\ G & G + \sigma_2^2 & G \\ G & G & G + \sigma_3^2 \end{pmatrix}.$$

Die geschätzte Varianz der Blutdruckmessungen eines Patienten am Morgen, Mittag und Abend beträgt $\hat{G} + \hat{\sigma}_1^2 = 158,28$, $\hat{G} + \hat{\sigma}_2^2 = 204,17$ und $\hat{G} + \hat{\sigma}_3^2 = 453,27$. Die Schätzwerte stimmen relativ gut mit den entsprechenden wahren Werten $G + \sigma_1^2 = 5^2 + 10^2 = 125$, $G + \sigma_2^2 = 5^2 + 15^2 = 250$ und $G + \sigma_3^2 = 5^2 + 20^2 = 425$ überein. Die geschätzte Kovarianz zweier Messungen am selben Patienten beträgt $\hat{G} = 31,5748$ und liegt damit nah am wahren Wert $G = 5^2 = 25$. Neben der Schätzung der Varianzparameter werden die Schätzwerte der Modellparameter $\hat{\beta}_0 = 100,27$, $\hat{\beta}_1 = 5,8265$, $\hat{\beta}_2 = 4,3376$ und $\hat{\beta}_3 = 10,1471$ angegeben (vgl. die entsprechenden wahren Werte $\beta_0 = 100$, $\beta_1 = \beta_2 = 5$ und $\beta_3 = 10$). Der Blutdruck der männlichen Patienten ist im Durchschnitt schätzungsweise um $5,8265$ mmHg höher als derjenige der Frauen (p=0,0360). Und im Laufe eines Tages steigt der Blutdruck von morgens bis mittags um $4,3376$ mmHg (p=0,0794) und bis abends um $10,1471$ mmHg (p=0,0028). □

In der obigen Einführung gemischter linearer Modelle wurden die Zufallseffekte γ_i dadurch motiviert, dass auf diese Weise die Beobachtungen innerhalb eines Clusters eine gewisse Ähnlichkeit aufweisen. Eine Ähnlichkeit der Beobachtungen innerhalb eines Clusters lässt sich alternativ mit einem *festen Effekt* modellieren, d. h. einem Faktor, dessen Ausprägungen den einzelnen Clustern entsprechen. Falls die Cluster wie in Beispiel 16.5 den Patienten einer Studie entsprechen, hieße das, man erstellt ein Modell mit einer Dummy-Variable für jeden einzelnen Patienten und einem zugehörigen festen Modellparameter β_i. Wann ist nun ein zufälliger Effekt und wann ein fester Effekt zu modellieren? Feste Effekte sind dann zu verwenden, wenn es sich um einen Faktor handelt, für den ausdrücklich von Interesse ist, inwieweit ganz bestimmte Ausprägungen die Zielgröße beeinflussen. Zum Beispiel sind beim Faktor Geschlecht ausdrücklich die Ausprägungen männlich und weiblich von Interesse. Zufallseffekte sind zu verwenden, wenn kein spezielles Interesse an bestimmten Ausprägungen eines Faktors besteht. Es ist nicht wichtig, welche speziellen Ausprägungen ein Faktor in einer Studie annimmt. Und es werden auch gar nicht sämtliche möglichen Ausprägungen eines Faktors beobachtet, sondern nur eine zufällige Auswahl der möglichen Ausprägungen.

16.5 Übungsaufgaben

Aufgabe 16.1:

Der Datensatz `tongue.sas7bdat` enthält die Daten von 80 Patienten, die an Zungenkrebs leiden. In der Variable `DNA_PROFILE` ist für jeden Patienten das DNA-Profil des Tumors angegeben (1=aneuploider Tumor, 2=diploider Tumor), in der Variablen `TIME_WEEKS` die Nachbeobachtungszeit in Wochen und in der Variablen `STATUS` der Status am Ende der Nachbeobachtungszeit (0=zensiert, 1=tot).

(a) Zeichnen Sie mit Hilfe des Output-Delivery-Systems Kaplan-Meier-Kurven der Überlebenszeit getrennt für Patienten mit aneuploidem und diploidem Tumor. Ergänzen Sie wie in Abbildung 16.4 die Anzahl der Studienteilnehmer unter Risiko zu ausgewählten Zeitpunkten sowie den p-Wert des Log-Rank-Tests.

(b) Führen Sie eine Cox-Regression der Überlebenszeit mit dem Einflussfaktor `DNA_PROFILE` durch. Geben Sie das geschätzte Hazard Ratio für aneuploide versus diploide Tumoren inkl. Konfidenzintervall und p-Wert an. Bestimmen Sie auch das umgekehrte Hazard Ratio für diploide versus aneuploide Tumoren inkl. Konfidenzintervall und p-Wert. Bestimmen Sie beide Hazard Ratios jeweils mit Hilfe des `HAZARDRATIO`-Statements sowie mit Hilfe des `ESTIMATE`-Statements.

(c) Überprüfen Sie die Modellannahme proportionaler Hazard-Funktionen. Bestimmen Sie dazu die Überlebensfunktionen für Patienten mit aneuploidem bzw. diploidem Tumor, die sich im Rahmen des Cox-Modells ergeben. Zeichnen Sie die so ermittelten Überlebenskurven zusammen mit den entsprechenden Kaplan-Meier-Kurven in ein gemeinsames Koordinatensystem. ∎

Explorative Datenanalyse

Die Explorative Datenanalyse (EDA) hilft, bislang unbekannte Eigenschaften und Strukturen in den Daten aufzudecken. Kurz: „Exploratory data analysis is detective work" (Tukey, 1977). Die nachfolgend vorgestellten deskriptiven und grafischen Methoden wurden teilweise bereits beschrieben und erscheinen hier in einem neuen Kontext. Es wird nach Verfahren für eine oder mehrere Variablen unterschieden. Erstere basieren überwiegend auf Kennzahlen wie Perzentilen (empirische Quantile), welche Lage und Streuung charakterisieren, sowie grafischen Verfahren wie Stamm-Blatt-Diagramm, Box-Plot, Histogramme und QQ-Plot. Bei zwei und mehr Variablen sind darüber hinaus Transformationen und als grafischer Aspekt Streudiagramme zum besseren Überblick über die Daten von Bedeutung.

Die nachstehenden Abschnitte bilden mit Variablen des simulierten Datensatzes `familie` in Beispielen und Übungen eine beispielhafte Explorative Datenanalyse nach.

17.1 Verteilungsanalyse

Schon in Abschnitt 7.1 wurden ausgewählte Kenngrößen von Datensätzen wie $\bar{x}$, $\tilde{x}_{0,5}$, s und R vorgestellt. Hier widmen wir uns der simultanen Betrachtung mehrerer Kenngrößen. Bereits mit dem in 7.1 eingeführten Variationskoeffizienten liegt eine erste vergleichende Interpretation zweier Maßzahlen vor. Durch die Division der empirischen Standardabweichung s durch das arithmetische Mittel $\bar{x}$ wird eine Normierung dieses Streuungsmaßes vorgenommen, die eine realistische und insbesondere skaleninvariante Einschätzung der tatsächlichen „Streuungssituation" erreicht.

Die gemeinsame Betrachtung von arithmetischem Mittel und Modalwert $\tilde{x}_{mod}$ (häufigster Wert) ermöglicht weitere Schlussfolgerungen. Je weiter diese beiden Kenngrößen voneinander entfernt sind, desto stärker unterscheidet sich

© Springer-Verlag GmbH Deutschland, ein Teil von Springer Nature 2018
W. Krämer et al., *Datenanalyse mit SAS®*, https://doi.org/10.1007/978-3-662-57799-8_17

die Form der Dichte von der einer eingipfligen symmetrischen Verteilung. Das äußert sich auch in einem betragsmäßig großen Wert für die Schiefe.

Ähnlich ist auch ein Zusammenhang zwischen empirischer Standardabweichung s und Interquartilsabstand IQA (s. Abschnitt 7.4) herzustellen. So deutet ein großer Unterschied zwischen diesen beiden Werten auf besonders hochgipflige oder besonders flachgipflige Verteilungen hin. Für die Normalverteilung beträgt das Verhältnis zwischen s und IQA gerade $1 : 1,34898$, für hochgipflige Verteilungen wäre der Wert von s im Verhältnis zu IQA entsprechend höher bzw. für flachgipflige Verteilungen kleiner. Da der Interquartilsabstand robust gegenüber Ausreißern ist, die Standardabweichung und Wölbung aber nicht, werden bei Ausreißern (typisch für hochgipflige Verteilungen) die Wölbung und die Standardabweichung einer Verteilung größer.

Beispiel 17.1: Kenngrößen mit der Prozedur `UNIVARIATE`

Die Prozedur `UNIVARIATE` bestimmt unter anderem die Kennzahlen $\bar{x}$ und $\tilde{x}_{mod}$ sowie s und IQA.

```
PROC UNIVARIATE DATA=familie;
 VAR groesse_v;
RUN;
```

Abbildung 17.1 zeigt einen Ausschnitt der von `UNIVARIATE` erzeugten Ausgabe.

The UNIVARIATE Procedure
Variable: groesse_v (Größe des Vaters in cm)

Basic Statistical Measures			
Location		Variability	
Mean	174.6508	Std Deviation	7.80403
Median	175.0000	Variance	60.90289
Mode	174.0000	Range	80.00000
		Interquartile Range	9.00000

Abbildung 17.1: Univariate Kenngrößen

Die Bedeutung der einzelnen Einträge ist mit Ausnahme von `Interquartile Range` ($\hat{=}$ IQA) bereits in Beispiel 7.1 erläutert.

Die Werte von $\bar{x}$ und $\tilde{x}_{mod}$ liegen hier sehr nahe beieinander und das Verhältnis zwischen s und IQA beträgt $1 : 1,153$. Diese beiden Fakten sind ein Indiz für Symmetrie und eine leichte Hochgipfligkeit.   □

Neben einem Vergleich ausgewählter Kenngrößen lohnt sich stets auch ein zusätzlicher detaillierter Blick auf die Verteilung. Ein Stamm-und-Blatt-Diagramm (engl.: stem-and-leaf-plot) vermittelt mit einfachen Mitteln einen ersten Eindruck. Dafür werden die Daten sortiert und in Klassen gleicher Breite eingeteilt. Auf der linken Seite dieser Darstellung notiert man die gemeinsamen ersten Ziffern aller Beobachtungen jeweils einer Klasse (Stamm). Auf der rechten Seite wird dann für jede Beobachtung dieser Klasse jeweils die Ziffer aufgelistet, welche direkt auf die gemeinsamen Ziffern folgt (Blatt). Für die verschiedenen Klassen werden diese Ziffernfolgen untereinander abgetragen, weshalb diese Darstellung einer Strichliste ähnelt.

Bei geeigneter Klasseneinteilung geben die Längen der Ziffernfolgen auf der rechten Seite den Verlauf der empirischen Dichtefunktion und somit die Form der Verteilung näherungsweise wieder. Da neben der Länge der Ziffernfolgen auch die Ziffern selbst abgetragen werden, lassen sich auf den zweiten Blick auch eventuelle Häufungen innerhalb einzelner Klassen sofort erkennen.

Beispiel 17.2: Stamm-und-Blatt-Diagramm mit der Prozedur `UNIVARIATE`

Die Option `PLOTS` in der `UNIVARIATE`-Prozedur erzeugt ein Stamm-und-Blatt-Diagramm.

```
PROC UNIVARIATE DATA=familie PLOTS;
 VAR gewicht_k;
 WHERE alter_k=2;
RUN;
```

Neben den üblichen Kennziffern und Statistiken schreibt SAS so zusätzlich ein Stamm-und-Blatt-Diagramm sowie ein Box- und ein PP-Plot in die Textausgabe. In das Stamm-und-Blatt-Diagramm für die Variable `gewicht_k` gehen nur die Beobachtungen mit `alter_k=2` ein – d. h. es wird nur das Gewicht der 2-jährigen Kinder betrachtet. So wird eine Beobachtungsanzahl erreicht, die es ermöglicht, ein sinnvolles Stamm-und-Blatt-Diagramm zu erzeugen. Für deutlich größere Beobachtungszahlen sind die Blätter zu unübersichtlich und SAS erzeugt dann stattdessen automatisch ein Histogramm.

Das durch obiges Programm erzeugte Stamm-und-Blatt-Diagramm hat die folgende Form:

```
Stem Leaf                        #
 26 6                            1
 25
 24
 23
 22 7                            1
 21 1                            1
 20 6                            1
 19 234                          3
 18 049                          3
 17 2479                         4
 16 0045899                      7
 15 0011445666779              13
 14 001134556889               12
 13 011112234456688889         18
 12 0011222223466678889        19
 11 014455678999               12
 10 22234566                    8
  9 1377899                     7
  8 3559                        4
```

Die erste Spalte (Stamm) ist mit `Stem` überschrieben, die zweite Spalte (Blatt) mit `Leaf`. Eine zusätzliche dritte Spalte ist mit `#` überschrieben und gibt die Anzahl der Beobachtungen pro Klasse an. Die Klassen für dieses Diagramm sind die Intervalle $[i, i + 1)$. Es ist deutlich eine eingipflige, asymmetrische Verteilungsform zu erkennen, nicht jedoch eine Häufung bestimmter Ziffern in den Blättern. □

Meist wird die Information über die Verteilung der Ziffern innerhalb der einzelnen Klassen nicht genutzt. Die verbliebene Information über die Anzahl von Beobachtungen in den jeweiligen Klassen lässt sich jedoch ebenso mittels der in Abschnitt 7.3 beschriebenen Histogramme darstellen. Diese Darstellungsform ist im Prinzip der Umriss eines um $90°$ nach links gedrehten Stamm-und-Blatt-Diagramms und erlaubt somit die übersichtliche grafische Darstellung der Klassenhäufigkeiten.

Beispiel 17.3: Histogramm mit der Prozedur `CAPABILITY`

Die Prozeduren `UNIVARIATE` und `CAPABILITY` erzeugen Histogramme mit der Anweisung `HISTOGRAM`. Nachfolgend wird die Prozedur `CAPABILITY` angewendet. Die Option `NOPRINT` unterdrückt die Textausgabe, welche ansonsten zusätzlich zu dem Histogramm erzeugt würde.

```
PROC CAPABILITY DATA=familie NOPRINT;
  HISTOGRAM groesse_v;
RUN;
```

Das so erzeugte Histogramm für die Variable `groesse_v` (Größe der Väter)
hat die Form:

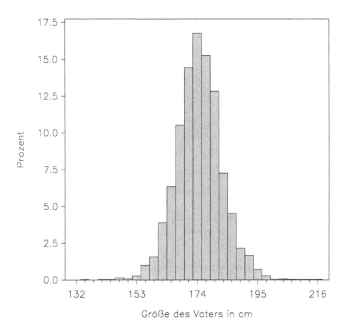

Abbildung 17.2: Histogramm für die Größe der Väter

Abbildung 17.2 erlaubt schon gewisse Verteilungsaussagen bezüglich Lage und
Streuung. So liegt der höchste Balken im Bereich um 175 cm und der Großteil
der Körpergrößen zwischen 155 cm und 195 cm.

Auch für große Beobachtungszahlen sind mitunter Abweichungen von der
Symmetrie und der Normalgipfligkeit mit bloßem Auge schwer zu sehen. Daher ist es sinnvoll, das Histogramm mit der Dichte einer Normalverteilung
mit den gleichen ersten und zweiten Momenten zu ergänzen. Dies erreicht die
Option NORMAL in der HISTOGRAM-Anweisung.

```
PROC CAPABILITY DATA=familie NOPRINT;
  HISTOGRAM groesse_v /NORMAL;
RUN;
```

Abbildung 17.3 zeigt das um die Normalverteilungsdichte ergänzte Histogramm.

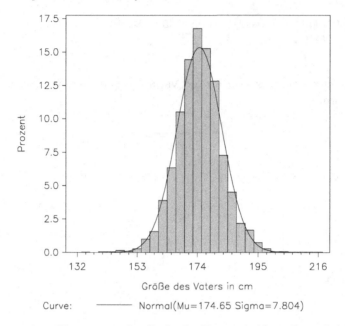

Curve: ——————— Normal(Mu=174.65 Sigma=7.804)

Abbildung 17.3: Histogramm der Größe der Väter mit Normalverteilungsdichte

Der Vergleich mit der Normalverteilungsdichte bestätigt die Aussage über die vermutete Symmetrie der Verteilung. Die bereits in Beispiel 17.1 geäußerte Vermutung über die Hochgipfligkeit lässt sich ebenfalls bestätigen. So sind sowohl die mittleren Balken als auch die Balken an den beiden Rändern des Histogramms höher als die Normalverteilungsdichte, während die Balken rechts und links der Mitte eher unterhalb der Dichtefunktion der Normalverteilung bleiben.   □

Eine weitere Darstellungsform für bestimmte Aspekte einer Verteilung liefern die in Abschnitt 7.3 beschriebenen Box-Plots. Dabei sind verschiedene Kenngrößen schematisch zu einem Diagramm angeordnet, welches Aussagen über Lage, Streuung und (A-)Symmetrie erlaubt. Mit bestimmten Varianten des Box-Plots sind auch Aussagen über das Vorliegen von Ausreißern möglich.

Beispiel 17.4: Box-Plot und Ausreißeranalyse mit der Prozedur `BOXPLOT`
Die Prozedur `BOXPLOT` erzeugt hochauflösende Box-Plots für gruppierte Daten.

```
DATA familie1;
 SET familie;
 gruppe=1;
RUN;
```

```
PROC BOXPLOT DATA=familie1;
 PLOT groesse_v*gruppe
     /BOXSTYLE=SCHEMATICID IDSYMBOL=CIRCLE;
RUN;
```

Diese Prozedur stellt die Werte einer Variablen gruppiert in nebeneinander liegenden Box-Plots dar. Die Gruppierung gibt dabei eine weitere Variable vor. Zur Darstellung eines einzelnen Box-Plots für alle Werte der Variablen groesse_v wird zunächst eine Variable gruppe konstruiert, die nur den Wert 1 annimmt. Die Abbildung 17.4 zeigt den erzeugten Box-Plot.

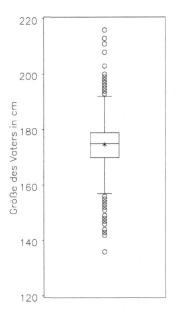

Abbildung 17.4: Box-Plot für die Größe der Väter

Der Box-Plot bestätigt die bisher gefundenen Resultate hinsichtlich Lage (Median und arithmetisches Mittel bei 175 cm) und Streuung (Zäune bei 158 cm und 192 cm). Auch die Symmetrievermutung wird durch diese Darstellung gestützt (Zäune etwa gleich weit von Box bzw. Zentrum entfernt und Median nahe an arithmetischem Mittel). Sogar die vermutete Hochgipfligkeit lässt sich anhand der großen Zahl an Ausreißern (Werte außerhalb der Zäune) bestätigen. Durch die Messung in ganzen Zentimetern haben mehrere Beobachtungen den selben Merkmalswert und lassen sich deshalb nicht mehr einzeln darstellen (sondern liegen „unsichtbar" übereinander). Die Ausreißeranzahl lässt sich in dieser Darstellung daher nur schwer abschätzen. □

Die im Beispiel 17.1 erzeugte Ausgabe enthält neben den explizit betrachteten Kennzahlen $\bar{x}$ und $\tilde{x}_{mod}$ sowie s und IQA auch Angaben zum Median ($\tilde{x}_{0,5}$) und der Spannweite (engl.: range). Die Größen $\tilde{x}_{0,5}$, IQA und Spannweite basieren auf den sogenannten Perzentilen bzw. den Quantilen der empirischen Verteilungsfunktion. Das $\alpha \cdot 100$-te Perzentil entspricht dem empirischen Quantil zum Niveau α und kennzeichnet somit einen Wert, für den $\alpha \cdot 100\%$ der Merkmalswerte einer Variablen kleiner oder gleich und $(1-\alpha) \cdot 100\%$ größer oder gleich sind.

- $x_{min} = 0.$ Perzentil (Minimum),
- $\tilde{x}_{0,25} = 25.$ Perzentil (unteres Quartil),
- $\tilde{x}_{0,5} = 50.$ Perzentil (Median),
- $\tilde{x}_{0,75} = 75.$ Perzentil (oberes Quartil),
- $x_{max} = 100.$ Perzentil (Maximum),
- IQA $= 75.$ Perzentil $- 25.$ Perzentil (Interquartilabstand),
- Range $= 100.$ Perzentil $- 0.$ Perzentil (Spannweite).

Beispiel 17.5: Perzentilberechnung mit der Prozedur `UNIVARIATE`

In der von der Prozedur `UNIVARIATE` erzeugten Standardausgabe sind bereits einige Quantile bzw. Perzentile enthalten.

```
PROC UNIVARIATE DATA=familie;
 VAR groesse_v;
RUN;
```

Die entsprechende Ausgabe für die Variable `groesse_v` hat die Form:

The UNIVARIATE Procedure
Variable: groesse_v (Größe des Vaters in cm)

Quantiles (Definition 5)	
Quantile	Estimate
100% Max	216
99%	194
95%	188
90%	184
75% Q3	179
50% Median	175
25% Q1	170
10%	165
5%	162
1%	156
0% Min	136

Abbildung 17.5: Perzentile für die Größe der Väter

Die in Abbildung 17.5 mit `Definition` 5 angegebene Berechnungsvorschrift für Perzentile lässt sich mit der Option `PCTLDEF=` von `PROC UNIVARIATE` beeinflussen. Die Standardvorgabe `PCTLDEF=5` bestimmt für nichtganzzahlige Werte von $\alpha \cdot n$ die Perzentile als arithmetisches Mittel der Realisationen, deren Ordnungsnummer sich weniger als 1 von $\alpha \cdot n$ unterscheidet.

In Abbildung 17.5 sind die Extrema ($x_{min} = 136$ und $x_{max} = 216$), beide Quartile ($\tilde{x}_{0.25} = 170$ und $\tilde{x}_{0.75} = 179$) und der Median ($\tilde{x}_{0.5} = 175$) enthalten. Damit lassen sich der Interquartilsabstand (IQA = 9) und die Spannweite (Range = 80) berechnen, welche ebenfalls in der Ausgabe von Beispiel 17.1 enthalten sind. In gleicher Weise lassen sich mit den vorliegenden Perzentilen weitere gebräuchliche Intervalle errechnen, die bestimmte Prozentsätze der Realisationen umfassen. Beispielsweise sind 99 % der untersuchten Väter höchstens 194 cm bzw. 95 % mindestens 162 cm groß und 90 % haben eine Größe zwischen 162 cm und 188 cm.

Für die Charakterisierung einer Variablen sind mitunter auch Perzentile zu einem Niveau α notwendig, welche nicht in der Standardausgabe von `PROC UNIVARIATE` enthalten sind. Die `OUTPUT`-Anweisung in der Prozedur `UNIVARIATE` schreibt diese flexibel in einen SAS-Datensatz. Die erforderlichen Prozentsätze lassen sich in der Option `PCTLPTS=` spezifizieren.

```
PROC UNIVARIATE DATA=familie NOPRINT;
 VAR groesse_v;
 OUTPUT OUT=familie_perct PCTLPTS=0 TO 100 BY 10
        PCTLPRE=perzentil_;
RUN;


PROC TRANSPOSE DATA=familie_perct OUT=familie_perc_t;
RUN;
```

Der damit erzeugte Datensatz hat nach der Transformation mit `PROC TRANSPOSE` die in Abbildung 17.6 angegebene Form.

NAME	_LABEL_	COL1
perzentil_0	the 0 percentile, groesse_v	136
perzentil_10	the 10.0000 percentile, groesse_v	165
perzentil_20	the 20.0000 percentile, groesse_v	169
perzentil_30	the 30.0000 percentile, groesse_v	171
perzentil_40	the 40.0000 percentile, groesse_v	173
perzentil_50	the 50.0000 percentile, groesse_v	175
perzentil_60	the 60.0000 percentile, groesse_v	176
perzentil_70	the 70.0000 percentile, groesse_v	178
perzentil_80	the 80.0000 percentile, groesse_v	181
perzentil_90	the 90.0000 percentile, groesse_v	184
perzentil_100	the 100.0 percentile, groesse_v	216

Abbildung 17.6: Flexible Perzentile für die Größe der Väter

Die Option `PCTLPTS=0 TO 100 BY 10` erzeugt das 0., das 10., das 20. usw. bis zum 100. Perzentil. Die Variablennamen setzen sich aus dem mit `PCTLPRE=` spezifizierten Präfix und der Ordnungsnummer des Perzentils zusammen. Die Variablenlabel werden automatisch vergeben. $\square$

Da die geordneten Merkmalswerte der Realisationen gerade als empirische Quantile zum Niveau i/n $(i, \dots, n)$ aufgefasst werden können, liegt es nahe, diese mit entsprechenden Quantilen der theoretischen Verteilung zu vergleichen. Eine grafische Veranschaulichung dieses Vergleichs bietet der in Kapitel 7 vorgestellte QQ-Plot. Analog wird oft der PP-Plot (Wahrscheinlichkeitsverteilungs-Diagramm) verwendet, welcher für die Merkmalswerte x_i $(i, \dots, n)$ die Werte der unterstellten Verteilungsfunktion $F(x_i)$ gegen die der empirischen Verteilungsfunktion $F_n(x_i)$ abträgt.

Beispiel 17.6: QQ- und PP-Plots mit der Prozedur `CAPABILITY`
Die Anweisungen `QQPLOT` und `PPPLOT` in den Prozeduren `UNIVARIATE` und `CAPABILITY` erzeugen QQ- und PP-Plots.

```
PROC CAPABILITY DATA=familie NOPRINT;
 QQPLOT groesse_v /NORMAL;
 PPPLOT groesse_v /NORMAL;
RUN;
```

Für die Variable **groesse_v** haben der QQ- und der PP-Plot bei einer unterstellten Normalverteilung die folgende Form:

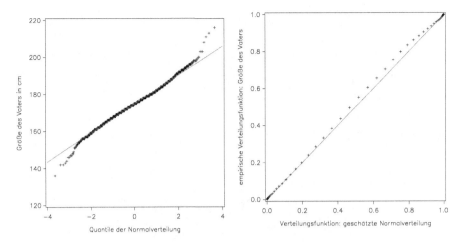

Abbildung 17.7: QQ- und PP-Plot für die Größe der Väter

Im QQ-Plot aus Abbildung 17.7 liegt ein Großteil der Punkte sehr nahe an der Referenzlinie. Am linken und rechten Rand weisen die Punkte eine systematische Abweichung nach unten bzw. oben auf. Diese Fakten deuten auf eine der Normalverteilung im Zentrum sehr ähnliche Verteilung hin, die „schwere Ränder" aufweist. Mit dieser Verteilungsform sind erhöhte Werte für die Wölbung verbunden.

Der PP-Plot richtet den Fokus stärker auf das Zentrum der Verteilung. Hier lassen sich nur geringe Abweichungen erkennen. Dies bestätigt die Ergebnisse des QQ-Plots, wonach im Zentrum keine wesentlichen Abweichungen von der Normalverteilung vorliegen.   □

Diskrete Verteilungen oder gerundete Werte verursachen treppenförmige Muster in den Abweichungen von der Referenzlinie. Einzelne Punkte mit einem deutlichen Abstand von der Referenzlinie weisen hingegen auf Ausreißer hin. Weichen die Punkte auf einer Seite der Grafik deutlich weiter von der Referenzlinie ab als auf der anderen, ist die Verteilung schief.

Bisher wurden verschiedenene Aspekte der Verteilungsform einer Variablen mit deskriptiven und grafischen Verfahren untersucht. Als objektives Kriterium zur Überprüfung einer Verteilungsannahme dienen die in Kapitel 11 vorgestellten Anpassungstests.

Beispiel 17.7: Anpassungstests auf verschiedene Verteilungen mit den Prozeduren UNIVARIATE und CAPABILITY

Die Prozedur UNIVARIATE testet auf Normalverteilung mit der Option NORMAL.

```
PROC UNIVARIATE DATA=familie NORMAL;
 VAR groesse_v;
RUN;
```

Für die Variable groesse_v resultiert folgendes Testergebnis:

The UNIVARIATE Procedure
Variable: groesse_v (Größe des Vaters in cm)

Tests for Normality				
Test	Statistic		p Value	
Kolmogorov–Smirnov	D	0.044241	Pr > D	<0.0100
Cramer–von Mises	W–Sq	1.382311	Pr > W–Sq	<0.0050
Anderson–Darling	A–Sq	8.048245	Pr > A–Sq	<0.0050

Abbildung 17.8: Anpassungstests auf eine Normalverteilung der Größe der Väter

Abbildung 17.8 zeigt die Ergebnisse dreier Tests auf Normalverteilung. Für alle drei sind die p-Werte kleiner als das zugrundegelegte Niveau $0,05$. Somit ist die Hypothese einer Normalverteilung zu diesem Niveau abzulehnen.

Die Prozeduren UNIVARIATE oder CAPABILITY erzeugen weitere Anpassungstests für diese und andere hypothetische Verteilungen, indem der Verteilungsname als Option der HISTOGRAM-Anweisung spezifiziert wird. Die Option NOPLOT unterdrückt hierbei die Grafikausgabe.

```
PROC CAPABILITY DATA=familie NOPRINT;
 HISTOGRAM groesse_v /NORMAL NOPLOT;
RUN;
```

Das resultierende Testergebnis für die Variable groesse_v lautet:

The CAPABILITY Procedure
Fitted Normal Distribution for groesse_v

Goodness–of–Fit Tests for Normal Distribution					
Test	Statistic		DF	p Value	
Kolmogorov–Smirnov	D	0.04424		Pr > D	<0.010
Cramer–von Mises	W–Sq	1.38231		Pr > W–Sq	<0.005
Anderson–Darling	A–Sq	8.04824		Pr > A–Sq	<0.005
Chi–Square	Chi–Sq	2344.40440	25	Pr > Chi–Sq	<0.001

Abbildung 17.9: Weitere Anpassungstests für die Größe der Väter

Gemäß Abbildung 17.9 liegt der p-Wert für den χ^2-Anpassungstest ebenfalls unterhalb des zugrundegelegten Niveaus von $0,05$. Somit wird die Normalverteilungshypothese auch durch diesen Test verworfen.   □

17.2 Zusammenhangsanalyse

Explorative Methoden sind auch für zwei oder mehr Variablen gleichzeitig möglich. Während die Analyse jeder Variablen einzeln bereits Aussagen über die zugrundeliegende Verteilung erlaubt, deckt erst die mehrdimensionale EDA eine eventuelle Abhängigkeitsstruktur zwischen den Variablen auf. Zum Vergleich zweier Variablen lassen sich dabei die bekannten Box-Plots verwenden. Dabei sind die jeweiligen Box-Plots für die einzelnen Variablen in ein gemeinsames Diagramm abzutragen. So lassen sich Lage, Streuung und Symmetrie der Daten vergleichen. Zusätzlich lassen sich auch Aussagen über mögliche Ausreißer ableiten.

Beispiel 17.8: Simultane Box-Plots mit der Prozedur BOXPLOT
Die Prozedur BOXPLOT erzeugt einen simultanen Box-Plot.

```
DATA groesse_mv;
  SET familie(KEEP=groesse_m RENAME=(groesse_m=groesse) IN=a)
      familie(KEEP=groesse_v RENAME=(groesse_v=groesse));
  IF a THEN Elternteil='Mutter';
       ELSE Elternteil='Vater';
  LABEL groesse='Größe in cm';
RUN;


PROC BOXPLOT DATA=groesse_mv;
  PLOT groesse*Elternteil
       /BOXSTYLE=SCHEMATICID IDSYMBOL=CIRCLE;
RUN;
```

Abbildung 17.10 zeigt einen simultanen Box-Plot der Größe von Vätern und Müttern aus dem familie-Datensatz.

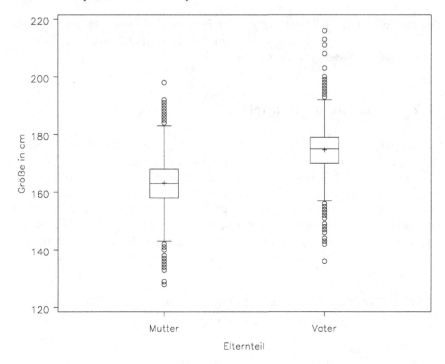

Abbildung 17.10: Simultane Box-Plots für die Größe von Vätern und Müttern

Bei der Streuung ist im simultanen Box-Plot kein wesentlicher Unterschied zwischen Müttern und Vätern zu erkennen. Die Väter weisen jedoch einen größeren Median und Mittelwert sowie mehr Ausreißer auf.   □

Um zu überprüfen, ob Merkmalswerte aus einer bestimmten theoretischen Verteilung stammen, eignet sich der bereits behandelte QQ-Plot, genauso wie zu einem Vergleich, ob zwei Datenreihen $x_1, \ldots, x_m$ und $y_1, \ldots, y_k$ der selben Verteilung folgen. Hierbei werden die Quantile einer Datenreihe $x_1, \ldots, x_m$ nicht gegen die Quantile einer ausgewählten Verteilung dargestellt, sondern gegen die Quantile von $y_1, \ldots, y_k$. Liegen die Punkte auf einer Geraden $f(x) = a + b \cdot x$, so stammen die Merkmalswerte aus der selben Verteilungsfamilie. Dabei gilt:

- $a \neq 0$, $b \neq 1 \Rightarrow$ die Verteilungen unterscheiden sich bezüglich des ersten und zweiten Moments,
- $a \neq 0$, $b = 1 \Rightarrow$ die Verteilungen unterscheiden sich bezüglich des ersten Moments,
- $a = 0$, $b = 1 \Rightarrow$ die Verteilungen sind identisch.

Beispiel 17.9: Verteilungsvergleich mittels QQ-Plot

Die Prozedur `GPLOT` stellt die mittels `PROC UNIVARIATE` berechneten Quantile der Variablen `groesse_m` und `groesse_v` grafisch dar. Der verwendete Datensatz ist `groesse_mv` aus Beispiel 17.8.

```
PROC UNIVARIATE DATA=groesse_mv NOPRINT;
 VAR groesse;
 BY Elternteil;
 OUTPUT OUT=quant_mv PCTLPTS=0 TO 100 BY 0.1 PCTLPRE=_q;
RUN;

PROC TRANSPOSE DATA=quant_mv OUT=t_quant_mv;
 VAR _q:;
 ID Elternteil;
RUN;

SYMBOL1 I=NONE V=PLUS C=BLACK H=0.6;
SYMBOL2 I=J V=NONE C=BLACK;
PROC GPLOT DATA=t_quant_mv;
 LABEL Mutter="Perzentile für die Größe der Väter"
       Vater="Perzentile für die Größe der Mütter";
 PLOT (Vater Mutter)*Mutter /OVERLAY;
RUN;
QUIT;
```

Abbildung 17.11 zeigt die gegeneinander abgetragenen Quantile der Körpergröße der Väter und Mütter. Trotz einer systematischen Abweichung von der Referenzdiagonale verläuft der QQ-Plot annähernd gerade. Daher kann man eine bis auf Lageverschiebung nahezu identische Verteilung der Körpergrößen von Müttern und Vätern unterstellen.

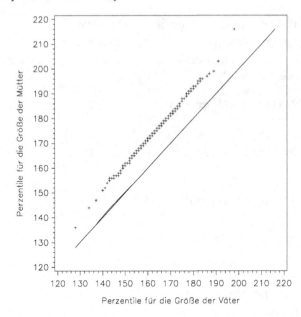

Abbildung 17.11: Vergleich zweier Verteilungen mittels QQ-Plot   □

Über die EDA hinaus geht der Verteilungsvergleich mittels statistischer Signifikanztests. Hier sei insbesondere der Kolmogorov-Smirnov-Test erwähnt (vgl.
Büning, Trenkler, 1994), welcher für den Ein-Stichproben-Fall in Kapitel 11
beschrieben ist.

Beispiel 17.10: Zwei-Stichproben-Kolmogorov-Smirnov-Test

Die Prozedur NPAR1WAY führt den Kolmogorov-Smirnov-Test für den Zwei-
Stichproben-Fall mittels der Option EDF durch. Der verwendete Datensatz ist
groesse_mv aus Beispiel 17.8.

```
PROC NPAR1WAY DATA=groesse_mv EDF;
 CLASS Elternteil;
 VAR groesse;
RUN;
```

Abbildung 17.12 zeigt das Ergebnis dieses Tests.

The NPAR1WAY Procedure

Kolmogorov–Smirnov Two–Sample Test (Asymptotic)			
KS	0.286669	D	0.573339
KSa	27.826144	Pr > KSa	<.0001

Abbildung 17.12: Zwei-Stichproben-Kolmogorov-Smirnov-Test

Der Kolmogorov-Smirnov-Test für den Zwei-Stichproben-Fall zeigt zum Niveau $0,05$ einen signifikanten Unterschied in den Verteilungen der Körpergröße von Vätern und Müttern. □

Bei nominal oder ordinal skalierten Merkmalen lässt sich der Zusammenhang in Kontingenztafeln erfassen (vgl. Abschnitt 7.2). Aber auch metrisch skalierte Daten lassen sich nach geeigneter Kategorisierung mittels Kontingenztafeln untersuchen. Die einfachste Form für den Zusammenhang zwischen zwei Merkmalen ist die sogenannte Vierfeldertafel.

Beispiel 17.11: Vierfeldertafel

Die Prozedur FREQ erstellt für dichotome Merkmale eine Vierfeldertafel.

```
DATA vier_felder;
 SET familie;
 gew_v_75=(gewicht_v>75);
 gro_v_175=(groesse_v>175);
RUN;

PROC FREQ DATA=vier_felder;
 TABLES gro_v_175*gew_v_75 /EXPECTED NOROW NOCOL NOPERCENT;
RUN;
```

Abbildung 17.13 zeigt den Zusammenhang zwischen Körpergröße und Gewicht der Väter aus dem Datensatz familie.

The FREQ Procedure

Frequency Expected	Table of gro_v_175 by gew_v_75		
		gew_v_75(Gewicht des Vaters)	
gro_v_175(Größe des Vaters)	<= 75 kg	> 75 kg	Total
<= 175 cm	803 478.13	1795 2119.9	2598
> 175 cm	64 388.87	2049 1724.1	2113
Total	867	3844	4711

Abbildung 17.13: Vierfeldertafel von Körpergröße und Gewicht der Väter

Für kleine Väter mit geringem Körpergewicht sowie große Väter mit hohem Gewicht ergibt sich eine höhere Fallzahl als bei Unabhängigkeit der Merkmale zu erwarten. Für die Konstellationen kleiner Väter mit hohem Gewicht sowie großer Väter mit geringem Gewicht ergibt sich hingegen eine geringere Fallzahl als erwartet. Da die Väter mit einer Körpergröße über 175 cm tendenziell schwerer sind als kleinere unter 175 cm, hängen die Merkmale Gewicht und Größe offensichtlich - und nicht überraschend - zusammen. □

Die Klassenbildung in Beispiel 17.11 erlaubt keine Aussage über einen möglichen linearen Zusammenhang der beiden Merkmale. Lineare Zusammenhänge lassen sich beispielsweise mittels der in Kapitel 9 eingeführten linearen Regression modellieren. Bei nichtlinearen Zusammenhängen lässt sich eine bessere Anpassung durch Modellierung mit Splines erzielen (Reinsch, 1967). Splines sind immer dann empfehlenswert, wenn die funktionale Form des unterstellten Zusammenhangs zwischen Merkmalen nicht bekannt ist, aber ein stetiger Zusammenhang zwischen Regressand und Regressoren vermutet wird. In SAS besteht die Möglichkeit, mittels `PROC GPLOT` eine Spline-Schätzung zu visualisieren. Dazu ist eine geeignete Interpolationsmethode als Option innerhalb der `SYMBOL`-Anweisung zu spezifizieren. Als Methoden stehen die Lagrange Interpolation oder kubische Splines zur Verfügung.

Lagrange-Interpolation

Der Fundamentalsatz der Algebra ermöglicht das Anpassen eines Polynoms $(n-1)$-ten Grades an n paarweise verschiedene Datenpunkte. Die Koeffizienten der Lagrange-Polynome ergeben sich als Lösung eines linearen Gleichungssystems. Die Lösung nach Lagrange hat die Form:

$$p(x) = \sum_{i=0}^{n} y_i \prod_{\substack{k=0 \\ (k \neq i)}}^{n} \frac{x - x_k}{x_i - x_k},$$

wobei y_i dem Ordinatenwert zum Abszissenwert x_i entspricht und das Produkt das Lagrange-Polynom bezeichnet, welches durch die Punkte (x_i, y_i) verläuft. In SAS sind die Polynomgrade 1, 3 und 5 möglich, um ein Polynom an die nächsten 2, 4 bzw. 6 Datenpunkte anzupassen. Da die Polynome mit zunehmenden Grad einen immer weniger glatten Verlauf aufweisen, werden in der Praxis selten Grade über 5 verwendet. Falls die Lagrange-Interpolation keine zufriedenstellende Anpassung liefert, führt man stattdessen eine stückweise Interpolation mit Hilfe einer Spline-Anpassung durch.

Kubische Splines

Der klassische Spline-Ansatz passt den y_t eine Kurve $x(t)$

$$y_j = x(t_j) + e_j, \quad t_j \in T, \quad j = 1, \ldots, n$$

durch die Zerlegung in zwei Teilschätzungen an. T ist ein Trägerintervall für die Funktion $x(t)$. Der erste Teil garantiert eine gute Approximation der geschätzten Kurve an die Daten. Dies erfolgt durch die Residuenquadratsumme:

$$SSE(x|y) = \sum_{j} (y_j - x(t_j))^2.$$

Der zweite Teil der Schätzung stellt einen nicht „glatten" Verlauf der Kurve (Kurve ist „gezackt") sicher. Ein allgemeines Maß dafür, wie „glatt" bzw. „gezackt" eine Kurve auf einem Intervall T verläuft, ist die integrierte, quadrierte zweite Ableitung:

$$PEN(x|y) = \int_T \left(\frac{\partial^2}{\partial t^2} x(t) \right)^2 dt = \left\| \frac{\partial^2}{\partial t^2} x(t) \right\|^2.$$

Die Kombination der beiden oben erwähnten Kriterien führt dazu, dass bei der Minimierung der Residuenquadratsumme ein Strafterm einfließt, der einer zu starken Anpassung der Kurve an die Daten entgegen wirkt. Das resultierende Kriterium zur Schätzung der Kurve lautet

$$SSE_\lambda(x|y) = SSE(x|y) + \lambda \cdot PEN(x|y).$$

Mit dem Glättungsparameter λ wird bei der Schätzung des Verlaufs zwischen einer guten Anpassung an die Daten und einer zur hohen Variabilität der Funktion $x(t)$ abgewogen. Die Anpassung an die Daten wird durch die Residuumquadratsumme und die Variabilität der Funktion $x(t)$ durch $PEN(x|y)$ gemessen. Die Schätzung der Funktion geschieht durch das Aufsuchen einer Funktion $x(t)$, welche die Residuenquadratsumme $SSE_\lambda(x|y)$ über dem Definitionsraum von $x(t)$ minimiert. Die resultierende Kurve ist ein kubischer Spline mit Knoten an den Datenpunkten t_j. Für $\lambda \to \infty$ erreicht die angepasste Kurve die Form einer gewöhnlichen Regressiongerade. Für kleines λ wird die Kurve hingegen sehr beweglich sein, da $PEN(x|y)$ nur wenig Einfluss auf $SSE_\lambda(x|y)$ hat. Für $\lambda \to 0$, werden jeweils zwei benachbarte Datenpunkte interpoliert, also die Datenpunkte durch einzelne Geraden verbunden. Tabelle 17.1 fasst die Optionen der SYMBOL-Anweisung zur Spline-Schätzung zusammen.

Tabelle 17.1: Optionen von INTERPOLATION= in der SYMBOL-Anweisung

Option	Beschreibung
L[Grad][P][S]	Verwendet die Lagrange-Interpolation zur Spline-Schätzung; als Grad sind 1|3|5 möglich; Standardeinstellung ist 1; P legt die parametrische Interpolation fest; S sortiert die Merkmale vor der Darstellung bzgl. des Regressanden
SM[nn][P][S]	Verwendet die kubische Spline-Schätzung; nn gibt den Grad des Spline-Polynoms an; mögliche Werte von nn sind 0...99; P und S sind wie für die Lagrange-Interpolation definiert
SPLINE[P][S]	Verwendet die kubische Spline-Schätzung mit stetiger zweiter Ableitung; P und S sind wie für die Lagrange-Interpolation definiert

Die kubische Spline-Schätzung mit stetiger zweiter Ableitung ist die effizienteste der drei Spline-Schätzungen und verwendet an jedem Paar benachbarter Punkte ein Polynom dritten Grades.

Beispiel 17.12: Spline-Schätzung mit der Anweisung SYMBOL

Für das Alter und die Körpergröße der Kinder aus dem `familie`-Datensatz wird eine Abhängigkeit unterstellt. Das nachstehende Programm passt eine lineare Regression an.

```
SYMBOL1 I=RL V=NONE;
SYMBOL2 I=NONE V=DOT H=0.3;
AXIS1 ORDER=(0 TO 240 BY 20) MINOR=NONE LABEL=(ANGLE=90);
AXIS2 ORDER=(0 TO 70 BY 10) MINOR=NONE;

PROC GPLOT DATA=familie;
 PLOT groesse_k*alter_k=1
      groesse_k*alter_k=2 /OVERLAY HAXIS=AXIS2 VAXIS=AXIS1;
RUN;
QUIT;
```

Die nachstehende Veränderung der SYMBOL-Anweisungen ermöglicht eine kubische Spline-Schätzung:

```
SYMBOL1 I=SPLINES V=NONE;
```

Eine glattere Spline-Schätzung erreicht die folgende SYMBOL-Anweisung:

```
SYMBOL1 I=SM28S V=NONE;
```

Abbildung 17.14 zeigt das Ergebnis der linearen Regression, Abbildung 17.15 das Ergebnis der ersten Spline-Schätzung und Abbildung 17.16 das Ergebnis der zweiten Spline-Schätzung.

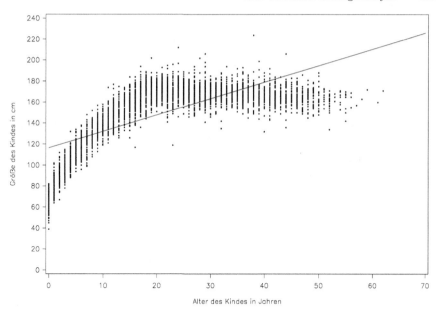

Abbildung 17.14: Lineare Regression der Körpergröße auf das Alter der Kinder

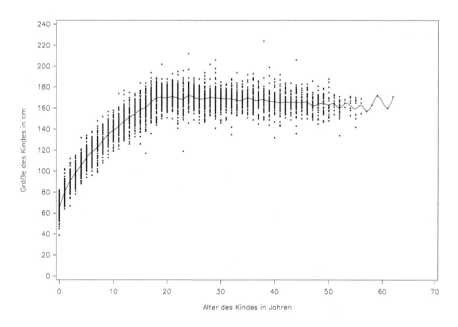

Abbildung 17.15: Spline-Anpassung der Körpergröße an das Alter der Kinder

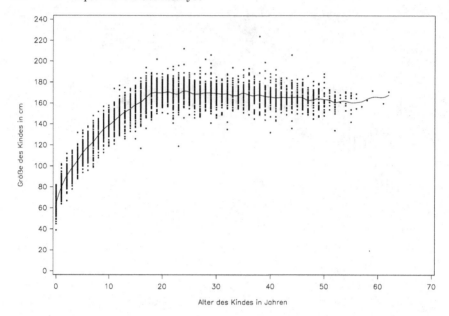

Abbildung 17.16: Glattere Spline-Anpassung der Körpergröße an das Alter der Kinder

Die Spline-Anpassung in Abbildung 17.15 ist wesentlich besser als die Regressiongerade. Insbesondere am rechten Rand verläuft sie ferner glatter als das vorhergehende Spline.   □

Bei mehr als zwei Merkmalen wird die Zusammenhangsanalyse schwierig. Der Box-Plot ist sicherlich auch hier ein erster Ansatz. Die paarweise Abhängigkeitsstruktur aller Merkmale lässt sich mittels einer Streudiagrammmatrix (engl. Scatterplot-Matrix) besser darstellen.

Beispiel 17.13: Streudiagramm mittels PROC CORR

Die Prozedur CORR erstellt in Version 9 von SAS eine Streudiagrammmatrix mittels der Anweisung ODS GRAPHICS. Die nachstehende Programmsyntax ist dafür zusäzlich in die gewünschte ODS-Umgebung einzubetten.

```
ODS GRAPHICS ON;
ODS SELECT MatrixPlot;
 PROC CORR DATA=familie PLOTS(MAXPOINTS=NONE)=MATRIX;
  VAR gewicht_v groesse_v bmi_v;
 RUN;
ODS GRAPHICS OFF;
```

Abbildung 17.17 zeigt die erzeugte Streudiagrammmatrix für das Gewicht, die Körpergröße und den BMI der Väter aus dem familie-Datensatz.

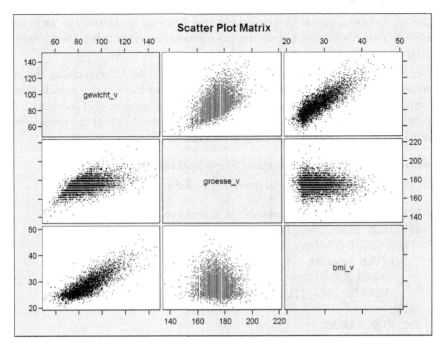

Abbildung 17.17: Streudiagrammmatrix mittels `PROC CORR` und `ODS`

In Abbildung 17.17 ist der Zusammenhang zwischen Gewicht und Körpergröße der Väter gut zu erkennen. Große Väter haben auch ein höheres Gewicht. Deutlicher ist der Zusammenhang zwischen Gewicht und BMI zu erkennen. Dieser ergibt sich aus der Definition des BMI.

Die Option `PLOTS(MAXPOINTS=NONE)=MATRIX` erstellt die Streudiagrammmatrix, wobei die Angabe von `MAXPOINTS=NONE` keine Beschränkung der dargestellten Punkte im Streudiagramm ermöglicht. Die Standardeinstellung umfasst 5000 Punkte. □

Tabelle 17.2 zeigt die möglichen Unteroptionen der Option `PLOTS` von `PROC CORR`.

Tabelle 17.2: Unteroptionen der Option `PLOTS` von `PROC CORR`

Option	Beschreibung
`HIST`	Zeichnet ein Histogramm in die Streudiagrammmatrix für alle Variablen in `VAR`-Anweisung
`NVAR=ALL|<n>`	Legt die maximale Anzahl der Variablen fest die in der Streudiagrammmatrix dargestellt werden. Dabei muss `n` > 0 sein. Der Standardwert ist 5. Ist `n` > 10 werden nur die ersten zehn Variablen aus der `VAR`-Anweisung berücksichtigt

Eine Streudiagrammmatrix untersucht die Abhängigkeitsstruktur zwischen mehr als zwei Variablen, indem der Zusammenhang sämtlicher Paare zweier Variablen dargestellt wird.

Eine vollständigere Analyse beinhaltet die zusätzliche Untersuchung des simultanen Zusammenhangs dreier Variablen, um auf diese Weise weitergehende Strukturen zu erkennen. Dazu eignen sich rotierende 3D-Grafiken, beispielsweise als ActiveX-Grafiken exportierte 3D-Streudiagramme, welche eine Rotation der Punktewolke im Browser erlauben.

Beispiel 17.14: Dreidimensionales Streudiagramm mittels PROC G3D

Das nachstehende SAS-Programm erzeugt eine rotierende 3D-Grafik.

```
ODS HTML FILE="C:\SAS-Buch\3d_Rotation.html";
GOPTIONS DEVICE=ACTIVEX;
 PROC G3D DATA=familie;
  SCATTER gewicht_v*groesse_v=bmi_v
    /NONEEDLE SIZE=0.2 SHAPE='BALLOON'
      ROTATE=(30) TILT=80 COLOR='BLACK';
 RUN;
ODS HTML CLOSE;
QUIT;
```

Abbildung 17.18 zeigt den bereits in Beispiel 17.13 untersuchten Zusammenhang zwischen dem Gewicht, der Körpergröße und dem BMI der Väter aus dem Datensatz familie. Eine Drehung der Punktewolke verdeutlicht den deterministischen Zusammenhang der drei Merkmale über eine quadratische Funktion. Die Punkte liegen somit auf einer Parabel im dreidimensionalen Raum.

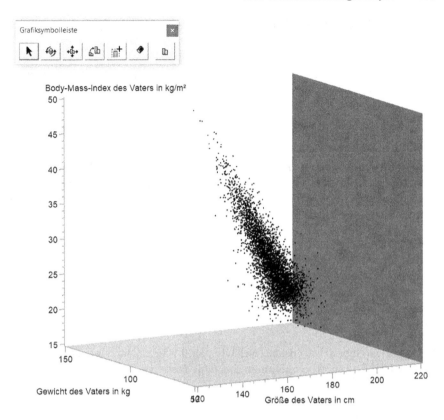

Abbildung 17.18: Dreidimensionales Streudiagramm mit `PROC G3D`

Die Punktewolke kann rotiert werden, indem zunächst im Browser durch Rechtsklick und Auswahl von „Grafiksymbolleiste" eine Symbolleiste aktiviert wird. Durch Auswahl des zweiten Symbols „Drehen" verändert sich der Mauszeiger zu einem Handsymbol, mit welchem sich die Punktewolke frei rotieren lässt.   □

17.3 Übungsaufgaben

Aufgabe 17.1:

Berechnen Sie univariate Kenngrößen für das Haushaltsnettoeinkommen aus dem `familie`-Datensatz. In der Analyse sollen nur Familien berücksichtigt werden, in denen die Väter 30 Jahre oder älter sind. Welche Vermutungen können Sie über die zugrundeliegende Verteilung ableiten?   ■

Aufgabe 17.2:

Stellen Sie das Haushaltsnettoeinkommen aus dem `familie`-Datensatz in einem Histogramm dar. Überprüfen Sie anhand entsprechend eingezeichneter Dichtefunktionen, ob sich eher die Normalverteilung oder die logarithmische Normalverteilung zur Beschreibung des Merkmals eignet.   ■

Aufgabe 17.3:

Leiten Sie anhand eines Box-Plots Aussagen über Lage, Streuung, Symmetrie und Ausreißervorkommen in der Verteilung des Haushaltsnettoeinkommens aus dem `familie`-Datensatz ab. Bestätigen sich die Aussagen der vorhergehenden Aufgaben?   ■

Aufgabe 17.4:

Erzeugen Sie einen Datensatz, welcher das 0., 5., ..., 95. und 100. Perzentil für das Haushaltsnettoeinkommen aus dem `familie`-Datensatz enthält.   ■

Aufgabe 17.5:

Überprüfen Sie mit QQ- und PP-Plots, ob eine der Verteilungsannahmen aus Aufgabe 17.2 (Normalverteilung oder logarithmische Normalverteilung) gerechtfertigt ist.   ■

Aufgabe 17.6:

Untersuchen Sie mit einem simultanen Box-Plot die Verteilung des Haushaltsnettoeinkommens aus dem `familie`-Datensatz hinsichtlich Lage, Streuung, Symmetrie und Ausreißervorkommen. Vergleichen Sie dabei Familien, in denen die Väter 30 Jahre oder älter sind, mit Familien, in denen die Väter jünger als 30 Jahre sind.   ■

Aufgabe 17.7:

Untersuchen Sie den Zusammenhang zwischen dem Alter der Väter und dem Haushaltsnettoeinkommen aus dem `familie`-Datensatz mit einer Vierfeldertafel. Teilen Sie die Altersgruppen in „≤ 30 Jahre" und „> 30 Jahre" sowie die Einkommensgruppen in „< 3000 EUR" und „≥ 3000 EUR" auf.   ■

Aufgabe 17.8:

Passen Sie einen kubischen Spline für die Haushaltsnettoeinkommen in Abhängigkeit vom Alter der Väter aus dem `familie`-Datensatz an. Welche funktionale Form könnte dieser Zusammenhang aufweisen?   ■

Aufgabe 17.9:

Erzeugen Sie eine Streudiagrammmatrix für die Merkmale Haushaltsnettoeinkommen sowie Größe und Alter der Väter. Welchen Zusammenhang können
Sie erkennen? ∎

Besonderheiten von SAS

Interactive Matrix Language – IML

SAS bietet eine Vielzahl von Prozeduren zur Durchführung verschiedenster statistischer Analysen. Die Prozedur REG beispielsweise führt eine Regression durch und ARIMA passt einen stochastischen Prozess an eine Zeitreihe an.

Steht für ein Problem (noch) keine implementierte Prozedur zur Verfügung, kann man sich selber eine programmieren. Dazu gibt es die Interaktive Matrixsprache oder kurz IML. Dies ist eine Programmiersprache mit eigenständiger Syntax innerhalb des SAS-Systems.

Anders als in anderen matrixorientierten Programmierumgebungen sind Vektoren in IML einspaltige Matrizen. Damit sind Matrixoperationen auch auf Vektoren anwendbar.

IML-Anweisungen sind in der Umgebung

```
PROC IML;
 [...]
QUIT;
```

anzuwenden. Innerhalb dieser Umgebung werden die IML-Befehle ausgeführt. Neben QUIT beenden auch die Schlüsselwörter DATA oder PROC automatisch die IML-Umgebung.

Die möglichen Anweisungen lassen sich in drei Klassen einteilen:

- Kontrollstrukturen,
- Funktionen und CALL-Anweisungen,
- Kommandos.

Kontrollstrukturen wie IF-THEN/ELSE oder DO-Schleifen beeinflussen den Programmablauf. Weitere mögliche Kontrollstrukturen sind die Befehle START und FINISH, die den Anfang bzw. das Ende einer selbstdefinierten Funktion (kurz: Modul).

CALL ruft sowohl selbst- als auch vordefinierte Module auf. So berechnet

© Springer-Verlag GmbH Deutschland, ein Teil von Springer Nature 2018
W. Krämer et al., *Datenanalyse mit SAS®*, https://doi.org/10.1007/978-3-662-57799-8_18

```
CALL EIGEN(<Eigenwert>, <Eigenvektor>, <Matrix>)
```

beispielsweise die Eigenwerte und -vektoren von `Matrix` und schreibt sie in die Variablen `Eigenwert` und `Eigenvektor` (vgl. Abschnitt 18.1).

Kommandos sind u. a. das Setzen von Optionen oder die Ausgabe von Text.

```
RESET PRINT
```

setzt beispielsweise die Option, Matrizen sofort nach ihrer Erzeugung auszugeben. Ansonsten ist das Kommando `PRINT` zur Ausgabe einzelner Matrizen zu verwenden.

Durch Beenden von IML mit `QUIT;` werden alle bis dahin definierten Matrizen und Funktionen gelöscht. Der Befehl

```
RESET DEFLIB=<Bibliothek>
```

legt die Bibliothek fest, in der die in IML erzeugten SAS-Datensätze gespeichert werden. Der Befehl `STORE` speichert Matrizen und Module als Kataloge ebenfalls in die angegebene Bibliothek. In weiteren IML-Sitzungen stehen diese dann mit dem `LOAD`-Befehl wieder zur Verfügung.

18.1 Erzeugen von Matrizen

Eine Matrix A der Dimension $m \times n$ (kurz: $A \sim m \times n$) ist eine rechteckige Anordnung von Zahlen a_{ij} in m Zeilen und n Spalten:

$$A = \begin{pmatrix} a_{11} & a_{12} & \cdots & a_{1n} \\ a_{21} & a_{22} & \cdots & a_{2n} \\ \vdots & \vdots & \ddots & \vdots \\ a_{m1} & a_{m2} & \cdots & a_{mn} \end{pmatrix}.$$

Eine Matrix lässt sich in IML mit $\{a_{11}...a_{1n},\ a_{21}...a_{2n},\ ...,\ a_{m1}...a_{mn}\}$ definieren. Die Elemente einer Spalte werden durch Leerzeichen und die Zeilen durch Kommata getrennt. Somit definiert der Befehl

```
A={1 2 3, 4 5 6};
```

die folgende Matrix der Dimension 2×3:

$$A = \begin{pmatrix} 1 & 2 & 3 \\ 4 & 5 & 6 \end{pmatrix}.$$

Einige spezielle Matrizen lassen sich in IML direkt erzeugen. In der Matrixalgebra ist die Einheitsmatrix

$$I = \begin{pmatrix} 1 & 0 & \cdots & 0 \\ 0 & 1 & \cdots & 0 \\ \vdots & \vdots & \ddots & \vdots \\ 0 & 0 & \cdots & 1 \end{pmatrix}.$$

von besonderer Bedeutung. Der Vektor $(a_{11}, \ldots, a_{nn})'$ heißt Hauptdiagonale einer Matrix $A \sim n \times n$ und die Elemente a_{ii} Diagonalelemente. Sind alle Elemente einer Matrix $A \sim n \times n$ außer den Diagonalelementen Null, so handelt es sich um eine Diagonalmatrix. Die Einheitsmatrix ist somit eine spezielle Diagonalmatrix. Sie lässt sich in IML durch durch den Befehl

    I(<n>)

erzeugen, mit n = Dimension. Werden auf der Hauptdiagonalen statt der Zahlen wiederum Matrizen verwendet, erhält man eine Blockdiagonalmatrix, die in IML erzeugt wird durch:

    BLOCK(<Matrix_1>,...,<Matrix_n>).

Allgemein erzeugt die Anweisung

    J(<Zeilen>, <Spalten>, <Wert>)

eine Matrix der Dimension Zeilen $\times$ Spalten mit Wert als Eintrag für alle Elemente.

Die Anweisung

    DO(<Startwert>, <Endwert>, <Inkrement>)

erstellt einen Vektor mit Werten zwischen Startwert und Endwert mit Inkrement als Schrittweite. Ein Vektor mit Schrittweite 1 lässt sich mit dem Befehl

    <n>:<m>

mit n als Startwert und m als Endwert, falls n < m erzeugen. Für n > m beträgt die Schrittweite -1.

Zugriff auf Matrixelemente

Die Anweisung

    <Matrix>[<Zeile>,<Spalte>]

gibt das Element an der Stelle (Zeile, Spalte) von Matrix aus. Ein Zugriff auf eine vollständige Zeile oder Spalte einer Matrix erfolgt mit dem Befehl <Matrix>[<m>,] bzw. <Matrix>[,<n>]. Ersetzen der Elemente Zeile oder Spalte durch Vektoren natürlicher Zahlen ermöglicht es, auf mehrere

Elemente, Zeilen oder Spalten gleichzeitig zuzugreifen. `<Matrix>[<n>]` (ohne Komma) greift auf das n-te Element von `Matrix` zu, wobei die Elemente zeilenweise indiziert werden.

Beispiel 18.1: Zugriff auf Spalten und Zeilen einer Matrix

Nachstehendes Programm greift auf Elemente der Matrix $A = \begin{pmatrix} 1\,2\,3 \\ 4\,5\,6 \\ 7\,8\,9 \end{pmatrix}$ zu.

```
PROC IML;
 RESET PRINT;
 A={1 2 3, 4 5 6, 7 8 9};
 B=2:1;
 C=A[,1];
 D=A[B,];
 E=A[7];
 F=A[3,1];
QUIT;
```

C enthält die erste Spalte der Matrix A und D die zweite und erste Zeile (in umgekehrter Reihenfolge, da $B = \binom{2}{1}$). E greift ebenso wie F auf das siebte Element (= dritte Zeile, erste Spalte) von A zu.   □

Die Funktion `LOC` identifiziert bestimmte Matrixelemente. So listet der Befehl

```
LOC(<Bedingung für Matrix>);
```

alle Elemente einer Matrix auf, welche die angegebene Bedingung erfüllen. Diese Funktion wird oft in Kombination mit der Elementauswahl über `<Matrix>[<Elementliste>]` verwendet, um Elemente von `Matrix` auszuwählen, die bestimmten Bedingungen entsprechen.

Beispiel 18.2: Elementauswahl mit der Funktion `LOC`

Nachstehendes Programm wählt aus der Matrix $A = \begin{pmatrix} 1\,2\,3\,4\,5\,6\,7 \\ 3\,4\,5\,6\,7\,8\,9 \end{pmatrix}$ alle Elemente, welche die Bedingung $1 \le a_{ij} \le 3$ erfüllen.

```
PROC IML;
 A={1 2 3 4 5 6 7, 3 4 5 6 7 8 9};
 B=A[LOC(A>=1 & A<=3)];
 PRINT A B;
QUIT;
```

B hat die Gestalt $(1, 2, 3, 3)'$.   □

18.2 Rechnen mit Matrizen

Die Grundrechenarten von Matrizen unterscheiden sich von den Rechenregeln für Zahlen (oder auch Skalare). Zur Erinnerung seien diese hier nochmals vorgestellt. Im Folgenden sei A eine Matrix der Dimension $m \times n (A \sim m \times n)$, mit den Indizes i und j für die Zeilen bzw. Spalten der Matrix $(i, j: i = 1, ..., m$ und $j = 1, ..., n$).

Die Matrix A' heißt Transponierte von A, wenn $a'_{ij} = a_{ji}$ für alle i, j. Eine Matrix A kann immer transponiert werden. Die Transponierte A' entsteht aus Matrix A, indem aus den Zeilen von A die Spalten von A' und aus den Spalten A die Zeilen von A' werden.

Sei $B \sim m \times n$ eine weitere Matrix. Die Summe der beiden Matrizen A und B mit gleichen Dimensionen ist gegeben durch: $C = A + B$, mit $c_{ij} = a_{ij} + b_{ij}$. Die Skalarmultiplikation λA ist definiert als: λa_{ij} für alle i, j, wobei λ ein Skalar ist. Eine Matrix A kann immer mit einem Skalar multipliziert werden.

Sei $B \sim n \times k$ eine weitere Matrix. Die Matrixmultiplikation ist dann definiert als: $C = AB$, mit $c_{ij} = \sum_{v=1}^{n} a_{iv} b_{vj}$ für alle i, j. Die resultierende Matrix C hat die Dimension $m \times k$. Die Matrizen A und B lassen sich nur miteinander multiplizieren, wenn die Spaltenzahl der Matrix A mit der Zeilenzahl der Matrix B übereinstimmt.

Sei $B \sim n \times n$ eine quadratische Matrix. Dann heißt die Matrix B^{-1} Inverse der Matrix B, wenn gilt $BB^{-1} = B^{-1}B = I$. Zur Invertierbarkeit einer Matrix siehe Abschnitt 18.3. Für weitere Rechenregeln für Matrizen siehe Schmidt, Trenkler (1998).

Tabelle 18.1 listet die wichtigsten Operationen für das Rechnen mit Matrizen auf. Dazu seien `A` und `B` Matrizen mit geeigneter Dimension.

Tabelle 18.1: Die wichtigsten Rechenoperationen in IML

Operator	Beschreibung	Beispiel
+	Elementweise Addition	A+B
/	Elementweise Division	A/B
#	Elementweise Multiplikation	A#B
-	Elementweise Subtraktion	A-B
##	Elementweises Potenzieren	A##B
*	Matrix- oder Skalarmultiplikation	A*B bzw. 4*A
INV	Matrixinverse	INV(A)
**2	Matrixmultiplikation mit sich selbst	A**2
||	Nebeneinanderfügen	A||B
'	Transponieren	A'
//	Untereinanderfügen	A//B

Beispiel 18.3: Rechnen mit Matrizen

Nachstehendes Programm setzt die vorgestellten Rechenregeln um.

```
PROC IML;
 RESET PRINT;
 A={1 2, 3 4};      B={1 2};        C=A*B';
 D=B*A;             E=A||A;         F=A';
 G=A#A;             H=A**2;         I=INV(A);
 QUIT;
```

Es ergeben sich folgende Matrizen:

$$A = \begin{pmatrix} 1 & 2 \\ 3 & 4 \end{pmatrix}, \quad B = \begin{pmatrix} 1 & 2 \end{pmatrix}, \quad C = \begin{pmatrix} 5 \\ 11 \end{pmatrix},$$

$$D = \begin{pmatrix} 7 & 10 \end{pmatrix}, \quad E = \begin{pmatrix} 1 & 2 & 1 & 2 \\ 3 & 4 & 3 & 4 \end{pmatrix}, \quad F = \begin{pmatrix} 1 & 3 \\ 2 & 4 \end{pmatrix},$$

$$G = \begin{pmatrix} 1 & 4 \\ 9 & 16 \end{pmatrix}, \quad H = \begin{pmatrix} 7 & 10 \\ 15 & 22 \end{pmatrix}, \quad I = \begin{pmatrix} -2 & 1 \\ 1{,}5 & -0{,}5 \end{pmatrix}. \qquad \square$$

18.3 Funktionen in IML

In IML sind zahlreiche Funktionen implementiert. Neben der Berechnung von Kennzahlen für Matrizen ermöglichen einige dieser Funktionen statistische Analysen, die mit Prozeduren außerhalb von IML nicht durchführbar sind.

Die Spur einer Matrix $A \sim n \times n$ ist die Summe der Hauptdiagonalelemente

$$sp(A) = \sum_{i=1}^{n} a_{ii}$$

und wird mit der Funktion TRACE(<Matrix>) berechnet. Die Matrix A aus Beispiel 18.3 hat eine Spur von 5.

Der Rang einer quadratischen Matrix $A \sim n \times n$ ist die Zahl linear unabhängiger Spalten von A. Dabei heißt eine Menge von Vektoren $a_1, ..., a_n$ linear abhängig, wenn sich mindestens ein Vektor als Linearkombination der übrigen Vektoren darstellen lässt. Es gibt keine Funktion in IML, die den Rang einer Matrix A direkt bestimmt, ROUND(TRACE(GINV(A)*A)) bestimmt den Rang jedoch indirekt. Die Funktion GINV(<Matrix>) berechnet dabei die Moore-Penrose-Inverse, eine spezielle generalisierte Inverse, von Matrix. Allgemein heißt eine Matrix A^- generalisierte Inverse oder kurz G-Inverse einer Matrix A, wenn sie folgende Bedingungen erfüllt:

$$AA^- A = A, \quad A^- AA^- = A^-, \quad A^- A = (A^- A)', \quad AA^- = (AA^-)'.$$

Im Gegensatz zu der Inversen existiert die G-Inverse einer Matrix immer (vgl. Schmidt, Trenkler, 1998 und Searle, 1982).

Die Determinante einer quadratischen Matrix $A \sim n \times n$ berechnet sich iterativ mit

$$det(A) = \sum_{j=1}^{n} (-1)^{i+j} \cdot a_{ij} \cdot det(A_{ij}) \ ,$$

wobei sich $A_{ij} \sim (n-1) \times (n-1)$ aus A durch Herausstreichen der i-ten Zeile und der j-ten Spalte ergibt. Eine Matrix ist genau dann invertierbar, wenn ihre Determinante von Null verschieden ist. IML berechnet eine Determinante mit der Funktion DET(<Matrix>).

Beispiel 18.4: Berechnung von Spur, Rang und Determinante

Nachstehendes Programm berechnet die gesuchten Funktionen für die Matrix $A = \begin{pmatrix} 1 & 2 \\ 3 & 4 \end{pmatrix}$.

```
PROC IML;
 RESET PRINT;
 A={1 2, 3 4};
 B=TRACE(A);
 C=ROUND(TRACE(GINV(A)*A));
 D=DET(A);
QUIT;
```

Die Spur ist 5, der Rang 2 und die Determinante -2. $\qquad\qquad\square$

Module

Selbstdefinierte Funktionen heißen in IML Module. Dazu werden die Schlüsselwörter

START <Modulname>

und

FINISH <Modulname>

verwendet. Dabei schließen die Schlüsselwörter START und FINISH beliebig viele IML-Anweisungen ein.

Die innerhalb eines Moduls verwendeten Variablen sind nur dort verfügbar. Sie heißen daher auch lokale Variablen. Alle außerhalb eines Moduls definierten Variablen sind globale Variablen. Diese sind innerhalb eines Moduls nicht verfügbar. Somit können innerhalb und außerhalb eines Moduls die gleichen Variablennamen mit verschiedenen Bedeutungen vorkommen.

Um die Trennung zwischen lokalen und globalen Variablen aufzuheben, können sogenannte Argumente an ein Modul übergeben werden. Die Argumente sind hinter den Modulnamen in runden Klammern und durch Kommata getrennt anzugeben. Sind globale Variablen innerhalb eines Moduls zu verändern, müssen diese über die Anweisung GLOBAL(<Variable(n)>) dem

Modul übergeben werden. Eine Änderung dieser Variablen hat dann auch außerhalb des Moduls Bedeutung.

Beispiel 18.5: Lineare Regression mit einem IML-Modul

Nachstehendes Programm bestimmt neben den Parameterschätzern die Residuen und die Vorhersagewerte eines linearen Modells und führt einen Signifikanztest der Parameterschätzer durch.

```
PROC IML;
  START Regression;
    beta=GINV(x)*y;                    /* Parameterschätzer */
    ydach=x*beta;                      /* Vorhersagewerte */
    residuen=y-ydach;                  /* Residuen */
    df=NROW(x)-NCOL(x);      sse=residuen'*residuen;
    mse=sse/df;             covb=INV(x'*x)#mse;
    stdb=SQRT(VECDIAG(covb)); t=beta/stdb;
    probt=1-PROBF(t#t,1,df);           /* Signifikanztest */
    PRINT 'Parameterschätzer:', beta;
    PRINT 'Residuen:        ', residuen;
    PRINT 'Vorhersagewerte: ', ydach;
    PRINT 't-Teststatistik: ', t;
    PRINT 'p-Wert:          ', probt;
  FINISH Regression;
  x={1 170, 1 175, 1 180, 1 177};
  y={172, 180, 188, 174};
  CALL Regression;
QUIT;                                                          □
```

Neben selbstdefinierten Modulen stehen in IML auch vordefinierte Funktionen und Module aus unterschiedlichen Bereichen der Statistik zur Verfügung. Aus der Vielzahl möglicher Funktionen seien nachfolgend zwei aus dem Bereich der Zeitreihenanalyse vorgestellt. Tabelle 18.2 stellt einige weitere Funktionen zusammen.

Einen ARMA-Prozess zu simulieren sowie seine Residuen zu berechnen ist auf direktem Wege nur mit IML möglich. Zur Simulation dient die Funktion

```
ARMASIM(<Phi>, <Theta>, <Mu>, <Sigma>, <n>)
```

mit Phi und Theta als Vektoren der autoregressiven bzw. Moving-Average-Koeffizienten, Mu als Erwartungswert der normalverteilten Innovationen, Sigma deren Standardabweichung und n der Anzahl zu simulierender Zeitreihenwerte.

```
CALL ARMALIK(<LogL>,<Resid>,<Std>,<y>,<Phi>,<Theta>)
```

bestimmt die standardisierten Residuen der Zeitreihe y für ein ARMA-Modell mit den Koeffizientenvektoren Phi und Theta. Das Modul ARMALIK speichert die Residuen in der Variable `Resid`. Diese Variable, wie auch `LogL` und `Std`, erhält ihre Werte durch die Funktion. Sie werden nicht vom Anwender an die Funktion übergeben. Die Variable `LogL` enthält die berechnete Log-Likelihood, eine Schätzung der Innovationsvarianz sowie die logarithmierte Determinante der Kovarianzmatrix. `Std` enthält die Standardabweichung zur Standardisierung der Residuen.

Zur Definition der Vektoren `Phi` und `Theta` ist die SAS-spezifische Interpretation bezüglich der Modellgleichung zu beachten. Die Vektoren `Phi` = $\{\varphi_0\ \varphi_1\ \ldots\ \varphi_p\}$ und `Theta` = $\{\theta_0\ \theta_1\ \ldots\ \theta_q\}$ bestimmen sich aus einer Modellgleichung der Form

$$\varphi_0 y_t + \varphi_1 y_{t-1} + \ldots + \varphi_p y_{t-p} = \theta_0 \varepsilon_t + \theta_1 \varepsilon_{t-1} + \ldots + \theta_q \varepsilon_{t-q} \ .$$

Beispiel 18.6: ARMA-Prozesse in IML

Nachstehendes Programm simuliert einen ARMA(1,1)-Prozess $\{y_t\}$ der Länge 800 mit der Modellgleichung

$$y_t = 0{,}5\ y_{t-1} + \varepsilon_t + 0{,}8\ \varepsilon_{t-1} \ ,$$

wobei $\varepsilon_t \sim N(0,1)$ und berechnet anschließend die Residuen der Zeitreihe für die gegebenen Koeffizienten.

```
PROC IML;
  Phi={1 -0.5};
  Theta={1 0.8};
  y=ARMASIM(Phi,Theta,0,1,800);
  CALL ARMALIK(Lnl,Resid,Std,y,Phi,Theta);
  PRINT y Resid;
QUIT;
```

Die simulierte Zeitreihe wird in der Variable y und die Residuen in der Variablen `Resid` abgespeichert.   □

Tabelle 18.2: Ausgewählte Analysefunktionen in IML; die jeweiligen Übergabeparameter sind in der SAS Product Documentation nachzulesen

Funktion	Beschreibung
ARMACOV	Berechnet eine Autokovarianzfolge für ein ARMA-Modell
COVLAG	Berechnet eine Autokovarianzschätzung für eine Zeitreihe
CVEXHULL	Bestimmt die konvexe Hülle einer Matrix mit Punktepaaren x und y
FFT	Berechnet die Fouriertransformierte eines Vektors
IFFT	Berechnet die inverse Fouriertransformierte einer Matrix
KALDFF	Berechnet die Einschrittprognose eines Zustandsvektors im Zustandsraummodell mittels Kalmanfilter

(Fortsetzung nächste Seite)

Tabelle 18.2 (Fortsetzung)

Funktion	Beschreibung
MAD	Berechnet die mittlere absolute Abweichung vom Median
NCOL	Bestimmt die Spaltenanzahl einer Matrix
NROW	Bestimmt die Zeilenanzahl einer Matrix
NLPNRA	Berechnet eine nichtlineare Optimierung mittels der Newton-Raphson-Methode
ROOT	Berechnet die Cholesky-Zerlegung einer Matrix
SSQ	Berechnet die Quadratsumme über alle Elemente einer Matrix
TSMLOCAR	Analysiert nicht-stationäre oder lokal-stationäre Zeitreihen mittels AIC-Kriterium
TSUNIMAR	Bestimmt die Ordnung eines AR-Prozesses mittels minimalem AIC und bestimmt die AR-Koeffizienten
XMULT	Berechnet eine Matrixmultiplikation (Analog zum Operator *)

18.4 Verwendung von SAS-Datensätzen

Das Einlesen von SAS-Datensätzen erfolgt in IML mit der Syntax

```
USE <Datensatz>;
READ <Bereich> INTO <Matrix>
      VAR{<Variable_1>,...,<Variable_n>};
```

Der angegebene Datensatz wird in IML als `Matrix` eingelesen. Der so eingelesene `Datensatz` steht in IML zur Verfügung, kann im im Gegensatz zur `Matrix` allerdings nicht verändert werden. Wählt man für die Option `Bereich` das Schlüsselwort `ALL`, so werden alle Beobachtungen in IML eingelesen. Die Anweisung `NEXT <N>` liest die nächsten `N` Beobachtungen ein und `AFTER` liest alle Beobachtungen nach der aktuellen ein. `POINT <Operand>` ermöglicht das Auswählen einzelner Beobachtungen. So wird durch `POINT 5` nur die fünfte Beobachtung, durch `POINT 1 3 7` die erste, dritte und siebte Beobachtung eingelesen.

Beispiel 18.7: Erzeugen eines SAS-Datensatzes und Einlesen in IML

Nachstehendes Programm liest die Variablen `i` und `x` aus Datensatz `a` in IML ein und erzeugt daraus die Matrix `b`.

```
DATA a;
 DO i=1 TO 10;
  x=NORMAL(0);
  OUTPUT;
 END;
RUN;
```

```
PROC IML;
 USE a;
 READ ALL INTO b VAR{i,x};
 PRINT b;
 QUIT;
```
□

Folgende Syntax verändert einen SAS-Datensatz:

```
EDIT <Datensatz>;
FIND <Bereich> INTO <Matrix>;
LIST <Bereich>;
 [Änderungen an den Variablen]
REPLACE;
```

Mit den folgenden Anweisungen kann der Inhalt von Matrizen in SAS-Datensätze geschrieben werden

```
CREATE <Datensatzname> FROM <Matrixname>;
APPEND FROM <Matrixname>;
```

.

Beispiel 18.8: Erstellen eines Datensatzes mit IML

Nachstehendes Programm erzeugt aus der Matrix i den SAS-Datensatz Neu.

```
PROC IML;
 i=I(3);
 CREATE Neu FROM i;
 APPEND FROM i;
 QUIT;
```
□

Das direkte Einlesen von externen Dateien in IML ist ebenfalls möglich. Das nachstehende Programm liest die externe Datei *sas.txt* ein.

```
PROC IML;
 CREATE Neu1 VAR{a b c};
 INFILE 'C:\SAS-Buch\sas.txt';
  DO DATA;
   INPUT a b c;
   APPEND;
  END;
 READ INTO d ALL;
 QUIT;
```

Die Matrix d enthält den Dateiinhalt. Dazu wird durch die CREATE-Anweisung ein außerhalb von IML nicht verfügbarer temporärer Datensatz namens Neu1 erzeugt und drei Variablen a b c definiert. Die INFILE-Anweisung hat die gleiche Funktion wie im DATA-Step und stellt auch hier den Zugriff auf die externe Datei her. Die DO DATA-Schleife ist der wichtigste Teil des Programms, denn nur so werden die Daten überhaupt eingelesen. Ohne diese Schleife liest IML nur die erste Beobachtung. Die in der INPUT-Anweisung angeführten Variablen müssen die gleiche Bezeichnung haben wie die Variablen in der CREATE-Anweisung. Die APPEND-Anweisung schreibt eine Beobachtungszeile in die Matrix d.

18.5 Grafik in IML

Mit IML lassen sich auch Diagramme erstellen, wenn auch umständlicher im Vergleich zu den in Kapitel 6 vorgestellten Prozeduren. Jede Linie eines Diagramms muss separat gezeichnet werden.

Die IML-Grafik weist eine Besonderheit auf, die sie von den herkömmlichen Grafik-Prozeduren unterscheidet: Diagramme lassen sich schachteln. Die Schachtelung wird über Grafikfenster und Blickwinkel gesteuert. Zur Steuerung gibt es die „Weltkoordinaten" und die „Normalkoordinaten". Die Weltkoordinaten beruhen auf den darzustellenden Daten. Die Werte der Daten sind hierbei auch die Werte der Koordinaten.

Die Normalkoordinaten sind prozentual zum Grafikausgabe-Fenster definiert. Sie bewegen sich zwischen dem Punkt $(0,0)$ am linken unteren Rand und dem Punkte $(100, 100)$ am rechten oberen Rand.

Die Erzeugung einer IML-Grafik sei am Beispiel eines Streudiagramms normalverteilter Zufallszahlen verdeutlicht.

Beispiel 18.9: Erzeugen eines Streudiagramms in IML

Nachstehendes Programm erzeugt ein Streudiagramm der Variablen x und i.

```
DATA A;
 DO i=1 TO 70 BY 0.5;
  x=NORMAL(0)*0.5;
  OUTPUT;
 END;
RUN;
```

```
PROC IML;
 USE A;
 READ ALL INTO b VAR{i,x};

 CALL GSTART;
 CALL GPORT({7 7 100 100});
 CALL GWINDOW({0 -4 100 4});
 CALL GXAXIS({0,0},80,5);
 CALL GYAXIS({0,-2},4,4);
 CALL GPOINT(B[,1],B[,2],5,'BLACK',0.5);
 CALL GSCRIPT(40,2.5,"Streudiagramm",,,2,'SIMPLEX');
 CALL GSCRIPT(79,-0.5,"X-Achse",,,1.5,'SIMPLEX');
 CALL GSCRIPT(-6,-0.5,"Y-Achse",90,0,1.5,'SIMPLEX');
 CALL GSHOW;
 CALL GCLOSE;
QUIT;
```

Die Ausgabe ist:

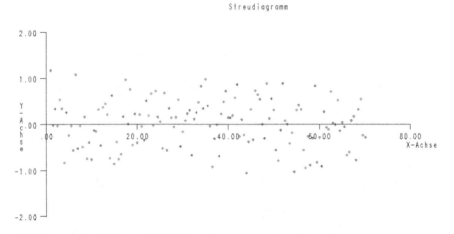

Abbildung 18.1: Ein mit IML-Funktionen erzeugtes Streudiagramm

Nach dem Einlesen des Datensatzes in IML startet `GSTART` die Grafikausgabe. Die Funktion `GPORT` definiert den sichtbaren Bereich der Grafikausgabe (Normalkoordinaten). Die zu übergebenden Parameter sind $\min_x$, $\min_y$, $\max_x$ und $\max_y$ als Begrenzung in x- bzw. y-Richtung. Die Anweisung `GWINDOW` definiert den Wertebereich der Merksmalswerte (Weltkoordinaten). Die Angabe von `GWINDOW` ist wichtig, da sich mit den Standardeinstellungen der Weltkoordinaten keine negativen Merkmalswerte ausgeben lassen. Auch hier sind die Parameter $\min_x$, $\min_y$, $\max_x$ und $\max_y$ zu definieren.

Die Funktionen GXAXIS und GYAXIS zeichnen die Koordinatenachsen. Der erste Parameter {x,y} legt den Startpunkt der Achse fest, der zweite deren Länge. Eine Koordinatenachse darf nicht länger als der sichtbare Bereich der Grafikausgabe sein. Der dritte Parameter gibt die Achseneinteilung an.

Die Funktion GPOINT erzeugt das eigentliche Streudiagramm. Die ersten beiden Parameter beschreiben die x- bzw. y-Koordinaten der abzutragenden Punkte. Die Wertepaare stehen in der Matrix b. Mit dem nächsten Parameter wird das Symbol für die Punkte definiert (Raute). Anschließend folgt die Symbolfarbe und -größe.

GSCRIPT setzt die Achsenbeschriftung und Überschrift. Dabei entsprechen die ersten beiden Parameter der x- bzw. y-Koordinate, gefolgt von der Beschriftung. Die beiden nächsten Parameter bestimmen den Drehwinkel der Schriftzeichen und des gesamten Textes. Anschließend wird der Schrifttyp angegeben. Die Funktion GSHOW zeigt die erstellte Grafik. Die Anweisung GCLOSE schließt das Grafikfenster für weitere Grafikanweisungen, die Grafik bleibt aber weiterhin auf dem Bildschirm sichtbar. □

Beispiel 18.10: Kreisdiagramm in IML

Nachstehendes Programm zeichnet ein Kreisdiagramm für das Zweitstimmenergebnis der Bundestagswahl 2009.

```
PROC IML;
 Bundestag={0,23.0,33.8,10.7,14.6,11.9,6.0} ;
 Anteil=CUSUM(3.6*Bundestag);
 Farbe={'red','black','green','yellow','purple','ltgray'};

CALL GSTART;
CALL GPORT({7 7 100 100});
CALL GWINDOW({0 0 100 100});
CALL GPIE(50,50,40,Anteil,,Farbe,,'SOLID');
CALL GSCRIPT(78,75,"SPD (23,0%)",0,0,1.2,'SIMPLEX');
CALL GSCRIPT(6,45,"CDU (33,8%)",0,0,1.2,'SIMPLEX');
CALL GSCRIPT(60,7,"GRUENE (10,7%)",0,0,1.2,'SIMPLEX');
CALL GSCRIPT(78,22,"F.D.P. (14,6%)",0,0,1.2,'SIMPLEX');
CALL GSCRIPT(82,36,"LINKE (11,9%)",0,0,1.2,'SIMPLEX');
CALL GSCRIPT(83,45,"Andere (6,0%)",0,0,1.2,'SIMPLEX');
CALL GSCRIPT(10,95,"Zweitstimmenverteilung dt.
              Bundestag (17. Wahlperiode)",
              0,0,2,'SIMPLEX');
CALL GSHOW;
CALL GCLOSE;
QUIT;
```

Abbildung 18.2 zeigt das Kreisdiagramm.

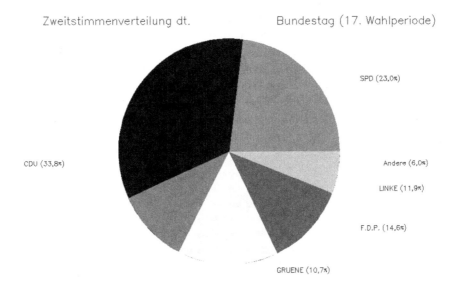

Zweitstimmenverteilung dt.   Bundestag (17. Wahlperiode)

SPD (23,0%)

CDU (33,8%)

Andere (6,0%)

LINKE (11,9%)

F.D.P. (14,6%)

GRUENE (10,7%)

Abbildung 18.2: Kreisdiagramm mit IML

Nach dem Aufruf von IML werden dem Vektor **Bundestag** die Zweitstimmenergebnisse der Parteien zugeordnet. Anschließend werden die Kreissegmente berechnet und im Vektor **Anteil** gespeichert. Dabei berechnet die Funktion **CUSUM** die kumulative Summe der Matrixelemente. Das erste Element der durch die Funktion **CUSUM** gebildeten Summe entspricht dem ersten quadrierten Element der Matrix **Bundestag**, das zweite der Summe aus dem ersten und zweiten quadrierten Element der Matrix **Bundestag** usw.

Die Funktion **GPIE** zeichnet das Kreisdiagramm. Dabei entsprechen die ersten beiden Parameter der x- bzw. y-Koordinate des Kreismittelpunkts und der dritte Parameter dem Radius. Anschließend erfolgt die Kreissegmentierung gemäß der Stimmenanteile. Es folgt ein optionaler Parameter, der die Endpunkte der Kreissegmente angibt . Wird hier nichts angegeben (d. h. zwei aufeinander folgende Kommata), so ist der Startpunkt des zweiten Segments zugleich der Endpunkt des ersten. Der nächste Parameter gibt einen Vektor mit Farben für die Segmente an. Die Reihenfolge der Farben entspricht dabei der Reihenfolge der zu bildenden Segmente. Der letzte Parameter legt das Füllmuster fest. Hier ist eine Farbfüllung (**SOLID**) gewählt. Weitere mögliche Füllmuster können analog zur **PATTERN**-Anweisung in Abschnitt 6.4 gewählt werden.   □

Die Funktionen **GWINDOW**, **GPORT** und **GPORTSTK** verändern das Grafikfenster und den Blickwinkel. Durch einen geeigneten Blickwinkel können verschachtelte Grafiksegmente besser sichtbar gemacht werden. Die Funktion **GPORT** legt den absoluten Blickwinkel auf der Basis der Normalkoordinaten fest. Die

Funktion GPORTSTK legt einen relativen Blickwinkel auf der Basis des mit der Funktion GPORT definierte Blickwinkels fest. Dadurch erscheint eine zweite Grafik in einem Teilbereich der ersten, also derjenigen Grafik, die durch den definierten Blickwinkel erstellt wurde. Meist empfiehlt es sich, einen ausreichend großen Bereich der ersten Grafik leer zu lassen, in den die zweite Grafik eingesetzt werden kann. Dazu dient die Funktion GBLKVP.

Ein Programm zur Erstellung verschachtelter Grafiken ist in Anhang B aufgeführt.

Makroprogrammierung

Die in SAS/BASE enthaltene Makrosprache erweitert das SAS-System und ermöglicht das wiederholte Verwenden von Programmsegmenten ohne diese immer wieder neu erstellen zu müssen. Solche wiederholbaren Programmsegmente werden als Makros bezeichnet.

Makros ermöglichen es insbesondere, DATA- bzw. PROC-Steps mittels Schleifen mehrfach zu durchlaufen. Dies ist ansonsten nicht möglich.

19.1 Struktur von Makros

Die Elemente eines Makros sind weitgehend identisch mit der sonstigen Programmiersprache in SAS. Den Makroanweisungen wird ein %-Zeichen und den Makrovariablen ein &-Zeichen vorangestellt. Diese Zeichen sollten innerhalb eines Makros nicht in einem anderen Zusammenhang verwendet werden.

Die allgemeine Syntax eines Makros lautet:

```
%MACRO <Makroname>[(Parameter)];
 [SAS-Anweisungen]
%MEND <Makroname>;
```

Ein Makro beginnt stets mit der Anweisung `%MACRO <Makroname>` und endet mit der Anweisung `%MEND <Makroname>`. SAS wertet ein Makro intern durch den sogenannten Makroprozessor aus. Beim „Absenden" eines Programms mit Makro-Syntax im Programmier-Fenster mit **F8** werden die Makro-Anweisungen kompiliert, jedoch noch nicht ausgeführt. Die eigentliche Ausführung erfolgt erst durch den späteren Makroaufruf. Ein Makro kann an beliebiger Stelle in einem Programm aufgerufen werden. Durch den Aufruf des Makros werden die im Makro erzeugten Anweisungen an die Stelle im Programm eingesetzt, an welcher der Makroaufruf erfolgt ist.

© Springer-Verlag GmbH Deutschland, ein Teil von Springer Nature 2018
W. Krämer et al., *Datenanalyse mit SAS®*, https://doi.org/10.1007/978-3-662-57799-8_19

Je nach Typ eines Makros erfolgt ein Aufruf auf verschiedene Weise. Ein namensbasiertes Makro (engl.: name-style) wird durch die Anweisung

```
%<Makroname>[(Parameterwert(e))]
```

aufgerufen. Ein anweisungsbasiertes Makro (engl.: statement-style) wird ohne das %-Zeichen aufgerufen:

```
<Makroname> [Parameterwert(e)]
```

Ein anweisungsbasiertes Makro wird durch die Option STMT in der Makrodefinition als solches kenntlich gemacht:

```
%MACRO <Makroname>[(Parameter)] / STMT;
  [SAS-Anweisungen]
%MEND <Makroname>;
```

Der Unterschied zu einem namensbasierten Makro liegt im Aufruf. Zum Aufruf eines anweisungsbasierten Makros ist der Makroname ohne vorangestelltes %-Zeichen an die erste Stelle in der Anweisungszeile zu setzen. Die Werte der Parameter sind in der gleichen Reihenfolge anzugeben wie in der Definition des Makros. Die Parameter eines anweisungsbasierten Makros sind nicht von Klammern einzuschließen und einzelne Werte sind durch Leerzeichen zu trennen.

Es gibt zwei unterschiedliche Typen von Parametern eines Makros, Positionsparameter und Schlüsselwortparameter. Ein Positionsparameter erzeugt eine symbolische Variable, die innerhalb des Makros verwendet werden kann. Dieser Variablen wird beim Makroaufruf ein Wert zugewiesen. Ist beim Makroaufruf die entsprechende Stelle in der Liste der durch Komma getrennten Parameter leer, so erhält die symbolische Variable den Wert NULL. Soll ein Positionsparameter beim Aufruf keinen Wert erhalten, so darf das trennende Komma nicht weggelassen werden. Beim Aufruf eines Makros ist die Reihenfolge der Positionsparameter einzuhalten.

Beispiel 19.1: Verwendung von Positionsparametern

```
%MAKRO Test(Datensatz, n);
  PROC PRINT DATA=&Datensatz (OBS=&n);
  RUN;
%MEND Test;
```

Das Makro Test enthält die Positionsparameter Datensatz und n. Bei der Übergabe beider Parameter im Makroaufruf gibt die Prozedur PRINT die ersten n Beobachtungen des Datensatzes aus. Ein korrekter Makroaufruf lautet beispielsweise %Test(A,15). Dadurch werden die ersten 15 Beobachtungen von Datensatz A ausgegeben. Lässt man beim Makroaufruf einen der beiden Parameter weg, so ergeben sich keine sinnvollen Werte der Makrovariablen

&Datensatz und &n für die Prozedur PRINT. Daher wird eine Fehlermeldung in das LOG-Fenster geschrieben.   □

Verwendet man bei der Definition des Makros Schlüsselwortparameter anstelle von Positionsparametern, so verhindert man den Fehler aus Beispiel 19.1. Ein Schlüsselwortparameter definiert eine symbolische Variable, der man einen Standardwert zuweisen kann. Die Zuweisung erfolgt über ein Gleichheitszeichen (=) hinter dem Schlüsselwortparameter. Wird beim Makroaufruf ein Schlüsselwortparameter weggelassen, so wird ihm der entsprechend vorab definierte Standardwert zugewiesen. Bei der Definition des Makros ist der Parameter auch dann mit einem =-Zeichen zu versehen, wenn ihm kein Standardwert zugewiesen wird.

Beispiel 19.2: Verwendung von Schlüsselwortparametern

Das Makro Test aus Beispiel 19.1 verändert sich bei Verwendung von Schlüsselwortparametern folgendermaßen:

```
%MACRO Test(Datensatz=_LAST_, Anzahl=1);
 PROC PRINT DATA=&Datensatz (OBS=&Anzahl);
 RUN;
%MEND Test;
```

In diesem Fall ist der Aufruf des Makros auch ohne Angabe eines Parameters möglich. In diesem Fall wird nur die erste Beobachtung des zuletzt erzeugten Datensatzes (_LAST_) ausgegeben. Soll für den Schlüsselwortparameter statt des Standardwertes ein anderer Wert verwendet werden, so muss dieser Wert beim Aufruf des Makros angegeben werden.

Damit ergeben sich folgende Möglichkeiten, beim Aufruf des Makros Werte für die Schlüsselwortparameter Anzahl und Datensatz festzulegen: %Test(Anzahl=15), %Test(Datensatz=B), %Test(Datensatz=B, Anzahl=15) oder %Test().

Im ersten Fall werden die ersten 15 Beobachtungen des zuletzt erzeugten Datensatzes ausgegeben. Im zweiten Fall wird die erste Beobachtung des Datensatzes B und im dritten Fall die ersten 15 Beobachtungen des Datensatzes B ausgegeben. Im vierten Fall wird die erste Beobachtung des zuletzt erzeugten Datensatzes ausgegeben.   □

Es ist auch möglich, Makros zu definieren, die sowohl Positionsparameter als auch Schlüsselwortparameter enthalten. In diesem Fall müssen die Positionsparameter jedoch vor den Schlüsselwortparametern definiert werden.

19.2 Makrovariablen

In den Beispielen aus Abschnitt 19.1 wurden Makrovariablen oder auch symbolische Variablen verwendet. Eine Makrovariable kann im Gegensatz zu den

Variablen im DATA-Step nur einen einzigen Wert speichern. Dieser Wert wird bei der Makroausführung als alphanumerische Zeichenkette behandelt. Ein weiterer Unterschied einer Makrovariable gegenüber einer Variable im DATA-Step besteht darin, dass die Makrovariable auch außerhalb eines DATA-Steps zur Verfügung steht.

Am einfachsten definiert man eine Makrovariable über die Anweisung %LET:

```
%LET <Name> = <Wert>
```

Der `Name` der Makrovariablen ist frei wählbar und unterliegt den in Kapitel 3 beschriebenen Vorgaben. Wird kein `Wert` zugewiesen, so besitzt die Makrovariable den Wert NULL. Die Zuweisung eines Wertes mit %LET kann in einem SAS-Programm an beliebiger Stelle erfolgen.

Beispiel 19.3: Verwendung von Makrovariablen

Einer Makrovariablen kann eine beliebige Zeichenkette zugeordnet werden, wobei führende oder nachstehende Leerzeichen ignoriert werden. Die nachfolgenden Definitionen sind somit identisch:

```
%LET Stadt=Dortmund;
%LET Stadt=    Dortmund    ;
```

Sollen bei der Zuweisung einer Makrovariablen auch Leerzeichen berücksichtigt werden, so ist der %STR-Befehl zu verwenden:

```
%LET Stadt=%STR(    Dortmund    );
```

□

Makrovariablen werden bei der Makroausführung als alphanumerische Ausdrücke behandelt. Daher wertet der Makroprozessor einen Ausdruck wie %LET Zahl=1+5 nicht aus. Die Variable `Zahl` hat in diesem Fall nicht den Wert 6, sondern 1+5. Makrovariablen können sogar SAS-Code enthalten.

Neben der direkten Zuweisung über die Anweisung %LET lassen sich Makrovariablen auch als Ergebnis von Makroausdrücken zuweisen, beispielsweise mit den folgenden Befehlen:

```
%LET Stadt=Dortmund;
%LET PLZ=44127;
%LET Wohnort = Der Wohnort ist &PLZ &Stadt;
```

Der Wert der Variablen `Wohnort` hängt von den beiden Variablen `Stadt` und `PLZ` ab. Dabei erkennt der Makroprozessor die Referenz der Variablen `Wohnort` zu den Variablen `PLZ` und `Stadt` und setzt die entsprechenden Werte ein.

Die Referenzierung erfolgt über ein vorangestelltes &-Zeichen vor dem Namen der Makrovariablen. Der Makroprozessor ersetzt den Ausdruck &<Makroname> durch den entsprechenden alphanumerischen Wert. Wird eine Makrovariable innerhalb eines Textes, etwa in einer `TITLE`-Anweisung, verwendet, so ist der gesamte Text nicht in Hochkommata (' '), sondern in Anführungszeichen (" ") einzuschließen. Bei Angabe des Textes in Hochkommata wird die Makrovariable nicht als solche erkannt.

Weist man einer Makrovariablen einen Wert zu, der sich aus mehreren Teilen zusammensetzt, so dient ein Punkt als Trennzeichen:

```
%LET ABC=Tag;
%LET ABC1=Monat;
DATA &ABC;
  SET &ABC.1   &ABC1;
RUN;
```

Das Resultat lautet:

```
DATA Tag;
  SET Tag1    Monat;
RUN;
```

Es besteht ein Unterschied zwischen den Ausdrücken `&ABC.1` und `&ABC1`. Der Ausdruck `&ABC.1` veranlasst den Makroprozessor, die Makrovariable `&ABC` auszuwerten und eine 1 anzuhängen. Der Punkt trennt somit die Makrovariable von dem anhängenden Text. Ohne den Punkt wird die 1 als Teil des Namens der Makrovariablen angesehen.

Damit sind auch verschachtelte Aufrufe von Makrovariablen möglich. In diesem Fall wird der Makroprozessor durch die Verwendung von zwei `&&`-Zeichen veranlasst, mit der Auswertung einer Variablen zu warten, bis eine tiefergeschachtelte Variable aufgelöst ist.

Beispiel 19.4: Verschachtelte Zuweisung einer Makrovariable

```
%LET ABC=Statistik;
%LET N=5;
%LET ABC5=Fachbereich;
```

Die Verschachtelung der Makrovariablen `ABC`, `N` und `ABC5` liefert folgende Resultate:

Kombination	Ergebnis
&ABC&N	Statistik5
&ABC.&N	Statistik5
&ABC..&N	Statistik.5
&&ABC&N	Fachbereich
&&&ABC&N	&Statistik5

In den ersten drei Fällen wertet der Makroprozessor den Ausdruck sofort aus. Beginnt der Ausdruck mit mehr als einem &-Zeichen, so erfolgt die Auswertung in mehreren Schritten. Bei dem Ausdruck `&&ABC&N` wird zunächst der

Teil &ABC&N als ABC5 ausgewertet und anschließend der resultierende Ausdruck &ABC5 durch den entsprechenden Wert **Fachbereich** der Makrovariablen **ABC5** ersetzt. Bei dem Ausdruck **&&&ABC&N** wird zunächst aus den beiden ersten Zeichen **&&** ein einfaches &-Zeichen gebildet, aus dem Ausdruck &ABC wird der Wert **Statistik** und gleichzeitig wird aus dem Ausdruck &N der Wert 5. Somit ergibt die Auswertung das Ergebnis **&Statistik5**. Dies erzeugt allerdings eine Fehlermeldung im LOG-Fenster, da die Makrovariable **Statistik5** nicht definiert ist. □

Neben selbst definierten Makrovariablen gibt es eine Reihe von Makrovariablen, die in der Makrosprache bereits vorab definiert sind. Tabelle 19.1 führt die wichtigsten derartigen Makrovariablen auf.

Tabelle 19.1: Wichtige vordefinierte Makrovariablen

Variable	Beschreibung
&SYSDATE	Aktuelles Systemdatum
&SYSDAY	Aktueller Wochentag
&SYSTIME	Zeit des Programmstarts
&SYSLAST	Name des zuletzt erstellten Datensatzes
&SYSVER	SAS-Versionsnummer, z. B. 9.4
&SYSSCPL	Name des Betriebssystems
&SYSERR	Fehlercode, der beim Aufruf von DATA- oder PROC-Steps gesetzt wird; ein Fehlercode von Null steht für eine fehlerfreie Ausführung des PROC- oder DATA-Steps; für die Bedeutung der Fehlercodes sei auf die SAS-Hilfe verwiesen

Makrovariablen können entweder ausschließlich lokal innerhalb eines Makros zur Verfügung stehen oder global in allen Makros. Globale Makrovariablen stehen zudem außerhalb der Makros zur Verfügung. Die Anweisung %LET definiert globale Variablen außerhalb eines Makros. Innerhalb eines Makros wird eine globale Makrovariable mit der Anweisung %GLOBAL erzeugt. Positions- und Schlüsselwortparameter sind jedoch immer nur lokal verfügbar.

Beispiel 19.5: Lokale und globale Makrovariablen

```
%LET Name=Zuse;

%MACRO a;
 %GLOBAL Vorname;
 %LET Vorname=Konrad;
%MEND a;
```

```
%MACRO b;
  %LET Ort=Berlin;
%MEND b;

%MACRO c;
  %a;
  %b;
  %PUT &Name, &Vorname, &Ort;
%MEND c;

%c;
```

Die Makrovariable `Name` ist außerhalb eines Makros definiert und damit eine globale Makrovariable. Sie ist in jedem Makro sowie außerhalb von Makros verfügbar. Die Makrovariable `Vorname` ist durch die Angabe der Anweisung %GLOBAL ebenfalls überall verfügbar. Die im Makro b erzeugte Makrovariable `Ort` ist nur lokal in diesem Makro verfügbar. Daher ergibt die Anweisung %PUT im LOG-Fenster die folgende Fehlermeldung:

```
WARNING: Apparent symbolic reference ORT not resolved.
Zuse,Konrad, &Ort                                              □
```

Globale Variablen können von lokalen Variablen überschrieben werden. Dies lässt sich durch die Anweisung %LOCAL verhindern.

```
%MACRO Innen(var);
  %LET a=&var;
  %PUT Innen &a;
%MEND Innen;

%LET a=2;
%Innen(3);
%PUT Außen &a;
```

Durch die %LET-Anweisung außerhalb des Makros ist die Variable a global verfügbar. Innerhalb des Makros `Innen(var)` wird diese globale Variable umdefiniert und der Wert der Variablen a verändert sich auch außerhalb des Makros. Die %PUT-Anweisungen erzeugen im LOG-Fenster die Ausgaben `Innen 3` sowie `Außen 3`.

Ergänzt man die Anweisung %LOCAL im Makro `Innen(var)`, so wird das Überschreiben der Variablen a verhindert. Somit ergibt das folgende Programm

```
%MACRO Innen(var);
 %LOCAL a;
 %LET a=&var;
 %PUT Innen &a;
%MEND Innen;

%LET a=2;
%Innen(3);
%PUT Außen &a;
```

im LOG-Fenster die Ausgaben **Innen** 3 sowie **Außen** 2.

Die Anweisung

```
CALL SYMPUTX('<Makrovariable>',<Wert>)
```

weist der angegebenen `Makrovariable` den `Wert` einer Variablen aus einem DATA-Step zu. Wird einer Makrovariablen auf diese Weise ein Wert zugewiesen, so kann die Variable jedoch nicht innerhalb des DATA-Steps verwendet werden, in welchem sie definiert wurde, denn der DATA-Step ist bereits ausgeführt, bevor die Makrovariable referenziert wird.

```
DATA A;
 x="Hallo";
 y=1;
 CALL SYMPUTX('x1',x);
 CALL SYMPUTX('y1',y);
RUN;
%PUT STRING:&x1 und ZAHL:&y1;
```

Die String-Variable x wird der Makrovariablen x1 und die numerische Variable y der Makrovariablen y1 zugewiesen. Die Anweisung `%PUT` erzeugt die folgende Ausgabe im LOG-Fenster.

```
STRING:Hallo und ZAHL:1
```

Umgekehrt weist die Anweisung `SYMGET('<Makrovariable>')` einer Variablen aus einem DATA-Step eine Makrovariable bzw. deren Wert zu.

```
%LET Name=Zuse;
DATA A;
 x=SYMGET('Name');
RUN;
```

Dabei ist insbesondere die Schreibweise der Makrovariablen wichtig. Bei der Anweisung `SYMGET` ist die Makrovariable ohne ein vorangestelltes &-Zeichen anzugeben. Auch die Angabe der Hochkommata ist notwendig, da die Makrovariable nur über eine alphanumerische Variable aus einem DATA-Step bereitgestellt werden kann.

Eine weitere Möglichkeit, Makro-Variablen zu erzeugen, bietet die Prozedur SQL. Nachstehendes Muster erzeugt eine Makrovariable mit dem Inhalt der letzten Beobachtung der angegebenen Variable aus dem Datensatz.

```
PROC SQL NOPRINT;
  SELECT <Variable> :INTO <Makrovariable>
                   FROM <Datensatz>;
QUIT;
```

Sollen statt des Wertes der letzten Beobachtung die Werte aller Beobachtungen oder alle sich unterscheidenden Beobachtungswerte als trennzeichenseparierte Liste dieser Makrovariablen zugewiesen werden, dann ist die SELECT-Anweisung folgendermaßen zu verändern:

```
SELECT [DISTINCT] <Variable> :INTO <Makrovariable>
                  SEPARATED BY '<Trennzeichen>'
                  FROM <Datensatz>;
```

Beispiel 19.6: Erzeugen von Makrovariablen mit der Prozedur SQL

Der nachstehende Datensatz a enthält 11 Beobachtungen. Mit der Prozedur SQL werden vier Makrovariablen erzeugt.

```
DATA a;
  i = 1;
  OUTPUT;
  DO i=1 TO 10;
   OUTPUT;
  END;
RUN;

PROC SQL NOPRINT;
  SELECT i INTO :test1 FROM a;
  SELECT DISTINCT i INTO :test2 FROM a;
  SELECT i INTO :test3 SEPARATED BY ' ' FROM a;
  SELECT DISTINCT i INTO :test4 SEPARATED BY ' ' FROM a;
QUIT;
```

Die Prozedur SQL erzeugt die vier Makrovariablen &test1, &test2, &test3 und &test4. Mit der ersten SELECT-Anweisung wird nur der Wert der ersten Beobachtung der Variable i aus dem Datensatz a in die Makrovariable &test1 geschrieben. Die zweite SELECT-Anweisung wählt die unterschiedlichen Werteausprägungen aus der Variablen i aus, jedoch wird aufgrund des fehlenden Befehls SEPARATED BY auch in diesem Fall nur der Wert der ersten Beobachtung in die Makrovariable &test2 geschrieben. Mit der dritten SELECT-Anweisung werden die Werte aller Beobachtungen von i ausgewählt und in die Makrovariable &test3 geschrieben, während mit der letzten SELECT-Anweisung nur

die unterschiedlichen Werte der Beobachtungen von i ausgewählt und in die
Makrovariable &test4 geschrieben werden. Tabelle 19.2 zeigt das Ergebnis.

Tabelle 19.2: Inhalt der mit obiger Prozedur SQL erzeugten Makrovariablen

Makrovariable	Wert
&test1	1
&test2	1
&test3	1 1 2 3 4 5 6 7 8 9 10
&test4	1 2 3 4 5 6 7 8 9 10

Die erzeugten Makrovariablen haben alle mindestens die Länge acht, d. h.
die Variablen &test1 und &test2 enthalten vor der Ziffer 1 jeweils sieben
Leerzeichen.   □

Mit der Anweisung %SYMDEL <Makrovariable>; lassen sich globale Makrovariablen löschen.

19.3 Makrobefehle

Um den Ablauf eines Makros zu steuern, werden Makrobefehle eingesetzt,
welche am vorangestellten %-Zeichen zu erkennen sind. Dazu zählen die bereits
vorgestellten Makrobefehle %MACRO und %MEND zur Definition eines Makros.
Daneben gibt es folgende Makrobefehle:

- Schleifen:
  ```
  %DO <Makrovariable>=<Startwert> %TO <Endwert>;
  %END;

  %DO %WHILE (<Abbruchbedingung>);
  %END;

  %DO %UNTIL (<Abbruchbedingung>);
  %END;
  ```

- Bedingungen:
  ```
  %IF <Bedingung> %THEN [%DO;]<Anweisung(en)>;
  [%END;]
  ```
- Ausgabe:
  ```
  %PUT <Ausgabe>;
  ```
- Sprungmarken:
  ```
  %<Sprungmarke>: [Makro-Ausdruck];     (setzt eine Sprungmarke)

  %GOTO <Sprungmarke>;     (verzweigt zu einer Sprungmarke)
  ```

- Auswertung numerischer Ausdrücke:

  `%EVAL(<ganzzahliger numerischer Ausdruck>);`

  `%SYSEVALF(<numerischer Ausdruck>);`

Schleifen, Bedingungen und Sprungmarken können nur innerhalb, nicht außerhalb von Makros genutzt werden. Mit einer Schleife um einen beliebigen Teil eines SAS-Programms innerhalb eines Makros kann dieser Teil des Programms mehrfach wiederholt werden.

Beispiel 19.7: Verwendung von Schleifen in Makros

Mit dem nachfolgenden Makro **Anhaengen** werden Daten aus mehreren ähnlichen Dateien zu einem Datensatz zusammengefügt.

```
%MACRO Anhaengen(Pfad, Name, n, Neu);
 %DO i=1 %TO &n;
  DATA temp&i;
   INFILE "&Pfad.&Name.&i..txt";
   INPUT x @@;
  RUN;

  PROC APPEND DATA=temp&i BASE=&Neu FORCE;
  RUN;
 %END;
%MEND Anhaengen;
```

Die an das Makro übergebenen Dateien müssen alle im selben Verzeichnis vorliegen und ihr Dateiname darf sich nur durch eine nachgestellte Ziffer unterscheiden. Sie dürfen nur eine einzige Variable mit beliebig vielen Beobachtungen enthalten. Für jede Datei wird ein DATA- und ein PROC-Step ausgeführt, wobei die Anzahl der Dateien durch die Variable **&n** vorgegeben ist. Der DATA- und der PROC-Step wird somit **&n** mal wiederholt.   □

Mit dem Makrobefehl `%IF` macht man die Ausführung von Teilen eines SAS-Programms von einer Bedingung abhängig. Zudem ist zwischen dem Makrobefehl und den IF-Anweisungen im DATA-Step zu unterscheiden, welche im Abschnitt 3.7 vorgestellt wurden.

Beispiel 19.8: Bedingte Ausführung von SAS-Code in Makros

```
%MACRO Ausgabe(start=1, ende=, Daten=_Last_);
%IF &ende= %THEN %DO;
 %PUT Für &ende ist kein Wert gesetzt. Programmabbruch!;
 %GOTO aus;
%END;
%IF &ende < &start %THEN %DO;
 %PUT Ausgabe nicht möglich, da &ende > &start.
       Programmabbruch!;
 %GOTO aus;
%END;

OPTIONS FIRSTOBS=&start OBS=&ende;
PROC PRINT DATA=&Daten;
RUN;
OPTIONS FIRSTOBS=1 OBS=MAX;

%aus:
%MEND Ausgabe;
```

Die Makroausführung bricht ab, wenn dem Schlüsselwortparameter ende=
kein Wert übergeben wird oder wenn der Startwert größer als der Endwert ist.
Der Abbruch erfolgt über die Sprungmarke aus. Der Makrobefehl %GOTO aus;
veranlasst den Sprung in die entsprechende Zeile des Programms. Dabei ist zu
beachten, dass am Ende der Zeile %aus kein Semikolon sondern ein Doppelpunkt steht.   □

Beispiel 19.9: Auswertung numerischer Ausdrücke

```
%MACRO Rechnen;
%LET a=10;
%LET b=5;
%LET c=&a+&b;
%LET d=%EVAL(&a+&b);

%PUT A+B = &a+&b;
%PUT C   = &c;
%PUT D   = &d;

%PUT 5/4;
%PUT %EVAL(5/4);
%PUT %SYSEVALF(5/4);
%MEND Rechnen;
```

Im Makro %Rechnen werden die vier Variablen a, b, c, d erzeugt und anschließend im LOG-Fenster ausgegeben.

Die Ausgabe lautet:

```
A+B = 10+5
C   = 10+5
D   = 15

5/4
1
1.25
```

Mit der Anweisung `%PUT 5/4;` wird nur der angegebene Text ausgegeben, ohne den Bruch $\frac{5}{4}$ zu berechnen. Zur Durchführung einer Rechnung benötigt man zusätzlich die Makrobefehle `%EVAL` oder `%SYSEVALF`. Der Makrobefehl `%EVAL` kann nur ganzzahlige Ausdrücke korrekt berechnen. Daher wird als Ergebnis von `%EVAL(5/4)` eine 1 ausgegeben. `%SYSEVALF` wertet auch Brüche korrekt aus, sodass für `%SYSEVALF(5/4)` das Ergebnis 1.25 ausgegeben wird.   □

Tabelle 19.3 listet weitere Makrobefehle für die Verarbeitung von Zeichenketten auf (vgl. String-Anweisungen innerhalb eines DATA-Steps in Kapitel 3).

Tabelle 19.3: Makrobefehle zur Verarbeitung von Zeichenketten

Befehl	Beschreibung
`%INDEX(<Zeichenkette>, <Trennung>)`	Gibt die Stelle des erstmaligen Auftretens von **Trennung** in einer Zeichenkette an
`%LENGTH(<Zeichenkette>)`	Gibt die Länge einer Zeichenkette an
`%[Q]LOWCASE(<Zeichenkette>)`	Wandelt die Zeichen einer Zeichenkette in Kleinbuchstaben um
`%[Q]SCAN(<Zeichenkette>, <n> [,Trennung])`	Durchsucht eine Zeichenkette und liefert als Resultat die **n**-te Teilzeichenkette (ohne Angabe einer **Trennung** fungiert das Leerzeichen als Trennzeichen)
`%[Q]SUBSTR(<Zeichenkette>, <Position>[,<Länge>])`	Schneidet aus einer Zeichenkette einen Teilbereich ab **Position** heraus. Mit der Angabe der **Länge** wird die Anzahl der herauszuschneidenden Zeichen gesteuert. Ohne die Angabe von **Länge** wird eine Zeichenkette von **Position** bis zum Ende herausgeschnitten.
`%[Q]UPCASE(<Zeichenkette>)`	Wandelt die Zeichen einer Zeichenkette in Großbuchstaben um

Stellt man einem der Makrobefehle aus Tabelle 19.3 ein `Q` („Quotieren") voran, so werden Schlüsselwörter und Zeichen nicht mehr aufgelöst, sondern als

Text übernommen. Auf diese Weise werden mathematische und logische Operatoren als Zeichenkette angesehen, ohne ihre Funktion als SAS-Befehl zu berücksichtigen.

19.4 Verwalten von Makros

Die in einer SAS-Sitzung kompilierten Makros werden während der Dauer der Sitzung im Katalog SASMACR der temporären Bibliothek WORK gespeichert und stehen zunächst nur während der Sitzung zur Verfügung. Um ein erstelltes Makro auch in weiteren Sitzungen nutzen zu können, ist es – analog zu einem Datensatz – permanent zu speichern, d. h. in einer permanenten Bibliothek wie SASUSER abzulegen. Veränderungen an einem Makro können nur am Quellcode, jedoch nicht am kompilierten Makro vorgenommen werden.

Das nachstehende Programm überträgt temporär gespeicherte Makros aus der Bibliothek WORK in eine permanente Bibliothek:

```
PROC CATALOG;
 COPY IN=WORK.SASMACR OUT=<Bibliothek>.SASMACR
       ENTRYTYPE=MACRO;
 RUN;
```

Kompilierte Makros können zunächst nur ausgeführt werden, wenn sie in der Bibliothek WORK vorliegen. Um ein kompiliertes Makro, welches nur in einer permanenten Bibliothek zur Verfügung steht, wieder ausführen zu können, gibt es zwei Möglichkeiten. Das Programm

```
PROC CATALOG;
 COPY IN=<Bibliothek>.SASMACR OUT=WORK.SASMACR
       ENTRYTYPE=MACRO;
 RUN;
```

kopiert die kompilierten Makros aus einer permanenten Bibliothek in die Bibliothek WORK, sofern bereits temporäre Makros erstellt wurden. Andernfalls ist das folgende Programm auszuführen.

```
%MACRO DUMMY;
%MEND DUMMY;

PROC CATALOG;
 DELETE CAT=WORK.SASMACR DUMMY / ENTRYTYPE=MACRO;
 COPY IN=<Bibliothek>.SASMACR OUT=WORK.SASMACR
     ENTRYTYPE=MACRO;
 RUN;
```

Alternativ kann mit der folgenden Option ein Makro-Katalog, welcher in einer permanenten Bibliothek vorliegt, als aktiv gekennzeichnet werden. Anschließend können auch die dort gespeicherten kompilierten Makros ausgeführt werden.

```
OPTIONS MSTORED SASMSTORE=<Bibliothek>
```

Der Aufruf eines kompilierten Makros aus einer permanenten Bibliothek unterscheidet sich nicht von dem schon bekannten Aufruf eines Makros.

Bei der Definition eines Makros kann die Option `STORE` angegeben werden (`%MACRO <Makroname> /STORE;`), um das kompilierte Makro direkt in der permanenten Bibliothek zu speichern. Mit der Option `DES='Beschreibung'` wird zusätzlich zum Makro noch eine Beschreibung des Makros gespeichert. Die Beschreibung darf maximal 40 Zeichen umfassen.

Mit dem folgenden Programm erhält man eine Liste aller gespeicherten Makros in der angegebenen `Bibliothek`.

```
PROC CATALOG CATALOG=<Bibliothek>.SASMACR;
 CONTENTS;
RUN;
```

Bei der Verarbeitung eines Makros durch den Makroprozessor werden im Gegensatz zu einem SAS-Programm außerhalb eines Makros keine syntaktischen Fehler ins LOG-Fenster geschrieben. So erzeugt das Programm

```
%MACRO a;
 DATA w;
  x=1
 PROC PRINT;
 RUN;
%MEND a;
%a;
```

lediglich die folgende Fehlermeldung im LOG-Fenster:

```
ERROR: Expecting an arithmetic operator.
```

Die Option `MPRINT` führt zu einer detaillierteren Ausgabe:

```
MPRINT(A):   DATA w;
MPRINT(A):   x=1 PROC PRINT;
MPRINT(A):   RUN;
```

Auf diese Weise erkennt man leicht das fehlende Semikolon hinter der Anweisung x=1. Tabelle 19.4 führt weitere Optionen auf.

Tabelle 19.4: Makrooptionen

Option	Beschreibung
<NO>MERROR	MERROR schreibt die Meldung: WARNING: Apparent invocation of macro Test not resolved ins LOG-Fenster, falls ein nicht definiertes Makro (z. B. %Test) aufgerufen wurde; NOMERROR schaltet diese Meldung ab
<NO>SERROR	SERROR schreibt die Warnung WARNING: Apparent symbolic reference Test not resolved ins LOG-Fenster, sofern eine nicht existierende Makrovariable (z. B. &Test) angesprochen wird; NOSERROR unterdrückt diese Ausgabe
MLOGIC	Schreibt umfangreiche Informationen über den Ablauf eines Makros ins LOG-Fenster

Für weiterführende Informationen zu SAS-Makros siehe Carpenter (1999).

Assistenten

Neben dem vorgestellten Schreiben eigener Programme stehen in SAS auch sogenannte Assistenten für bestimmte statistische Analysen zur Verfügung. Die Assistenten werden über das Menü

Solutions $\rightarrow$ Analysis

gestartet. Es stehen mehrere Assistenten zur Auswahl: 3D Visual Analysis, Design of Experiments, Enterprise Miner, Geographic Information System, Guided Data Analysis, Interactive Data Analysis, Investment Analysis, Market Research, Project Management, Quality Improvement, Queueing Simulation, Time Series Forecasting System und Time Series Viewer.

Von diesen Assistenten sollen im Folgenden der Enterprise Miner sowie der Enterprise Guide vorgestellt werden.

20.1 Enterprise Miner

Der Enterprise Miner wird über die Menüpunkte Solutions $\rightarrow$ Analysis $\rightarrow$ Enterprise Miner aufgerufen und ist eine eigenständige Analyseumgebung vor allem zur Anwendung von Methoden des Data Mining.

Data Mining

Unter dem Begriff Data Mining versteht man Verfahren, welche die Datenaufbereitung und Gewinnung von Erkenntnissen aus großen Datenmengen zu einem Prozess zusammenfassen. Bei der Analyse der Daten setzt man unterschiedliche Methoden der statistischen Modellierung und Verfahren der künstlichen Intelligenz ein. Klassische Methoden des Data Mining sind multivariate Verfahren wie Cluster- oder Hauptkomponentenanalyse, Regression, Entscheidungsbäume und Neuronale Netze. Diese Methoden ermöglichen die Analyse

© Springer-Verlag GmbH Deutschland, ein Teil von Springer Nature 2018
W. Krämer et al., *Datenanalyse mit SAS®*, https://doi.org/10.1007/978-3-662-57799-8_20

und Prognose verborgener Strukturen und Trends in den Daten. Eine eindeutige Definition des Begriffs Data Mining sowie eine Festlegung der enthaltenen Arbeitsschritte existiert nicht. Eine verbreitete Beschreibung ist den Richtlinien des „CRoss Industry Standard Process for Data Mining" (CRISP-DM, vgl. Shearer, 2000) zu entnehmen. Alternativ beinhaltet der von SAS entwickelte SEMMA-Ansatz die Schritte „Selecting", „Exploring", „Modifying", „Modelling" und „Assessing".

Nach diesen und anderen Definitionen und Beschreibungen beinhaltet der Prozess des Data Mining die folgenden Schritte:

- Auswahl aller relevanten Daten und Variablen, beispielsweise aus einem Data Warehouse. Die ausgewählten Daten werden in einen sogenannten Entwicklungs- (bzw. Trainings-), einen Validierungs- und einen Testdatensatz aufgeteilt. Dies erfolgt oft im Verhältnis 40:30:30.

- Durchführung einer explorativen Datenanalyse, um erste Kennzahlen zu bestimmen und Zusammenhänge zwischen den Variablen aufzudecken.

- Anwendung von geeigneten Datentransformationen, um die gefundenen Zusammenhänge deutlicher hervorzuheben. Auf diese Weise lassen sich mögliche Fehler in den Daten entdecken, fehlende Werte ergänzen, Ausreißer finden und neue Variablen erzeugen.

- Erstellung verschiedener Data-Mining-Modelle durch die Anwendung statistischer Verfahren auf die Entwicklungsdaten. Sollen nicht alle Variablen zur Modellierung verwendet werden bzw. erweisen sich einige Variablen als überflüssig, so werden Verfahren zur Variablensektion oder Dimensionsreduktion angewendet. Die verschiedenen Data-Mining-Modelle werden anhand der Validierungsdaten überprüft und das beste Modell bezüglich eines geeigneten Kriteriums ausgewählt.

- Prognose der Testdaten auf Grundlage des ausgewählten Modells.

Arbeiten mit dem Enterprise Miner

Nach dem Aufruf des Enterprise Miners erscheint die in Abbildung 20.1 dargestellte Arbeitsumgebung. Am oberen Bildschirmrand befindet sich eine Symbolleiste mit speziellen Funktionen des Enterprise Miners. Mit diesen „Knoten" lässt sich auf der rechten Seite des Bildschirms ein „Ablaufplan" (Prozessflussdiagramm) der Analyse erstellen. Die linke Seite des Bildschirms enthält eine Navigationsleiste innerhalb des Projekts.

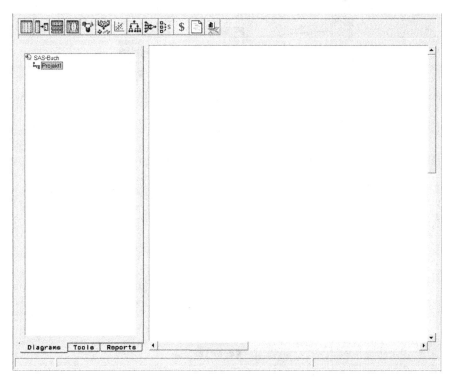

Abbildung 20.1: Arbeitsumgebung des Enterprise Miners

Über das Menü

    File → New

eröffnet man ein neues Projekt. Sämtliche am Projekt vorgenommenen Änderungen werden gespeichert. Somit steht bei einem erneuten Aufruf des Enterprise Miners der zuvor erstellte Ablaufplan wieder zur Verfügung.

Abbildung 20.2 zeigt einen typischen Projekt-Ablaufplan.

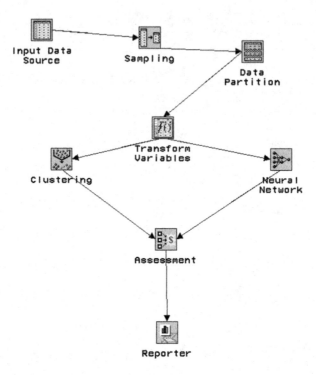

Abbildung 20.2: Beispiel des Ablaufplans einer Analyse im Enterprise Miner

Nach dem Einlesen des Datensatzes mit dem Knoten *Input Data Source* werden die Daten mit dem Knoten *Sampling* (Stichprobenauswahl) zur Analyse ausgewählt. Die Pfeile symbolisieren den Datenfluss. Somit werden die Daten vom Eingangsknoten an den Knoten zur Stichprobenziehung weitergeleitet, nicht umgekehrt. Anschließend wird die Stichprobe aufgeteilt, etwa in einen Trainings-, Validierungs- und Testdatensatz. Es folgt eine Variablentransformation. Die statistische Analyse umfasst eine Clusterung sowie Neuronale Netze. Abschließend werden die Ergebnisse zusammengeführt und ein Bericht erzeugt.

Die Inhalte der einzelnen Knoten werden festgelegt und Einstellungen vorgenommen, indem man nach einem rechten Mausklick auf den Knoten im Kontextmenü den Eintrag *Open* auswählt. Sind alle Einstellungen festgelegt, so wird durch Anklicken des letzten Knotens mit der rechten Maustaste und der Auswahl *Run* die Analyse gestartet.

Neben den in der Symbolleiste aufgeführten gibt es viele weitere mögliche Knoten, die unter dem Reiter *Tools* im Navigationsfenster zu finden sind. Abbildung 20.3 zeigt eine Übersicht der nach Themengebieten sortierten möglichen Knoten.

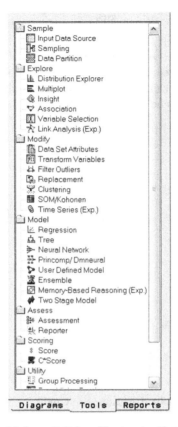

Abbildung 20.3: Auswahl der möglichen Knoten im Enterprise Miner

20.2 Enterprise Guide

Der SAS Enterprise Guide (kurz: SEG) ist eine grafische Benutzeroberfläche für die Module SAS/BASE, SAS/STAT und SAS/GRAPH. Zur SAS-Version 9.4, welche diesem Buch zugrunde liegt, korrespondiert der SEG in den Versionen 6.1 und 7.1. Zur Anwendung des SEG sind keine Programmierkenntnisse notwendig. Stattdessen erfolgt die Bedienung des SEG über Menüs und Dialogfelder. Aus den per Mausklick ausgewählten Anweisungen erzeugt der SEG ein lauffähiges SAS-Programm. Eine Besonderheit des SEG ist die Organisation einer Analyse. Durch das Starten des SEG wird ein sogenanntes Projekt erstellt. Innerhalb eines Projekts können beliebig viele SAS-Datensätze, Analyseschritte, Berichte oder Grafiken gespeichert werden. Dabei wird die Zugehörigkeit der einzelnen Objekte zu einem Projekt durch einen Richtungspfeil markiert. Wird ein Projekt gespeichert und zu einem späteren Zeitpunkt wieder geöffnet, so ist stets das gesamte Projekt verfügbar. Die Analyseschritte,

Berichte und Grafiken werden im SEG zu sogenannten Anwendungsroutinen zusammengefasst.

Abbildung 20.4 zeigt die Oberfläche des SEG. Im oberen linken Bereich des Fensters wird der „Prozessfluss" bzw. „Projektbaum" des aktiven Projekts hierarchisch dargestellt. Der große Bereich „Projektfluss" im rechten Teil des Fensters zeigt eine grafische Darstellung des Projekts (vgl. Abbildung 20.5).

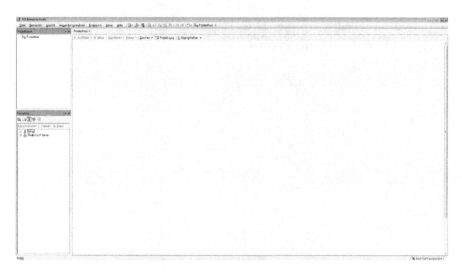

Abbildung 20.4: Oberfläche des Enterprise Guide

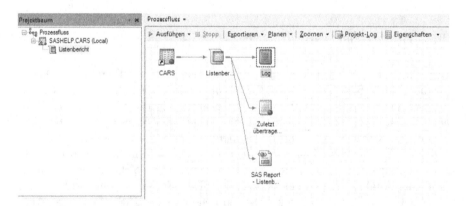

Abbildung 20.5: Exemplarische Darstellung eines Prozessflusses im SEG

Der Menüpunkt Anwendungsroutinen (vgl. Abbildung 20.6) listet die zur Verfügung stehenden Möglichkeiten der Datenanalyse auf: Daten, Beschreiben, Grafiken, ANOVA, Regression, Multivariate Statistik, Überlebenszeitanalyse, Prozessfähigkeit, Paretodiagramm, Regelkarten, Zeitreihen, Data Mining und OLAP. Wählt man beispielsweise den Punkt „Beschreiben" aus, so wird ein einfacher Listenbericht mittels der die Prozeduren PRINT (Listenbericht) oder TABULATE (Zusammenfassungstabellen) erstellt. Nach Auswahl eines Punktes aus der Liste öffnet sich ein Dialogfenster und bietet unterschiedliche Optionen zur Durchführung der entsprechenden Analyse an. Nachdem die Einstellungen gesetzt wurden, wird nach Betätigung der Schaltfläche *Ausführen* ein SAS-Programm erzeugt, welches im Fenster „Prozessfluss" unter „Zuletzt übertragener Code" eingesehen werden kann. Der Anwender muss das SAS-Programm nicht selbst schreiben.

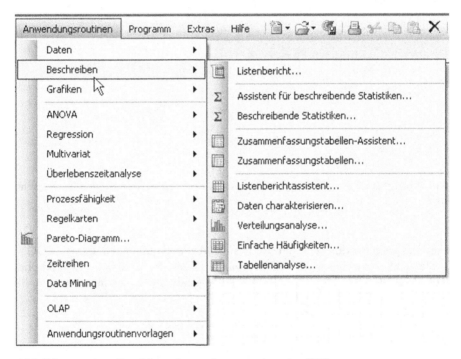

Abbildung 20.6: Das Menü Anwendungsroutinen im SEG

Beispiel 20.1: Durchführung einfacher Analysen mit dem Enterprise Guide

Zum Erstellen eines Prozessflusses ist zunächst ein Datensatz auszuwählen. Hier sollen die Arbeitslosenzahlen in Deutschland aus Kapitel 13 ausgewertet werden. Dazu wird ein einfacher Listenbericht, ein Liniendiagramm sowie eine einfache beschreibende Statistik erstellt. Der Prozessfluss ist in Abbildung 20.7 dargestellt.

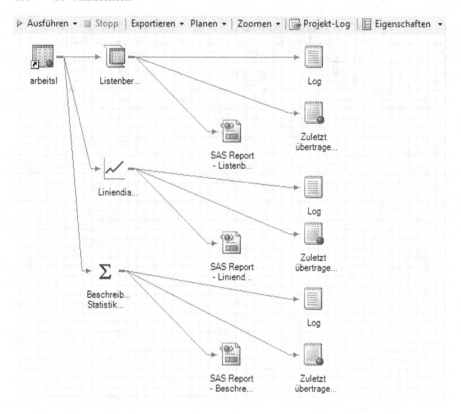

Abbildung 20.7: Prozessfluss zur Auswertung der Arbeitslosenzahlen in Deutschland

Die einzelnen Bestandteile der Analyse sind jeweils mit einer Ikone „LOG",
„Zuletzt übertragener Code" sowie dem Ergebnis der Analyse verknüpft. Im
Falle des Listenberichts ist das Ergebnis der Analyse beispielsweise der erstell-
te Bericht im ODS-Stil (vgl. Abbildung 20.8).

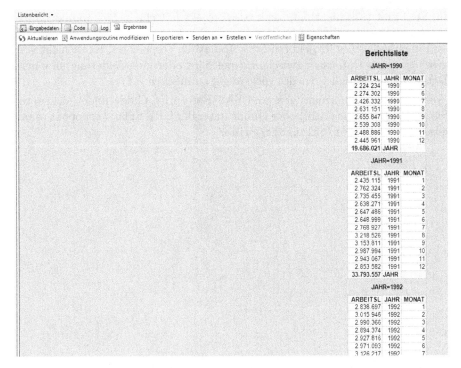

Abbildung 20.8: Auszug aus einem Listenbericht des Enterprise Guide

Ein im SAS Enterprise Guide erzeugtes Programm unterscheidet sich oft von dem üblichen Programmcode eines DATA-Steps. Zur Datenmanipulation (Filtern, Transformieren) nutzt der SEG beispielsweise die Prozedur SQL statt eines DATA-Steps. Zudem sind im SEG bei der Wahl eines Variablennamens beliebige Zeichenketten mit einer Länge von bis zu 32 Zeichen erlaubt. So sind beispielsweise die Variablennamen 1a, Ökonom und sas buch zulässig. In der Standardinstallation von SAS müssen die Variablennamen im Programm-Editor allerdings die in Abschnitt 3.2 vorgestellten Konventionen einhalten. Im SEG gilt diese Einschränkung nicht. Bei der Übertragung eines SEG-Programms auf eine DATA-Step-Umgebung kann es daher zu Fehlern kommen. Um derartige Fehler zu vermeiden, empfiehlt es sich, die genannten Konventionen auch im SEG einzuhalten. Sollte dies nicht möglich sein, so ermöglicht die Option

```
OPTIONS VALIDVARNAME=ANY;
```

die Verwendung von Variablennamen gemäß der flexiblen Vorschriften des SEG auch außerhalb des SEG. Die Standardeinstellung in SAS/BASE ist VALIDVARNAME=V7.

Im SEG gibt es keine Möglichkeit, ein Projekt mit einem Menüpunkt „Speichern unter" zu speichern. Stattdessen wird jede Änderung an einem Datensatz innerhalb eines Projekts sofort automatisch gespeichert. Es ist nicht vorgesehen, einen Datensatz zwischenzuspeichern oder eine Änderung an einem Datensatz nachträglich wieder rückgängig zu machen.

Weiterführende Informationen zum SAS Enterprise Guide findet sich unter Slaughter, Delwiche (2010) oder Online unter der URL `http://support.sas.com/documentation/onlinedoc/guide/`.

Anhang

Lösungshinweise

Nachstehende Hinweise helfen bei der Lösung der Übungsaufgaben. Die vollständigen SAS-Programme sowie die zur Lösung benötigten Datensätze befinden sich unter https://www.springer.com/978-3-662-57798-1.

Aufgabe 3.1:
```
DATA Zaehlen;
 x=0;
 i=1;
 DO UNTIL (i>10);
  x=x+i;
  i=i+1;
 END;
RUN;
```

Aufgabe 3.2:
```
DATA Lettland;
INFILE 'C:\SAS-Buch\Lettland.htm' FIRSTOBS=48 DLM='</';
INPUT @98 Platz 1.    #2 @97 Verein : $20.    #3 @98 Spiele 1.
      #4 @98 Sieg 1.   #5 @98 Unentschieden 1. #6 @98 Niederlage 1.
      #7 @97 Tore $3.  #8 @' color=' +10 Differenz 2.
      #9 @98 Punkte 1. #11;
RUN;
```

© Springer-Verlag GmbH Deutschland, ein Teil von Springer Nature 2018
W. Krämer et al., *Datenanalyse mit SAS®*, https://doi.org/10.1007/978-3-662-57799-8

Aufgabe 3.3:

```
DATA Binaer (DROP=Stelle);
 ARRAY Variable{5};
 DO Dezimalzahl=0 TO 31;
  DO Stelle=1 TO 5;
   Variable{6-Stelle}=ROUND(MOD(Dezimalzahl,2**Stelle)/2**Stelle);
  END;
  OUTPUT;
 END;
RUN;
```

Aufgabe 3.4:

```
DATA Zufall;
 DO i=1 TO 100;
  a=NORMAL(0)*SQRT(10)+5;
  b_i=RAND('T',10);
  b_ii=TINV(RANUNI(0),10);
  OUTPUT;
 END;
RUN;
```

```
PROC EXPORT DATA=WORK.Zufall DBMS=EXCEL REPLACE
            OUTFILE='C:\SAS-Buch\Zufall.xls';
 SHEET="Zufall";
RUN;
```

Aufgabe 3.5:

```
LIBNAME Sas 'C:\SAS-Buch';
DATA Gemischt;
 MERGE Sas.Auswahl (IN=a) Sas.Gesamt;
 BY vsnr;
 IF a;
RUN;
```

Aufgabe 5.1:

```
PROC TABULATE DATA=SASHELP.PRDSALE;
 CLASS Country Prodtype Year;
 VAR Actual;
 TABLE Prodtype='Klasse'*Year='Jahr',
       Actual='Umsatz'*Country=''*MEAN='' / BOX='in Euro' RTS=22;
RUN;
```

Aufgabe 5.2:

```
ODS HTML PATH="C:\SAS-Buch"
        BODY="tabelle.html"
        CONTENTS="navigation.html"
        FRAME="index.html";
PROC TABULATE DATA=Sashelp.Prdsale;
 CLASS Country Prodtype Year;
 VAR Actual;
 TABLE Prodtype='Klasse'*Year='Jahr',
       Actual='Umsatz'*Country=''*MEAN='' / BOX='in Euro' RTS=22;
RUN;
ODS HTML CLOSE;
```

Aufgabe 5.3:

```
ODS TRACE ON;
PROC MEANS DATA=SASHELP.CLASS;
 VAR Age;
RUN;
ODS TRACE OFF;

ODS TRACE ON;
PROC UNIVARIATE DATA=SASHELP.CLASS;
 VAR Age;
RUN;
ODS TRACE OFF;

ODS TRACE ON;
PROC REPORT DATA=SASHELP.CLASS NOWD;
 COLUMN Name Sex Age Height Weight;
 DEFINE Name / DISPLAY;
 DEFINE Sex / DISPLAY;
 DEFINE Age / DISPLAY;
 DEFINE Height / DISPLAY;
 DEFINE Weight / DISPLAY;
RUN;
ODS TRACE OFF;
```

Aufgabe 6.1:

```
PATTERN1 COLOR=GRAY;
PATTERN2 COLOR=BLACK;
PATTERN3 COLOR=YELLOW;
PATTERN4 COLOR=GREEN;
PATTERN5 COLOR=PURPLE;
PATTERN6 COLOR=RED;
TITLE F=SWISS H=1.6 'Zweitstimmenergebnis der Bundestagswahl 2002';

PROC GCHART DATA=Bundestagswahl;
 PIE Partei / SUMVAR=Anteil NOHEADING ASCENDING
              PERCENT=ARROW VALUE=NONE SLICE=ARROW ANGLE=180
              EXPLODE='ANDERE' OTHER=3 FILL=SOLID;
RUN;QUIT;
```

Aufgabe 6.2:

```
DATA a;
 DO x=-2 TO 2 BY 0.05;
  DO y=-2 TO 2 BY 0.05;
   z=x**2+2*y**2;
   OUTPUT;
  END;
 END;
RUN;

TITLE F=SWISS H=1.4 'Funktion: f(x,y)=x**2 + 2y**2';

PROC G3D DATA=a;
 PLOT y*x=z / GRID XTICKNUM=5 YTICKNUM=5 TILT=80 ROTATE=40;
RUN;QUIT
```

Aufgabe 6.3:

```
GOPTIONS RESET=ALL DEVICE=BMP GSFMODE=REPLACE GSFNAME=Bild;
TITLE F=SWISS H=1.4 'Funktion: f(x,y)=x**2 + 2y**2';
LEGEND1 DOWN=4 ACROSS=3 VALUE=(F=SWISS H=0.8) LABEL=(F=SWISS H=1.0);

PROC GCONTUR DATA=a;
 FILENAME Bild 'C:\SAS-Buch\dreid.bmp';
 PLOT y*x=z / XTICKNUM=5 YTICKNUM=5 LEVELS=0 TO 12 BY 1.2
              LEGEND=LEGEND1;
RUN;QUIT;
GOPTIONS RESET=ALL;
```

Aufgabe 6.4:

```
PATTERN1 C=DEB V=SOLID;
PATTERN2 C=VIB V=S;
PATTERN3 C=STB V=SOLID;
PATTERN4 C=LIB V=SOLID;
PATTERN5 C=BLUE V=SOLID;
PATTERN6 C=VLIGB V=SOLID;
PATTERN7 C=PAB V=SOLID;
PATTERN8 C=VPAB V=SOLID;
LEGEND1 VALUE=(F=SWISS H=.8) LABEL=(F=SWISS H=1.0 'Einwohner') FRAME
        DOWN=4 ACROSS=2 POSITION=(BOTTOM LEFT INSIDE) MODE=PROTECT;
TITLE F=SWISS H=2.5 'Einwohner in Australien 1995';

PROC GMAP DATA=Australien MAP=Maps.Austral ALL;
 ID id;
 CHORO Einwohner / COUTLINE=BLACK LEGEND=LEGEND1
                 MIDPOINTS=(100 300 500 1100 2000 3000 3650 6000);
RUN;QUIT;
```

Aufgabe 7.1:

```
DATA Ziele;
 INFILE 'C:\SAS-Buch\Popularkids.txt' FIRSTOBS=2;
 INPUT Gender $ Grade Age Race $ Urbanrural $ School $ Goals $
     Grades Sports Looks Money;
RUN;

PROC FREQ DATA=Ziele;
 TABLES Gender*Goals;
 EXACT CHISQ;
RUN;
```

Aufgabe 7.2:

```
LIBNAME Sas 'C:\SAS-Buch';

PROC FORMAT;
 VALUE Zeitform 1="Morgens" 2="Vormittags" 3="Nachmittags"
                4="Abends"  5="Nachts";
RUN;

DATA Newyork;
 FORMAT z Zeitform.;
 SET Sas.Newyork;
 IF 6<=Hour<=8 THEN z=1;
 ELSE IF 9<=Hour<=12 THEN z=2;
 ELSE IF 13<=Hour<=16 THEN z=3;
 ELSE IF 17<=Hour<=22 THEN z=4;
 ELSE z=5;
RUN;
```

```
PROC SORT DATA=Newyork;
 BY z;
RUN;

PROC MEANS DATA=Newyork Q1 MEDIAN Q3;
 VAR co;
 CLASS z;
 OUTPUT OUT=Tagesgang MEAN=Mittel STDDEV=Standabw;
RUN;

PROC BOXPLOT DATA=Newyork;
 PLOT co*z;
RUN;QUIT;
```

Aufgabe 7.3:

```
LIBNAME Sas 'C:\SAS-Buch';

DATA Newyork;
 SET Sas.Newyork;
 IF Day='Fri' OR Day='Sat' OR Day='Sun' THEN Class='Weekend';
 ELSE Class='Week';
RUN;

PROC UNIVARIATE DATA=Newyork NOPRINT;
 HISTOGRAM co;
 CLASS Class;
 INSET N MEAN='Mittel' VAR='Varianz' / POS=NE;
RUN;QUIT;
```

Aufgabe 7.4:

```
LIBNAME Sas 'C:\SAS-Buch';

DATA schlehol (KEEP=ID DISTRICT_NUM SEGMENT LAKE X Y IDNAME STATE1);
 MERGE MAPS.GERMANY MAPS.GERMANY2;
 BY ID;
 IF STATE1="Schleswig-Holstein";
 DISTRICT_NUM=INPUT(DISTRICT,6.);
RUN;

PROC GMAP MAP=schlehol DATA=Sas.karpfen (RENAME=(Kreis=DISTRICT_NUM));
 ID DISTRICT_NUM;
 CHORO karpfen;
 TITLE "Karpfen in Schleswig Holstein";
RUN;QUIT;
```

Aufgabe 7.5:

```
DATA Patent;
 INPUT Bundesland Patent @@;
 DATALINES;
   1  1  2  3  3  1  4  1  5 10  6  1  7  1  8  1
   9  0 10  1 11  1 12  1 13  1 14  8 15  1 16  1
 ;
RUN;

DATA Gemeinsam;
 MERGE MAPS.GERMANY MAPS.GERMANY2;
  BY ID;
Bundesland = INPUT(State,BEST12.);
RUN;

PROC GREMOVE DATA=Gemeinsam OUT=Temp;
 BY Bundesland;
 ID ID;
RUN;

LEGEND1 ACROSS=5 LABEL=('Anzahl der Patente');
PROC GMAP DATA=Patent MAP=Temp ALL;
 ID Bundesland;
 BLOCK Patent / DISCRETE CBLKOUT=BLACK LEGEND=LEGEND1 SHAPE=BLOCK
                COUTLINE=BLACK XVIEW=0.5 YVIEW=-2 ZVIEW=5 RELZERO;
RUN;QUIT;
```

Aufgabe 8.1:

```
DATA a;
 input x @@;
 DATALINES;
  0.662 0.194 0.295 0.368 0.537
  0.678 0.277 0.442 0.326 0.186
 ;
RUN;

PROC UNIVARIATE DATA=a;
 CDFPLOT x / BETA(ALPHA=2 BETA=3) VSCALE=PROPORTION;
RUN;QUIT;
```

Aufgabe 8.2:

```
PROC MODEL DATA=Gamma;
 EQ.g1=x-a;
 EQ.g2=(x-a)**2-b;
 FIT g1 g2 / GMM;
 ESTIMATE a**2+b;
RUN;
```

Aufgabe 8.3:

```
LIBNAME Sas 'C:\SAS-Buch';
PROC UNIVARIATE DATA=Sas.Aufgabe8_3 CIBASIC(ALPHA=0.01);
VAR y;
WHERE MOD(i,3)=0;
RUN;
```

Aufgabe 8.4:

```
DATA tTest;
 DO n=5,6,7,8,9,10,12,15,20,25,30,40;
  t_95_u=TINV(0.025,n-1);
  t_95_o=-t_95_u;
  t_99_u=TINV(0.005,n-1);
  t_99_o=-t_99_u;
  OUTPUT;
 END;
RUN;


PROC PRINT DATA=tTest NOOBS;
RUN;
```

Aufgabe 8.5:

```
DATA Aufgabe8_5;
 INPUT D_Gewicht @@;
 IF _N_<=20 THEN Gruppe=1; ELSE Gruppe=0;
 DATALINES;
  -1.54 -1.05 -0.11 -1.60 -1.54 -1.60 -0.46 -1.10 -2.15 -0.37
   0.51  0.63 -1.22  0.81 -1.86 -1.75  0.15 -0.41 -0.88  0.42
   1.50 -0.38  0.10 -1.38  1.94 -0.92  0.21 -0.39 -0.89 -0.27
 ;
RUN;


PROC TTEST DATA=Aufgabe8_5;
 CLASS Gruppe;
 VAR D_Gewicht;
RUN;
```

Der p-Wert des F-Tests beträgt $0{,}6012$, d. h. die Voraussetzung für den 2-Stichproben-t-Test ist erfüllt. Der p-Wert des 2-Stichproben-t-Tests beträgt $0{,}0689$. Da die Alternative in der Aufgabenstellung einseitig ist, lautet die Testentscheidung: lehne H_0 ab, wenn der p-Wert $< 0{,}1$ $(= 2 \cdot 0{,}05)$ ist und $T < 0$. Da dies hier erfüllt ist, wird H_0 abgelehnt.

Aufgabe 9.1:

```
DATA Forbes1 (DROP=Siedepunkt);
 SET Forbes;
 L_Luftdruck=LOG(Luftdruck);
 Siedepunkt_C=(Siedepunkt-32)*5/9;
RUN;


TITLE F=SWISS H=2 'Forbes-Daten und Regressionsgerade';
AXIS1 ORDER=(90 TO 102 BY 2) VALUE=(F=SWISS H=1.2) LABEL=(F=SWISS
      H=1.4 'Siedepunkt des Wassers in Grad Celsius') MINOR=NONE;
AXIS2 ORDER=(3 TO 3.5 BY 0.1) LABEL=(F=SWISS H=1.4 ANGLE=90
      'log. Luftdruck') VALUE=(F=SWISS H=1.2) MINOR=NONE;
SYMBOL1 I=NONE C=BLACK V=DOT H=0.8;
SYMBOL2 I=RQ C=RED H=0.7;


PROC GPLOT DATA=Forbes1;
 PLOT L_Luftdruck*Siedepunkt_C=1 L_Luftdruck*Siedepunkt_C=2
      / OVERLAY HAXIS=AXIS1 VAXIS=AXIS2;
RUN;


PROC REG DATA=Forbes1;
 MODEL L_Luftdruck=Siedepunkt_C;
 OUTPUT OUT=Resi R=Res P=p;
RUN;QUIT;


TITLE;
AXIS1 ORDER=(3 TO 3.5 BY 0.1) MINOR=NONE VALUE=(F=SWISS H=1.2)
      LABEL=(F=SWISS H=1.4 'Vorhersagewerte des log. Luftdrucks');
AXIS2 ORDER=(-0.01 TO 0.04 BY 0.01) LABEL=(F=SWISS H=1.4
      ANGLE=90 'Residuen') VALUE=(F=SWISS H=1.2) MINOR=NONE;
SYMBOL1 I=NONE C=BLACK V=DOT H=0.8;


PROC GPLOT DATA=Resi;
 PLOT Res*p=1 / HAXIS=AXIS1 VAXIS=AXIS2 VREF=0;
RUN;QUIT;
```

Aufgabe 9.2:

```
PROC REG DATA=Zement;
 MODEL y=x1 x2 x3 x4 / SELECTION=BACKWARD SLS=.05;
 OUTPUT OUT=Norm R=Residuen P=ydach;
RUN;QUIT;


PROC UNIVARIATE DATA=Norm NORMAL;
 VAR Residuen;
 QQPLOT Residuen / NORMAL(COLOR=BLUE MU=EST SIGMA=EST);
RUN;
```

Aufgabe 9.3:

```
PROC REG DATA=Multi RIDGE=(0.002 TO 0.1 BY 0.002) OUTEST=Ridge;
 MODEL y=x1 x2 x3 / COLLIN;
RUN;QUIT;

PROC PRINT DATA=Ridge LABEL;
RUN;
```

Aufgabe 9.4:

```
PROC REG DATA=Autokorr;
 MODEL y1=x1 x2 / DW;
 OUTPUT OUT=r1 R=r1;
 MODEL y2=x1 x2 / DW;
 OUTPUT OUT=r2 R=r2;
RUN;QUIT;

DATA r;
 MERGE r1 r2;
 lr1=LAG(r1);
 lr2=LAG(r2);
RUN;

PROC GPLOT DATA=r;
 PLOT r1*lr1 r2*lr2;
RUN;QUIT;
```

Aufgabe 10.1:

```
PROC PLAN;
 FACTORS Versuchseinheit=20 Behandlung=1 OF 4 CYCLIC;
RUN;QUIT;

PROC PLAN;
 FACTORS Patient=12 Behandlung=2 OF 3 CYCLIC;
 OUTPUT OUT=Plan Behandlung CVALS=('Chlorhexidindihydrochlorid'
        'Hydroxypropyldimoniumchlorid' 'Placebo');
RUN;QUIT;

PROC PRINT DATA=Plan;
RUN;
```

Aufgabe 10.2:

```
LIBNAME Sas 'C:\SAS-Buch';
DATA Anova;
 SET Sas.Gruppe1 (RENAME=(y1=y) IN=g1)
     Sas.Gruppe2 (RENAME=(y2=y) IN=g2)
     Sas.Gruppe3 (RENAME=(y3=y) IN=g3)
     Sas.Gruppe4 (RENAME=(y4=y) IN=g4);
 IF g1 THEN Gruppe=1;
 IF g2 THEN Gruppe=2;
 IF g3 THEN Gruppe=3;
 IF g4 THEN Gruppe=4;
RUN;

PROC GLM DATA=Anova;
 CLASS Gruppe;
 MODEL y=Gruppe / SS3;
 MEANS Gruppe;
 ESTIMATE 'Gruppe2-Gruppe1' Gruppe -1 1 0 0;
 ESTIMATE 'Gruppe3-Gruppe1' Gruppe -1 0 1 0;
 ESTIMATE 'Gruppe4-Gruppe1' Gruppe -1 0 0 1;
RUN;QUIT;
```

Aufgabe 10.3:

```
DATA css;
 DO i=0 TO 0.2 BY 0.01;
  css=2/3*(i**2-0.2*i+0.04);
   OUTPUT;
 END;
RUN;

PROC SUMMARY DATA=css;
 VAR css;
 OUTPUT OUT=css_min MIN=css;
RUN;

DATA Fallzahl (KEEP=i n);
 SET css_min;
 LABEL i='Gruppenumfang' n='Gesamtumfang';
 RETAIN i 1 hilf 1;
 k=3;
 DO UNTIL (hilf<0.1);
  i=i+1;
  hilf=PROBF(FINV(0.95,k-1,k*(i-1)),k-1,k*(i-1),i*css/0.1);
  n=i*k;
 END;
RUN;

PROC PRINT DATA=Fallzahl;
RUN;
```

Aufgabe 10.4:

```
DATA Simdat (DROP=i);
 DO s=1 TO 1000;
  DO i=1 TO 65;
   DO Gruppe=1 TO 3;
    y=(Gruppe-1)/10+SQRT(0.1)*NORMAL(1);
    OUTPUT;
   END;
  END;
 END;
RUN;

PROC GLM DATA=Simdat OUTSTAT=Pwerte NOPRINT;
 CLASS Gruppe;
 MODEL y=Gruppe;
 BY s;
RUN;

PROC SUMMARY DATA=Pwerte;
 VAR prob;
 WHERE _type_='SS3';
 OUTPUT OUT=Niveau P90=p90;
RUN;

PROC PRINT DATA=Niveau;
RUN;
```

Aufgabe 11.1:

```
DATA a;
 INPUT x @@;
 DATALINES;
  7 3 6 7 4 3 6 6 8 8
 ;
RUN;

PROC RANK DATA=a FRACTION OUT=b;
 VAR x;
 RANKS y;
RUN;

DATA dummy;
 x=0;
 y=0;
RUN;

DATA b;
 SET dummy b;
RUN;
```

```
PROC GPLOT DATA=b;
 SYMBOL1 I=STEPJS;
 PLOT y*x;
RUN;QUIT;
```

Aufgabe 11.2:

```
DATA Korrelation2;
 SET Korrelation;
 y_klassiert=ROUND(y,0.5);
 x_klassiert=ROUND(x,0.5);
RUN;

PROC FREQ DATA=Korrelation2;
 TABLES y_klassiert*x_klassiert / CHISQ;
RUN;
```

Aufgabe 11.3:

```
LIBNAME Sas 'C:\SAS-Buch';

DATA Zusammen;
 SET Sas.ks2sp (KEEP=x RENAME=(x=y) IN=g)
     Sas.ks2sp (KEEP=y WHERE=(y NE .));
 IF g THEN Gruppe=1;
 ELSE Gruppe=2;
RUN;

PROC NPAR1WAY EDF DATA=Zusammen;
 VAR y;
 CLASS Gruppe;
RUN;
```

Aufgabe 11.4:

```
DATA b;
 SET Warteschleife;
 x=FLOOR(x);
RUN;

PROC FREQ DATA=b;
 TABLES x / OUT=c NOPRINT;
RUN;

PROC KDE DATA=Warteschleife;
 UNIVAR x / METHOD=SROT OUT=d;
RUN;

DATA e;
 MERGE c d (RENAME=(Value=x));
 BY x;
 z=Percent/100;
RUN;
```

```
PROC GPLOT DATA=e;
 SYMBOL1 I=J C=BLACK;
 SYMBOL2 I=STEPJ C=BLACK;
 PLOT Density*x=1 z*x=2 / OVERLAY;
RUN;QUIT;
```

Aufgabe 11.5:

```
PROC KDE DATA=a;
 BIVAR x y / OUT=b;
RUN;

PROC G3D DATA=b;
 PLOT Value1*Value2=Density;
RUN;
```

Aufgabe 12.1:

```
DATA Track;
 INFILE 'C:\SAS-Buch\Track.html' FIRSTOBS=33 DLM='09'X;
 INPUT Country : $20. m100 m200 m400 m800 m1500 k5 k10 Marathon;
RUN;

PROC FACTOR DATA=Track METHOD=PRIN NFACT=2 ROTATE=VARIMAX;
 VAR m100 m200 m400 m800 m1500 k5 k10 Marathon;
RUN;
```

Aufgabe 12.2:

```
LIBNAME Sas 'C:\SAS-Buch';

/* a) Ohne "aceclus"-Transformation der Daten: */
PROC CLUSTER DATA=Sas.City OUTTREE=Tree METHOD=COMPLETE;
 VAR Price Salary;
 ID City;
run;

PROC TREE DATA=Tree HORIZONTAL;
 HEIGHT _NCL_;
 ID City;
run;

/* b) Mit "aceclus"-Transformation der Daten: */
PROC ACECLUS DATA=Sas.City OUT=City2 P=.03 NOPRINT;
 VAR Price Salary;
RUN;

PROC CLUSTER DATA=City2 OUTTREE=Tree METHOD=COMPLETE;
 VAR Can1 Can2;
 ID City;
RUN;
```

```
PROC TREE DATA=Tree HORIZONTAL;
 ID City;
RUN;
```

Aufgabe 12.3:

```
LIBNAME Sas 'C:\SAS-Buch';
PROC PRINCOMP DATA=Sas.Stock COV OUT=Cov;
 VAR AlliedChemical DuPont UnionCarbide Exxon Texaco;
RUN;
```

Aufgabe 13.1:

```
LIBNAME Sas 'C:\SAS-Buch';

PROC EXPAND DATA=Sas.Konsum OUT=Komponenten;
 CONVERT Konsum=Trend_K / TRANSFORM=(CD_TC 4);
 CONVERT Konsum=Saison_K / TRANSFORM=(CDA_S 4);
 CONVERT Konsum=Rest_K / TRANSFORM=(CDA_I 4);
RUN;

SYMBOL1 I=JOIN C=BLACK;

PROC GPLOT DATA=Komponenten;
 FORMAT Quartal YEAR.;
 PLOT Rest_K*Quartal=1;
RUN;QUIT;
```

Aufgabe 13.2:

```
LIBNAME Sas 'C:\SAS-Buch';

PROC FORECAST DATA=Sas.Konsum INTERVAL=QTR SEASONS=QTR
              METHOD=WINTERS OUT=Holt OUTFULL LEAD=4;
 VAR Konsum;
 ID Quartal;
RUN;

SYMBOL1 V=DOT C=BLACK H=0.3;
SYMBOL2 I=J C=BLACK;
SYMBOL3 I=J L=3 C=BLACK;
SYMBOL4 I=J L=3 C=BLACK;

PROC GPLOT DATA=Holt;
 FORMAT Quartal YEAR.;
 PLOT Konsum*Quartal=_Type_ / NOLEGEND;
RUN;QUIT;
```

Aufgabe 13.3:

```
PROC ARIMA DATA=Arma;
 IDENTIFY VAR=x MINIC;
 ESTIMATE P=1 Q=1 METHOD=ML;
RUN;
```

Aufgabe 13.4:

```
PROC SPECTRA DATA=Arma P S OUT=Spektrum CENTER;
 VAR x;
 WEIGHTS 1 2 4 2 1;
RUN;


SYMBOL I=J C=BLACK;
AXIS1 ORDER=(0 TO 3.1416 BY 0.7854);

PROC GPLOT DATA=Spektrum;
 PLOT p_01*Freq s_01*Freq / HAXIS=AXIS1;
RUN;QUIT;
```

Aufgabe 13.5:

```
LIBNAME Sas 'C:\SAS-Buch';

DATA Dax;
 SET Sas.Dax;
 Rendite=DIF(LOG(Kurs));
RUN;

PROC AUTOREG DATA=Dax;
 MODEL Rendite= / CENTER GARCH=(Q=1, P=1) DIST=T;
RUN;
```

Aufgabe 14.1:

```
DATA Makro2;
 SET Makrooek;
 L_Einkommen=LAG(Einkommen);
RUN;

PROC SYSLIN DATA=Makro2 OUTEST=Schaetz SUR;
 MODEL Konsum=Einkommen;
 MODEL Investitionen=Einkommen L_Einkommen;
 IDENTITY Einkommen=Konsum+Autonom+Investitionen;
 RESTRICT Einkommen+L_Einkommen=0;
RUN;

PROC SIMLIN DATA=Makro2 EST=Schaetz TYPE=SUR;
 ENDOGENOUS Einkommen Konsum Investitionen;
 EXOGENOUS Autonom;
 LAGGED L_Einkommen Einkommen 1;
 OUTPUT OUT=Prognose P=E_Dach K_Dach I_Dach;
RUN;
```

```
SYMBOL1 I=NONE C=BLACK V=DOT H=0.2;
SYMBOL2 I=JOIN C=BLACK V=NONE;
PROC GPLOT DATA=Prognose;
 PLOT Einkommen*t=1 E_Dach*t=2 /OVERLAY;
RUN;QUIT;
```

Aufgabe 14.2:

```
LIBNAME Sas 'C:\SAS-Buch';
PROC MODEL DATA=Sas.Zweigleich;
 EQ.g1=a*x1/x2-y1;
 EQ.g2=b*LOG(x3)+c*LOG(x2)-y2;
 FIT g1 g2;
RUN;
```

Aufgabe 14.3:

```
PROC LOGISTIC DATA=Auto;
 MODEL Kauf=x;
 OUTPUT OUT=Vorhersage1 PREDICTED=p1;
RUN;

PROC LOGISTIC DATA=Auto;
 MODEL Kauf=x / LINK=PROBIT;
 OUTPUT OUT=Vorhersage2 PREDICTED=p2;
RUN;

PROC LOGISTIC DATA=Auto;
 MODEL Kauf=x / LINK=CLOGLOG;
 OUTPUT OUT=Vorhersage3 PREDICTED=p3;
RUN;

DATA Vorhersage;
 MERGE Vorhersage1 (KEEP=Einkommen p1)
       Vorhersage2 (KEEP=p2)
       Vorhersage3 (KEEP=p3);
 p1=1-p1;
 p2=1-p2;
 p3=1-p3;
RUN;

PROC SORT DATA=Vorhersage;
 BY Einkommen;
RUN;

SYMBOL1 I=JOIN C=BLACK V=NONE L=1;
SYMBOL2 I=JOIN C=BLACK V=NONE L=2;
SYMBOL3 I=JOIN C=BLACK V=NONE L=33;
PROC GPLOT DATA=Vorhersage;
 PLOT (p1 p2 p3)*Einkommen / OVERLAY;
RUN;QUIT;
```

Aufgabe 15.1:

```
DATA Aufgabe151;
 INPUT Rauchen Atemerk n;
 DATALINES;
  0 1 50
  0 0 950
  1 1 200
  1 0 800
  ;
RUN;


PROC FREQ DATA=Aufgabe151;
 BY Rauchen;
 TABLES Atemerk / BINOMIAL(WALD EXACT LEVEL=2) ALPHA=0.05;
 WEIGHT n;
RUN;


PROC SORT DATA=Aufgabe151;
 BY DESCENDING Rauchen;
RUN;


PROC FREQ DATA=Aufgabe151 ORDER=DATA;
 TABLES Rauchen*Atemerk / NOCOL NOPERCENT RELRISK RISKDIFF;
 WEIGHT n;
RUN;
```

Aufgabe 15.2:

```
PROC FREQ DATA=Aufgabe152;
 WHERE Dosis IN (1 2);
 TABLES Dosis*Erfolg / NOCOL NOPERCENT RELRISK CHISQ;
RUN;


PROC FREQ DATA=Aufgabe152;
 WHERE Dosis IN (1 3);
 TABLES Dosis*Erfolg / NOCOL NOPERCENT RELRISK CHISQ;
RUN;


PROC LOGISTIC DATA=Aufgabe152 DESCENDING;
 CLASS Dosis / PARAM=REF REF=FIRST;
 MODEL Erfolg = Dosis;
 ODDSRATIO Dosis;
RUN;


PROC LOGISTIC DATA=Aufgabe152 DESCENDING;
 CLASS Geschl_Mann (PARAM=REF REF=FIRST)
       Dosis (PARAM=REF REF=FIRST);
 MODEL Erfolg = Geschl_Mann Alter Dosis;
 ODDSRATIO Dosis;
RUN;
```

Aufgabe 16.1 a):

```
LIBNAME Sas 'C:\SAS-Buch';

ODS GRAPHICS ON / IMAGENAME="Aufgabe161a" OUTPUTFMT=PDF RESET=INDEX;
 PROC LIFETEST DATA=Sas.Tongue
              PLOTS=SURVIVAL(ATRISK=0 TO 400 BY 50 TEST);
  TIME Time_Weeks*Status(0);
  STRATA DNA_Profile / TEST=LOGRANK;
 RUN;
ODS GRAPHICS OFF;
```

Aufgabe 16.1 b):

```
PROC PHREG DATA=Sas.Tongue;
 CLASS DNA_Profile;
 MODEL Time_Weeks*Status(0) = DNA_Profile / RISKLIMITS;
 HAZARDRATIO DNA_Profile / DIFF=PAIRWISE;
 ESTIMATE 'Aneuploid versus diploid Tumor' DNA_Profile 1 / EXP CL;
 ESTIMATE 'Aneuploid versus diploid Tumor' DNA_Profile -1 / EXP CL;
 RUN;
```

Aufgabe 16.1 c):

```
PROC FORMAT;
 VALUE Curvefmt 1='Kaplan-Meier, Aneuploid Tumor'
                2='Kaplan-Meier, Diploid Tumor'
                3='Cox-Modell, Aneuploid Tumor'
                4='Cox-Modell, Diploid Tumor';
 RUN;

ODS GRAPHICS OFF;
 PROC LIFETEST DATA=Sas.Tongue OUTSURV=Tongue_Out_KM NOPRINT;
  TIME Time_Weeks*Status(0);
  STRATA DNA_Profile;
 RUN;
ODS GRAPHICS ON;

DATA Tongue_Covariates;
 DNA_Profile=1;
 OUTPUT;
 DNA_Profile=2;
 OUTPUT;
 RUN;
```

```
ODS RESULTS ON;
 PROC PHREG DATA=Sas.Tongue NOPRINT;
  CLASS DNA_Profile;
  MODEL Time_Weeks*Status(0) = DNA_Profile / RISKLIMITS;
  BASELINE OUT=Tongue_Out_Cox COVARIATES=Tongue_Covariates
           SURVIVAL=Tongue_Surv_Fitted;
 RUN;
ODS RESULTS OFF;

DATA Tongue_Out;
 SET Tongue_Out_KM  (IN=In_KM  KEEP=DNA_Profile Time_Weeks Survival)
     Tongue_Out_Cox (IN=In_Cox KEEP=DNA_Profile Time_Weeks
                                    Tongue_Surv_Fitted
                    RENAME=(Tongue_Surv_Fitted=Survival));
 IF In_KM=1  AND DNA_Profile=1 THEN Curve=1;
 IF In_KM=1  AND DNA_Profile=2 THEN Curve=2;
 IF In_Cox=1 AND DNA_Profile=1 THEN Curve=3;
 IF In_Cox=1 AND DNA_Profile=2 THEN Curve=4;
RUN;

AXIS1 ORDER=(0 TO 200 BY 50);
SYMBOL1 INTERPOL=STEPLJ;

PROC GPLOT DATA=Tongue_Out;
 FORMAT Curve Curvefmt.;
 PLOT Survival*Time_Weeks=Curve / HAXIS=AXIS1;
RUN;QUIT;
```

Aufgabe 17.1:

```
LIBNAME Sas 'C:\SAS-Buch';
PROC UNIVARIATE PLOTS DATA=Sas.familie;
 VAR h_nettoeink;
 WHERE alter_v>=30;
RUN;
```

Aufgabe 17.2:

```
LIBNAME Sas 'C:\SAS-Buch';
PROC UNIVARIATE DATA=Sas.familie NOPRINT;
 HISTOGRAM h_nettoeink / NORMAL LOGNORMAL;
RUN;
```

Aufgabe 17.3:

```
LIBNAME Sas 'C:\SAS-Buch';
DATA familie1;
 SET Sas.familie;
 gruppe=1;
RUN;
```

```
PROC BOXPLOT DATA=familie1;
 PLOT h_nettoeink*gruppe / BOXSTYLE=SCHEMATICID IDSYMBOL=CIRCLE;
RUN;
```

Aufgabe 17.4:

```
LIBNAME Sas 'C:\SAS-Buch';
PROC UNIVARIATE DATA=Sas.familie NOPRINT;
 VAR h_nettoeink;
 OUTPUT OUT=familie_perct PCTLPTS=0 TO 100 BY 5 PCTLPRE=perzentil_;
RUN;
```

Aufgabe 17.5:

```
LIBNAME Sas 'C:\SAS-Buch';
PROC UNIVARIATE DATA=Sas.familie NOPRINT;
 QQPLOT h_nettoeink / NORMAL;
 PPPLOT h_nettoeink / NORMAL;
 QQPLOT h_nettoeink / LOGNORMAL(SIGMA=EST);
 PPPLOT h_nettoeink / LOGNORMAL(SIGMA=EST);
RUN;
```

Aufgabe 17.6:

```
LIBNAME Sas 'C:\SAS-Buch';

DATA familie1;
 SET Sas.familie;
 altersgruppe=(alter_v>=30);
RUN;

PROC SORT;
 BY altersgruppe;
RUN;

PROC BOXPLOT DATA=familie1;
 PLOT h_nettoeink*altersgruppe / BOXSTYLE=SCHEMATICID;
RUN;
```

Aufgabe 17.7:

```
LIBNAME Sas 'C:\SAS-Buch';

DATA familie1;
 SET Sas.familie;
 altersgruppe=(alter_v>30);
 einkommensgruppe=(h_nettoeink>=3000);
RUN;

PROC FREQ DATA=familie1;
 TABLES altersgruppe*einkommensgruppe / EXPECTED NOROW NOCOL;
RUN;
```

Aufgabe 17.8:

```
LIBNAME Sas 'C:\SAS-Buch';

SYMBOL1 I=NONE C=LIGR V=DOT H=0.2;
SYMBOL2 I=SPLINES C=BLACK V=NONE;

PROC GPLOT DATA=Sas.familie;
 PLOT h_nettoeink*alter_v=1 h_nettoeink*alter_v=2 / OVERLAY;
RUN;QUIT;
```

Aufgabe 17.9:

```
LIBNAME Sas 'C:\SAS-Buch';
ODS HTML;
ODS GRAPHICS ON;
ODS SELECT MatrixPlot;
 PROC CORR DATA=Sas.familie PLOTS=MATRIX PLOTS(MAXPOINTS=30000);
  VAR groesse_v h_nettoeink alter_v;
 RUN;
ODS GRAPHICS OFF;
ODS HTML CLOSE;
```

Spezielle Programme

Nachstehendes Programm simuliert kritische Werte für den Durbin-Watson-Test. Der Anwender kann dabei die Anzahl der Parameter, den Stichprobenumfang und die Anzahl der Simulationsdurchläufe festlegen.

```
OPTION NONOTES;
%MACRO DW;
%LET x=;
%DO k=2 %TO 8;          /* Anzahl Parameter */
%LET x=&x x%EVAL(&k-1);
DATA a (DROP=i l);
 DO n=15 TO 100 BY 5;    /* Stichprobenumfang */
  DO j=1 TO 200;          /* Anzahl Simulationsdurchläufe */
   ARRAY BETA {&k} _TEMPORARY_;
   ARRAY x {%EVAL(&k-1)};
   DO i=1 TO &k;
    BETA(i)=NORMAL(0);
   END;
   DO i=1 TO N;
    y=BETA(1);
    DO l=1 TO %EVAL(&k-1);
     x(l)=RANBIN(0,100,0.1);
     y=x(l)*BETA(l)+y;
     y=y+NORMAL(0);
    END;
    OUTPUT;
   END;
  END;
 END;
RUN;
```

© Springer-Verlag GmbH Deutschland, ein Teil von Springer Nature 2018
W. Krämer et al., *Datenanalyse mit SAS®*, https://doi.org/10.1007/978-3-662-57799-8

```
PROC REG NOPRINT;
 MODEL y=&x;
 BY n j;
 OUTPUT OUT=k R=r;
RUN;

DATA k1 (KEEP=j n za ne);
 SET k;
 za=DIF(r)**2;
 IF j NE LAG(j) THEN za=0;
 ne=r**2;
RUN;

PROC SUMMARY DATA=k1;
 VAR za ne;
 BY n j;
 OUTPUT OUT=k2 SUM=;
RUN;

DATA k3 (KEEP=n d);
 SET k2;
 d=za/ne;
RUN;

PROC SUMMARY DATA=k3;
 VAR d;
 BY n;
 OUTPUT OUT=k4 P5=p5 P1=p1;
RUN;

DATA k5 (DROP=_TYPE_ _FREQ_);
 SET k4;
 k=%EVAL(&k);
RUN;

PROC DATASETS;
 APPEND BASE=Tabelle DATA=k5 FORCE;
QUIT;
%END;
```

```
PROC TABULATE DATA=Tabelle;
 VAR p1 p5;
 CLASS n k;
 TABLE n='', (p1='1%-Niveau' p5='5%-Niveau')*k=''*SUM=''
      / BOX='n= \ k=';
RUN;

PROC DATASETS;
 DELETE Tabelle;
QUIT;

%MEND;
%DW;
QUIT;
```

Nachstehendes Programm zeichnet ein Liniendiagramm verschachtelt in ein Streudiagramm. Die Anweisung GPORTSTK schneidet den oberen rechten Bereich aus dem ersten Blickwinkel heraus und hält ihn für das Liniendiagramm frei. Die Funktion GDRAW erstellt das Liniendiagramm.

```
DATA A;
 DO i=1 TO 70 BY 0.5;
  x=NORMAL(0)*0.5;
  OUTPUT;
 END;
RUN;

PROC IML;
 USE A;
 READ ALL INTO b VAR{i,x};

 CALL GSTART;
 CALL GPORT({7 7 100 100});
 CALL GWINDOW({0 -4 100 4});
 CALL GXAXIS({0,0},80,5,,,,,,'black');
 CALL GYAXIS({0,-2},4,4,,,,,,'black');
 CALL GPOINT(B[,1],B[,2],5,'GRAY',0.5);
 CALL GSCRIPT(30,2.5,"Streudiagramm",,,2,'SIMPLEX');
 CALL GSCRIPT(79,-0.5,"X-Achse",,,1.5,'SIMPLEX');
 CALL GSCRIPT(-6,-0.5,"Y-Achse",90,0,1.5,'SIMPLEX');
 CALL GPORTSTK({60 60 100 100});
 CALL GDRAW(B[,1],B[,2],,'GRAY');
 CALL GXAXIS({0,0},80,5,,,,,,'black');
 CALL GYAXIS({0,-2},4,4,,,,,,'black');
 CALL GSHOW;
 CALL GCLOSE;
QUIT;
```

Formate und Informate

Informate wandeln Rohdaten aus dem Ursprungsformat in ein Speicherformat um. Formate wandeln die in SAS gespeicherten Daten zur Ausgabe aus dem Speicherformat in ein Ausgabeformat um. Dabei gilt:

- Das Ursprungsformat beschreibt, wie die Daten ursprünglich gespeichert waren und legt damit fest, wie die Daten mit Informaten einzulesen sind.
- Das Speicherformat legt fest, wie die Datenwerte in SAS gespeichert werden.
- Das Ausgabeformat legt fest, wie die Datenwerte mit Formaten ausgegeben werden.

Die Tabellen C.2, C.1, C.3 und C.4 führen ausgewählte Informate (kurz: I) und Formate (kurz: F) auf.

Tabelle C.1: Alphanumerische (In-)Formate (Speicherformat: Zeichenkette)

Schlüsselwort	Ursprungs- bzw. Ausgabeformat	Ausgabebeispiel	I	F
`$`	Zeichenkette	`Abc D*1`	✓	✓
`$<x>.`	Zeichenkette der Länge x	`Abc D*1`	✓	✓
`$HEX[x].`	Zeichenkette der Länge x in Hexadezimalschreibweise	`41626320442A31`	✓	✓
`$QUOTE[x].`	Zeichenkette der Länge x mit Anführungszeichen	`"Abc D*1"`	✓	✓
`$REVERJ[x].`	Zeichenkette der Länge x in umgekehrter Reihenfolge	`1*D cbA`	✓	✓

Tabelle C.2: Numerische (In-)Formate (Speicherformat: reelle Zahl)

Schlüsselwort	Ursprungs- bzw. Ausgabeformat	Ausgabebeispiel	I	F
`<x>.[y]`	Zahl mit x Ziffern und y Nachkomma- stellen (der Dezimalpunkt zählt dabei auch als Ziffer)	214.31	✓	✓
`BEST[x].`	Zahl mit x Ziffern, die Nachkomma- stellen werden automatisch gewählt	214.31	-	✓
`FRACT[x].`	Zahl mit Nachkommastellen, darge- stellt als Dezimalbruch	214+31/100	-	✓
`NUMX[x].[y]`	Zahl mit x Ziffern, y Nachkommastel- len und einem Komma statt des Dezi- malpunkts	214,31	✓	✓
`WORDS[x].`	Zahl in Worten	`two hundred fourteen and thirty-one hundredths`	-	✓
`Z[x].[y]`	Zahl mit führenden Nullen, x Ziffern und y Nachkommastellen	0214.31	-	✓

Tabelle C.3: Zeit-(in-)formate (Speicherformat: reelle Zahl)

Schlüsselwort	Ursprungs- bzw. Ausgabeformat	Ausgabebeispiel	I	F
`HHMM[x].[y]`	hh:mm.d*	12:04.45	-	✓
`HOUR[x].[y]`	hh.d	12.07	-	✓
`MMSS[x].[y]`	mmm:ss.d	724:27.40	-	✓
`TIME[x].`	hh:mm:ss.d (liest auch Zeitangaben mit AM oder PM)	00:04:27.4 PM	✓	-
`TIME[x].[y]`	hh:mm:ss.d	12:04:27.4	-	✓

*: Notation:
  hh   - Stunde (zweistellige Zahl),
  mm   - Minute (zweistellige Zahl),
  mmm - Minute (Minuten seit 00:00 Uhr),
  ss   - Sekunde (zweistellige Zahl),
  d   - Nachkommastellen (Dezimalbruch-Anteil bezüglich voranstehender Einheit - Länge wird durch y bestimmt).

Tabelle C.4: Datums-(in-)formate (Speicherformat: ganze Zahl)

Schlüsselwort	Ursprungs- bzw. Ausgabeformat	Ausgabebeispiel	I	F
DATE[x].	ddmmmyy** für x = 7 oder ddmmmyyyy für x = 9	240CT1978	✓	✓
DDMMYY[x].	ddmmyy für x = 6, dd/mm/yy für x = 8 oder dd/mm/yyyy für x = 10 (DDMMYY8. liest auch ddmmyyyy)	24/10/78	✓	✓
DEUDFDD[x].	dd.mm.yy für x = 8 oder dd.mm.yyyy für x = 10	24.10.1978	-	✓
DEUDFDE[x].	ddmmmyy für x = 7 oder ddmmmyyyy für x = 9	24Okt1978	✓	✓
DEUDFDWN[x].	Wochentagsname	Dienstag	-	✓
DEUDFMN[x].	Monatsname	Oktober	-	✓
DEUDFMY[x].	mmmyy für x = 5 oder mmmyyyy für x = 7	Okt1978	✓	✓
DEUDFWDX[x].	dd. Monatsname yyyy	24. Oktober 1978	-	✓
DEUDFWKX[x].	Wochentagsname, dd. Monatsname yyyy	Dienstag, 24. Oktober 1978	-	✓
MONYY[x].	mmmyy für x = 5 oder mmmyyyy für x = 7	OCT1978	✓	✓
WORDDATE[x].	Monatsname dd, yyyy	October 24, 1978	-	✓

**: Notation:
  yy   - Jahr (zweistellige Zahl),
  yyyy - Jahr (vierstellige Zahl),
  mm   - Monat (zweistellige Zahl),
  mmm - Monatsname (länderspezifisch auf drei Buchstaben abgekürzt),
  dd   - Tag (zweistellige Zahl).

Hinweis: Das Kürzel DEU<...>. steht für deutsche Datumsformate. Es kann alternativ durch ESP, FRA, ITA, RUS, POL usw. für anderssprachige bzw. durch EUR für internationale Datumsformate ersetzt werden.

Eine Liste aller verfügbaren Informate mit Kurzbeschreibung ist in der SAS Product Documentation unter folgendem Eintrag zu finden: SAS Language Elements by Name, Product, and Category → 9.4 → Informats → Alphabetical Listing.

Eine Liste aller verfügbaren Formate mit Kurzbeschreibung ist unter folgendem Eintrag zu finden: SAS Language Elements by Name, Product, and Category → 9.4 → Formats → Alphabetical Listing.

Literaturverzeichnis

Agresti, A., Wackerly, D., Boyett, J. (1979): "Exact Conditional Tests for Cross-Classifications: Approximation of Attained Significance Levels", *Psychometrika* 44, 75–83.

Art, D., Gnanadeskian, R., Kettenring, R. (1982): "Data-based Metrics for Cluster Analysis", *Utilitas Methematica* 21, 75–99.

Bard, Y. (1974): *Nonlinear Parameter Estimation*, Academic Press, New York.

Blom, G. (1958): *Statistical Estimates and Transformed Beta-Variables*, Wiley, New York.

Büning, H., Trenkler, G. (1994): *Nichtparametrische statistische Methoden*, 2. Aufl., de Gruyter, Berlin.

Bock, J. (1998): *Bestimmung des Stichprobenumfanges*, Oldenbourg, München.

Bollerslev, T. (1986): "Generalized Autoregressive Conditional Heteroscedasticity", *Journal of Econometrics* 31, 307–327.

Campbell, J. Y., Lo, A. W., MacKinlay, A. C. (1997): *The Econometrics of Financial Markets*, University Press, Princeton.

Carpenter, A. (1999): *Carpenter's Complete Guide to the SAS Macro Language*, SAS Institute, Cary.

Cleveland, W. S. (1979): "Robust Locally Weighted Regression and Smoothing Scatterplots", *Journal of the American Statistical Association* 74(368), 829–836.

Durbin, J., Watson, G. (1951): "Testing for Serial Correlation in Least Squares Regression", *Biometrica* 37, 409–428.

Forbes, J. (1875): "Further experiments and remarks on the measurement of heights by the boiling point of water.", *Trans. Royal Society, Edinburgh* 21, 135 143.

Franke, J., Härdle, W., Hafner, W. (2004): *Einführung in die Statistik der Finanzmärkte*, 2. Aufl., Springer, Berlin.

Harder, R., Desmarais, R. (1972): "Interpolation using surface splines", *Journal of Aircraft* 9, 189–191.

Hartung, J., Elpelt, B. (2006): *Multivariate Statistik*, 7. Aufl., Oldenbourg, München.

Hartung, J., Elpelt, B., Klösener, K.-H. (2009): *Statistik*, 15. Aufl., Oldenbourg, München.

© Springer-Verlag GmbH Deutschland, ein Teil von Springer Nature 2018
W. Krämer et al., *Datenanalyse mit SAS®*, https://doi.org/10.1007/978-3-662-57799-8

Hinkelmann, K., Kempthorne, O. (1994): *Desgin and Analysis of Experiments*, Bd. I, Wiley and Sons, New York.

Hodges, J. L., Lehmann, E. L. (1956): "The efficiency of some nonparametric competitors of the t-test", *Annals of Statistics* 27, 324–335.

Horn, M., Vollandt, R. (1995): *Multiple Tests und Auswahlverfahren*, Fischer, Jena.

Jennison, C., Turnbull, B. W. (2000): *Group Sequential Methods with Applications to Clinical Trials*, Chapman and Hall, New York.

Johnson, N. L., Kotz, S., Balakrishnan, N. (1994): *Continuous univariate distributions, Volume 1*, 2. Aufl., Wiley, New York.

Johnson, N. L., Kotz, S., Balakrishnan, N. (1995): *Continuous univariate distributions, Volume 2*, 2. Aufl., Wiley, New York.

Johnson, N. L., Kotz, S., Kemp, A. W. (1992): *Univariate discrete distributions*, 2. Aufl., Wiley, New York.

Johnson, R. A., Wichern, D. W. (1992): *Applied Multivariate Statistical Analysis*, 3. Aufl., Prentice Hall, Englewood Cliffs, N.J.

Judge, G. G., Lütkepohl, H., Hill, R. C., Lee, T.-C., Griffiths, W. E. (1985): *The Theory and Practice of Econometrics*, 2. Aufl., Wiley, New York.

Kaiser, H. (1958): "The Varimax Criterion for Analytic Rotation in Factor Analysis", *Psychometrika* 23, 187–200.

Kleinbaum, D. G., Klein, M. (2012): *Survival Analysis: A Self-Learning Text*, 3. Aufl., Springer, New York.

Krämer, W. (2011): "The cult of statistical significance What economists should and should not do to make their data talk", *Schmollers Jahrbuch* 131, 455–468.

Krämer, W., Runde, R. (1997): "Chaos and the compass rose", *Economics Letters* 54, 113–118.

Krämer, W., Sonnenberger, H. (1986): *Linear regression model under test*, Physica, Heidelberg.

Loprinzi, C. L., Laurie, J. A., Wieand, H. S., Krook, J. E., Novotny, P. J., Kugler, J. W., Bartel, J., Law, M., Bateman, M., Klatt, N. E., Dose, A. M., Etzell, P. S., Nelimark, R. A., Mailliard, J. A., Moertel, C. G. (1994): "Prospective evaluation of prognostic variables from patient-completed questionnaires", *Journal of Clinical Oncology* 12, 601–607.

Matsumoto, M., Nishimura, T. (1998): "Mersenne Twister: A 623-Dimensionally Equidistributed Uniform Pseudo-Random Number Generator", *ACM Transactions on Modeling and Computer Simulation* 8, 3–30.

Meinguet, J. (1979): "Multivariate Interpolation at Arbitrary Points Made Simple", *Journal of Applied Mathematics and Physics* 30, 292–304.

Myers, R. H. (1990): *Classical and Modern Regression with Application*, 2. Aufl., Duxberry Press, Belmont.

Pocock, S. J. (1977): "Group Sequential Methods in the Design and Analysis of Clinical Trials", *Biometrika* 64, 191–199.

Rao, C. R. (2002): *Linear Statistical Inference and Its Applications*, 2. Aufl., Wiley, New York.

Rasch, D., Herrendörfer, G., Bock, J., Guiard, V., Victor, N. (1996): *Verfahrensbibilothek Versuchsplanung und -auswertung*, Bd. 1, Oldenbourg, München.

Reinsch, C. H. (1967): "Smoothing by Spline Functions", *Numerische Mathematik* 10, 177–183.

Rosenblatt, M. (1956): "Remarks on some nonparametric estimates of a density function", *Annals of Mathematical Statistics* 27, 832–837.

SAS Usage Note 43802 (2013): *Installing SAS 9.3 PC Files Server and using it to convert 32-bit Microsoft Office files to SAS 64-bit files: http: // support. sas. com/ kb/ 43/ 802. html? appid= 32485*, Stand: 27.05.2013, SAS-Institute Inc., Cary, N.C.

Schlittgen, R. (2002): *Statistiktrainer*, Oldenbourg, München.

Schlittgen, R., Streitberg, B. (2001): *Zeitreihenanalyse*, 9. Aufl., Oldenbourg, München.

Schmidt, K., Trenkler, G. (1998): *Moderne Matrix-Algebra*, Springer, Heidelberg.

Schoenfeld, D. (1982): "Residuals for the proportional hazards regresssion model", *Biometrika* 69(1), 239–241.

Searle, S. (1982): *Matrix Algebra Useful For Statistics*, Wiley Sons, New York.

Shearer, C. (2000): "The CRISP-DM model: the new blueprint for data mining", *Journal of Data Warehousing* 5(4), 13—22.

Slaughter, S. J., Delwiche, L. D. (2010): *The Little SAS Book for Enterprise Guide 4.2*, SAS Institute, Cary.

Theil, H. (1971): *Principles of Econometrics*, Wiley, New York.

Trenkler, D. (1986): *Verallgemeinerte Ridge-Regression*, Hain, Frankfurt/M.

Tukey, J. W. (1977): *Exploratory Data Analysis*, Addison & Wesley, Boston.

Verbeke, G., Molenberghs, G. (2000): *Linear Mixed Models for Longitudinal Data*, Springer, New York.

Vinod, H. D., Ullah, A. (1981): *Recent Advances in Regression Methods*, Dekker, New York.

Voß, W. H. (2000): *Taschenbuch der Statistik*, Fachbuchverlag im Carl Hanser Verlag, Leipzig.

Wassmer, G., Brannath, W. (2016): "Group sequential and confirmatory adaptive designs in clinical trials", *Springer series in pharmaceutical statistics* .

Ziliak, S. T., McCloskey, D. N. (2008): *The cult of statistical significance: how the standard error costs us jobs, justice, and lives*, The University of Michigan Press, Ann Arbor (MI).

Sachverzeichnis

Printed in the United States
By Bookmasters